孟子文獻集成

孟子文獻集成編纂委員會 編纂

山東人民出版社

圖書在版編目（CIP）數據

孟子文獻集成. 第一八九卷 / 《孟子文獻集成》編纂委員會編. --濟南 : 山東人民出版社, 2020.1
ISBN 978-7-209-12458-4

Ⅰ. ①孟… Ⅱ. ①孟… Ⅲ. ①儒家 ②《孟子》－研究資料－匯編 Ⅳ. ①B222.55

中國版本圖書館CIP數據核字(2019)第241571號

項目統籌: 胡長青
責任編輯: 李　濤
裝幀設計: 武　斌
項目完成: 文化藝術編輯室

孟子文獻集成（第一八九卷）
《孟子文獻集成》編纂委員會 編

主管單位　山東出版傳媒股份有限公司
出版發行　山東人民出版社
社　　址　濟南市英雄山路165號
郵　　編　250002
電　　話　總編室（0531）82098914
　　　　　市場部（0531）82098027
網　　址　http://www.sd-book.com.cn
印　　裝　山東新華印務有限責任公司
經　　銷　新華書店

規　　格　16開（210mm×285mm）
印　　張　66
字　　數　530千字
版　　次　2020年1月第1版
印　　次　2020年1月第1次
印　　數　1-200
ISBN 978-7-209-12458-4
定　　價　900.00圓
如有印裝質量問題，請與出版社總編室聯繫調換。

《孟子文獻集成》編纂委員會

學術顧問　杜維明　張豈之　李學勤　牟鍾鑒

學術委員會

主　任　陳　來

副主任　郭齊勇　李存山

委　員　王　傑　王中江　王志民　王其俊　王鈞林　王漢東　孔德立　杜澤遜　李存山
李景林　吴　婧　袁汝旭　徐洪興　高兆波　郭齊勇　陳　來　孫明霞　梁　樞
梁　濤　董洪利　曾振宇　楊海文　楊朝明　趙　勇　鄭傑文　劉瑾輝　顔世安
顔炳罡　龔鵬程

（按姓氏筆畫排序）

編纂委員會

主　編　王志民

副主編　杜澤遜　梁　濤　胡長青　李梅訓

委　員　王　路　王恒柱　李西寧　李振聚　李國慶　黄顯功　張　勇　張志清　趙永和
趙紅彦　劉　晨

（按姓氏筆畫排序）

編　務　劉　晨　楊雲雲　孫　姣　李　濤　劉嬌嬌　張艷艷
趙　菲　呂士遠

組織實施
中國孟子研究院
山東人民出版社

序

《孟子文獻集成》是在孟子故里鄒城市委市政府鼎力支持下，由中國孟子研究院、山東人民出版社協同合作，共同致力完成的一項大型儒家文獻的搜集、整理、出版學術工程。

一

孟子是中國歷史上偉大的思想家、政治家、教育家，是僅次於孔子的儒家學派重要代表人物。戰國時期，戰爭頻仍，『角戰英雄，六經泥蟠，百家飆駭』（《文心雕龍·時序》），孔學既黜，儒道中衰。孟子遵夫子之道，批邪説，正人心，發揚光大孔子學説，復興儒學，成爲孔子之後最重要的儒家傳人和先秦原始儒學理論體系的主要奠基人。韓愈論儒家道統由堯、舜、禹、湯、文、武、周公代代相傳，言及『文、武、周公傳之孔子，孔子傳之孟軻。軻之死，不得其傳焉』（《原道》），又説『自孔子没，群弟子莫不有書，獨孟軻氏之傳得其宗』（《送王塤秀才序》）。可見，後世尊孟子爲『亞聖』，稱儒學爲『孔孟之道』，實爲孟子歷史地位使然！

《孟子》一書，是孟子及其弟子編著的全面反映孟子思想的儒家經典著作。漢文帝時，即曾設立《孟子》學博士，全國推闡。六朝時期，玄學、佛學興盛，儒學式微，《孟子》亦受冷落，但唐宋以後，隨着孟子地位的大幅提昇，《孟子》一書越來越受到統治者和學者文人的廣泛重視。唐代大儒韓愈倡論中國文化道統，其《原道》之説，影響甚大，已掀『孟子熱』；北宋時期，《孟子》與《論語》俱列入『十三經』之數；南宋朱熹作《四書章句集注》，將《孟子》列『四書』之中。南宋統治者更將其正式列入官方之學，設爲科舉考試科目，欽定爲必讀經典，學孟子、讀《孟子》，蔚然而成社會風氣。此後，孟子地位進一步提昇：元文宗封孟子爲『亞聖公』，尊其爲『百世之師』；明清兩朝更大推『四書』，地位儼然超越『五經』。《孟子》與《論語》並行，上自帝王，下至百姓，家有之，户誦之，『所研究者惟「四書」，所辨訂者亦惟「四書」』（《四庫全書總目·四書大全提要》語）。孟子思想，深入人心；《孟子》之學，遍佈各地；《孟子》

文獻，汗牛充棟。

根據我們的初步調查，歷代《孟子》文獻有兩千種之多。這些文獻，依孟子學史的發展，大致形成了以下幾点較鮮明的時代特徵：宋元文獻多義理闡發，以朱熹《孟子章句集注》爲代表；明代以王夫之《讀四書大全説》爲代表，多從心性之學挖掘孟子豐富的思想内涵；清代孟子學最盛，不僅産生了以乾嘉學者戴震《孟子字義疏證》、崔述《孟子事實録》爲代表的大量考據、辨僞著作，還出現了集前人研究成果之大成的焦循《孟子正義》。大致可以説，以東漢趙岐《孟子章句》爲發端，歷代學者多所闡釋研究。尤其宋元以來，孟學實爲千年『顯學』。《孟子》文獻内容所涉注釋訓詁、義理闡發、思想挖掘、考證辨僞等所有方面，其對孟子及《孟子》文本的研究廣度、深度可謂前無古人，後難爲繼。尤爲重要的是，歷代學者秉持儒家人生理念，一生所繫，立德立言，以『爲往聖繼絶學』爲生命追求之本，往往傾一生之力終注一經。孟子文獻不僅真實地展示了孟學及儒學發展的歷史，也留下了代代學者治學的心路，實在是應該认真进行挖掘整理的傳統文化瑰寶。

然而，毋庸諱言，孟子文獻的收集整理向未受到應有的重視。這固然與二十世紀以來，儒學命運多舛有關：批孔之時，孟子亦受其累；近數十年來，『孔子熱』不斷升温，孟子受冷落的現象却未有大的改觀，歷代孟子文獻迄未收集整理即是一例。據我們不完全統計，包括臺灣在内的中國圖書館，現存宋元至清代的刻本與鈔本計有一千二百餘種之多。由於各種原因，百分之九十餘未曾整理出版，而百分之七十以上仍處於人所罕见的塵封狀態。歷史的責任，現實的需要，未來的期盼，都在呼喚能有一套《孟子文献集成》的編纂出版。

二

二〇一三年四月底，孟子研究院在孟子故里山東省鄒城市正式成立。時值一年一度的『孟母文化節』，同時進行的還有由鄒城市、《光明日報》國學版、山東師範大學山東省齊魯文化研究院共同策劃主辦的『孟子公開課』開講儀式。來自國内各著名高校的部分主講學者和與會專家對孟子研究院成立後的學術規劃提出了許多建設性意見，多位專家提出了編纂《孟子文獻集成》的建議。

同年十月二十九日至三十日，孟子研究院學術委員會第二次會議在主任陳來先生主持下於鄒城召開。會議就《集成》的立項和編纂事宜進行了認真深入地討論，參閱審查了初選孟子文獻書目，形成了以下四點共識：一是孟子文獻的搜集、整理向稱薄弱，絶大多數迄未面世，影響了孟學研究的深度和廣度。編纂《集成》，填補空白，意義重大。二是要在廣泛搜集、精心選編的基礎上，力求將《集成》做成收羅全、質量高、權威性强的精品學術工程。三是应制定具体工作規劃，選編文獻时代可由遠及近；文獻收集範圍，宜先國内後國外，分段完成，穩步推進，確保質量。四是在孟子研究院學術委員會基礎上，应增加部分孟子研究專家，充實到《集成》學術委員會；選聘孟學研究、版本目録、館藏出版等方面專家，組建高層次、有效率的編纂部和工作班子，扎實有效開展工作。

在經過編纂部四次召開籌備會議和系列籌備工作基礎上，二〇一四年五月，在濟南召開了特邀專家選目審查論證會。來自北京大學、中國人民大學、山東大學等全國各地的十餘位孟子和孟學史專家就編纂部提供的《集成》選編總目（國内）進行了認真研析、讨论審查。這次會議的召開更堅定了大家对編纂《集成》的信心和認識，許多專家從長期孟學研究的切身感受中充分肯定編纂《集成》的重大意義，一致認爲：這是一項立足當前又澤被後世的重大學術工程；目前国内編成的經典文獻集成中唯獨没有孟子文獻集成，这不僅是文化建設的一种缺憾，也从多个方面影響了孟子研究的深入和拓展，从这个意義上説，該項目的实施确是一項填補空白、意義深遠的學術工程。專家們特别指出，這項重大學術工程，由山東，特别是孟子故里鄒城市支持，由孟子研究院、山東省齊魯文化研究院牽頭承擔，正是歷史責任與當前文化建設的最佳選擇。相信《集成》的出版，對於提昇孟學研究、促進孟子研究院發展、推动山東文化强省建設，贡献巨大，意義深遠。會議還就選目原則形成以下共識：一是《集成》應當是一套研究孟子文獻的集大成之作，所收以獨立成書的研究《孟子》專書爲主，兼顧其他，儘量收全。對孟子文獻的含義可以放得寬一些，對書名没有『孟子』的，例如以『四書』『諸子』爲書名的，也要注意在考察辨析基礎上做好，要高標準、高質量。二是《集成》應兼顧古籍的重要性與稀見性，做到常見書精選善本，重要文獻不遺漏。三是海外孟子文獻應作爲一個工作目標，與海外學者合作，广匯博收，規劃編纂。四是時代大致截止到清末，現代部分可作爲『附編』或單獨列編收集出版，部分難以收入文獻應附列存目。這次專家會議的意見，得到二〇一四年六月五日召開的孟子研究院第二次學術委員會的重視和確認。

在籌備、啓動《集成》的整個過程中，得到鄒城市主要領導及社會各界鼎力支持。山東人民出版社主動、積極地參與了各項工作。二〇一四年八月二十八日，在山東省第五屆文博會上，省有關領導和衆多媒體記者見證了孟子研究院與山東人民出版社共同簽訂《〈孟子文獻集成〉編纂出版協議書》的过程。

經過編纂委員會及有關方面的共同努力和各相關圖書館的大力支持，宋元時期傳世文獻已基本全部收録，共四十八種，分裝十四册，已於二〇一六年初首批出版發行。其中，收録宋元刻本十四種，海外善本四種，第一次影印的即有十六種，屬於披沙揀金的珍本，將爲孟子文獻及思想研究提供寶貴資料。

第二輯精選明代孟子文獻八十一種，分裝爲三十二册影印，已經於二〇一七年三月出版。

第三輯爲明代文獻的第二批，共收入著作四十五種，分裝爲二十册影印，其中五種來自日本，三種來自美國；其他部分也多爲稀見的珍本和善本，已經於二〇一八年三月出版。

第四輯，共收録著作六十二種。其中，明代著作四十八種，分裝爲二十四册；清代著作十四種，分裝爲十册。共出版三十四册。底本皆爲精選珍本善本，其中，明代刻本四十種，清代刻本二十二種。又有二十三種來自日本，多爲國内未見，彌足珍貴。

本次出版爲《孟子文獻集成》第五輯，清代文獻之第二部分，也是《集成》編纂以來，收録文獻最多的一輯。共收入著作三百六十八種，分裝爲一百册；至此，自康熙朝至清末絶大部分與《孟子》相關文獻已基本囊括。其中：來自日本的珍稀文獻八種；稿抄本二十六種；孤本二十二種，國内未出版者達三分之二以上。

編纂出版《孟子文獻集成》，既有利於深入挖掘孟子思想精髓，洞見《孟子》世代傳承的歷史場景，又有利於珍貴文獻的保護、傳承和共享、共用，是惠及當代、澤被後世的文化善舉。值此共出版二百册之際，我們對國内外各有關圖書館和學界同仁的鼎力支持與真誠合作表達崇高的敬意和誠摯的感謝！

讓我們黽勉同心，共同努力，以期這一重大學術工程的圓滿完成。

王志民

二〇一五年四月十二日第一稿
二〇一八年三月八日修改第二稿
二〇一八年十二月十二日修改第三稿
二〇一九年十月六日修改第四稿

凡例

一、《孟子文獻集成》匯聚歷代關於《孟子》之著述，要其旨歸，不外經學之考證、義理之推闡、文章之批點，故舉凡注釋、析義、批點等書皆酌加收録，大致以著者時代先後爲次，俾經學之大，義理之善與夫文章之美，庶幾由此而知。

二、《孟子文獻集成》選用底本多未經整理，或孤傳海外，或秘庋深閣，學者既不能徧歷中外而窺其概貌，又不能盡探二酉而知其大略，不能無憾焉。今集爲一編，則學者循覽而知《孟子》一經之本末，歷代著述之昇沉。

三、各書或得自日本、美國，或攝自國家圖書館、天津圖書館、上海圖書館、浙江圖書館、山東大學圖書館等。底本皆經選擇，其存世孤秘，列爲首選，而後出佳槧，流佈稀少，亦資採摭。

四、諸書著録書名、卷數、著者時代、姓名、撰著方式及版本，覽者便焉。

五、著者真僞，學者所重，凡有歧異，均於著者前加『題』字，略示區别。

六、諸家解《孟》之作，或爲獨立成書者，或爲總集内别裁而出者，或以『四書』著述總題者，今所匯集，以能獨立析出者爲斷。其單篇零什，概所不收。

七、裁出之書，凡原有題名者，概依原題，而於版本項注其從來；凡無獨立題名者，則仍用大題，而括注『孟子』二字；其不能析離者，則全書收録。

八、是編博訪廣蒐，固難周徧，續有所得，擬輯《補編》，庶免遺珠之憾。伏望博雅君子，匡其不逮，補其未備，是所幸焉。

目録

孟子説七卷

清　姜郁嵩撰

清光緒三十三年主敬堂刻本

光緒丁未年鐫

孟子說

主敬堂藏板

孟子說序

姜君吾畏友也憶光緒甲申歲余由襄陽調守武昌下車伊始手作告語詢訪民間疾苦一時士紳郵書見示者絡繹於道裨益良多最後得姜君書獨以自治相勉力求本原之學謂本諸身以加諸民乃可大而可久余佩其言與私衷黙合亟訪其人爲武昌縣布衣不應科舉者已十年余因致書武昌令以禮延致勸其應試以爲多士楷模敦促再三始勉赴郡試

試則冠其曹無可與頡頏者時學使爲張公仁黼求
賢若渴抵郡時卽問余得佳士否余舉姜君以對且
告之故張君心識之扃試該邑題出未逾時姜君首
交卷文奇特張公嘆賞不置因以整頓士習爲題再
試之姜君援筆立就洋洋千言皆正本清源之論時
通場尚無一交卷者張公尤加敬禮出場命舁肩輿
送歸館舍多士觀者皆延頸豔稱謂姜君知遇之隆
張公禮賢之篤爲晚近所罕覯時黃公彭年陳臬鄂

省聞而異之招致署中待以上賓之禮遠近傳爲佳
話然姜君淡於名利仍不應鄉舉余聘爲武郡勻庭
書院監院人才疊出皆學有根柢姜君力爲多故事
謁主試者爲師姜君師余曷敢當此惟時與論性道
求治理同輩鮮出其右眞吾畏友也邇年延課孫輩
讀首以講明正學爲宗旨孫輩深受其益更出所著
孟子說見示余受而讀之嗟夫孟子維道救時之心
得此益彰近本新安之矩範遠溯洙泗之淵源皆可

一以貫之雖以孟子說名篇即謂之論語說可也又謂之朱子全書說亦無不可蓋聖賢任道之心先後如一得其門者升堂入室同此步趨而已余惟
聖天子維新學校所以爲多士訓戒者倍至而風氣日非士習日靡安得如姜君者多人本身作則與諸生進於廣大精微之域使近時所講求之新學皆軌於正而無流弊之滋其有益於世道人心豈淺鮮哉因慫恿急付手民以廣流傳則姜君所未至之地皆姜君

所已至之地聖賢垂訓深心益以著明於天下是在
有興學之責者視此爲不可緩之圖是則私心之所
冀幸者矣
光緒三十有三年歲在丁未仲春月上澣萍鄉李有
棻拜撰

凡例

一是書本以時紬故特摽各章大義使學者一覽而知孟子直接孔曾之傳

一是書不錄經文以其攝取大意未嘗句解字釋學者必讀經文後閱之義理自明

一是書不用訓詁以集註最詳

一是書雖經沉潛玩索發爲語錄然其微言大義究未嘗出乎集註之外

孟子說卷一

萍鄉李薌垣先生鑒定

武昌姜郁嵩著　本姓郁原籍蘄水

門人萍鄉李百蓀滋仝校正

門人武昌鄧泗卿　江夏李希白仝編次

男　壽生

梁惠王篇上

第一章　孟子見梁惠王

義利之界惟孟子最嚴切清明觀其對梁惠王曰王何必曰利亦有仁義而已何等嚴快便直斷王心之利根滋長王心之仁義非實見得言利之非仁義之善何以能言之如是其愷切直肅浩然之氣已可見矣既窮極利之弊復明仁義之事教亦至矣惜梁君終不悟也

第二章　王立於沼上

王立於沼上通章言人君能愛民則民亦樂其樂不

能愛民則不能有其樂一念公私之發存亡之機决焉人君可不審存此心哉後好樂交鄰明堂等章莫非此意皆所以遏人君之欲而存天理之本然也孟子之學之正而教之審也如是學者熟玩而有得焉則此心正大之理自油然生矣彼戰國一切詭詐功利之徒何足語此

第三章寡人之於國也

梁惠王以移民移粟爲盡心國事可謂不聞治道矣

及聞孟子之言宜其稍知悟矣而卒不悟惑於戰國功利之說甚也孟子明王道養民教民至實至簡至易行爲效速蓋本天地之自然參帝王之成法因人力之所能其言養民之道不外土田川澤山林之利言教民之道不外學校孝弟之義夫利不本於土田川澤山林則是出於權詐必至民困而國危學不明孝弟之義則是出於異端必至俗弊而賊民興惟導民以土田川澤山林之利爲爰雞豚狗彘爲畜桑蔴

布帛爲衣爲之以時用之有節取之有制不求富而民富矣教民以孝弟斯敬愛之心油然生上下親俗美而國固矣惜乎戰國之君惑於富强而不知出此

第四章　寡人願安承教

梁王求教孟子第告以率馬食人食致使民饑而死輕重倒置非父母斯民之政其所以遏其縱欲發其愛民之心至深切矣讀者不可以其易而忽之也

第五章　晉國天下莫强焉

天下未有刑罰省稅斂薄而民不足者未有孝弟忠信修而民不知上下之分者未有民足而知教化鄰國不畏服者此仁政之實舍是更無以爲治仁者無敵此言極切乃自古聖賢經見語非僅據理而言有國家者宜深體味之反是則煩刑重斂民貧而貪亂國勢不日就衰亡無是事也此孟子之學平實有用可以繼孔子而爲百王所取法也彼戰國一切權術縱横之士剝民以爲富強果何謂哉

第六章　孟子見梁襄王

不嗜殺人則慈祥之澤漸溢於民故能一天下戰國之君殘暴殺人無虛日有一不嗜殺人者民必歸之孟子之言豈徒然哉

第七章　齊桓晉文之事

孟子告齊宣王以不忍之心爲保民之本在識其愛人愛物孰輕孰重而推廣之而其推廣者亦因其所固有初非有待於外求也惜齊王惑於功利卒不能

推廣此心其保民之實政在教養養不外恒産教不外孝弟大旨與告梁惠王同但此章發其不忍之心故獨詳耳

讀牽牛章不可因其長而忽過一字蓋聖賢因心之理發爲言其反覆譬喻無不詳切明當熟讀自可見

梁惠王篇下

第一章　莊暴見孟子

齊王好樂孟子無論古樂今樂姑告以與百姓同樂

使百姓父母兄弟妻子各得其所聞王樂聲皆欣欣然有喜色無疾首蹙頞之容必平日有仁政之實乃能如此既實行仁政非存此仁心不能然則孟子以同樂告齊王正所以窒其欲使之從事於天理其法密矣楊氏於明堂章發明極親切學者誠深體味之必有所得焉

第二章 文王之囿

文王之囿有無不可知然孟子已極知聖人之心而

明齊王之虐亦與民同樂之意
牽牛章告齊王推愛牛之心以愛民承教章率獸食
人猶是推言之此章殺其麋鹿者如殺人之罪則實
言其事大約齊宣之不能行王道溺於聲色狗馬之
好者亦不淺爲人上者可不知務

第三章交鄰國有道乎

大勇小勇只爭公私之間南軒張氏言之極精

第四章齊宣王見孟子於雪宮

雪宮章告王當如齊景公聽晏子之言畜止其欲修先王補助之政絶時君流連荒亡之樂務在與民同憂樂孟子告王不徒因事論事必欲王遏欲存理以正其本此眞大賢之學

第五章人皆謂我毁明堂

齊宣聞文王之政卽嘆其善又知貨色之心勝卽不能行是非不知理欲之分豈戰國之君所能及故孟子屢以王道期之

託其妻子章齊王之責人不知責已此所以終不能行王道

第六章　王之臣

第七章　所謂故國者

進賢退不肖乃人君之職可少狥其私乎堯以不得舜爲已憂舜以不得禹皋爲已憂其求賢之心敬賢之禮何其誠也至於昔者所進今日不知其亡其無意於人材可知矣戰國習於詭譎上下以此爲賢雖

人君長跪請教只是利心所趨何嘗知有賢才故齊宣之言如此亦好臣其所教也

第八章湯放桀

學者疑孟子勸齊梁之君行王道是無周天子觀此章之言直警齊王盡君道正所以警其盡臣道况王道不外仁義豈天子當行仁義而諸侯不當行仁義哉

第九章爲巨室

君子之仕也所以行其學也所學卽道也舍所學而從我是舍道而徇人也君子豈忍爲哉君子不忍爲小人樂爲之此世之所以常亂也然則君人者欲賢者舍所學而從其欲亦殆哉

第十章齊人伐燕勝之

得國必得人心人心卽天心順此理自然住不得有不容一毫人欲之私者

第十一章齊人伐燕取之

齊人伐燕只是利其土地既以私意伐之復以私意取之豈知伐暴救民反政施仁哉

第十二章 鄒與魯鬨

君仁則朝廷百官莫不仁民悅而盡分矣戰國之君習於富強之說不知以民爲心故一時小大臣工惟知厚斂以逢君不暇愛民至於民離怨而疾上復不知自責反歸咎於民失君人之道矣孟子此章之說尤人君之切戒

第十三章滕小國也

勸人致死似不成策然處强鄰之間事之不免惟與民死守期無負所受乃事理之至當計無所加其策似易其行實難蓋必人君實德在已深恩厚澤洽於人然後能得民之死心既得民之死心以守則固以遷則悅國未必亡而不可存若舍此而任數則計利害義苟且偷生之謀亦終必亡而已矣非孟子深通義理不能爲此言如此可見孟子眞能不動心得百

里之地而君之皆能以朝諸侯有天下也

第十四章 齊人將築薛

順理之所當爲而盡力爲之我無與焉是之謂義死生得喪一以義處之他何計焉

第十五章 竭力以事大國

此章雖引太王遷岐之事究重在世守一邊

第十六章 魯平公將出

觀魯平公與臧倉之問答其昏懦之氣象已盡著矣

何足與言樂正子仕於此未知何意魯平公將先見孟子當時侈言其輕身樂正子薦孟子於平公想亦多費辭矣臧倉沮孟子孟子若太虛無物眞所謂至剛至大者焉玩其答樂正子直曰吾之不遇魯侯天也臧氏之子焉能使予不遇哉其尊君信天無尤於臧氏也安有一毫用意哉此所謂亞聖之才也

學不至於知天安能信天

不愧於天斯能信天若德不合於天每事援天以自

信是妄人也欺天乎哉自欺也是以君子明善誠身不知老之將至凡以求無愧於天而已

孟子曰吾之不遇不遇魯侯天也臧氏之子焉能使予不遇哉亦是據理如是非援以爲樂正子解姑爲不怨天不尤人之語也學者造道深後自見得

孟子說卷一終

孟子説卷二

萍鄉李藹垣先生鑒定

武昌姜郁嵩著

門人萍鄉李百蔭滋仝校正

門人武昌鄧泗卿江夏李希白仝編次

男壽生

公孫丑篇上

第一章夫子當路於齊

公孫丑習於霸功之强而多詐足以把持天下而不知王政之大與人同體其道本諸身感人甚神且戰國君臣率皆暴虐斯民甚於水火有能撫循教育除其虐而覆以仁民自歸矣公孫丑不知德並不知時宜其聞孟子以齊王之言而駭然由此章之言推之當此虐政久困德澤不聞齊又地大民衆足以行仁政儼然致王之氣象如在目前使能用孟子而行王道王天下事半功倍豈大言以欺人哉此孟子欲行

道濟時必惓惓於齊惜乎天不欲平治天下使齊王終不能用孟子也

觀乎曾西之言王霸只爭眞僞之間其治效則有珠玉糞土之分矣而儒者可不知所從事乎

第二章 夫子加齊之卿相

理明欲淨心自不動告子之不動心則冥頑而已理明則自知言欲淨則浩然之氣自生其要在集義義集則理明浩然之氣自得集義之要又在必有事焉

而勿正心勿忘勿助長也知言則物格知至浩然之
氣則意誠心正也此孟子之學可接孔子
公孫丑不知不動心有道故所問如此其麤
由不動心推之故知孟子眞有浩然之氣由善養吾
浩然之氣推之故知孟子眞能不動心其從入在集
義其稱孔子曰可以仕則仕云云正是孟子深知孔
子處非眞見得不能如此道
浩然之氣合理氣爲一言之絶不費辭擴前聖所未

發卽此可見孟子才高

配義與道則氣與道義合一道義之氣盛舉天下何事不可爲

氣本不可離道義道義亦不能舍氣道義無氣則道義於何所附如聰明睿知發強剛毅等亦只是於氣象上見得氣到從容和順處無一毫渣滓乖異卽道義之所在是以古人爲學必求變化氣質

持其志無暴其氣亦是內外夾持

知言養氣亦是明善誠身

道義不雜乎氣亦不離乎氣必分爲二則非也

君子心存而理得動則百官鼓舞稍有愧怍四體自然退沮是以學者貫循理以淑氣不使肆氣以勝理故氣洽於理理形於氣理氣豈可判然兩物

心有不慊則氣自餒是以君子必求其理於心不愧屋漏意誠心正以外不詳修身之功

持其志無暴其氣是以聖賢誠意正心不忘檢身

明理則無疑養氣則無懼學者不造到此地處已應
務終是昏妄終是疑懼
養氣章自反而縮雖千萬人吾往矣孟子之學得自
子思曾子曾子得自孔子所傳一道通章發此
氣不足配道義猶不免血氣之私雖能應事終不免
於疑懼
第三章以力假仁者霸
聖王率天下以仁故民自服從故君子有諸己而後

求諸人無諸己而後非諸人霸者之求諸人非諸人
則不必有諸己無諸己也徒以兵力土地之盛假行
仁之事耳故人畏而不心服

第四章 仁則榮

榮辱由於仁不仁亦是動時君以羞惡之心使之及
時以明政耳聖賢教人切至於此可見
人君能與賢能及時修明政事而力行之國未有不
治不求福福自至反是日與小人逸樂國未有不亡

此理勢之自然孟子此章之言最爲明易而其意則緊切人君可不知所勸戒哉

第五章尊賢使能

孟子言王政其實如此故其效速後世不知因民立政反謂王道疎濶無用何不察之甚也

第六章人皆有不忍人之心

此章言不忍人之心人所固有要在識其端而擴充之至其所謂不忍人之心於乍見節已自詳明後復

因惻隱推出辭讓羞惡是非之心因流溯源即情知性益見仁義禮智人心固有性之德也不待外求人不可不反求諸己而擴充之以復其性此孟子所以道性善言必稱堯舜夫豈無所得於心襲前言以欺我哉

孟子此章即四端以明仁義禮智爲人心固有言極明實雖柔愚皆可反求而知之此其立教獨切有功於後世接蹤於前聖也

此章之旨擴前聖所未發故程子朱子必以孟子爲得孔子之傳而表章獨至
讀孟子此章猶而猶不知性善眞不靈之物此告子荀子諸人所以得罪於千古
此章教人求仁於己以遠恥辱
第七章矢人豈不仁於函人哉
改過好善取人善須知聖賢之所樂爲者只在此與
第八章子路人告之以有過則喜

聖賢何以樂爲乎此又須知我何以不喜聞過不好
善言不取人善反復求之方能切已有得
人之生也本無過不幸而有過已不知人知之以告
我使我得改焉而復於無過何幸如之此子路所以
喜聞過眞可爲萬世法也彼有過聞人言而惡之非
自暴自棄而何
舍己從人非虛公無我不能此大聖之事只知有善
不知有人己也

第九章 伯夷非其君不事

伯夷之清固極其至而無所矯然小過亦當容禮接亦當受柳下惠之和固極其至而無所流然無禮亦不當接汚辱亦當遠乃夷則清而不能容惠則和而無不親其和其清雖至於聖而不免有所徇而失乎中也惟中則當清而清清不至於隘當和而和和不至於放是則清和出於時中我無與焉若夷惠之清和則不能無意必而失之隘與不恭故君子不由也

夷惠之隘與不恭非孟子造道之深不能言

伯夷知清之貴一意趨於清視天下之人皆爲汚柳下惠知和之貴一意趨於和視天下之人不能浼此所以爲偏而難免於隘與不恭也

隘與不恭亦是氣質上病就二者論之無柳下惠之介甯學伯夷之清

伯夷柳下惠所行固無一不合義然只是主於清主於和而成故終不能無意

公孫丑篇下

第一章 天時不如地利

此章言得天下在得民心得民心在得道天時地利不足恃也

第二章 孟子將朝王

人臣朝君自有定體孟子居賓師之位則以仁義教王可朝可不朝若召之朝則是挾人君以自重不知師道之可貴夫君不知道臣雖日輔之以道恒逆於

其心不惟道不行疏忌隨之君子之不見諸侯豈妄自尊哉枉已不能行道也惟世主忘乎崇高之位只知道德之爲尊與之言道自浹洽於心而篤行不倦常恐賢者不與共治信好日加故人君不致敬盡禮賢者不來也戰國時君以趨承爲貴臣以容悅爲事不知以道自重宜景子以孟子之行爲過也

第三章陳臻問曰

辭受取與乃人生之大節聖賢之所謹常人之所忽

不聞孟子之義不獨貪吝者縱欲忘反即五秉之與
九百之辭亦未盡當
第四章 孟子之平陸
齊之君臣皆知其罪卒不能行仁政以救民之死亡
不能實蹈孟子之言反求諸身也蓋戰國君臣罔有
以民爲心者也
第五章 孟子謂蚳鼃曰
無官守言責則未任事故進退有餘裕豈可以仕而

受祿者視孟子哉

蚳鼃在戰國亦不多見

第六章　孟子爲卿於齊

孟子出弔於滕王驩輔行不辭而與之同行事權在已且王命也況王驩平日雖敬孟子初非有大惡如陽貨之所爲卒之反齊滕之路未嘗與之言行事其絶之也深矣

與之同行而不辭敬君之命也反之而不與言行事

守已之正也不爲已甚亦不敢枉道聖賢之應物豈容一毫私智於其間哉

第七章孟子自齊葬於魯

縣棺而封斂手足形皆孝子不得已而爲之曷嘗以爲盡於心有所悅而恔然也不得爲無財也苟禮所得爲財又足爲之孝子之心少慰矣忍不盡分以爲之遑惜此區區之財乎由此章之言深體味之孟子平日事親之誠孝與闕然如不足之心儼然流露矣

第八章沈同以其私問曰

燕之可伐孟子只據理答之齊之君臣遂不復狥究肆行侵奪非有弔民伐罪之意宜乎動天下之兵也使孟子勸齊伐燕齊王聽孟子之言則是湯武之師豈失天下之望哉

第九章燕人畔

王甚慙於孟子則孟子未嘗勸齊伐燕可知周公誅管叔宋儒論之詳矣

第十章　孟子致爲臣而歸

旣不知用賢之道又無留賢之實意徒謂時子以萬鍾嘗之宜乎孟子深拒之君子之仕也務行其道也何有於利哉齊王用心如此所以卒不能安孟子而致王也

第十一章　孟子去齊宿於晝

無王命而爲王留行亦妄人也此孟子所以絶之苟能告王以王道之大力行孟子之學使王深悔而自

答盡禮敬以親留孟子又何不可留不知出此擅留以自絶長者非妄人而何

第十二章　孟子去齊尹士語人曰

孟子至齊本欲行道以濟時其不忍不去者道不行也守正之義也非有所激也其不忍急去者王由足用爲善愛君之仁也非有所欲而然一去止之間仁至義盡如此

三宿而後出晝其所以望齊者深矣浩然有歸志其

所以去齊者决矣伯夷之清柳下惠之和實兼之眞
是孔子家法
讀不見諸侯數章可以知君子進之之道讀此章可
以知君子去之之道
玩此章足見聖賢生物之心未嘗一日息
戰國之時其君多尚詐力惑於利而不知反滕文公
以外惟齊宣王尚知德之爲貴保民之爲念不以好
樂好色好貨好勇與兵搆怨之非而隱之此孟子所

以深有冀於其改過而不欲速去也

戰國時若尹士與蚔鼃不多得

第十三章充虞路問曰

數過而時可而不得有爲故不能恝然治亂亦有天在焉我不得而强焉又何爲不豫故註謂其憂世之志樂天之誠有並行而不悖者無憂世之志非萬物一源之道無樂天之誠非爲己之學此所以並行而不悖也

觀此章知聖賢盡其性而已道之行與不行則有天命存焉故無不豫

第十四章 孟子去齊居休

讀此章知聖賢審於去就之義不必拘於古而臨難毋苟免之心亦於斯可見

孟子說卷二終

孟子說卷三

萍鄉李蘅垣先生鑒定

武昌姜郁嵩著

門人萍鄉李百蔭滋仝校正

門人武昌鄧泗卿江夏李希白仝編次

男壽生

滕文公篇上

第一章滕文公爲世子

孟子言性善欲人知此理之在吾心有不能盡其性特爲物欲所蔽非不可以力求而得且不可不力求而得舉堯舜爲性善之形表此章之義程子朱子言之備矣亦可謂擴孟子所未發學者當由程子朱子之言以求孟子之意則庶可入聖人之域矣

道心即性善人心即私欲已包有性善之性氣質之性在內特秦漢以來儒者無孟子宋賢許大才識故不能分明言之徒使後世以氣爲性紛雜錯謬爲害

不可勝言道之不明實由於此自孟子出人始知性之本善而反求諸己不假外求自宋賢出人始知氣之不善不害性之本善而自信益深反己益切異端邪說不足以奪之此所以有功於聖門明正學於萬世

道一而已有二三非道也

性無二故道無二

性者善而已有不善非性也故天下古今只共此一

性

聖賢皆以聖賢爲法可見道一要在人立志有爲耳

更無他術

第二章 滕定公薨

孟子與滕文言喪事不數言先王之禮意自備人心

之同然自得當禮樂崩壞能推行如此眞精義之學

以齊王猶反手豈不信然哉若夫拘拘於禮節之末

以文勝哀使人行之煩碎不得其要領豈能盡禮意

而感人心哉

此章之旨務在行三年之喪變服食之常極泣哭之誠及父兄百官不服亦惟自盡其哀不必他求此所以易行四方之人心大悅也滕文一行孟子之學其功效如此聖賢之道豈可一日離哉

第三章 滕文公問爲國

論喪則必行三年之禮而以盡哀爲主論學則必法三代而以明倫爲歸論井地則必行徹法而以經界

爲要事簡而法備法備而易行數千載下讀其書令人如見三代之隆非其心默識先王之道神而明之不能言之如是其通貫可推之百世而無弊此朱子所以謂喪禮經界兩章見孟子之學識其大者不屑屑於既往之迹而能合乎先王之意眞可謂命世亞聖之才矣

第四章　有爲神農之言者許行

此章歷敘聖人之勞心不惟甚於小人之勞力且小

人一日無君以教養之則亂此君體道以安民民出粟以養君爲天下之通義焉能並耕陳相背棄師道惑於異端其得罪於聖門者大矣夫天尊地卑山高川下則貴賤有等上下有敘此理之自然也陳相欲渾而同之何其悖也使非孟子闢之則中國久已去人倫無君臣矣

許行之説流於今而益盛此聖賢所以道中庸而深絶異端也

第五章　墨者夷之

既溺於異端其來也不待其求見之誠則吾言不信吾道愈不明

墨以兼愛爲道視其親如路人夷子師之而葬親獨厚則是不忍薄其親本然之良心自然發之而不能已也可見人性之善雖蔽之深未嘗息也

施由親始是夷子已畧識愛有差等矣而曰無差等故朱子以爲遯辭

此章之旨言愛人愛物皆自愛親之心推之其厚薄輕重自有定分不可以毫末混者此生物一本若天使之然也夷子之能悟雖納約自牖因其明而通要亦孟子立言有法簡而易知故其感發之速如此孟子之學雖曰去聖未遠而其辨楊墨則有獨得之深使當時而無孟子則天理人倫不知泯滅如何

此章已分明理一分殊之意

滕文公篇下

第一章陳代曰

天地一有不正必至於傾人心一有不正必至於邪道之中只有直而無枉故君子不枉己以見諸侯豈自尊大哉盡道而已

凡人屈身權勢其心必有所不安此即羞惡之心發動而卒屈身往求者利欲有以勝之也

戰國之士夫挾詐干人主朝秦暮楚無復廉恥去就之道不講一闢孟子之行不能無異故陳代雖親學

孟子其言亦如此他何責焉

第二章　景春曰

盡已之智以誑諸侯竊諸侯之權以威人非妾婦而何大丈夫則隨分自足不逐物而化始終在道夷險一理正孟子自當豈戰國之士所得而知哉

居天下之廣居心德無不全也立天下之正位持身無所偏也行天下之大道應務各得其當也故朱子以仁禮義釋之曰天下之廣居天下之正位天下之

大道言天下之美無以加於此也

居仁立禮由義乃聖賢之本領正孟子之學也不淫不移不屈乃仁禮義之功效學至此方爲有得

此章辭氣暢快是孟子造道熟亦是泰山巖巖氣象

第三章　周霄問曰

君子之仕也欲行其志也不輕往仕者必由其道也既欲行其志又不肯枉道此仕之所以難也無行道之志則是忘世也不由道而仕則是苟祿也此中庸

之德所以爲至也戰國之士知有利而不知有義故以孟子爲難仕

第四章 彭更問曰

當人欲橫流之時先王之道廢絶無聞孟子獨講明而篤守之入孝出弟使先王之道晦而復明絶而復續開啟千百世之人心燦然知吾道在己人皆易從不至淪於異端禽獸正韓文公所謂孟子之功不在禹下豈眞與百工相衡哉

彭更之意亦不離陳相並耕之說也

第五章　萬章問曰宋小國也

此章言人君能實行仁政斯國無大小天下之民自歸心何强敵之足畏此眞自强之道也舍此更無强法若用詐力勝人不能大而久卒難强無以服天下之心也故孟子爲萬章探本言之惜乎宋之君臣不行其言卒爲齊滅也

第六章　孟子謂戴不勝曰

此章言人臣欲其君之善當使左右前後皆用君子不可參以小人正君之道莫急於此

第七章 古者不爲臣不見

諸侯求見之誠於禮當見而不見未免過激若不求見而往見則是苟合以邀利也惟聖人中庸之至既不往見陽貨又必答其禮惟義所在無一毫有我故所應自無過不及也

第八章 戴盈之曰

天地以一誠化生萬物萬物各得其正是義也在人心則事事各有定制不容毫髮紊也若是則義之所在刻不可間一有不義卽害義也是故君子行或不義不知之猶難逭也若明知其不義卽當速改以從義天下禍敗莫非待之之說階之也戴盈之可謂長君之惡矣由此章之言思之可見當時諸侯取民皆不止什一殷周之制已有將廢之漸矣

第九章　外人皆稱夫子好辯

凡好辯者欲勝人聖賢豈有勝人之心哉特以事關治亂不得不詳說以明之使人皆曉然於邪正之分而不陷於詖邪蓋邪說之害甚於洪水猛獸夷狄簒弑洪水猛獸夷狄簒弑害人身邪說害人心洪水猛獸夷狄簒弑害一時邪說害後世洪水猛獸夷狄簒弑人知深惡而急欲除之其反之也易邪說則人爲所惑流禍無窮其反之也難無父無君是禽獸也斯民與我一體率人道於禽獸則天理滅人欲熾塗炭

天下後世已極矣君子豈忍默視哉此孟子之所以不得不辯而凡有人道之責者所當共誅也故朱子謂非知道之君子孰能真知其所以不得已之故哉自孟子闢楊墨邪說息天下後世皆知有君臣父子之道當時以爲好辯者蓋亦亂賊之徒也孟子自以爲承三聖至此有不得不自任者矣

第十章陳仲子豈不誠廉士哉

去君臣父子之道以爲廉則罪同於楊墨亦何用廉

爲哉

孟子說卷三終

孟子說卷四

萍鄉李藕垣先生鑒定

武昌姜郁嵩著

門人萍鄉李百蔭滋仝校正

門人武昌鄧泗卿江夏李希白仝編次

男　　　壽生

離婁篇上

第一章　離婁之明

此章言先王之政本諸心宜於人有仁心仁聞之君所當法也反是則國難存而易喪也爲人臣者亦當盡恭敬以贊助其君行先王之政

自古人君變亂先王之政刑輕棄祖宗之法度未有不亡天下者也自三代及漢唐季主昭昭可考也孟子之言豈直爲一時發哉實千百世繼世之君臣所當味也

先王因天道本心德以佈爲綱紀法度至精至密故

能合於人情宜於百世聖人復起不能易也

第二章 規矩方員之至也

此章言仁與不仁無并行之理人當法堯舜之仁戒幽厲之不仁

第三章 三代之得天下也以仁

此章言自天子以至於庶人不仁必至於死亡惡死亡莫如去不仁亦因其本心之明以教之也

第四章 愛人不親

此章言人當自責不可遠責人果反身皆正人自無不服

第五章 人有恆言

此章言人當修身以爲天下國家之本

第六章 爲政不難

此章言君身無失德則有以服巨室之心而民心悅德教自溢乎四海

第七章 天下有道小德役大德

此章大旨朱子最爲簡明言不能自強則聽天所命修德行仁則天命在我信哉斯言也有國者所當三復思之

好仁本非爲自强計然欲自强舍仁政更無他道仁人無敵於天下此自然之理不然專尚詐力雖其權勢亦足以勝人而積怨已甚必不能久如秦始皇可鑒也好仁雖小國足以屈強力故孟子舉文王之事以爲訓

第八章　不仁者可與言哉

此章言不仁之君喪其本心不恤忠言不知不善之事所以危亡而樂爲之以自取禍敗其儆人君深矣

第九章　桀紂之失天下也

此章言國君實心好仁以去蔽溺欲與聚惡勿施民心自悅而歸仁矣不如是必陷於死亡

第十章　自暴者

此章言仁義本心所自有人自暴棄之甘爲不仁不

義是可哀也教人至曰哀哉則愛之至教之切望之深教至此無以加矣人可不痛自勉哉

第十一章道在邇

此言平天下之道不外乎孝弟

第十二章居下位

此示人以誠身之學身誠則所行自無不達非因求達而後思誠

明善誠身乃聖賢傳心之要自此以外更無餘法

學者從事於明善誠身所學自不差久之不患不至
聖賢
善無不明身無不誠非聖而何
非明善無以誠身而明善又要誠身
明善則知誠身則善實有諸已
善者理之著見誠者善之歸宿
誠者善之本善者誠之發
此章示人務盡思誠之道

第十三章伯夷避紂

此言人君能用賢則天下之民自歸服

第十四章求也爲季氏宰

此深戒人臣導君務强戰以殺人之罪

第十五章存乎人者

此示人以觀人之法蓋身之氣行於質而心之神則著於目質凝重清濁或可以掩神疾速明暗不可以僞故聽其言幷其眸子觀之其心之邪正自有不得

而度者矣

此亦由外以知內之意也

第十六章恭者不侮人

人心必有是敬遜之德故其發於外者自恭順而不敢慢於人必有是節約之德故其行於已者自儉制而不敢苛於民侮奪人之君無實心而僞爲於外其如恭儉何

第十七章男女授受不親

朱子謂權稱錘也稱物輕重往來以取中者也然則權是活物惟中是與以權對禮而言則禮乃日用一定之經權乃一時制事之宜舉平日未嘗經見萬難措手之事一旦處之至當不偏準乎理之正合乎人之公則權即禮也然禮人可勉而致權非精義入神者不能爲也湻于髡欲孟子不必守人君致敬盡禮之常屈已往見諸侯以濟世以是爲通權則權而無禮乃戰國時權詐權變權術之習烏足語權哉

權非權變之謂權乃所以處變而不失其中道也權非大賢不能用

此章言必人君尊德樂義以下賢則賢者方能得君行道以濟時非然則徒爲枉道自失也

世以權變爲權則是奸雄藉口之談

第十八章　君子之不教子

此言古者易子而教以全父子之恩皆示人以篤於人倫然此亦爲中人言也

第十九章　事孰爲大

人之身本於父母失其身卽失父母之身一出言不善一行事不善已爲此身之失豈必酒色姦宄之類始爲虧體辱親乎故孝雖無窮孟子必以守身爲要舉曾子以爲法曾子誠身者也凡事親者可不兢業以修其身哉

第二十章　人不足與適也

此章言大臣之道以正君心爲要天下之定與不定

繫乎人君之一心君心正則所存所發莫非仁義用人行政自各得其正而天下定矣仁義無不正正兼仁義言

孟子具大人之學有格君之德而不見用於時幸其言尚存爲人臣者可勿深念哉

此章之旨集註發明極詳學者當熟玩

第二十一章　有不虞之譽

此言毀譽出於人口未必皆得其實人當各求自盡

不可以是爲準註兼修已觀人言之其義自備

第二十二章人之易其言也

君子平日以謹言愼行爲學豈待人之責而後不易其言哉故朱子以爲此亦有爲而言

第二十三章人之患

顏子有若無實若虛知道之無窮而難盡也好爲人師則自以爲有餘不復求進終於此而已故大可患也吾黨當遜志時敏日知其所未知日能其所未能

以是終身而已

第二十四章 樂正子從於子敖之齊

師與父兄等故禮記事父事君事師其就養服勤皆同孟子在齊樂正子從子敖之齊即早見孟子已不爲無罪況又不早見長者其罪更大故孟子姑以此責之長幼之禮不可廢也樂正子即服罪好善之心自不能忘也古人動必以禮如此

第二十五章 孟子謂樂正子曰

此乃正名其失身之罪也夫天之於物也栽者培之傾者覆之非有意於其間也人之於人也善者好之惡者惡之亦理之自然也况君子與小人邪正不同好尙各異本不可相因樂正子從子敖固能不爲所移然非其類也君子之行已也須臾不離於正而已樂正子從子敖未免失正故孟子責之深學者當懍懍焉自古君子爲小人所籠取莫不始於自信其能不爲所污卒至敗壞其名節何可勝道也

第二十六章不孝有三

無後之罪百倍於不告瞽瞍本至頑未必不欲有後雖一時不慈於舜至於底豫未必不悔故舜之不告不敢守常禮以墜宗成父之惡廢人之大倫可謂諭親於義順親之道天理人情之至豈有一毫有我之意哉故朱子以爲權而得中則不離於正也而孟子以爲猶告也非孟子造義之精不能爲此言朱子又發明之學者宜深察焉

第二十七章 仁之實

此言仁義之心發於事親從兄之間最爲真切凡愛人敬人之道皆從此推所貴智以知之禮以節之樂以和之

仁主於愛愛之所及者廣然必愛親爲仁之實義主於敬敬之所施者衆然必敬兄爲義之實蓋父兄於人最親故良心之發於此爲實天下之道皆出於此也故朱子引有子孝弟爲仁之本爲據以實字爲本

實之實又曰良心之發最爲真切則任兼誠實之實
蓋人於事親從兄愛敬之心不切實而切實愛敬他
人者則悖理也此愛親敬兄之間仁義之發自然極
真極切而愛人愛物敬君敬賢皆原於此而無僞由
此二者必知之明不爲物所奪方爲智之實必行之
有叙而不陋方爲禮之實必居之安而和方爲樂之
實至於樂則孝弟之心自油然而生無適莫非愛敬
之所形著矣集註重智知之自能行也

此亦勉人務盡孝弟之道不言仁義而言孝弟以孝弟卽根於仁義言仁義恐人疑其道之大而難行言孝弟則切近易爲孟子教人之誠切如此

第二十八章 天下大悅

此亦闡發大舜之心以立孝道之極非孟子深知舜之心不能言夫人心之得於天者只有五常之理本無富貴之欲然常人溺於富貴不得於親則忘不得於富貴則戚惟聖人盡性不知有天下之爲樂只知

不順親之不可以爲子務盡子道以至底豫此舜所以獨稱大孝而爲人倫之至若曰吾孝已足則必入於不孝而爲天下後世之罪人豈能順親哉

天下化者天下之子見舜之孝謂瞽瞍之父舜猶能順之況其父之不爲瞽瞍而不能順者必吾事之不如舜於是莫不化爲孝天下之父見瞽瞍之底豫謂彼極頑很猶知愛舜我豈可疾視其子乎於是莫不化爲慈至於父化爲慈子化爲孝則天下之爲父者

皆以慈爲分所當盡遂安心於慈矣天下之爲子者皆以孝爲職所當盡遂一意於孝矣所謂定也

離婁篇下

第一章 舜生於諸馮

此言前聖後聖時地雖異揆之於道則不異也不曰其道一而曰其揆一者前聖後聖因時行事其迹未必盡同然皆當理而無私揆之而其道無不同也道以其理之當然者言揆以其心之妙道者言

第二章　子產聽鄭國之政

此言治國在平其政不在行私惠平其政則澤之及人者無窮行私惠則恩之悅人者有限行私恩凡好名利己者皆能之平其政則非理明心正者不能也朱子惠謂私恩小利政則有公平正大之體綱紀法度之施二語最爲精密體用兼有他處釋政字未有如此之詳公平正大即仁心綱紀法度即仁政王道隱然具矣子產爲政本不識王政往往以小惠悅人

君有之故孟子正言之以使爲政者知所務也

第三章 君之視臣如手足

此極言君臣報施之道所以深戒齊王以禮待臣其愛君之心可謂至矣至若純臣事君君雖不仁臣必盡其忠孟子非不知此道特以戰國之君自尊而賤人視臣下不如犬馬宣王亦蹈此習故孟子以此諍之使知君臣一體志同道合而後王可立致可謂愛君之至矣或者不察遂謂孟子此言實啟人臣不忠

之心則過矣

第四章 無罪而殺士

此言士當見幾而作然有國者使大夫去士徙亦殆矣哉

第五章 君仁莫不仁

此亦身修而天下平之意

第六章 非禮之禮

禮義出於天成於性至精至粹有是而無非自學者

平日無明理精義之學臨發又不加詳或執一而不觀其全或泥末而不達其本是以行之多過不及近於禮義而實非禮義惟大人禮義得於心隨事順施因時制宜自皆合乎禮義之中正

此示人以明禮達義之學

人而無禮義與物何多焉是以人皆逐逐夫物欲君子日孜孜夫禮義

非禮之禮非義之義此類甚多學者須於詩書所言

古人所行類而觀之其理自明

第七章 中也養不中

此言教子弟者當使之悅學以盡其誠寬以待其自化不可以其不肖而遽絕也然亦爲賢父兄言之若不賢之父兄安能知此蓋中則所行無過不及非體道者不能才則能識俱有亦非易致

第八章 人有不爲也

有所不爲則已能審於是非而後能有爲

不爲不善然後能爲善

此亦示人以觀人之方程註知所擇三字恰得此章之意

第九章 言人之不善

此以後患警惕好言人之不善者非獨欲人遠害亦欲人養心以正大也

第十章 仲尼不爲已甚者

凡意未化私未淨行事或未免有所狥若夫子神化

與天地同流凡事順理而行從心所欲不踰矩因物付物己無意焉何已甚之有中庸之爲德其至矣正吾夫子之所爲楊氏所謂本分之外不加毫末也孟子造道深故知孔子最真

若段干木泄柳之事則已甚伯夷柳下惠皆然

第十一章　大人者言不必信

此示人以精義之學疑爲信果者發大人言行未嘗不信果然有義焉不先存一信果於心而必信必果

耳此章合非禮之禮及上論君子之於天下章參觀
互較其義自無遺
第十二章不失其赤子之心者也
此言大人之所以大正以其能存理遏欲全其純一
之初心不貳不雜理無不明行無不得
第十三章養生者
此言人當慎於送死一死而不能復生一失而追悔
不可及於此而不盡心盡力更於何處盡之乎非謂

人只以送死爲大而養生爲可畧也

第十四章　君子深造之以道

學不至於自得終非實有於己思勉所至終與道二蓋思勉時則得不思勉則離也是以君子欲其自得之也

自得者致知力行之功既久於道之全體大用一旦豁然貫通故其應無窮

學至於自得則旁通黙識此心湛然虛明衆理具萬

事明感應各當也
自得之功在深造以道深造該盡博學篤行涵養省察之道則用功之先後遠邇卑高之方不涉一毫異說也孟子才高入德之工夫節目故不及細分只以深造之以道數字括之學者不可忽也

第十五章 博學而詳說之

此言博學正欲以反約而反約者不可以不博學蓋不博學則無以明衆理而所約者皆虛而無用不反

約則無以一衆理而所博者徒泛而無歸詳說所以辨一理於萬殊反約所以會萬殊於一理此即上章深造自得之實功故朱子以爲承上章之意

第十六章以善服人者

假爲善以强人從其欲故人惡其私僞而不服以善養人本仁心以行仁政涵育薰蒸人自化於善而心悅誠服

此言服天下以公不以私

第十七章言無實不祥

此言蔽賢爲不祥之實蓋賢者天地之心萬民所託命也蔽賢則自戕其生理傷天地之心殘萬民之命天人所共憤不祥莫甚焉

自古嫉賢害能之人莫不小則辱名殞身大則亡家喪國孟子之言豈故爲蔽賢者戒蓋亦因其理之自然而已

第十八章　仲尼亟稱於水

此言學當務實不當務名務實者不暇計名名自至務名者實不至名必立敗

實至名歸篤行君子猶深愧讓況過情之譽能勿恥乎恥不可僞也蓋發於羞惡之不能已也

君子之學爲己而已一涉聲聞卽非爲己

第十九章　人之所以異於禽獸者幾希

此言人禽之分甚微只爭形氣之正與不正耳不正

則不能全其性正則能全其性然常人每去之獨君
子能存之曰幾希者可危可懼稍放焉則流爲禽獸
耳
此合下數章歴叙君子能全其性舉舜爲首以舜繼
堯執中之統爲最先出之聖耳
曰人之所以異於禽獸者幾希者其發人深省至矣
天地以一誠流行化生萬物氣以成形理以成氣本
無不同朱子謂獨人於其間得形氣之正而能有以

全其性爲少異耳此語較武王人爲萬物之靈尤密非朱子窮理之至體道之精不能言此所以接孔孟周程之傳而發其所未發耳蓋萬物得形氣之偏其所受之理即偏故其靈塞而不能全其性惟各專其一如虎狼知父子螻蟻知君臣豺獺知報本狐死正邱首之類人得形氣之正其所受之理自皆正故其靈最通而能全其性人倫庶物莫不體其理而盡其分此朱子之言所以較武王尤密也學者當顧吾形

氣之正以求全其性不可自同於禽獸耳

處人倫庶物出於至誠惻怛之謂仁井然各當其分之謂義

由仁義行言所行自然從仁義之心出非行仁義言非用力行仁義也此聖人生知安行不待勉强之事也

明於庶物察於人倫不思而得生知也由仁義行非行仁義不勉而行安行也

明察只分輕重緩急非聖人於物理有未通也

第二十章禹惡旨酒

此言禹湯文武周公之能存此理各舉一事見其實能存也憂勤惕厲正朱子發明聖人所以存之之本使天下後世之學聖人者知所從入矣然非意爲也蓋亦從聖人數事上推出朱子之能體聖心如此

惡無微而不絕善無小而不取此禹之兢業以存此理也道必守其中賢不使之遺此湯之兢業以存此

理也只知民之當愛不知澤之及民只知道之無窮不知己之見道此文王之兢業以存此理也敬不弛於近習仁必周於遐遠此武王之兢業以存此理也兼三王四事思之極其誠行之極其果此周公之兢業以存此理也思其不合以求其合蓋千聖一心也

第二十一章 王者之迹熄

孔子之德莫盛於春秋

不知春秋無以知孔子

春秋明王道正人心
春秋一事一禮無一毫過不及
春秋禮樂政刑因時制宜
春秋無二帝三王之權行二帝三王之事賞善罰惡公天下之是非故亂臣賊子懼
春秋奉天時行王道
春秋因魯史所載時事而筆削之天理人欲最爲分明

三王致王道於一時春秋行王道於萬世故曰賢於堯舜遠矣

學春秋者滯於一字以爲褒貶予奪在是必有不通之處不足以窺聖人之大

春秋有不知處不可以强解

春秋天道人事無不備

春秋乃窮神達化之書

欲致堯舜之道舍春秋不能

春秋之義在秉天理定邪正爲百王之大法治天下不法春秋非純王之道烏乎言治治春秋者惟胡傳説得理密然亦有滯處亦有臆斷也

春秋撥亂之書當時王政不行諸侯專天子大夫專諸侯陪臣專大夫故其間賞善者少罰惡者多自春秋作三綱正九法叙因物付物莫不各得其所爲人君止於仁爲人臣止於敬爲人父止於慈爲人子止

於孝
詩書均記當時事實如今史傳然但古無紙惟紀之
竹帛故極簡耳詩亦猶史亦是記人君政令諸侯朝
貢卿大夫諫諍君子小人消長禮樂征伐盛衰治亂
莫不備自平王東遷政令不行於天下諸侯不秉王
章天子不親諸侯只有民俗歌謠與十五國之風無
異黍離降爲國風而雅詩亡亂臣賊子與孔子不得
已於是取魯史春秋所載當時事實秉天德準王道

而筆削之明人倫正上下定天下之邪正爲百王之大法此言孔子存斯理作春秋繼羣聖之統夫孔子之事多孟子獨以作春秋爲繼羣聖之統則知春秋者莫如孟子彼謂孟子長於詩書豈知孟子者哉況春秋乃聖人之實事不等空言豈有不知春秋而能爲聖賢乎予於春秋讀之每不得其要領故言及此不覺煩碎

第二十二章君子之澤

此承上三章歷叙羣聖而自言聞孔子之道於人其言雖謙其意若有不敢不自任者矣

第二十三章可以取

取與死各有定分不容少偏可者易知不可者易知惟可與不可之間非精義者處之不能無偏

此章亦示人精義之學

必取與死無少偏始可謂之廉惠勇

第二十四章逄蒙學射於羿

此示人取友之方非有取於庾公之事

第二十五章 西子蒙不潔

此言善不終不足爲善惡能改卽爲無惡尹註戒人之喪善勉人以自新其言約而盡矣

第二十六章 天下之言性也

此言順理斯爲大智穿鑿則是小智而害於理

此示人自私用智者之不可也

故者性之發見處如羞惡惻隱等類是也

第二十七章　公行子有子之喪

踰階歷位而相與言是失禮之甚也孟子守禮則不敢踰階歷位安得與驩言

此孟子自明其行朝廷之禮以示王驩聖賢動以禮常人動以欲孔子之見陽貨答其禮也孟子不與王驩言行其禮也此所謂待小人不惡而嚴聖賢豈有所爲而爲哉學者於此類尤當心體而有得焉不然讀書何益

第二十八章　君子之所以異於人者

人之所以貴者以其有仁禮也其不知愛人敬人而有戀者失仁禮之心也君子以仁禮存心隨在不忘仁禮務盡其愛敬於已而不責人故無患

此示人以仁禮存心橫逆之來正當自反自盡不可求責於人自無所患舉君子以爲法舉舜以爲證以仁禮存心及於人自必愛敬非好爲愛敬君子之於人也只當如是而已其有不合於人者故必自反

第二十九章禹稷當平世

此言聖賢之出與處因乎時之治與亂其出與處事雖不同而其因時出處各當其理乃所以爲同事殊而理一故曰同道禹稷顏子當平世皆當出以救世當亂世皆當處以求道非禹稷獨能救世而顏子不能有爲也故曰易地則皆然使世非堯舜而謬託禹稷則是汲汲於利祿亂非春秋而貌爲顏子則是潔身亂倫

有顏子之學方可言禹稷之道

此言當隨時盡道不可執一以論人

第三十章　匡章通國皆稱不孝焉

此言衆惡必察章子之得罪於父在責善非有世俗之惡也故孟子與之遊又從而禮貌之朱子以爲至公至仁而楊註尤宜深玩

第三十一章　曾子居武城

此言聖賢處難去與守不同而其道則無不同所以

然者一尊一卑也學者察此而有得焉則知天下之事莫不各有定分要在隨所遇而應之不失其正雖所行不同而不害其爲同也

第三十二章　王使人瞷夫子

戰國民彝泯亂上下相趨於詐利妾婦之順狗盜之行充耳盈目獨孟子言必稱堯舜動必以禮故一時以爲異不知由君子行之自屬日用常事齊宣果能大有爲當深求夫孟子仁義之旨静察其進退辭受

之道則孟子之所以異於人者自見乃徒使儲子瞯其周旋應對以爲異其失豈僅在不識賢詭亦甚矣宜其卒不能用孟子而大有爲也及孟子告以堯舜與人同耳君臣率若罔聞噫

孟子言堯舜與人同耳人須求堯舜與人同者又須知我何以有不同堯舜處必如何方能同於堯舜庶幾有益

第三十三章齊人有一妻一妾

此亦因當時溺於富貴利達思有以救之故言此以動其本心欲其深耻而反求聖賢之教人意誠而術仁如此

孟子說卷四終

孟子說卷五

萍鄉李薌垣先生鑒定

武昌姜郁嵩著

門人萍鄉李百蔭 李百滋 仝校正

門人武昌鄧洄卿 江夏李希白 男壽生 仝編次

萬章篇上

第一章 舜往於田

人子之身本於父母不順於父母此身何安固出於至性之不能已但常人之情隨物而遷聖人之心極欲難移此大舜只知親心之當順不知衆欲之可欲常怨己之得罪父母慕之無已非大孝而能若是乎極天下之所欲而不足以解其不順父母之憂其怨慕之心至誠無以加矣朱子以爲孟子真知舜之心又曰非聖人之盡性其孰能之疑指此與

以舜之聖以瞽瞍之頑日以不順於父母爲憂窮衆

人之欲不足以解其憂責己慕親無有所極則吾黨之負咎於父母與夫父母之慈恕於我者何可勝道自古稱大舜之孝者多矣未有如孟子之切至者真可謂深知大舜之心也孟子之學至矣得孟子之論大舜之孝益彰賢愚皆知其感人心垂綱紀益深矣

第二章 舜之不告而娶

首言舜之不告所以全父母之恩次言舜之愛弟所

以盡天性之至

聖人之心至誠不息衆理昭著感而遂通無在非一誠之所流行豈有不誠之時況兄弟一體而分呼吸天性尤切象雖以殺舜爲事悔而思兄亦情之所必至固舜之所日望其來也喜誠發於至性豈復有一毫之疑忌而僞喜哉象憂亦憂象喜亦喜憂喜一體非大舜盡性不能行非孟子復性不能知

第三章　象日以殺舜爲事

天地之心只知生而已聖人之心只有仁而已不忍傷物孔子遭桓魋之難不怨顏子犯而不校殷三宗周文王民怨詈則自敬德況弟兄之倫乎豈以其不愛敬而失吾性乎故舜之於象只知反己以盡其親愛之道使之得其所安而已豈有計較之心乎萬章狥世俗之習以爲舜爲天子必害象其刑不止於放則未免滅天理棄人倫而孟子則以爲封之也則舜之心傳人道亦於是而明若周公之於管蔡正自有

別管蔡以武庚叛則覆宗廟危社稷亂天下天地神人之所必誅周公豈得顧一己之私愛廢天下之公理象之欲殺舜止舜而已舜盡其親愛處之有道象自不能害有以全其親愛之心周公以親愛而使管蔡監殷及其以殷叛周公雖欲全其親愛而不能周公之於舜非有二理也

舜盡人倫於一時孟子明人倫於萬世然則舜之盡人倫非孟子不能知不能著也

封之有庳富貴象也使吏治其國嘉靖百姓也既不失親愛之道又不失治民之方此所謂仁之至義之盡也

第四章語云盛德之士

此言聖人人倫之至子臣父臣臣君人倫顛倒舜無此事固不待辨矣孟子爲蒙詳言所以解愚野之惑而明君父之尊以維人倫之道也

舜只知父母之當事弟之當愛常恐其事之愛之之

道未盡故瞽瞍終底豫象終不傲天下中人之父兄常多爲之子弟者未嘗一盡其事之愛之之誠一不得於父母兄弟遽謂父兄之不可事也何其悖哉此舜所以爲人倫之至處變而不失其常孟子獨表章之以爲千古法

第五章 堯以天下與舜

天人鬼神同此一理故理至則天人鬼神自順然天大難知而鬼神亦不易測惟人之順從可知故必終

驗之於人人既歸服則天與之可知卽人以知天斯死妄矣惟孟子造道深見理熟言如響應明達易曉發古之所未發人人衷深彼假天以欺人圖度天命觀此可以知懼矣

此言舜之有天下天與之天之與之卽民之從之也萬章問之審孟子答之詳自古言天人者未有如是之明也學者當深察焉

第六章人有言至於禹而德衰

此言帝王之傳賢傳子皆出於天乃義之至當也堯舜之子皆不賢啟獨賢舜禹爲相久益獨不久皆若天爲之正與賢與子之實據後歷推聖人不有天下之故正爲益言也末引孔子繼禪一義之言帝王之心惟夫子知之皆各行其所當行非堯舜公而禹私其德果衰也

傳賢傳子如許事非具至公無我之心不能知

莫之爲而爲者二句言舜禹啟之有天下與益之不

有天下皆出於天之自然非人力所能爲皆由於命之一定非人力可强至承上文而言也

非有人用力爲此而自然爲此者天也非有人用意致此而自然致此者命也天以理所從出爲言命以人所從受爲言

第七章人有言伊尹以割烹要湯

伊尹事無大細必準乎道義割烹要湯則無道義極矣伊尹不爲不待辨也戰國時士大夫行爲汚賤故

託爲此言不知伊尹湯聘且不肯至況要湯乎必以
此道覺人必以天下之重自任則以身徇道義而所
行者必無在而非道義也豈有割烹之事乎割烹要
湯則大辱己不潔身矣尚能助湯伐夏救民以正天
下而爲聖人乎即伊尹之言與行以折人言之誣而
聖人之行自明非孟子而能若是乎
先知覺後知先覺覺後覺而曰天使者民吾同胞達
必欲其俱達理所當爲即天也此孔子所以歷遊孟

子所以不忍去齊而耦耕荷蕢所以爲果也千駟一介有大小道義無大小聖人之心只有道義曷嘗謹於大而忽於小非孟子知之明守之篤不能推極至此

聖人雖不廢君臣之義何嘗不潔身

第八章或謂孔子於衞主癰疽

此言孔子不以得衞卿而主權倖不以遭厄難而不擇所主則其不主癰疽與侍人瘠環不待辨說而明

也聖人進退自是禮義命不足言言有命者曉子路也

此言孔子必擇所主當時誣孔子主癰疽瘠環蓋無恥者託以濟私也

第九章　百里奚自鬻於秦養牲者

凡人之不智汚辱之事不恥爲也智者知是非必有恥百里奚知虞公之不可諫知穆公之可與有爲又能去虞國顯秦君則能知是非而實蹈之其知察矣

豈有不知食牛以干秦穆公之可恥乎故孟子只就其知處反復論之而知其不爲食牛以干秦穆公之汙也皆聖賢闡幽以扶人心之事

此言百里奚必不苟賤以干秦穆公

萬章篇下

第一章 伯夷目不視惡色

天之賦於人有善而無惡伯夷之清其所爲無不善可知其清極矣故曰聖之清人物本同一理則一物

失所此心蓋有所不安伊尹之任固仁者立人達人之事故曰聖之任天地無棄物柳下惠之和則無人不能容故曰聖之和是其清任和雖孔子不能外但伯夷知清之爲美而專於清伊尹知任之爲美而專於任柳下惠知和之爲美而專於和故朱子謂各極其一偏若孔子則當清而清不至等鄉人如塗炭當任而任不必何事非君當和而和不必袒裼於我側故孟子以爲聖之時其所以偏者由其知之不至也

其所以時者由其知之獨明也

君子造道從入之途稍有所蔽則其終也總欠此一邊伯夷伊尹柳下惠雖至於聖只是反之之功爲多其性之近多是清任和專從此入合下未見全體故終不免偏於此孔子生知合下便見全體故時措從宜非孟子真知孔子不能言

第二章 周室班爵祿也

此言周室班爵祿之制今雖廢而不行然其貴賤有

等上下有經天子統於上諸侯治於下義精而法密綱舉而目張其致盛治也宜哉及其衰也猶能鞏固維持於數十百年之後天下不至瓦解然後知周制之善王道之大也

周制自王公以及士庶人爵祿之班差等隆殺朝野各得其分各得其分則安其後周衰諸侯公卿及天下之民猶不忍喪亂者以其法常存各守其業不甚失守故也

第三章 敢問友

此言友以輔仁在德不在勢自卿大夫及諸侯天子皆然不可有挾也

天下惟道爲至道之所在天子失其貴匹夫忘其賤此堯所以友舜而舜不以爲慊獨舉堯舜所以立人道之極

友所以成己之德故列於五倫五倫之中父子兄弟以親戚君臣朋友以義合然必有夫婦然後有君臣

父子兄弟朋友此五者所以爲民彝而人之所當厚不可頃刻失其正也人者父母生之君臣成之兄弟則父母之枝也夫婦則男女之合也獨朋友則處於衆人之中似與己不相屬然有德成學正者取以相助則君臣父子兄弟夫婦之理以明吾身之德業以成其爲教大矣雖欲不列於五倫之中得乎

貴有爵理所當貴賢有德理所當尊理之所在即義

之所在故曰貴貴尊賢其義一也彼世之挾貴以自重者賢者豈肯與之友賢者不與之友則損友日至身何由修

讀此章書不知取友之道則是未讀書

第四章 敢問交際何心也

此言人君以禮道交接則君子亦可受之以爲行道之兆若不受則是絶人君好善之心而道終無可行之期何由去一時之苛政

戰國時人君取民雖過度然總是以下奉上以民供君豈真盜藏也若以爲盜則七國皆然無處著足只有爲陳仲子而已

此章須知交道接禮不如是君子不受禮尊長賜少者賤者不敢辭況人君之於君子交以道接以禮乎朱子謂此章文義多不可曉不必强爲之說其謙謹如是何後人解經任意穿鑿

第五章　仕非爲貧也

此言仕所以行道不得已而爲貧則當辭尊富而居卑貧庶職易稱無高官行道之責舉孔子之事以爲法

爲貧而仕朱註謂親老家貧或道與時違二者葢君子固不可忘恥以苟祿亦不敢戕生以滅性但必各當其義耳

第六章士之不託諸侯何也

此言士之自處當安其分君之悅賢當盡其至徒養

不舉已不誠況並養亦不能繆公以鼎肉使子思亟拜失養賢之禮甚矣子思再拜而不受且曰今而後知君以犬馬畜之則所以敬君教君者至矣惜乎繆公不悟也養與舉交盡其至惟堯之於舜爲然此孟子所以言必稱堯舜

賢以道自修國非賢不治此人君當致敬盡禮以尊賢上下交泰之意

第七章 敢問不見諸侯

此言士與爲臣不同臣可召見士非君來見則不可見若往見則未免越分枉道而自污也此不見諸侯之義引子思之言見君當重道尊賢士非所敢召引虞人之事見士當守分自重道不容少屈引孔子之事見臣職當盡士必不可召此章發明諸侯不可召士之義爲多陳代章言士不可枉道從人公孫丑章言諸侯求見之切則當見不爲已甚不來見而往見則是污賤朱子恐人於此章之義體之有未精徒知

自重不枉道從人諸侯來見而亦不見失之已甚又恐人泥已甚之說不鬪此章之義召之而往見未免枉道從人故曰更合陳代公孫丑所問者觀之其說乃盡觀於此可識窮經之方鹵莾躐等者安能有得

第八章　一鄉之善士

此言取善當極其至然必自有其善然後能友人之善必極天下之善然後能知古人之善不然則人將不與我友矣又安能知古之人乎

第九章齊宣王問卿

此言貴戚異姓之卿不同通權守經亦自各異然皆出於不得已在孟子固以正對在人君自不得不省也爲人君至於人臣反復諫之而不聽則臣道窮矣君德可知

孟子說卷五終

孟子說卷六

萍鄉李薌垣先生鑒定
武昌姜郁嵩著
門人萍鄉李百蔆滋全校正
門人武昌鄧泗卿
江夏李希白全編次
男壽生

告子篇上

第一章性猶杞柳也

此闢告子以人性爲仁義之説使性中無仁義則仁義之名從何立仁義之理從何有

告子謂性中無仁義然人何以知爲仁何以知爲義乎

告子謂性中無仁義則是仁義自外至不知從何處得來告子不知從身體認放言如是

自古無爲仁義而戕賊其身者孟子以是詰之可謂嚴切著明矣猶不知自反真冥頑之物也

第二章性猶湍水也

此闢告子性無善無不善之説言性本有善無不善

或害之而後有不善非性之本然也詳見後數章

第三章生之謂性

氣與性不分别言則人皆以氣爲性不知性之爲理

太分别言之則人又離性與氣爲二不知氣從理生

理載氣中知理氣合一而主於理不役於氣非知道

之君子不能

此詰告子以生爲性之謬

告子謂凡天下活動之物皆同一性孟子以爲犬牛與人皆活動之物皆有知覺運動其性果皆同乎言其必不同

天地以一元化生人物一潑而出各資其氣以成形理以成性但物得其氣之偏理卽不能全人得其氣之正理卽無不全是以物有知覺不過飲食雌雄之好物有運動不過飛躍奔走之力人則通仁義禮智

之理施之各得其當君臣父子之道行之不失其分不獨性與物異卽其所謂知覺運動者亦豈眞同於物乎

此章之義惟朱子發之爲最精當可補前哲之未備學者盡心體之庶知人物之所以異

第四章食色性也

甘食悅色此告子所據以證生之之謂性也乃其失之本不知性爲人心所得之天理甘食悅色氣之欲

也性則食色之理也

孟子最有功於聖人者道性善辨義外養浩然之氣明湯武爲反之者黜霸功闢楊墨斷定孔子爲聖之時知伯夷伊尹柳下惠皆有所偏發大舜之微其餘若此類者尚多非有所竊取也

知性之爲善義之在內則人知理之在心切已反求盡人當全可學而至也若不知此而以爲性本無善義本在外天下各異其學莫適所主紛由氾濫邪說

横行異行充塞雖有豪傑之士亦不能不爲所惑人欲肆而天理微矣此孟子所由必以性善教人必辨義之不在外有功於天下後世也豈不大哉

性之所以爲善仁義之所以爲仁義孟子姑不論惟就其問答而通之其義自見首章因其杞柳之喻而言杞柳必戕賊而後能成器仁義必不戕賊人性而爲之此理易明而告子不明二章因其以水喻性而告以人性之善猶水性之必下其所爲不善物欲害

之猶水之不下搏激爲之此固易明而告子不明三章因其以生爲性而言犬牛與人同此生亦即同此性乎而告子亦不知反求其理四章因其以甘食悅色爲性即以耆炙明之此又易知而告子仍不知反復觀之告子固守己見於孟子之言毫不加察屢變求勝蓋亦很然自是所以卒不知道也

使告子聞孟子之言而加察則必知已說之非求教之切性善仁義之旨必更有所發明食色生之之性

必更有所推勘惜乎告子不悟終無所問也

第五章 何以謂義内也

孟季子以敬長在鄉人伯兄故謂義從外起公都子謂酌敬長之宜者在心故知義在内以飲湯飲水明之亦猶上文嗜炙之意

第六章 性無善無不善也

此言性只是善卽情可見人之爲不善由不思不求以盡其才耳

物欲去則天理復仁義禮智之性盡人固有陷於物欲而不思然後有不善

惻隱之心羞惡之心恭敬之心是非之心情也然必有仁義禮智之性而後有是情此所以知性之善也性一而已彼謂性無善無不善則是善惡不分塊然之物也而善究從何來性可以爲善可以爲不善則是性無定善惡主乎人之所爲不知人又何以能爲善性有善有不善則是性有二三亦不知從何得來

凡惡皆從後起非性中本有是物人每膠於聞見異說牿於氣物而不知反身自察故言性者往往爲此三者所惑孟子以惻隱之心四者明之則本心之發人皆固有而性之有善無惡確切易知人當致思力求擴充而得之不可歸罪才也

孟子言性善必因流溯源即用明體故真切可據人皆易知易從

孟子言性善是一一從心經過若不是經過豈能言

之如此切當

人既知好德則知其心之所得於天者必常夷即物之則也若非秉夷何以知好懿德好懿德情也秉夷則心所得之天理也故引以證性善

有一物必有一則是人所秉之常性此數語兼理氣合內外又專注夫理而不滯於氣此孔子所以有取焉而孟子引以言性善也

孟子高明合下見得性是善故以才亦善極形公都

子所問皆非性之本自省許多言說故第曰善惡相去倍蓰而無算皆未擴充以盡其才之美朱子恐人只知其才之本善不知氣有不善不加反身復性之功則不能盡性故引程子才稟於氣之說以爲性雖本善氣不能無清濁氣旣有清濁則才卽不能無善惡才雖有善惡究不能害性之本善學而知之則才之善惡皆可復於性之本善此宋賢氣質之說可以繼往開來有功於萬世也蓋萬物之源皆出於天莫

非有生帶來如色貨等事雖是不好然夫婦有別生財有道順其理之自然則性也必貪色好貨反其性之常然後爲惡若去其貪節其好則不爲惡此君子所以有明善誠身之學

第七章 富歲子弟多賴

此言聖凡之心同此理義要在去其物欲之陷溺耳去其物欲之陷溺則義理之心復可馴致於聖人不曰我心悅理義而曰理義之悅我心者蓋第曰我

心悅理義則心與理義猶欠愜洽必曰理義之悅我心則心與理融如魚之得水也以理義本心之德故耳故程子以爲此語親切有味須實體察得理義之悅心真猶芻豢之悅口始得

第八章牛山之木嘗美矣

此示人養其良心言仁義之心人皆有之放之則爲禽獸操之則能存無適不爲仁義程子又以敬以直内爲操之之道養心之法盡矣前數章專論性善及

仁義之非外第七章乃言人之爲不善由物欲陷之也仍是申明性善之意未說向用功處此章方示人操守此心則仁義自得使學者知所以養性復初也蓋不明仁義之在內遽示以學則人不知性之本善教無所入惟先明此然後告以操存之道庶人知用力仁義不假外求也

玩孔子之言人當時時持守此心不可須臾失也

萬物之理皆具於心心又積氣之靈神明不測微隱

莫知因物有遷隨感而去無以養之則憧擾馳逐客氣漸充仁義日消良心不覺盡喪矣孔子曰操則存舍則亡出入無時莫知其鄉極言心之無定存亡之易不可頃刻不操守也能操守則神清氣定而心存無在莫非仁義矣

仁義在人心本皆定性無所消長有消長者因人心染惡有深淺與夫存理遏欲之功有疏密耳

人於晝時習於不善至夜則氣定氣定則清氣復生

苟存此而不爲私害則生生不已而仁義出焉若夜間清氣復生仍逐物徇私循環不已則一身皆昏氣迷塞周流清氣不能勝而不復萌平旦好惡與人遠矣故近於禽獸聖賢立教於此章之言盡矣學者所當深省而力求也而朱子又稱其師說以明之尤爲愷切

第九章無或乎王之不智也

此言人君專心壹志以親賢臣則智日明而德日修

若小人並進讒諛交攻則主智自昏雖有君子亦無如之何也蓋嘗推之凡取友求助以輔其身莫不成於君子而敗於小人

人君治天下舍進君子遠小人更無善法反是則立見其亂此事甚著何自古人君多不悟也

第十章　魚我所欲也

羹食之微死生繫焉然不以禮義與之行乞之人甘死無生而不受焉欲惡有甚於死生也萬鍾不辨禮

義而受之則蔽於物欲而喪其本心矣此君子於此不敢不加察也

此章反復辨論以明羞惡之心人所固有使人知反身常存不可因物而喪孟子教人每從其本心激發之此所以爲善教立言切而感人深數千載後讀其書不覺使人猛省

卽行乞之人甯死而不受無禮之食知羞惡之心人皆有之乃至萬鍾之來非有死生所迫不辨禮義而

受之豈羞惡之心不若乞人哉富貴陷溺之也
此爲貪富貴者動之以本心使之反求諸己也

第十一章　仁人心也

仁人心義人路自古言仁義無有如此分明易曉者心爲一身之主萬事之綱路則千條萬徑各有所歸目仁爲人心則人不可頃刻失也目義爲人路則人不能一日不由蓋仁義皆性之德而具於心心之渾然一理汎應各當謂之仁心之秩然有序時措從宜

謂之義故曰仁人心也義人路也此等處須熟玩朱
註
不曰求仁而曰求放心者仁爲心之德心兼氣之靈
人而不仁心失之也求其放心則仁在其中矣不言
義者仁可兼義
仁也義也心也一也但仁義性也心具性而兼乎氣
故不能不爲物所遷必學問以求其放心斯志氣清
明義理昭著自日進於天德

學問之道博學審問慎思明辨許多工夫節目無一非去私剔蔽明理遏欲之方使此心常存而勿失則仁義自油然而生矣

此求放心不是佛氏憑空頓悟此心即仁也萬物之理皆具收回放心則仁在其中異端不識仁人心也必欲屛去知識一向從空虛中去

此示人不可不求放心言極切至學者所當盡心又當合朱子程子之言反復玩味則此章之旨益明而

吾心之惑自去矣

第十二章　今有無名之指

此示人當知恥其心之不若人之篤於仁義只此一事知恥亦何人之不可若

第十三章　拱把之桐梓

此言人當致思以求養身之道

凡人修德凝道皆由知入故孟子教人嘗因其所知以通之使之知先後緩急輕重之倫人自易於感發

教亦易入以上三章皆然此正孟子善誘人處

第十四章人之於身也

此言人當反身以求其所當養不可以小者賤者失其大者貴者

第十五章鈞是人也

此言大人能盡其心之官以思事物之理不爲耳目之欲所奪也

人心之用惟思爲至蓋思歛心之誠靈用於此事無

微不遍無深不入無遠不至乃所以明理去欲之由故洪範以爲作聖之基而聖賢立教必深致意焉

第十六章　有天爵者

修天爵而人爵從棄天爵而人爵必亡只是理如是而已非有心以伸此而抑彼所謂至誠動物卿大夫不仁不保其家

孟子發出天爵二字者正欲人自重不可奪於人爵也

古之人始終只是修天爵今之人始終只是要人爵

仁義忠信正言天爵樂善不倦則能全此天爵

此爲惑於人爵者發

第十七章　欲貴者

此言人能全其在己之良貴舉天下之物無以尚之

貴於己者朱子謂天爵蓋仁義禮智乃天與我之職

至尊貴也猶爵位然

第十八章　仁之勝不仁也

此言爲仁不力求以勝不仁必終無所得也

第十九章　五穀者

此極言爲仁之當熟熟之之道在求之不厭而已爲仁不熟則終是無得未免半塗而廢

第二十章　羿之教人射

此言學聖者當循其法自灑掃應對以至天德王道自致曲以至至誠化物自格致誠正以至平天下皆是

告子篇下

第一章 任人有問屋廬子曰

此章總言禮重於食色任人以食色之重者比禮之輕者言故覺食色不可緩而禮爲可殺孟子就食色之重者與禮之重者言尤覺食色可無而禮不可無此固自然非故爲伸此而抑彼蓋論禮者只當總其全體不可倚於一偏以全體而言則禮實爲萬事之節文而不可缺以一偏而言則事物有時爲禮所限

而不通究其不通之處必有可通之理必禮食親迎則飢死滅倫是禮固可畧然不得已就其可食色而食色之而不失其正是卽禮也如紾兄臂摟處子之事則非禮也甯無食色然則天下之事有輕重之分吾心之理卽有輕重之倫君子固不以禮之輕廢食色之重亦不以食色之重廢禮之重也要在處之者審擇之而各得其當耳

說者每以此爲禮之變恐未必然蓋貧而不能食不

能盡迎親之禮甚多何變焉事未變而禮又何變事物有常變義理無常變故孔孟只言權不輕言變權所以稱物取中處變而不失其中是卽禮之正也後人變禮權變之說須斟酌不可雷同

戰國時詭道求合不耐禮何每多此說以疑孟子之不苟於進退

第二章　人皆可以爲堯舜

此示曹交以孝弟之道使之歸而求諸事親敬長之

問孝弟乃爲仁之本雖曰不教其實教亦至朱子謂
其事長之禮既不至求道之心又不篤故孟子不容
其受業夫學者至於君子不容其受教亦可哀也吾
黨可不勉爲受教之地乎

第三章　小弁小人之詩也

人子之身即父母之身所遺不幸而不得於父母則
不能身親父母其哀痛迫切固有出於至性之不得
已者也若遂舍之而不顧是忘親之身視父母如路

人踈之至也不仁甚矣此小弁之所以怨而孟子深
有取焉蓋夫子錄詩皆所以明人倫端教化正人心
讀詩三百而不知修己治人之術盡君臣父子之道
則亦何取乎讀詩也
小弁之怨雖不能如大舜然其愛親之心亦發於誠
故不可謂之不孝
第四章宋牼將之楚
此言說人君罷兵其志固大但當言仁義不當言利

仁義與利其始只爭一念其卒至於興國亡天下人臣事君可不慎所擇哉蓋治天下者其要在正其君臣父子之經悅利則君臣父子各狥其私而仁義塞國雖欲不亡得乎悅仁義則君臣父子各盡其分而不計利雖欲不王不可得也

此章辨義利之分而推言其效以極於興亡其旨最明學者所當深察而明辨

第五章孟子居鄒

此見聖賢報答以誠不以物天地不以誠施則萬物不生與人不以誠故君子不答若徒貴其物非貪其幣即貪其勢觀孟子之報季子不報儲子不徒見聖賢應接之義亦可知其有守矣

第六章　先名實者

此言君子之所為一視乎理之當然不必强有所同其事固非衆人之所能識

淳于髡譏孟子無功去齊非賢孟子不與言其何以

無功何以去但曰仁而已絕不尤齊王蓋聖賢道大德宏其有不合者只知反諸身而已於人何所不容我輩稍不見知於世必求勝於人必委過於人觀此其亦可以自克矣

第七章　五霸者

此爲當時大夫逢君之惡而言亦可以觀世降矣五霸僭天子之命令之諸侯犯五霸之禁令之大夫又逢君之惡使君陷於不仁淫於虐政皆可殺也五霸

之罪不可追治矣今之諸侯亦無有罪之者至於今之大夫宜今之諸侯有以罪之乃不罪而加禮抑何不悟此所以卒不能保其國也

逢惡之人不獨人君當加罪焉凡上之於下士之於友皆當痛絕其好勝好諛之心不使逢惡之人緣此日近苟日近則消鑠吾仁不覺至於德喪身敗事失名穢雖悔何及焉況有終身不悟者乎

第八章魯欲使慎子爲將軍

此言人臣事君不可好戰違制以殃民務在以道正君事以仁正君爲心而國自治天下自服聖賢之愛君如此何當時人臣之不知反也

第九章 今之事君者

此言人臣不能使君志於仁雖富國戰勝只是助君爲虐與人爭奪必至喪亡而人君不以爲民賊反以爲良臣而信任之抑獨何哉孟子直指其術而明言之時君終不聞一悟富强之惑人何其甚也有天下

者當深自省也苟鄉道志仁則天下無敵何有於富强

第十章吾欲二十而取一

此言什一稅之中正自堯舜以來未之有改不可意爲輕重

中國之所以異於夷狄者以其有人倫君子也故堯舜之道必什而稅一夷狄不知此故二十稅一而可白圭亦襲墨翟許行之意而變其說耳異端之害其

禍甚烈學者不可不察

天地山川百祀宗廟之神皆具造化之功用本吾一體積誠可通故王者必制祭祀以報之夷狄不知有此故聖人殊異其類也

第十一章　丹之治水也

白圭不知水道故易言若此宜乎孟子實指其害以曉之也

第十二章　君子不亮

此言君子不可不亮

天下惟誠爲有可執不誠無物不亮則凡事皆虛僞何所執持聖賢教人切近語學者當勉之

第十三章 魯欲使樂正子爲政

此言爲政者好善則有以來天下之善天下自不勞而治若不好善而專用一己之長則諂諛日至國欲治不可得也善之益人如此自天子以至庶人莫不當明理去私以擴其好善之心豈獨治國爲然哉

強知慮多聞識三者各專其長亦只能各治一職安能治天下不聞孟子之言則自好者以偏長自足終身不知聖賢之大溺於時尚無由入道

第十四章古之君子何如則仕

此言君子去就之道不外此三者

三者不分高下隨所遇而然耳皆中庸之道也不如是而就則自污如是而不就則過抗不如是而去則亂倫如是而不去則苟祿皆未免有己也非中庸之

道

第十五章舜發於畎畝之中

大凡人之心志樂則淫而蕩困則約而思是故窮扼拂亂正所以動人之心而日啟其聰明忍人之性使不得縱其所欲義理自從此出矣自古豪傑因患難而成安樂而敗者何可勝算若夫處窮困而不知遷善窒欲其不陷於坎中則爲小人窮斯濫矣然後知天之扼人正所以成人人可以困而自棄哉

修德自可以處困

困窮拂亂則艱難百出人之處之必竭盡思慮多方以應故嗜欲日忘理義日益成德尤易此天將降大任於斯人必先使之窮困抑鬱然亦孟子姑就諸聖賢之事言之

此亦論其理之自至耳理之所在即天之所在非眞有蒼蒼者在其左右學者處困但當自修不可日幸大任之將至

此聖賢歷試之語學者宜盡心焉

此章一勉困窮一戒安樂非必窮困盡生而安樂盡死特以憂患得之者衆以安樂失之者多一視乎人之自修何如耳大意重在人恒過然後能改爲中人教

第十六章 教亦多術矣

此見聖賢無棄人欲人隨在受其教耳

不屑之教正聖賢激厲其人使之反求其過而自改

敎亦切矣

孟子説卷七

萍鄉李蘄垣先生鑒定

武昌姜郁嵩著

門人萍鄉李百蔭滋仝校正

門人江夏李希白武昌鄧泗卿仝編次

男壽生

盡心篇上

第一章盡其心者

天性心程子謂一理體認精括張子謂由太虛有天之名由氣化有道之名合虛與氣有性之名合性與知覺有心之名亦一理而兼氣言之命名各當學者不能理會程子之意姑即張子之言求之自可兼貫程子之說朱子又曰心者人之神明所以具衆理而應萬事則又兼理氣該體用而心之名義備矣學者類而求之久當自貫而知天下之理不出於吾心吾心之妙足以應天下之事凡天地萬物莫非此理之

所成一言一行莫非此理之所流此心之所爲該體用也夫心之體卽性也用卽情也性則心所具之理其原出於天程子所謂自理而言謂之天自稟受而言謂之性自存諸人而言謂之心也但程張合天與性與心言之故言心皆就體上說朱子則兼用言之尤合此章之旨

性有一理不知卽心有一理未盡故盡其心之量者必由於知其性之全也性出於天故知性則知天

欲盡心而不知其性則老莊虚無佛釋頓悟欲上達而不知下學其能上達乎

盡其心者吾心之知無不至知其性者吾心之理無不明而知天不出此心既盡則當操存此心而不失所知然後實性既知則當順養此性而不害所性然後得而事天不出此盡心知性則知其理也存心養性則行其理也然或以殀壽貳其心則所知猶未極其至不能修身以俟死則所行猶未極其至天所付

於我之命不能無毫髮之鈌必殀壽不貳修身以俟之斯知行交盡所以立命而後爲知天事天之至此學知利行之事擇善固執之極功聖學之心傳學者所當拳拳勿失也

心所具者天賦之性也故博學以知其性知至以盡其心所以知天也主敬以存其心克己以養其性所以事天也非知天則理未有明無以事天必事天乃能踐其理始爲知天知行並進聖學之實然必知爲

先殀壽不貳則只知有此理無一毫爲我之惑知之至也故朱子以爲智之盡修身以俟則惟盡其理之當爲無一毫任氣之私行之篤也故朱子以爲仁之至

孟子言心必言性言性必言心此其所以有功於前聖如曰仁人心也惻隱之心仁也之類蓋性者心之德心者性之區言性不言心恐人求之虛杳之地言心不言性恐人汨於形氣之私然非言天則人不知

性之所自又未免以性爲妄爲惡以禮義爲人爲而不切已求也

此章言性出於天具於心學者當循序以造其極此孟子自得之言爲學之密體道之深我輩當深致意焉

心卽天性心有一念之放性有一毫之害則背理違天卽非所以事天是以君子戒愼乎其所不睹恐懼乎其所不聞

學不至知天事天終未免自欺

讀此章書須合集註觀之其先後次第自明

第二章　莫非命也

此言君子修身而不爲非斯禍福之遭皆正命順受之道

盡其道而死者不獨顏淵爲正命比干亦爲正命桎梏死者不但羿奡非正命卽盜蹠亦非正命

君子修身以俟之盡其所當爲不容一毫之私凡以

順受其正而已故朱子以爲發其末句未盡之意

第三章 求則得之

此章就得失之效示人知所當求其教可謂明易易曉矣

得失視乎求不求我欲仁斯仁至矣性固已有也修其天爵而人爵從之求之有道也富貴在天得之有命也權不在己而在人也

第四章 萬物皆備於我矣

此亦示人以求仁之方其要在强恕上見
反身而誠則萬物之理皆實有諸己故樂莫大焉
强恕而行則私不能容本心自復故求仁莫近焉身
即由此而誠
萬物皆備於我天命之謂性也
身有一事不誠則反己多愧何能樂必有一私未去
則仁即爲所隔何由近
此章之旨朱子發明無餘學者當沉潛玩味以求自

得

第五章　行之而不著焉

此言人不致知以明道故終身不知道

第六章　人不[illegible]恥

此示人當以無恥[illegible]

第七章　恥之於人大矣

此示人當知用恥爲爲機變者發

孟子教人善發人猛省每因人本心之明羞惡之良

激動之而人自不能違正所謂道性善也
恥者人心羞惡之良在人身最爲憤勇乃爲善去惡
之機關故孟子屢爲人提覺

第八章　古之賢王

此引古者君與士各盡其道以見今之不然也疑重
士一邊爲當時求富貴利達者發
君非忘勢以好善安能用賢士非樂道而忘勢安能
致此朱子所謂相反而實相成也

第九章孟子謂宋句踐曰

此言士能尊德樂義則無在而不自得戰國遊說之士每挾詐以求知故孟子告以自重自得之道

窮不失義不以窮而喪其守達不離道不以達而蕩其必義以其用言道以其體言

士得已謂得已之所固有也民不失望謂符其所素望之治也澤加於民民之所望也修身見於世則得

已也兼善天下則澤之大也獨善其身則得已之實也孟子此章之言之密如此

第十章　待文王而後興者

此勉人爲豪傑之士蓋豪傑之士雖其生資獨美而人性本善未始不可以學而至也亦視乎人之立志而已

第十一章　附之以韓魏之家

此言人能不以富貴爲事則知內重外輕其識過人

遠矣

自視歉然言自視富貴無益於身也非視富貴不足也

既視富貴無益於身則不爲富貴所淫知反求諸身此眞才智也故曰過人遠矣

人之不成其德者爲富貴貧賤害之者多也故孟子屢以此爲言

第十二章以佚道使民

心實公於民故雖勞殺不怨若少出於私則不徒怨而已用民宜自反也

第十三章 霸者之民

王者本實心以行實政因物付物不雕不琢民自渾化而相忘何怨何庸何知之有霸者假仁義之名以濟其詐力之私故民知畏威而感恩

言王道之功效未有如此章之切亦是孟子造到故能言以齊王猶反手抑又何疑

此言王霸大小不同皆就民氣上見得欲人識王道之大其所以致大則在過化存神

余子於孟子言王霸處必欲學者明辨盡心蓋此乃心術公私誠僞之所由分辨之不明則不知修身立治之本鮮不流於權術而以急功近利爲高所學不正王道終不可聞也

此章集註所引程子楊氏之說極當

第十四章仁言不如仁聲之入人深也

此言爲政以得民心爲貴得民心在仁不徒以政爲倘亦王道也

第十五章　人之所不學而能者

此言卽孩童之愛敬可知仁義之心天下所同有人當反求諸己而不可失

孩提之愛敬卽證上文良知良能

孟子言良知謂不慮而知者自然之天不待致也若致之則反害矣後世遂以王陽明致良知之說出於

孟子數百年墨守不悟持此以攻朱子之言致知格物不知知出於心心有道心人心道心性也人心氣也知發於義理之公固爲良知因此而推極之誠爲甚善知發於形氣之私則爲嗜好因此而推極之不幾窮人欲滅天理不至於禽獸不止此告荀佛釋老莊之徒知覺明心虛寂頓悟卒得罪於千古然則孟子之所謂良知指其發於天然者言之因人不知性善仁義之在內舉此以驗其實王陽明之致良知則

不分義理之知與血氣之知而一以致之其不流於告者佛老者幾希且人之生也性本無不善而氣不能無清濁惟生知之聖全其良知而無所蔽下此稟其氣之清者蔽淺良知之發也多稟其濁者蔽深良知發時甚少況又物欲交誘安能人人終日皆良知不終日皆良知則良知發時致之未發時不知如何致法況氣拘物蔽往來不已恐良知牿亡不發卽發焉亦不自知終爲物欲所勝是以聖人本身立教必

由格物致知以至於意誠心正而身修使天下之理無不明而後吾心之知無不至知既至則氣稟物欲自不能錮蔽神清志定無在莫非天理流行自堯舜至孔孟皆是道也程朱又身體而發明之可謂盡矣知不窮理而言致知吾不知所知者爲何物予病世之學陽明而攻朱子並誣孟子又惜世之攻陽明不明辨其學之非與其流之害使人終不知其所以失貿貿焉莫定所從違故於此章稍陳其愚

第十六章舜之居深山之中

人心有欲則善之來也每隔而不通聖人無欲渾然天理故隨感而通毫無所壅

聖人飲食衣服與人無異惟是心與善融感應神速則與人異

此言聖心虛靈所應甚速

由此章之言推之則聖人過化存神無爲而治之妙可見學者要得理明欲淨此心常存虛靈不昧之一

俟乎夫子曰朝聞道夕死可矣在勉強之而已

第十七章無爲其所不爲

此亦孟子因人本心之發於羞惡者以教之爲就行言欲就心言氣註引李氏之說頗爲精悉學者所當致思焉

第十八章人之有德慧術知者

此言疢疾所以成人之德也須與舜發於畎畝章參看

第十九章 有事君人者

此言人品不同學者當以容悅爲戒以大人爲法

第二十章 君子有三樂

父母俱存兄弟無故得遂其愛敬無已之心故樂人有私則志歉氣沮俯仰多愧故程子以爲克己則仰不愧俯不怍心廣體胖其言約而盡矣但克己有功夫有幾急當思得之我輩只是一般私意何時消磨得盡至於不愧不怍復還博厚高明之本體而得此

樂也得天下英才而教育之則樂之所及者廣所傳者久故朱子以爲聖人之所願欲莫大於此

此三者皆分內之樂故王天下不與焉三者之中惟仰不愧俯不怍由已致亦惟仰不愧俯不怍然後可以尊父母兄弟教育英才

第二十一章 廣土衆民

此言君子所得於天者有定分不以窮達而有所加損學者惟修其可修者而已

廣土衆民澤之所及者猶有限故言欲定四海之民則兼善天下故言樂其所以欲所以樂者斯人皆吾徒也

大行不加者推所性於人也非有所加於我窮居不損者盡所性於已也非有所損於我蓋遇不同而分有定也

仁義禮智性分中所有也分就所得於天之性之全體言性以心所得於天之理言

無物欲氣稟之累則仁義禮智自根於心盛大流行發見於外四體自不言而喻稍有所累則間隔而不能流行

程子言積盛致然極可玩索必平日擇執最久欲淨理純根本盛大然後著於外者睟面盎背四體自順若積之不盛則終與心無得焉何能充於四體

第二十二章 伯夷避紂

此言人君能行文王之政則賢才可致

第二十三章易其田疇

此言治天下者能富民則禮義之心自生其富之之道亦曰重農時使民樂耕戒奢侈取民有制以正其本民自富然後教民節用則財自足舍此以言富必至任權數以剝民不使民富而責民以理義不但民心不從民力亦不暇孟子雖爲戰國縱欲虐民之君言之其實百王不易之法

第二十四章孔子登東山而小魯

此言入聖有序聖人之道雖大然有本焉可以漸進不可驟及蓋自下學以至上達必節節深造始得登東山而小魯登泰山而小天下言孔子所處獨高天下皆小也故觀於海者難爲水二句言孔子之道大人苟見之則諸子百家皆不足論也上兩句就孔子身上言下兩句就人之觀孔子言

不成章不達如物格知致意誠心正及知及仁守莊涖皆是

第二十五章　雞鳴而起

此言聖與盜人品相去天淵然其所爭只在善與利之一間人可勿戰競惕厲謹其幾慎其微時憂其不爲舜之徒而爲蹠也乎

獨舉舜與蹠舜爲善之至蹠爲利之至其分只在利與善之間人可不知擇哉雞鳴而起平旦之氣初與物接之時爲善最易

楊氏講之不熟見之不明未有不以利爲義者又學

者所當深察也數語宜玩所以辨義利之微知所從入也孟子此章之言不極贊聖道不痛詈盜蹠只以善利之分明舜蹠最動人迅疾反復玩味必有所奮興而不能已者

天下只有利與善之兩途出於善即入於利出於利則入乎善所爭甚微所至則有舜蹠之殊一念公私吾黨不可不謹

第二十六章楊子取爲我

此言道以時中爲貴楊墨失中固爲害道子莫執中
不知權其輕重亦爲失中其害道一也
先覺覺後覺楊氏一於爲我而不濟物則不知人我
一體天下有道則見無道則隱墨氏一於愛人而不
守己則不知進退有義子莫執爲我兼愛之中則不
知世亂當守道自重如楊氏之爲我無憂世治當行
道濟時如墨氏之忘己愛人故孟子謂其執中無權
舉一而廢百也玩此章之旨學者於權字之義可以

精思得之

程子曰中不可執也此造道深後語若可執則是守已意非中也

第二十七章　飢者甘食

此言人能不以貧賤害其心則可進於仁義而過人矣

人本心之仁義陷於貧賤而失者多矣蓋心既爲貧賤所害則必急於富貴不辨理義而受之矣

人能不以貧賤動其心則介然自守大本立矣亦何德不可進

第二十八章　柳下惠不以三公易其介

此章專言柳下惠之介蓋恐人只知其和而不知其介故表之

介能分辨善惡而有守也柳下惠不爲私邪所奪故雖極和而不流爲聖之和

第二十九章　有爲者

此言學當造其極稍有未至未免自棄
此章之義吕氏得之矣
第三十章堯舜性之也
堯舜性之不思而得不勉而中湯武則思而得勉而
中反身復性五霸則不知復性假仁義以濟其私假
之久而忘其爲假也惡知其非有當以朱子之説爲
正
第三十一章予不狎於不順

此言人臣當盡其職之所當爲不可藉口於伊尹放太甲之事以陰蓄其不臣之心此孟子防微之意君臣之分其嚴如此

後世人臣百不如伊尹獨此一事必欲如伊尹非篡而何孟子此言眞能折千古權臣之心爲天下後世扶人倫

第三十二章 不素餐兮

此言君子有功於人國者大矣何素餐之有

第三十三章士何事

此言士志在仁義備大人之事非無事也居仁以存心言由義以行事言

第三十四章仲子不義

此言棄人倫而爲廉則爲天下之罪人烏得爲廉亦示人勿惑於陳仲子之行而廢正道

第三十五章桃應問曰

此見聖人用心之至乃天理之極

天子之父雖尊法乃天下之公此瞽瞍殺人皋陶當執之天下外物父子至性此舜必棄天下竊負而逃若皋陶阿天子而置瞽瞍不問則是狥情廢法大舜以天下之大不負父而逃則是貪位滅性二者皆出於有我之私非天理之公皋陶惟知有法不知天子之父爲貴舜惟知有父不知天下之爲大所以爲天理之極人倫之至無一毫人欲之私孟子推極至此眞可謂義精仁熟足以應天下之變而不失其正矣

朱子謂學者察此而有得焉則不待計較論量而天下無難處之事矣蓋嘗推之此極難處之事而舜臯處之裕如其所以處之當者亦曰不狥一毫之私惟斷以當然之理而已學者苟能明理去欲於天下之事一以至公無我之心應之自無不各當其理朱子集註簡當明盡因物付物不著一毫己意最耐人思索愈看愈有精彩讀書者準此而求之則聖賢之心術行事斯道之本末微顯衆物之表裏精粗無不旁

通曲盡彼世之攻之者鑿壁偷光未見日月之明徒見其自蔽也

第三十六章孟子自范之齊

此示人以當居仁也居仁則心廣體胖動容周旋皆盛德氣象豈王子居富貴之習可擬

第三十七章、食而弗愛

幣所以達人之誠意人君必先有好賢之實心然後用幣帛以將之方爲恭敬庶幾賢者安之若徒以幣

帛則是貨之也焉得爲恭敬在賢者直視爲豕交獸畜耳豈忍一日留哉

戰國時人君徒以幣帛待賢而無實心故孟子言此以深告之

第三十八章形色天性也

氣載性性行於氣中一也形色氣也天性理也五官百骸形色也其中各具自然之理即天性也如耳目之聰明手足之恭重皆是衆人有是形則爲形役如

縱耳目四肢之欲之類是不能盡其理而踐其形惟聖人清明在躬天理渾全有是形卽盡是理然後可以踐形程子謂賢人踐之而未能盡如日月至焉之類夫有至則有不至至則能踐形未至則未能踐形

此聖人兼學知言

孟子形色天性與告子食色性也大不同孟子之言謂人有形有色各具自然之理是天性也告子之言謂人甘食悅色卽性也是知覺認氣爲性孟子下句

卽云惟聖人然後可以踐形便要實盡其形之理告子則云仁內義外是任形所動不知有理此天理人欲之分不可不知

第三十九章 齊宣王欲短喪

人子之身卽父母之身不幸而父母身沒人子哭踊擗胷固有發於天性之至飲食衣服自不能不變其常豈以三年爲足盡其心乎蓋有終身不忍者矣聖人恐人以哀滅性定爲三年之喪畧伸孝子愛親之

情寒暑屢易物情屢更人子哀痛之心庶可以漸遠而漸殺矣此三年之喪乃天理人情之至賢者可以俯而就不肖者可以跂而及不容有一毫加損者自後世短喪之說起反天地之常經拂人情之至當不有聖賢者出爲之表率而昌教之則此禮久廢忘親悖理中國幾何不爲夷狄人類幾何不爲禽獸此孟子因齊王欲短喪必告以孝弟所以發其良心而自不容短也

此言三年之喪不可短也

第四十章君子之所以教者五

此言君子立教無棄材

學力既至莫得其妙迎其機而導之則豁然貫通如及時之雨化物即發榮滋長

有成德者因其德之厚薄而成就之有達材者因其才之高下而通達之答問者因其問之淺深而告答之有私淑艾者則未嘗及君子之門而私竊其道於

人以善其身也五者之目教人之道備矣朱子悉以孔子之事明之細玩之誠非孔子才全德備過化存神不能孟子稱述如此則其教人之方亦可見矣

第四十一章 道則高矣美矣

此言教有成法不可因人之不能而有所抑也

公孫丑欲孟子教人損高就卑使不能者可驟及夫道而不知孟子因道立教道乃天理之當然無太過不及則教有成規亦因其自然不能故爲加損而與

不能者以驟及但當依成規以告學者則雖不能爲學者代及之而其可及者自在其中非有所隱匿而不以告人惟在賢者俯而就不肖者仰而跂孟子之教人必如此庶學者於道之大小緩急本末先後無一不到此學之所以爲正行之百世而無弊而異端空虛惺悟所以爲無用而賊道也

此章須玩朱子總註發明聖賢立教之道言約而義盡

第四十二章 天下有道以道殉身

此爲當時枉道從人者言如公孫衍張儀輩

身者道之區道者身之理天下有道則道顯身可以

出道在必行而不爲私計天下無道則道晦人不知

尊道身在必隱而固守其道不如是則枉道從人也

枉道從人則是爲利也豈知道哉

足於道者只知循理不知殉人

第四十三章 滕更之在門也

此言誨人必因其求教之誠凡人受道之心誠則可教有所挾則心不誠不惟於理不當答即答焉亦未能入此孟子所以不答

第四十四章於不可已而已者

此言過與不及之弊

於不可已而已者以行事言其所厚者薄以待人言其進銳者以爲學言義所不得不爲者而亦不爲則是無勇奚能有爲情所當厚而亦薄之則是不仁何

在能厚進之銳者力難繼雖欲不退不能惟明義理則當爲者自不能不爲當厚者自不得不厚於其所薄者亦施之以禮循序漸進自有不能已者矣孟子言此蓋欲人勉其不及防其太過以期於無弊而有成也

第四十五章君子之於物也

渾然一理之中萬象陳列體用俱備仁也具此體用而施之各有其序者心也故曰仁人心仁主於愛而

愛莫大於愛親不曰愛親而曰親親親親則愛之切至無以加矣由親親而推之於民則仁之爲之養以遂其生爲之教以復其性而已弗親也於物則愛之取之有節用之有制而已弗仁也此所謂理一分殊出於天性之自然也

不明理一則是二本不知分殊則是兼愛此聖賢之學出於大中至正無一毫人爲安排而異端所以爲道之賊也

第四十六章 知者無不知也

此言智仁能務其急斯其爲智仁也大矣務其急者非其餘有所不知不愛不暇知不暇愛也知以及知愛以及愛甚於自知自愛也當務則事之最實而要者急於此則政無不修天下自治其智大矣賢有仁之德急於此則百職俱舉愛無不周其仁溥矣若智不急先務雖有所知無益於治也仁不急親賢雖有所愛不能及天下也

廢通喪而祭於緦小功安放流而問無齒決則忽於大而謹於小皆不知先後緩急之序也與上節正相反總註與豐註宜玩

盡心章句下

第一章 不仁哉

以民視土地則民爲重以子弟視民則子弟尤親仁者幼吾幼以及人之幼不以土弟輕民及子弟輕重有等不仁者爭土地以殺民與子弟輕重失倫禍及

親疏

此責梁惠王愛土地以殺人及子弟失所愛之道也

第二章春秋無義戰

此言春秋書戰所以著諸侯之不義教臣道維王迹征伐乃天子之權諸侯而相征伐則無君罪莫大焉何義之有孟子以爲春秋無義戰非精於春秋者不能言

彼善於此則有之以彼此相對而言君以夫子作春

秋之意言之猶是不義

第三章 盡信書

此言書之血流標杵之語不可信恐後人疑武王伐紂尚且殺人隱滋其不仁之心無君臣之義妄爲戰伐故設反言以曉之孟子維人道之心可謂篤矣

第四章 有人曰

此言好戰之罪與好仁之效欲人君志於仁好戰未必能屈人好仁則天下自歸人君何不好仁

人而不仁則人心亡矣何惡不爲與物何異此孟子所以欲人志於仁矣

第五章梓匠輪輿

積學旣久自能上達不爲私奪自有心悟學不至心悟何由上達

第六章舜之飯糗茹草也

此言舜心安於理富貴貧賤無預焉所謂大行不加窮居不損分定故也

第七章吾今而後知殺人親之重也

此言人當慎其所先施舉父兄之極重者以該其餘也

第八章古之爲關也

此言設關征貨無異爲暴

第九章身不行道

此言人不盡道雖至親不能動況他人乎道者人心之所同好也旣不以道檢身又不以道使

人安得妻子安分而從令乎

第十章　周於利者

此言盛德不喪其守勉人急於修德不可因邪世而懈也學至不爲邪世所亂則眞守也乃可謂之有德此從經歷來

第十一章　好名之人

此言觀人於其所忽其實自見專爲好名者發

第十二章不信仁賢

此言治天下不可無此三者

仁賢所以治國禮義所以教國政事所以富國三者缺一不可然必以仁賢爲急有仁賢則禮義有所出政事有所立不信仁賢則小人尸位百職俱廢雖有人若無人然故國空虛無禮義則尊卑無序貴賤無等故上下亂無政事朱子所謂生之無道取之無度用之無節故財用不足玩此數言治國之道盡矣後

世人臣動輒條陳數千言其善者終不出此數言外其不善者非狥其私見則贅言而已豈真有裨於治哉然後知孟子之言簡實易行莫非王政

第十三章　不仁而得國者

一國可以智力竊取天下不可以智力竊取所以深戒當時不仁之君也

第十四章　民爲貴

此言人君當得民心君與社稷有時而變置民不能

變置故爲貴此特爲君言之故教以不可輕賤若爲
民言之則君乃民之父母何可輕也
第十五章聖人百世之師也
此言夷惠可爲天下後世法亦推慕其人以維世道
人心
夷惠之清和皆出於至誠無僞故能興起人心於百
世之下吾黨修已未能而何由取信於人
第十六章仁也者人也

專言人而不言仁則無以明人之理專言仁而不言人則理又無所體惟合仁之理於人之身而言之則此仁逼貫於人之身此身皆全體夫仁之理所謂道也夫豈塊然之物哉孟子言仁多幷人言之最有功於人以其能令人切已體之

合仁與人爲道程子以率性之謂道釋之極有味學者宜思之

滿身至誠惻怛即是仁故曰仁者人也仁與人固非

二物

第十七章孔子之去曾

此言聖人去國之道也

於父母之國則不忍去之速去他國則不得不速皆

聖心時措之宜也

第十八章君子之厄於陳蔡之間

此言孔子之所以厄也

從我於陳蔡章聖人追思與難之賢處困而亨此章

孟子追嘆聖人之戹所遇非時在孔子自無怨悔在孟子自不忍不明聖德之宏正當時之失以垂教後世無上下之交言君臣皆不知聖人也

第十九章 貉稽曰

此言人當盡其在己不可以人言而改其正

第二十章 賢者以其昭昭

由明德而後新民己德不明焉能使人明此言戰國諸侯不知修身以及民也

第二十一章孟子謂高子曰

此教高子當日充其義理之心不可頃刻之間使物欲塞之吾黨當時繹斯言常操此心不然則未免爲鄉人

第二十二章禹之聲

此言鐘紐之絶與未絶視乎年之久近不可以是定樂之優劣朱子言此章文義本不可曉

第二十三章齊饑陳臻曰

此借馮婦之不知止以明己意

聖賢得君凡君心之得失民生之休戚固當知無不言言無不盡豈有前日既行之事今日不可復言之理而孟子不復勸齊宣發棠朱子疑以爲此時齊王已不用孟子而孟子亦將去矣夫不用即當去於義不容言矣即言焉無論不見信其心必有所爲也即無所爲焉非其職也於此見聖賢時止則止之義

第二十四章　口之於味也

此章言人當以定命制其嗜欲之性以性善一其氣禀之命張子所謂養則付命於天道則責成於己也此章之義集註言之詳矣學者所當盡心焉

第二十五章　浩生不害問曰

此因論樂正子在信善之中而推言其極欲學者循序漸進也於此可見孟子之學矣

善有諸己無一不實之謂信稍有未實則非有諸己不得爲信此樂正子終在二之中也

善至有諸己則本立矣大化聖神可漸至也若不能有諸己雖知好善終無得焉

信美大化聖神同此一善只爭勉與熟而已須合張程朱三子之言觀之其先後大小自見

第二十六章逃墨必歸於楊

儒者之學以誠身爲本墨氏兼愛則心專於爲人不知反已不誠甚矣故入於墨而知返者必求己而歸於楊楊氏爲我猶近於實故入於楊而知返者必求

諸道而歸於儒墨較難而楊爲易聖賢之心本欲天下同歸於正道不忍其陷溺於異端今幸來歸則知悔而反於正故欣然受之若復追其既往則是爲已甚絶其自新之路豈聖賢立教之心哉

第二十七章　有布縷之征

竊欲妄取竭民之財力使民失所國之所存者幸也此爲當時諸侯取民無制者發害不可勝言

第二十八章　諸侯之寶三

此言諸侯當慎所寶所寶不慎則禍及其身寶於何有人君可不戒哉此雖爲當時諸侯好貨者發其實萬世人君興亡之機語若淺近理實至當不邇聲色不殖貨利此湯之所以聖而王天下也

第二十九章　盆成括仕於齊

此言恃才之害勉人當求道

人苟從事學問至於知大道則動必以禮自愜人心豈至妄作取禍不聞道而無才猶可自保若不聞道

而又有小才居顯仕必不安靜紛更條例敗壞正道
自速禍機理所必至自古禍人國以自禍者正坐此
輩何可勝道聖賢知死生以此豈同術士妄言

第三十章 孟子之滕

此言聖賢設教之宏人苟有向道之心孟子自必受
而教之其無棄人如此更合逃墨章觀之其義益明
天地生人使先知覺後知仁者己欲達而達人此人
苟向道來歸聖賢即受而教之矣

第三十一章人皆有所不忍

人雖爲氣拘物蔽然其本然之良心則有未嘗息者故皆有所不忍不爲良心自然發見惟察識而擴充之於凡所忍所爲之不善者皆不忍不爲斯無適而莫非仁義孟子教人必從人固有之良心發見立言故人易曉而自不能違所謂七篇之內莫非性善之旨按孟子教人多就人良知良能曉之然與後世陸王之學則大異孟子惟欲人因其善心之發而擴充

之使無所不善而不爲不善隨時察識王陽明之致良知則用意推求夫良知不慮而知自然之天復加人力推致則傷矣私智自任而不覺聖賢異端毫釐有未分明遂至天理人欲大相反如此學者所當詳審也

知爾汝之輕賤可恥是即中心不肯受之實也而姑受之則不能充其實利欲致昏也

可以言而不言與不可以言而言其餂人與穿窬事

本相遠然純任陰私窺取人意發人之私與穿窬畏人之隱盜人物何異餂人者方自許其智特未之思耳此孟子所以欲人充其無穿窬之心以穿窬顯而易明羞惡之發於此尤切

此示人當擴充其惻隱羞惡之心

第三十二章 言近而指遠者

此示人當以修身爲本疑爲當時務外狥人者發

身爲萬事本身有不修則理有不實理有不實則事

無所立天下無所取法何由平此不務守約專務施博之不可

第三十三章堯舜性者也

性者言堯舜生知安行天理渾全無一毫氣拘物蔽稍待克治而始全聖至此無以加矣反之者所稟不能如堯舜之清必待克治反身實踐以至於聖人堯舜安行出於自然武湯則利行以至於自然此性反之分下動容周旋中禮云云正性者事由仁義行非

行仁義也

法者天理之條叙至當而不可紊者也凡仁義禮智之事人倫庶物之理詩書載道之文皆是君子博學實踐依法而行吉凶禍福一聽之命他無所爲正反之之事朱子引董子之言以明之宜深味之

行法以俟命則只知循理無一毫私意乃人欲盡淨天理流行所以爲君子盡性之事吾儒當用克己之功日從事於斯不可頃刻懈也

孟子云行法以俟命前面具有許多窮理克治工夫在學者不可不一一經歷實到不然不知所謂法又安能行

第三十四章 說大人

此言人當以古聖賢爲法不可溺於世俗

此孟子以身立教不覺露出大丈夫氣象楊氏謂其以己之長形人之短則過矣蓋當時諸侯窮民之力以恣己之慾故以身教之如此何嘗有我長彼短之

私較況承上文巍巍然而言其實事正教時君去惡習以循古制也言汝輩得志如此我則惟知有古制而已何嘗有衒長之意猶曰賜也賢乎哉夫我則不暇云讀者詳之

說大人者藐其巍巍則氣懾而不能盡其言勿視其巍巍然此不可勉也必平日有集義之學以古聖賢爲法乃能無入而不自得

程子論孔子無迹顏子微有迹孟子其迹著此皆體

味聖賢至盡之語不必泥楊氏之說

朱子謂孟子謹嚴程子謂並秋殺氣見如此章可見

只是才高何嘗有一毫私見

第三十五章養心莫善於寡欲

心虛靈之物一有所欲即隨欲去而不存惟寡欲則

心無所引常在腔子內管攝義理

心有欲則虛靈之體塞仁義之心不存欲寡欲莫如

明理明理須用敬

欲爲心害有欲則失其養

第三十六章 曾晳嗜羊棗

此舉曾子之孝以示人曾子非不食羊棗不忍食親之所嗜耳食則思親之心益甚故不忍食

愛親之心迺於至性人人皆然但常人因物而遷惟聖賢能充其仁愛之心終身慕父母曾晳嗜羊棗曾晳死曾子不忍食羊棗卽物思親終身之憂也

第三十七章 孔子在陳曰

此言君子當反經以息邪慝

天下之極是者易知極非者易知惟似是而非者最惑人非聖賢不能辨此夫子所以拒絕鄉愿謂其惑世之深也

狂者取法古聖賢教之以踐其實則合乎道狷者不爲不善教之以充其善則進於道此孔子所以思謂其可以入堯舜之道也

自常道不明人異習家殊俗異端邪說紛紛各出其

私以相勝惑亂人心使天下莫適所從君子思有以救之惟有復常道而已明乎仁義禮智之理修其君臣父子之倫常道既復則庶民觀感興起而爲善是非明白人無所蔽邪慝雖盛不能亂矣蓋常道人所固有特爲邪慝所惑而不彰耳一有君子爲之明之則人心自開啟知邪說之非正道之是而邪慝自不能復亂此孟子反經以息邪慝之說聖人復起不能易彼視爲迂緩而無救於邪慝者必賊道之人助民

爲邪慝也

人心同此一常道豈有正不能勝邪之理亦視其反之功爲何如耳

第三十八章 由堯舜至於湯

此歷叙道統之傳而寓自任之意蓋道失其傳則民彝泯滅聖賢自有所不忍也其憂之也深故其望之也切不得不自任以俟百世之下有聞知而興起者相傳於無窮也

去聖未遠宜其傳守多近聖既甚宜其觀感易然而已無有見而知之者則百歲之後世愈遠而道愈不顯豈復有聞而知之者此孟子之所以爲憂而不得自辭其責以俟知者然其意亦可憫矣後之君子讀此沉潛反復必有不忍遽釋者則孟子之心庶幾可見

民秉之彝人性皆同但其所稟之氣不齊往往任氣而逆性高明者溺於異端邪說而不知返卑下者狥

於口耳物欲而不知悟間有出於正者又不知深造以道或舉其偏而不全得其精而遺粗此道之所以不明而不傳惟聖賢姿稟既異學力又優故此心虛靈不爲私蔽渾然一理酧酢萬變大中至正可以正人心而善天下傳之萬世無差此所以必數百年一出而不可常得雖日不常得然得一郎足以致見知於當時啟聞知於數百年後循環不已此天理所以常存人心所以不死孟子之言固非偶然

五百餘歲聖道相傳雖舉其大畧然嘗考之自孟子而後歷漢晉隋唐至宋千餘年始有聞而知之者又不止五百餘歲雖其間間有儒者輩出未免有偏而不全得粗而遺精未必造乎天理之極無一毫人欲之私傳之即不能無弊必如周程朱子始可謂聞而知之者故一時及門親見者多得其正大傳其學者徧布四方使歷聖之道大明異端邪說屏息不作即作焉不能惑世人心正天理明自元迄今數百年天

下食其德蒙其功不可名言矣但學於道無所得亦
莫知其爲功
人我一源道不明則陷於塗炭此孟子所以憂其無
傳也更合集註與程子之序觀之自得

孟子說卷七終

序

自天子至於庶人未有不得師友而能有成者嵩少孤貧賴先母口授論語句讀及易卦彖歌十二三時始出就傅然不能給贄未嘗竟歲十四五時耕傭負販以爲養將及冠爲童子師暇則誦四子書及詩苦不得其要領三十餘歲始交大冶楊龍叟兄弟貧其直諒多聞守乃益固年踰四十適萍鄉李先生薌垣守武郡始辱知自是日蒙篤愛迪誨纖至庶博極大

觀益知先生學有本末聞道獨先其歷官善政務存大體非循流逐末者可同年語也先生藩江甯攝江督館嵩於署及開缺又館嵩於家嵩知斯文之不行四子六經之將晦而孟子尤甚因忘固陋竊取朱子之意發明孟子各章大旨使讀者目之豁然庶幾由朱子之說以求孟子之意斯易易也書成名曰孟子說質之先生加釐正焉先生勗嵩付刊又將爲之經營梓費嵩遂屢請序於先生而復自爲序以識所學

之落殖則是書也固不能造孟子之極然知道之君子有取焉或亦有補於初學之萬一云

光緒丁未年四月上浣武昌郁嵩序於江西省貢院教室

孟子弟子考補正一卷

清　陳矩撰

清光緒貴陽陳氏刻《靈峯草堂叢書》本

孟子弟子攷補正

嶺西賴鶴年

孟子弟子攷補正序

貴陽陳衡山大令既補注孟子外書遂以所得於外書者補正秀水朱錫鬯氏孟子弟子攷復旁摭姓譜羣言拾唾等書附益之補闕正譌厥功甚偉書成屬余弁其首余學殖本淺益之荒落何足以序是書且是書表章先賢爲秀水爭友尤不以余言爲重輕也顧余竊有疑者朱氏博極羣書獨此攷僅舉崖略其所援據大都以趙邠卿章句爲宗此外尠有旁及即如孟子外書四篇自應劭風俗通義劉歆九種班固藝文志皆合內書七篇稱爲十一篇知古人著錄久矣朱作經義考獨削而不錄攷孟子弟子亦不

引一字豈外書顯晦不常朱偶未之見歟抑以趙氏非之特從蓋闕以待後人之折衷也且朱氏旣據趙注矣而季孫子叔二子趙氏明言孟子弟子攷中何以不與得毋外書有季孫郊治車子叔問文王孔子繫易語趙氏實本此作注朱不取外書遂幷趙氏此注廢之耶或曰子叔之先出自魯文公之子曰叔肸肸之子曰子叔聲伯後遂以爲氏魯昭公二十九年叔詣卒公羊傳載叔孫之言曰叔詣無病而卒此皆天也非我也則此季孫當卽季孫意如而子叔疑卽叔詣也一作子叔倪昭二十五年夏叔詣猶會諸侯於黃父或是年之秋季孫逐昭公叔詣始有怨於季

孫故爲政不用乎據此似趙注子叔心疑之說不如集注以子叔疑爲人名較確然新安已不知子叔疑爲何時人僅據後人影附之詞輕議古注又安見楚失而齊得也若云朱氏不列二子於弟子爲恪遵集注則告子盆成括集注皆不從趙氏學於孟子之說朱氏何以列入耶不僅唯是外書記孟子三見齊王而不言事丑子曰夫子何以三見齊王而不言注引高氏誘曰丑子卽公孫丑世本云齊末公子公子朝之子字子景以字爲氏亦曰景丑按誘序呂覽自謂正孟子章句者其言當確有師承然則內篇所稱景丑氏公孫丑與外篇之丑子殆一人而記者互異歟

又按漢志儒家者流有景子三篇注云説宓子語似其弟子程氏四書識遺以爲孟子稱丑爲景子或即此人翟氏四書考異疑公孫丑稱丑子於他籍無徵林氏外書補證辨公孫丑稱丑子猶匡章稱章子是已惟景子既爲宓子弟子不應復爲孟子弟子漢志亦不應次孟子於景子之後豈宓子不齊在聖門年最少景子先師宓子其後又師孟子班氏叙宓子連及景子而孟子書晚出遂次於世子數家後不復以師弟論乎凡此皆余所蓄疑於中者也今讀衡山書乃舉以質之衡山勤於考古將必能辨析其疑庸非余之厚幸也夫爰次以爲序

光緒二十有三年歲在丁酉仲夏之月四川督學使者歷

城吳樹棻

矩既補注孟子外書偶見朱檢討孟子弟子考病其畧乃取而補正之夫外書之遺久矣幸乾嘉諸先生刊而行之纔有輕議外書之僞深文巧詆者復獲林氏春溥辨明補正之林氏之功偉矣矩補正外書時未見林氏此篇也近游蜀中始獲之竹柏山房叢書中不覺狂喜喜其先獲我心也雖補注各有心得然欲外書之不再滅絶則同也矩補正檢討之書乃得於外書及散見羣書者趙氏注孟子弟子十五人學於孟子者四人宋政和中以程振之請贈爵者十八人皆本趙注惟遺滕更一人朱檢討則增滕更去季孫子叔共十七人朱子僅取十三人元吴萊弟子列

孟子弟子攷補正序

傳十九人早遺張九韶羣言拾唾載孟子弟子十七人去季孫子叔滕更盆成括增孟季子周霄宮夢仁讀書記數畧則去滕更浩生不害盆成括增孟季子曹交周霄去取畧有不同有古籍無徵而疑爲孟子弟子者二人若内篇之夷子外篇之黜子皆棄墨而歸儒有古籍所載而可疑者四人淮南氾論訓高誘注之陳仲子史記索隱及外書注之公明高廣韻及風俗通邵思姓解之離婁讀書記數畧之曹交矩詳考羣篇無可疑而補入者七人告子季孫子叔匡章曼丘不擇孟季子周霄並原書所列得二十四人嗟乎孔子沒而微言絶獨賴孟氏得孔子心傳與羣弟

子序詩書發明孔子之意以正當時異學孟氏之功固不在禹下而羣弟子之力不淺也惜後車數十乘從者數百人之盛姓字傳於今者如晨星之落落矩固陋亦甚所見止此世有博雅之儒更能囊括無遺則尤善已

光緒二十四年戊戌貴陽陳矩

孟子弟子考補正

秀水朱彝尊原本　　貴陽陳[illegible]

樂正子克宋政和中贈利國侯班氏古今[illegible]子居第四等原本附後今移前分錄

趙岐曰孟子弟子爲魯臣

矩案孫疏朱注與趙注同禮記王制樂正崇四術立四教注樂正樂官之長蓋以官爲氏者文選王仲寶褚淵碑文亦猶孟軻致欣於樂正注引劉熙曰樂正姓也子通稱也名克案集韻克與尅通正字通尅同尅古字皆通孟子外書樂正子春年九十矣使其孫

克學於孟子又孟母之喪門弟子各治其事樂正克
治儀陶靖節集八儒篇列第七樂正子傳春秋爲道
爲屬辭比事之儒劉節廣文選平公與齊宣王會於
梟繹山下樂克備道孟子於平公曰孟子私淑仲尼
其德輔世長民其道發政施仁君何爲不見乎唐林
慎思演作續孟子十四篇樂正子列第三篇
國朝雍正二年從祀孔廟稱先賢仍配享曲阜及鄒縣孟
廟乾隆二十一年於孟廟之主去前代封號稱先賢
樂正子

萬子章宋贈博興伯古今人表萬章居第四等

趙岐曰孟子弟子

矩案孫疏朱注與趙注同史記孟子列傳所如不合退而與萬章之徒序詩書述仲尼之意作孟子七篇司馬貞索隱萬章孟子之門人應劭風俗通窮通篇孟子去齊又絕糧於鄒辥困殆甚與萬章之徒序詩書仲尼之意作書中外十一篇齊乘萬章滕州南萬村有墓齊人孟子弟子外書萬章從遊於牛山之上孟子喟然歎曰此齊景公流涕之所也而其骨已朽矣萬章曰古之人何以不朽孟子曰太上有立德其

次有立功其次有立言此之謂三不朽古之人皆有死君子雖死而求其不死者若小人則未死而已死矣又孟母之喪門弟子各治其事萬章治縗絰解孟軻門人有萬章萬章亦稱子萬章曰一鄉皆稱原人焉注疏作萬子曰趙注云萬子卽萬章也孟子錄之以其不解於聖人意故謂之萬子子男子之通稱也美之者欲以責之也孫氏志祖云岐說固迂曲然經文自作萬子無疑七篇萬章所輯故於篇終特著萬子以表異之亦如論語有若所錄故篇首大書有子曰正其例也向來訓詁家罕有及此者韓退之答張

籍書曰孟軻之書非軻自著其徒萬章公孫丑相與記軻之事耳林慎思云孟子之書自其徒記言而作予所以復著者蓋以孟子久行教化言不在其徒盡矣故演作續孟子與韓氏之說正同續孟子萬章列第十篇矩謂七篇雖非萬章一人所輯然辨難獨多其功偉矣一統志葬鄒縣西南又云濟南新城縣

國朝雍正二年從祀孔廟稱先賢升配孟廟乾隆二十一年於孟廟之主去前代封號稱先賢萬子

公孫丑宋贈壽光伯古今人表公孫丑居第三等

趙岐曰孟子弟子

矩案孫疏朱注與趙注同外書孟母之喪門弟子各治其事公孫丑治賓客八儒篇列第八公孫氏傳易爲道爲潔淨精微之儒續孟子公孫丑列第六篇大明一統志葬濟南淄川縣東南十五里又云鄒縣城西北十里

國朝雍正二年從祀孔廟稱先賢升配孟廟乾隆二十一年於孟廟之主去前代封號稱先賢公孫子

公都子□宋贈平陰伯（公都子從祀廟庭原書列第十二位置不合改次公孫子後）

趙岐曰孟子弟子

矩案公都子名或見外書孟母之喪門弟子各治其事公都或治饌孫疏朱注同曰孟子弟子廣韻公都注漢複姓八十五氏孟子稱公都子有學業續孟子公都子列第四篇

國朝雍正二年從祀孔廟稱先賢升配曲阜及鄒縣孟廟乾隆二十一年於孟廟之主去前代封號稱先賢公都子

浩生亦作告子不害宋贈東阿伯辨正

趙岐曰齊人

矩案趙岐曰浩生姓不害名齊人也浩生複姓不害其名與公孫篇之告子及以告子名篇者自各一人趙氏偶于告子篇誤注名不害朱子亦沿其繆遂傳疑至今茲據墨子書定告子名勝與浩生不害判爲兩人

國朝乾隆二十一年於孟廟之主去舊時封號稱先儒浩生子

孟仲子宋贈新蔡伯

趙岐曰孟仲子孟子之從昆弟從學于孟子者也

矩案孫疏朱注同曰孟子弟子孟氏譜云仲子名睪

孟子之子也三遷志云孟子娶田氏生仲子乃別爲

一仲子非趙氏所指之仲子也攷仲子之名見詩毛

傳維天之命閟宫兩篇故陸德明經典釋文序錄云

子夏傳曾申申傳魏人李克克傳魯人孟仲子孟仲

子傳根牟子根牟子傳孫卿子孫卿子傳大毛公也

陸璣草木鳥獸蟲魚疏載傳詩之人亦與釋文同卽

趙氏所謂從昆弟之仲子也

國朝乾隆二十一年于孟廟之主去舊時封號稱先儒孟
仲子

陳子臻宋贈蓬萊伯

趙岐曰孟子弟子

矩案孫疏朱注同趙注外書孟母之喪門弟子各治其事陳臻治貨續孟子陳臻列第十四篇萬姓統譜

潁川徵音周武王封舜後於陳以邑爲氏

國朝乾隆二十一年於孟廟之主去舊時封號稱先儒陳子

充子虞宋贈昌樂伯

趙岐曰孟子弟子

矩案孫疏朱注同趙注外書孟母之喪門弟子各治其事充虞治櫬七修類藁引作充虞治木內篇充虞敦匠趙注厚作棺也趙氏讀敦匠句事嚴句後人以事字屬上讀誤孔氏廣森經學卮言云敦治也

國朝乾隆二十一年於孟廟之主去舊時封號稱先儒充子

屋廬子連宋贈奉符伯

趙岐曰孟子弟子

矩案孫疏朱注同趙注孟子居鄒章連得閒矣趙注連屋廬子名廣韻盧字注孟子有屋盧子箸書鄭樵通志氏族畧云晉賢人屋盧子箸書言彭聃之法或曰盧與廬不同又言彭聃之法亦非孟子弟子恐別爲一人案周禮冬官考工記作廬器注戈戟殳矛之柄也是盧與廬古字通又外書屋廬子曰無爲而治何如孟子曰有心於無爲非無爲也虞舜先勞而後逸也劉攽注曰屋廬子初爲黃老之學故以清靜無

爲爲問孟子恐其有流弊也舉虞舜以告之足徵廣韻及通志氏族畧所載之屋盧子非别一人續孟子屋廬子列第七篇

國朝乾隆二十一年於孟廟之主去舊時封號稱先儒屋廬子

徐子辟宋贈仙源伯

趙岐曰孟子弟子古今人表徐子居第五等

矩案孫疏朱注同趙注外書辟之祖自南州遷于郯鄅今五世矣劉攽注曰南州徐國也郯鄅洛陽也萬姓統譜東海商音顓頊之裔嬴姓伯益後封於徐爲楚所滅子孫因氏

國朝乾隆二十一年於孟廟之主去舊時封號稱先儒徐子

陳子代宋贈沂水伯

趙岐曰孟子弟子

矩案孫疏朱注同趙注外書孟母之喪門弟子各治其事陳代治牲陳以邑爲氏見前

國朝乾隆二十一年於孟廟之主去舊時封號稱先儒陳子

彭子更宋贈雷澤伯

趙岐曰孟子弟子

矩案孫疏朱注同趙注續孟子彭更列第十三篇萬姓統譜隴西宮音大彭爲商諸侯以國爲姓

國朝乾隆二十一年於孟廟之主去舊時封號稱先儒彭子

文十

咸邱子蒙宋贈須城伯

趙岐曰孟子弟子

矩案外書孟母之喪門弟子各治其事咸邱蒙治器廣韻邱字注漢複姓四十四氏孟子有咸邱蒙隱居閻徵君若璩四書釋地續云古人以所居之地得姓氏不必定常於其地如咸邱魯地而蒙則齊人是咸邱二字見爾雅左高曰咸邱見春秋桓公七年焚咸邱杜注咸邱魯地高平國鉅野縣南有咸亭咸邱複氏自以此續孟子咸邱蒙列第八篇

國朝乾隆二十一年於孟廟之主去舊時封號稱先儒咸

邱子

高子□宋贈泗水伯

趙岐曰高子齊人嘗學于孟子古今人表高子居第四等矩案公羊傳文公四年引高子曰詩小序周頌絲衣章亦載高子之說經典序錄云子夏授高行子王伯厚謂卽七篇中之高子是也子夏習詩又傳春秋高子親受業故小序公羊傳皆引其說晚從孟子游齒已長故稱之爲叟然實儕弟子之班隨游列國所以聞尹士不悅之言進而入告孟子又以茅塞子之心相戒也外書高子問於孟子曰夫嫁者非己所自親也衞女何以得編於詩也孟子曰有衞女之志則可

無衛女之志則舛續孟子高子列第五篇

國朝乾隆二十一年於孟廟之主去舊時封號稱先儒高子

桃子應宋贈膠水伯

趙岐曰孟子弟子

矩案孫疏朱注同趙注萬姓統譜云桃應孟子時人姓苑桃應戰國人外書齊人伐趙桃應將問于孟子孟子曰毋嗜殺將心也勿爭功將才也與士卒同甘苦將道也

國朝乾隆二十一年於孟廟之主去舊時封號稱先儒桃子

盆成子括宋贈萊陽伯

孫奭曰盆成括嘗學于孟子

矩案趙岐注盆成括學於孟子者晏子外篇景公命盆成括以母柩合葬於路寢事晏子稱之曰括者父之孝子兄之順弟孟子曰死矣盆成括蓋與孔子曰若由也不得其死然旨意正同朱子張九韶宫夢仁皆因此語而斥之亦誤矣

國朝乾隆二十一年於孟廟之主去舊時封號稱先儒盆成子

滕子更

趙岐曰滕更滕君之弟來學于孟子

矩案萬姓統譜云滕南陽宫音周文王第十四子滕侯之後後失國子孫以國爲氏內篇滕更之在門也

唐大麻中張鎰孟子音義更音庚

告子勝補

矩案趙岐注告子勝齊人兼治儒墨之道嘗學於孟子而不能純徹性命之理墨子書云二三子復於子墨子曰告子勝仁子墨子曰未必然也告子爲仁猶跛以爲長隱以爲廣不可久也則告子名勝無疑矣文選陳琳爲曹洪與魏文書有子勝斐然之志注引墨子跛作䟦隱作偃又戰國策注告子名不害者當是以告浩古今字遂誤以浩生不害爲告子今據墨子書正之趙岐謂告子兼治儒墨之道恐未必然蓋初爲墨子之學後棄墨而歸儒亦如屋廬子初爲黃老之學耳

季孫子郯宋贈豐城伯補
趙岐曰孟子弟子
矩案孫疏同趙注外書孟母之喪門弟子各治其事季孫郯治車與樂正充虞等同列則注疏指爲孟子弟子未爲不是朱檢討從朱子集注說斥注疏爲無稽誤矣
國朝乾隆二十一年於孟廟之主去舊時封號稱先儒季孫子

子叔子　宋贈乘陽伯補

趙岐曰孟子弟子

矩案孫疏同趙注外書子叔問曰文王囚於羑里孔子厄於陳蔡何以繫易也注劉攽曰孟子門人林氏春溥曰趙注當本外書

國朝乾隆二十一年於孟廟之主去舊時封號稱先儒子叔子

匡子章補

趙岐曰匡章齊人也

矩案呂氏春秋不屈篇匡章謂惠子於魏王之前高誘注匡章孟子弟子也歐陽詢藝文類聚同曰孟子弟子周廣業孟子出處時地考章在孟門所禮異於滕更稱子有同樂正匡章兩見戰國策一齊策秦假道韓魏以攻齊章爲變徽章以雜秦軍齊軍大勝秦王拜西藩之臣而謝於齊一燕策燕王噲讓國於其相子之燕國大亂孟軻謂齊宣王曰此文武之時不可失也王因令章子將五都之衆以伐燕士卒不戰

城門不閉燕王噲死齊大勝燕矩案史記燕世家引戰國燕策語同惟燕王作燕君裴駰集解章子齊人見孟子據國策史記所載當燕之亂孟子在齊宣王實因孟子之請而令章子將兵則章子正從游也內篇公都子以章子通國皆稱不孝疑孟子與之游玩其辭意實因章子已列門牆公都子疑其爲人而問之也故孟子力爲辨之其於齊勝秦伐燕之功亦偉然則章子於家事國事固爲人所難爲孟子正樂得其才而教育之矣矩少習孟子疑孟子與匡子游又從而禮貌之必爲弟子今讀各篇始釋然

孟季子補

矩案張九韶羣言拾唾載孟門弟子孟季子次居十六讀書記數畧孟季子孟子弟子或謂孟仲子爲孟子從昆弟而學于孟子則孟季子當亦其倫㫖是

曼丘子不擇補

朱檢討曰廣韻詮丘字引孟子齊有曼丘不擇今七篇無其文弟子與其不謂之弟子與吾不得而知之矣矩案邵思姓解所引同廣韻外書曼丘不擇問于孟子曰夫子焉學其爲弟子無疑朱檢討不見外書故疑其詞

周子胥補

趙岐曰周胥魏人也

矩案元臨江張九韶羣言拾唾載孟門弟子周胥次居十七宫夢仁讀書記數畧亦云周胥孟子弟子廣韻本自周平王子别封汝川人謂之周家因氏焉戰國魏策云魏文子田需周胥相善欲罪犀首鮑彪注云周胥孟子時有此人黄丕烈刊宋剡川姚氏本戰國策胥作胥季孫子叔孟季子匡章幸見七篇曼丘不擇亦見外書先儒俱指爲孟子弟子詢非無據因並録之

朱檢討孟子弟子攷以元吳立夫氏孟子弟子列傳之失傳而作也今覽其書宜為急就未定之稿其不泥宋太常之議增滕更一人是為特見餘於季孫子叔不從趙注復未由明正其非未免信朱太過於公明高離婁曼丘不擇阮操之隋唐人舊注矣捜

證不得直斥爲無稽之言檢討博識多通
不應率爾若是以謂不信外書故云矜慎
則當條舉姓名存以俟考傚許君書
闕鄭君書疑之例匯一切置之不錄蓋
拘牽吳氏列傳序所稱一十九人粗擬
目次未及終篇經後人編刊以傳其略

也貴陽陳君衡山大令取是編所載羅掇
羣籍佐以外書釐校異同補拾疏漏
得二十四人其尤精者根據墨子定浩
生子不害告子勝為二人信足訂北海舊
本之譌決紫陽未發之指於秀水為爭
友於臺卿則為功臣竊謂騶縣之傳殺

於墨荀晦於黄老當时從者數百已不足
徵輒擬就七篇中同答諸賢旁蒐博益
以所補周霄孟季子之類即以公明高
阮見史記索隱復見熙时子注已亦孤
證即無妨列之弟子之目以備後儒鉤
攷不必墨守吳序及班表宋志元張九

韶氏去取之數，得其一使知斷璧散珠為世寶貴，務在明顯學師承。余媿舊業瞀荒，不能不於衡山請益也。

光緒丁酉仲夏道州何維棣叙

四書義史證孟子二卷

清 譚義撰

清光緒九年上海文衡社石印本

光緒癸年新鐫

上海文衡社石印

四書義史證

陳伯陶署檢

廣州双門底上街點石齋書局發兑

譚燕山四書義史證跋

譚君是書取四子所言證以史事穿穴貫串具有識解不僅讀書作文之益寔知人論世之資也自序言略倣困學紀聞日知録爲之寔則與王浚儀書得後人箋注攷訂而益顯是書徵引繁博參觀互證亦足與聖賢立言之旨相發明可謂劬書媚學之君子矣八月粵東督學使者

錢唐汪鳴鑾

增刻四書義史證目錄

由廣州双门底黙石齋書局發兑

卷一

大學

閒嘗竊取至以補之
所謂誠其意者
毋自欺也
如惡惡臭　三句
身有所忿懥　八句
心不在焉　四句
人之其所親愛　一節

中庸

小人之反中庸也
人莫不飲食也　二句
舜好問而好察邇言
隱惡而揚善
擇乎中庸至期月守也
天下國家可均也　一節
國有道不變塞焉　二句
素隱行怪　二句

財者末也
貨悖而入者亦悖而出
楚國無以為寶　二句
舅犯曰
秦誓曰
若有一个臣
無他技
薦其時食
明乎郊社之禮　三句
思事親不可以不知人
尊賢也
敬大臣也　二句
柔遠人也
尊賢則不惑　三句
懷諸侯則天下畏之

未有府庫財　一句
畜馬乘　一節
與其有聚斂至盜臣
長國家　二句
彼為善之
雖有善者至之何矣
國家將亡必有妖孽
動乎四體
見乎蓍龜
善必先知之　二句
故君子尊德至問學
既明且哲以保其身
前題
生乎今之世至之道

素隱行怪
南方之强與
南方之強與　二句
素夷狄　二句
君子居易以俟　二句
鬼神之為德　二句
武王末受命
追王太王王季　二句
必得其壽
脩其祖廟
設其裳衣

上論

學而時習之
有朋自遠方來
人不知而不慍
巧言令色鮮矣仁

踐其位　三句
去讒
遠色
賤貨
官盛任使
興滅國繼絕世
不信乎朋友　二句
不順乎親　二句
能盡物之性
國家將興　四句
國家將亡　二句

邦無道免於刑戮
焉用佞節
好勇過我
可使與賓客言也

車同軌
書同文
行同倫
今用之吾從周
為能聰明睿　二句
是以聲明　至中國
衣錦尚絅
知微之顯
君子之所不　至見乎
不動而敬

四教章
不恒其德或承之羞
互鄉難與言
童子見門人惑

信
節用
節用而愛人使民以時
入則孝出則弟
親仁
行有餘力則以學文
事君能致其身
雖曰未學　二句
父在觀其志
父沒觀其行
三年無改於父至孝矣
信近於義言可復也
因不失其親
亦可宗也
信近於義　全章
未若貧而樂

女與回也孰愈章
棖也慾焉得剛
夫子之言性至而聞也
敏而好學
其養民也惠　二句
善與人交
三仕為令尹無喜色
三已之無慍色
舊令尹之政　二句
陳文子有馬至違之
違之之一邦
清矣
再斯可矣
其愚不可及也
歸與歸與
不念舊惡

人潔己以進　五句
君子不黨
君取於吾至吳孟子
丘也幸　三句
子疾病子路請禱
丘之禱久矣
小人長戚戚
三以天下讓
民無得而稱焉
故舊不遺
籩豆之事則有司存
犯而不校
可以託六尺之孤
臨大節而不可奪也
人而不仁至亂也
三年學不至於穀

射不主皮
古之道也
臣事君以忠
關雎樂而不淫
管氏有三歸
三歸　樹塞門
樂其可知也
儀封人請見曰　三句
臨喪不哀
里仁為美章
惟仁者能好人能惡人
富與貴至不處也
造次必於是　二句
人之過也各於其黨章
朝聞道夕死可矣
能以禮讓為國乎何有

行不由徑
非公事　二句
孟之反不伐　章
罔之生也幸而免
魯一變至於道
子所否者
述而不作
竊比於我老彭
學之不講
吾不復夢見周公
自行束脩　一章
子於是日哭則不歌
子路曰子行三軍至誰與
臨事而懼
好謀而成者也
富而可求也

三軍可奪帥也
匹夫不可奪志也
衣敝緼袍至恥者
未可與權
孔子於鄉黨
孔子於鄉黨　二句
似不能言者
朝與下大夫言
誾誾如也
君在節
趨進
賓退必復命
入公門章
執圭節
居必遷坐
割不正不食

未知生焉知死
魯人為長府
論篤是與章
求也退故進之　二句
顏淵後章一
弒父與君亦不從也
使子羔為費宰　章
願為小相句
亦各言其志句
暮春者　六句
為國以禮　三句
非禮勿視　四句
內省不疚夫何憂何懼
人皆有兄弟我獨亡
死生有命
富貴在天

豈若匹夫至溝瀆
大夫僎與文子同升句
仲叔圉治賓客　全節
王孫賈治軍旅
陳成子弒簡公
陳恒弒其君請討之
告夫三子者
勿欺也句
勿欺也而犯之
而犯之句
孔子與之坐而問焉
使乎使乎
不逆詐　三句
以德報怨何如
何以報德
以直報怨

子曰性相近也
子之武城　二句
君子學道　二句
信則人任焉
好仁不好學　二句
好知不好學至也狂
詩可以興
可以觀
可以怨
多識於鳥獸草木句
譬諸小人其猶穿句
鄉愿德之賊也
鄙夫可與事君也章
古之愚也直
惡紫之奪朱也
食旨不甘聞樂不樂

先之勞之請益曰無倦
赦小過
舉爾所知　二句
爾所不知　二句
必也正名乎
名不正
名不正則言不順
刑罰不中至手足
名之必可言也至已矣
子曰誦詩三百至專對
雖多亦奚以為
其身正　四句
子曰魯衛之政兄弟也
子謂衛公子荊善居室
始有曰　六句
子曰庶矣哉

無為而治者
言忠信行篤敬至行矣
言不忠信至行乎哉
立則見其參於前二句
子張書諸紳
直哉史魚
不可與言而與之言
志士仁人　三句
行夏之時
鄭聲淫
遠佞人
人無遠慮必有近憂
躬自厚而薄責於人
羣居終日至難矣哉
君子疾沒世至稱焉
羣而不黨

楚狂
孔子下欲與之三句
耦而耕
止子路宿至而食之
見其二子焉
殺雞至見其二子焉
至則行矣
無可無不可
鼓方叔至入於海
君子不施其親
故舊無大故　二句
無求備於一人
周有八士
執德不弘　四句
子夏之門人　全章
子夏云何

鄉人皆好之何如全章
鄉人之善者好之
及其使人也器之
善人教民七年 二句
子曰以不教民戰全章
子曰邦有道穀 二句
克伐怨欲 全章
士而懷居 二句
邦無道危行言孫
君子而不仁者有矣夫
君子而不仁至仁者也
愛之能勿勞乎
子曰爲命 全章
草創之 四句
問管仲曰人也 全節
孟公綽爲趙魏至大夫

夫顓臾昔者先王以爲
今夫顓臾固而近於費
君子疾夫舍曰欲之
遠人不服則脩文四句
既來之則安之
吾恐季孫之憂至内也
天下有道則禮樂全章
自大夫出 四句
天下有道則庶人不議
樂道人之善
及其老也戒之在得
君子有三畏至畏也
狎大人
畏聖人之言
忿思難
忿思難見得思義

叔孫武叔毁仲尼
言不可不慎也
其生也榮
其死也哀
咨爾舜至在爾躬
允執其中至以命禹
敢昭告于皇皇后帝
舉逸民
寬則得衆至民任焉
因民之所利至費乎
擇可勞而勞之
君子正其衣冠
尊其瞻視
君子正其衣至猛乎
出納之吝
不知命無以爲君句

庖有肥肉
始作俑者　節
願比死者一洒之
可使制梃　二句
故曰仁者無敵　節
孟子見梁襄王　二節
望之不似人君　二句
不嗜殺人者能一之
天下莫不與也
七八月之閒旱　四句
無已則王乎
王坐於堂上　句
吾不忍其觳觫　二句
挾泰山以超北海
故推恩足以保　四句
今恩足以及禽獸二句

北宮黝之養勇也　節
孟施舍之養勇也　節
量敵而後進　二句
吾嘗聞大勇　七句
至大至剛　三句
是集義所生者　節
助之長者至而又害之
何謂知言　節
聖則吾不能
皆有聖人之一體
乃所願則學孔子也
自生民以來　二句
以力服人者　五句
以德服人者　二句
莫如貴德而尊士
明其政刑至畏之矣

世子自楚反
今滕絶長補短三句
吾欲使子問至行事
定爲三年之喪　節
父兄百官至受之也
吾他日至試劍
好馳馬試劍
君薨百官總已七句
上有好者　二句
是誠在我　節
有恆產者至無恆心
取於民有制
設爲庠序至以教之
經界不正
死徒無出鄉　二句
出入相友　四句

樂民之樂 節
吾欲觀於轉附朝舞節
天子適諸侯 二段
春省耕 二句
夏諺曰 七句
從流下而忘反 節
惟君所行也
召太師曰 二句
畜君何尤
罪人不孥
文王發政施仁 二句
來朝走馬
爰及姜女
有託其妻子 節
士師不能治士
王顧左右而言他

必有得天時者矣
固國不以山谿之險
親戚 之
以天下之所順 四句
孟子將朝王 節
明日出弔於東郭氏
故將大有為之君 節
欲有謀焉則就之
尊德樂道
不足以有為也
好臣其所教
王餽兼金一百而不受
焉有君子而可以貨句
一日而三失伍 四句
求牧與芻而不得 三句
知其罪者惟孔距心

大則以王小則以霸
昔齊景公田節
且夫枉尺而直尋者
使王良與嬖奚乘
一朝而獲十禽
枉己者 二句
以順為正者 二句
妾婦之道也
富貴不能淫 三句
威武不能屈
此之謂大丈夫
諸侯耕助
不待父母之命 五句
葛伯放而不祀
湯又使人問之 五句
有楚大夫於此 二句

是謀非吾所能及也
鑿斯池也　三句
與民守之　三句
齊人將築薛
昔者太王居邠　二節
苟為善至王者矣
滕小國也　章
世守也　節
嬖人臧倉者　章

卷四

下孟

師曠之聰　三句
徒善不足以為政二句
不愆不忘率由舊章
貨財不聚非國之害也
上無禮　四句

孟子致為臣而歸
孟子致為臣而歸
前日願見而不可得
不敢請耳固所願也
養弟子以萬鍾
辭十萬而受萬　二句
使己為政　三句
又使其子弟為卿
有欲為王留行者
使浚井　三句
然則舜偽喜者與
仁人之於弟也　三句
封之有庳
豈得暴彼民哉

距楊墨放淫辭
能言距楊墨者　節
陳仲子　節
匍匐往將食之
彼身織屨妻辟纑
以兄之祿　六句
辟兄離母
處於於陵
己頻顣曰
為其事而無其功者
則有慶至削以地
五霸桓公為盛
無易樹子
無以妾為妻

天之方蹶無然泄泄
名之曰幽厲　三句
殷鑒不遠　二句
國之所以廢至亦然
為政不難　二句
涕出而女于吳
安其危　二句
樂其所以亡者
自作孽不可活
得民心斯得民矣
雖欲無王不可得已
至誠而不動者　二句
吾聞西伯善養老者
此所謂率土地至人肉
闢草萊任土地至次之
觀其眸子　三句

欲常常而見之　二句
是二天子矣
故說詩者　二句
為天子父　四句
祇載見瞽瞍
天子不能以天下與人
前題
天與之者　二句
而居堯之宮　二句
天與子則與子
吾君之子也
施澤於民未久
其子之賢不肖皆天也
非人之所能為也
莫之為而為者天也
伊尹放之于桐六句

無以妾為妻
取士必得
無曲防
一戰勝齊　三句
而儉於百里
務引其君至而已矣
我能為君辟土二句
今之所謂良臣二句
我能為君約至必克
由今之道　二句
無城郭宮室　五句
白圭曰丹至愈於禹
訑訑之聲音　三句
飢餓不能出門戶
入則無法家　三句
教亦多術矣

十

恭儉豈可至笑貌為哉
嫂溺援之以手
教者必以正
責善則離至莫大焉
政不足間也
惟大人為能至心之非
有不虞之譽　二句
前題
有求全之毀
人之易其言也　二句
人之患在好為人師
徒餔啜也
不孝有三無後為大
惠而不知為政
歲十一月徒杠成二句
君之視臣如手足

一介不以取諸人
其自任以天下至如此
歸潔其身而已矣
齊東野人之語也
彌子之妻至兄弟也
彌子謂子路曰　三句
得之不得曰有命
前題
晉人以垂棘之璧三句
宮之奇諫百里奚不諫
不可諫而不諫　二句
知穆公之可與至相之
故聞伯夷之風者二句
孔子之謂集大成
諸侯惡其害己也二句
然而軻也　二句

莫非命也順受其正
恥之於人大矣
故民不失望焉
以佚道使民至殺者
以佚道使民
殺之而不怨
善政不如至民也
善教得民心
其操心也危　三句
有事君人者　二節
有安社稷臣者二句
有安社稷臣者
父母俱存　三節
仰不愧於天　二句
樹牆下以桑
故觀於海者難為水

死傷勇
逢蒙學射於羿　四句
逢蒙學至於是殺羿
衛使庾公之斯追之
夫子曰吾生何謂也
其取友必端矣
今日之事君事也三句
發乘矢而後反
前題
天之高也　五句
天之高也　三句
公行子有子之喪一章
孟子獨不與驩言
是故君子有終身一節
禹稷當平世至而不入
易地則皆然

誦其詩　四句
誦其詩　三句
有貴戚之卿
有異姓之卿
公都子不能答
弟為尸
庸敬在兄　二句
性可以為善　二句
乃若其情　四句
是非之心人皆有之
則地有肥磽
不知子都之姣者二句
操則存
一日暴之十日寒之
吾見亦罕矣　二句
所惡有甚於死者

王子有其母死二句
有答問者
天下有道　二句
堯舜之知　二句
急親賢也
不能三年之喪五句
大敗將復之至殉之
大敗將復之
盡信書　二句
虎賁三千人
梓匠輪輿至人巧
古之為關也　四句
好名之人　一章
簞食豆羹見於色
不信仁賢　二句
民為貴

不傳於賢而傳於子

仕則慕君

不得於君則熱中

大孝終身慕至見之矣

去聖人之世　四句

三子者不同道　三句

虞不用百里奚　二句

不用賢則亡　二句

華周杞梁之妻　二句

近聖人之居

名所獨也

生斯世也　三句

其志嘐嘐然

君子反經而已矣

然而無有乎爾　二句

梁惠王上

何必曰利

晉大夫謀去故絳遷都負瑕沃饒近鹽而魏絳謂近寶公室乃貧不如新田土厚水深民易從教可謂仁人之言其利溥哉楊行密欲以鹽茶易民布帛權濟國用而高勗謂若此將復離叛不若選守令課農桑倉庫自實可謂賢者之言其利遠哉此不以利為利也是即何必曰利之意

亦有仁義而已矣

齊威王為仁義而朝天子唐太宗行仁義而致太平牛畜于趙烈侯待以仁義遂止賜歌者之田馮驩為孟嘗君市以仁義惟盡焚債家之券故曰亦有仁義而已矣然如漢武帝之外施仁義而內實多欲宋襄公之假為仁義而終于傷敗陳餘自稱仁義而竟被詐謀徐偃王之飭為仁義而卒至滅亡則又非真能仁義者

顧鴻雁麋鹿曰

通西旅而貢獒太保乃作乎訓伐犬戎而取鹿祭公而諫于王唐太宗好佳鷂以魏徵之諫而不敢弄宋徽宗畜白鵰以江公望之諫而即自逐此梁惠王之顧鴻雁麋鹿所以慚于孟子也

經始靈臺　六句

宋子罕為平公築臺而不免鞭扑陳惠公起陵陽之臺而過于數人是與經始勿亟意異至若宋王之既使癸謳又使稽謳不憊行者止而築者倦錢鏐既賜冬衣又賜春衣何妨營基了而倉基興則如庶民子來者矣楚蔿艾城沂三旬而成不愆素期秦始皇起臺六時而成不過子午亦如不日成之者矣

樂其有麋鹿魚鼈

衛懿公鶴有乘軒齊幼主鷹多食邑隋煬帝宮中螢火之光爍如明星列宿宋徽宗苑內禽獸之聲徹于山林陂澤唐公宴逸羯鼓催花錢氏驕奢山林被錦可謂樂矣然而吳將成沼麋鹿遊于姑蘇晉宴遠胡銅駝生于荊棘阿房三百里土竟成焦未央千萬門灰還塵劫以及秋風汾水鴻雁孤飛夜月鑾歌班騅走遊又豈果能獨樂哉他如李斯上蔡之犬不可復牽陸機華亭之鶴不得復聞則為之臣者亦當鑒此

寡人之於國也　節

唐明皇詔州縣賑恤給訖奏聞明太祖詔州縣郡賑貸先發後聞此蓋深知賑飢如救焚當國者之不可不盡心也故宋太祖之貸軍儲仁宗之減饍饌其用心於民亦然下如富鄭公之治青州期給粟范文正之治杭興工補助文潞公之治燕減價而糶以濟貧民趙清獻之治越增價而糶以招商賈亦皆救荒之良策者然與其為汲黯之矯詔發倉無寧為耿壽昌之常平常

平之法行而武帝時豈有丞相出粟之令與其為韓文公之疏請罷稅無寧為戴胄之義倉義倉之法行而高宗時豈有天子逐糧之政故梁惠王之移民移粟未足為盡心也

棄甲曳兵而走　三句

諸葛亮之七縱七擒吳起之入戰入克較之一戰而勝者固多齊項公之三入三出衞削贖之九上九下比之百步而走者亦異

謹庠序之教

秦人焚書坑儒至漢而高帝首開學校隋人廢黜儒學至唐而高祖則先置學校此可見教為治國之本故曰謹庠序之教

狗彘食人食而不知檢

楚莊王以棗脯哺馬王武子以人乳飲㹠齊幼主以梁肉飼狗是所謂狗彘食人食而不知檢也豈但政之苛猛於虎役之害毒於蛇乎此固異乎季文子飼馬不以粟鄒穆公養馬但以秕明永樂養馬不以穀者

王無罪歲　二句

歲飢民必死民死將誰君宋景公之言也苟無歲何有民苟無民何有君趙威后之言也此以見民死不可曰非我也歲也是以后稷以民飢由己飢鄒公謂民利即君利成湯為犧罪可自陳太宗吞蝗旱不為害宋均德立猛虎渡河卓茂化行蝗不入境魯恭治中牟而螟不犯境鮑

父守南陽而旱不爲災此亦見仁政之感而歲非所罪也故曰王無罪歲謂黎民靡有孑遺是周宣遭災而懼不僅以民少爲過愛也謂天下猶大有人在是隋煬嗇救不恤猶欲以民多爲國觧也乃惠王無周宣恐懼之心有隋煬殺戮之道而反怨民之不加多於鄰國抑亦傎矣天下之民何由而至哉

庖有肥肉

宋太宗卻蛤蜊之獻不欲以一箸而費二十八千錢而唐玄宗命進水陸珍饈卽一盤已費中人十家之產至若晉何曾日食萬錢猶云無可下箸處隋韋琮每食廚中所棄亦不减萬錢以及宋王黼之廚溝流出飯粒明嚴嵩之家人拋棄米肉則庖有肥肉者多矣

始作俑者　節

邾婁復之以矢自戰於升陘始魯婦人之髽而弔自敗于狐駘始帷殯自敬姜始有二主自桓公始士之有誄自縣賁父卜國始下殤用棺衣自史佚始用人于亳社自季平子始厚葬用殉自宋平公始始之不謹未流不勝其弊此孔子所以惡始作俑者也故司馬文正公謂唐始令妃主葬日皆給鼓吹非令典不足法也蘇文忠公謂春秋書作邱甲田賦皆重其始爲民患也今使國史記青苗錢自陛下始豈不惜哉二公皆得謹始之義

丹霞禪師萬慧林寺遇天大寒則燒毀木佛德山居士說菩提法問佛不應則撤去塑佛是冢人之俑亦焉用也而況真殺人以爲殉乎故秦穆公之殉以三良國人傷之陳乾昔欲殉以二

婢子禽止之華元從君命而用殉君子謂其不臣魏顆違父命而罷殉老人報其陰德

願比死者一洒之

齊襄公復九世之仇而滅紀吳夫差報三年之辱而敗越秦穆公伐晉三年興拜賜之師唐莊宗伐梁三矢誓雪仇之志此願比死者一洒之意也燕昭王之報齊國慕容盛之討蘭汗亦然故岳飛謝表曰唾手燕雲終欲復仇而報國誓心天地尚令稽首以稱藩至若周平王之戍申魯莊公之從齊則是忘親事仇君子惡之

可使制梃　二句

向詡請朝廷但當讀孝經以退賊高琼謂馮拯何不賦詩以退虜似乎其言之迂而激也然孔子之曲可解匡圍諸葛之琴能退仲達張良吹簫以散楚劉琨吹笳以散羌則無怪制梃可撻秦楚之堅甲利兵矣故斬木為兵揭竿為旗而嬴氏之二世以亡風聲鶴唳草木皆兵而氐胡之百萬亦敗

故曰仁者無敵　節

河曲之戰趙穿獨出而臾駢之謀不用濟涇之役欒黶欲東而荀偃之令不行諸將多言荀林父有邲戰之敗諸軍無統郭子儀有相州之潰此所謂疑事無功疑事無名當斷不斷反受其亂也是以桑隧之役欒武從遷戮之諫而八人不敢違偪陽之舉荀罃奮報機之威而二人不敢撓周瑜決計而赤壁可以勝魏謝安鎮定而淝水可以敗秦晉武帝以獨斷而平吳唐憲宗

以獨斷而破蔡。故曰王請勿疑。

孟子見梁襄王　二節

梁襄之於孟子，或亦如子陽之見馬援，陳列陛戟，降階迎接，而孟子之於襄王，自不必如范雎之見秦王，請屏左右，伏地進言也。然其出而語人，則正有如魯秀見劉義宣，略談數語而出，樹臂歎曰：藏質誤我，乃與癡人共事，今年必敗矣。又有如何曾見晉武帝，每與閒談而歸，語其子曰：主上好說生平細事，總無經國遠圖，吾後人必及於難乎。故自語人之後而即去梁。侯霸使請嚴光，光問君房素癡，今少差否。使者曰：不癡。並致霸意。光謂使者曰：君言不癡，是非癡語耶。此異於孔子之問蘧伯玉。王述詣見王導，導問江東米價，追復如何，述竟不答，張目視導。述出，導語人曰：王掾不癡，人言何癡也。此異於孟子之見梁襄王。戎使由余觀秦穆公，孟嘗君使公孫弘觀秦昭王，是欲觀其似人君否也。馬援見漢光武而謂帝王自有真，虬髯公見唐太宗而歎天子已，語人，此正與見梁襄王望之不似人君者異。

望之不似人君　二句

齊東昏侯與潘妃坐列肆，屠肉沽酒；唐莊宗為劉叟衣服，負囊賣藥；梁武帝捨身為佛奴；宋文帝自戲為乞兒，以及踏跳臺閣，偷狗東林，此皆不似人君者。又不獨如漢更始朝見羣臣，羞愧流汗，而舉手不能言，以至衆豪傑失望；劉盆子見衆朝拜，恐畏欲啼，而還從牧兒遨遊，獨與中黃門臥起，是為不見可畏也。

不嗜殺人者能一之

光武敕馮異以無苦郡縣責吳袁之放兵縱掠唐太宗誅德儒而撫慰衆民諭李勣而贖金高麗故王晏球克平定州不戮一卒而士民歸心李顯收復靈壁不戮一人而軍民悅服曹彬克江南焚香共誓不妄殺人故不嗜殺人之宋太祖得彬而天下定疊徐達下姑蘇平定安輯無縱殺戮故不嗜殺人之明太祖得達而天下定鼎此即不嗜殺人者能一之之謂也以視項羽入關中坑殺降卒廿餘萬劉裕克南燕斬殺王公以下三千餘人及元太祖至世祖即位共三十八年滅殺一千八百四十七萬人豈可同日語哉

祖龍之不仁而多坑儒也女真之不得王多屠城也項籍之所以滅坑秦卒二十萬也白起之袁杜郵坑趙降卒四十萬人也李廣之不封侯殺羌降卒八百餘人也曹翰之後爲乞丐盡屠江州居民也此可爲嗜殺人者戒

天下窮則變變則通者理也合而分分而合者勢也分則不一合則可一勢所必然三代以來如周之末更五伯而分爲七雄而後秦一之秦之末復六國而分爲二王而後漢一之漢之末分爲三國歷二帝而後晉一之晉之末分爲十六國閱五朝而後隋一之隋之末十八路分之不再傳而即一於唐唐之末十國分之閱五代而乃一於宋然其間若秦始皇晉武帝隋文帝雖力能一之而不免好殺過多遂不久已亂或即以至亡惟漢高祖唐太宗宋太祖三君以仁得之亦以仁守之縱或有外患而旋復興起是以國祚靈長俱歷三四百年而後已也故曰不嗜

殺人者能一之能一之君兼開翻中興二者開創者掃滅羣雄手夷大難而天下之統以一如漢高祖唐太宗宋太祖爲最也而晉武帝、宋高祖次之中興者發奮自雄光復舊物而天下之柄亦一如夏少康殷武丁漢光武爲最也而晉高帝宋高宗次之

天下莫不與也

王敬則以白幡加齊高帝而率百官擁以即位石守信以黄袍加宋太祖而率諸將拜以爲帝越人之薰穴求君迫而後出明世之奪門復辟挾以相從是皆其私人之自爲黨與也則與天下莫不與者異

七八月之間旱　四句

魯僖公三年自冬十月至夏四月不雨而即繼書其六月雨者所以見其勤民喜雨之心文公二年自十二月至秋七月不雨而不繼書其八月雨者所以著其無憂民祈雨之意故曰七八月之間旱則苗槁矣若夫成湯躬自責以格天心而天大雨宋大宗將自焚以答天譴而天亦大雨衛伐邢國而雨降漢烹宏羊而雨亦降此又見天心之仁愛而沛然下雨也顏真卿之御史雨趙鼎之宰相雨王伯勝之平章雨宇文公諫之別駕雨亦然

無已則王乎

公孫彊以霸道說曹而曹君悦之商鞅以霸術説秦而秦君用之此齊宣王所以欲聞桓文之事也然宋襄公欲圖霸而不成吴孫權欲學霸而不得則霸亦未易求而是本不足道故曰、無

以則王乎。

劉渊謂羣臣曰。大丈夫當爲漢高魏武。呼韓邪何足道。哉。王安石謂神宗曰。陛下當法唐堯虞舜。唐太宗何以爲。哉。此亦無以則王之意。

王坐於堂上　十句

田子方自贖老馬。曰少盡其力。而老棄其身。仁者不爲。也。孟信戒賣老牛。曰少用其力。而老則賣之。豈仁心。哉。以及成湯解網祝。禽。孔子賜生必畜。子產使畜生。魚。如來身飼。鴿。隋侯之救蛇。楊寶之恤雀。西巴之放麑。曹觀之縱鹿。皆齊宣王不忍殺牛之類。也。故明太祖齋不宰。牛。是亦不欲以費侈者傷物命於三。犢。若唐太宗獵親斬。豕。是又爲復以拔釁。者。

吾不忍其觳觫若無罪而就死地

王克殺羊。羊奔客而跪。訴。鄭生封。鹿。鹿跪泣而吞。聲。竄獸入。盧。竟求生於歐。氏。鶩禽投。案。尚請命於魏。君。則物之愛生畏。死。有同情。也。故曰吾不忍其觳觫。若無罪而就死地。

挾泰山以超北海

巨靈之擘太。華。夸娥之挈太行。共工之觸不。周。五丁之開蜀。道。是挾泰山之類。也。禹疆之敵北海。巫支祈之竄清。淮。盧敖之遊東。海。湘君之降洞。庭。是超北海之類。也。然挾以超之。者則爲有先生類矣。故曰是誠不能。

故推恩足以保四海　四句

程頤在經筵，聞上在宮中起行漱水，必避螻蟻。他日請曰：有是乎？哲宗曰：然，誠恐傷之。頤曰：願陛下推此心以及四海，則天下幸甚。韓維進讀三朝寶訓，因言陛下仁孝發於天性，每行見螻蟻，避而過之，且敕左右勿踐，此亦仁術也。願推此心以及百姓，則天下幸甚。此即孟子導宣王以擴充其不忍之心也。故曰推恩以保四海，又曰善推其所為而已。

今恩足以及禽獸　二句

楚惠王吞蛭以省刑，唐太宗吞蝗以禳禍，仁宗不忍河北軍民食貴鹽，高宗不忍高麗百姓受天譴，此與齊宣恩及禽獸而功不至百姓者異。

王請度之

告朔欲去羊，子貢尤惜其無是實費，是非真不愛禮。釁鐘欲舍牛，宣王不忍其無罪就死，是亦本非愛物。然廄焚不問馬，孔子愛切傷人，是理有先後之序。而鐘釁不殺牛，宣王恩但及物類，心無輕重之權。是以項羽為婦人之仁，而匹夫之勇未能有以化；子產有衆母之恩，而君子之政未知所以平。故曰王請度之。

抑王興甲兵二節

秦始皇征伐胡越，戍役之患被於四海；漢武帝首挑匈奴，兵連不解，辱及諸國；隋煬帝誅滅強國，威鎮萬里，而怨盜起；唐太宗破滅突厥，覘駕遼東，而師徒撓敗；宋神宗欲取交趾，而十餘萬人暴死瘴毒；元世祖遠征日本，而十萬之兵凍死冰海。此皆以兵為快，非不得已而用者也。故曰抑王興甲兵危士臣構怨於諸侯然後快於心歟宋太宗不欲傳位廷美故趙普以殺廷美餌太宗而復相以成高宗不欲復迎淵聖故秦檜以歸淵聖怨高宗而和議遂定此私竊其欲而知之者也若夫齊王有七孺子妾薛公知王之所立乃獻七珥美其一明日視美珥所在而勸王立為夫人申不害欲進説韓王未知王之所悅乃使趙卓趙鼎各諫而微視王之所悅者以進其言則又是以術探其欲而知之者也故曰王之所大欲可知已然孟子之所以知者自與諸人不同

王之所大欲　節

馬援見漢光武大度同高祖則謂帝王自有真而安重榮見晉高祖得國自藩侯乃謂天下豈有種陳勝亦謂王侯將相豈有種乎苻堅又謂帝王歷數豈有常乎故張耳亦欲得王侯景亦欲為者此齊宣王之所以求大欲也故秦謀六國近攻日急愈求割城而無厭金叔兩宋歲幣日增至求割地而不止漢武親臨瀚海獨當單于唐太宗身幸靈州納降回紇是所謂欲辟土地朝秦楚蒞中國而撫四夷者

然則小固不可以敵大

息代鄭而亡鄭勝而懼懼蔡敗楚而滅紀勝齊而危此小之欲以敵大也亦鄒與楚戰鄒與魯鬨之類

寡固不可以敵眾

古來用兵往往兵多者敗蓋兵多則號令不齊氣勢不貫也三代而後能以多取勝者則惟王翦滅楚以六十萬人韓信破趙以二十萬人裴行儉破擒突厥以兵十萬騎郭子儀收復西京以三十萬衆其他如冒頓以四十萬騎圍漢高於平城突厥以數十騎圍隋煬於雁門契丹以三十萬騎敗周德威於新城蒙古以五十萬衆破曹友於大安軍此又當别論若夫以多致敗以少反勝者則如長平之戰趙括兵四十萬爲秦所坑官渡之戰袁紹兵十餘萬爲魏所破赤壁之戰曹操水軍八十萬周瑜以三萬人破之肥水之戰苻堅步騎兵百萬謝元以八萬人敗之漢以五諸侯之兵五十六萬而敗於彭城唐以九節度之師六十餘萬而潰於相州宇文泰以七千兵破高歡十餘萬衆而命兵人各種柳一株於沙苑以旌功姚萇以千餘兵破曹㥄地三萬餘衆而命軍士各植木一竿於柵孔以誌勝是皆與寡不可以敵衆相反

是罔民也

隋高祖患令史贓污私使人以錢帛遺之得犯者立斬之唐高祖患吏多受賕密使左右試賂之有受匹絹者欲殺之是陷人于法也亦如罔民之類

梁惠王下

寡人非能好先王之樂　二句

周幽王鼓鐘淮水流連忘反陳幽公擊缶宛丘無度魯昭公受女樂而不朝魏文侯聽古樂而倦卧齊威王奏騶忌鼓琴宣王悦南郭先生吹竽以及後齊之作伴侶曲南陳之唱後庭

花。是皆好世俗之樂，而非好先王之樂。此亦異孔子所謂如鄭簡公之好樂，可抱鐘而朝矣。

於傳有之

孔融與曹操書，稱武王伐紂，以妲己賜周公。操問出何經典。融曰：想當然耳。蘇軾策刑賞忠厚論，稱堯曰宥之三，皋陶曰殺之三。梅聖俞問出何經傳。軾曰：想當然耳。此不必果於傳有之也。亦孟子答文囿方七十里之意。

芻蕘者往焉　二句

晏子諫齊景公不以一槐之斬而殺人。狄仁傑為唐御史，不以一柏之傷而斷死。此即芻蕘者往也。意公孫龍止梁君之怒，不以羣雁之驚而射行者。梁安成王拒齊帥之請，不以一鵠之死而罪人。此即雉兔者往之意。故伐枚伐肄，僅留勿翦於甘棠，而草蟲之婦人可知也。發豝發豵，更及純束於死麕，而兔罝之野人可知也。續詩者作作如是觀。

為阱於國中

蹊田奪牛，罰之重也。殺人償馬，刑之濫也。鶴雖帶牌，何罪乎？犬不識字，蛙雖給廩，難問其公與私。故禁殺麋鹿之罪，無異於梁冀之以一兔而殺人矣。非為阱而何？乃衛懿公欲出師禦狄，而國人請其使鶴以戰。秦始皇欲大為苑囿，而優旃請其以麋鹿觸寇，則不與民同樂者，不大可危歟。

交鄰國有道乎

楚絕齊。交。竟被秦人之。詐。宋罷遼。好。難。固金虜之。盟。吳不和於西。蜀。終繼劉。亡。梁欲結於北。齊。卒遭魏。滅。是交鄰之不得其道也。又可與虞之假道於晉而伐虢。而終至自滅者參看。

惟智者為能以小事大

張駿上表於。晉。不敢稱涼。王。而謂此非人臣所。宜。劉筠報書於。宋。但願守河。東。而謂我家世非叛。者。姚弋仲囑其子當執臣。節。無為不義之。事。錢鏐囑其子善事中。國。無失事大之。禮。此皆合於以小事大之智者。河西竇融之歸漢。吐谷渾阿豺之通宋。亦然。

樂天者保天下　二句

夏桀自謂朕有天下。猶天之有日。殷紂自謂我之生。豈不有命在天。以及楚靈王投龜詬天。徐偃王盛血射天。是皆不能樂天。亦不知畏天。故不足以保天下。亦不可以保其國也。

好貨好色好勇

漢文帝好清靜。故不能用賈。誼。武帝好紛。更。故不能用汲。黯。是無怪齊宣王之好貨好色好。勇。而不能用孟子也。

王請無好小勇　節

勇之大。小。不在敵人之多。寡。而在義理之曲。直。大勇則如楚莊王伐宋。投袂而起。屨及寢門。劍及窒皇。車及蒲胥之市。乃為有文王遏密之氣。象。而唐太宗伐王世充。謂四海咸仰王。風。惟公獨阻聲。教。是以來。耳。乃為得武王伐紂之大。意。不然、則雖如項羽之喑嗚叱。咤。呂布之馳域飛。

勢亦匹夫之勇敵一人者耳故周桓王一用師而祝聃之矢遂中王肩唐昭宗一用師而邠岐之兵直犯闕下漢高祖好駕馭夷狄以數萬之衆而困於平城武帝好征伐繼夫以中國之兵而困於車師隋煬帝好窮兵征高麗而不得志唐太宗好玩武伐遼左而無成功是皆小勇而非大勇者故曰王請無好小勇又曰王請大之

齊宣王見孟子於雪宮

漢高戚張御以待英布是收拾豪傑之心曹操隆禮遇以待關公是籠絡賢才之計與齊宣王雪宮之意有同不同

樂民之樂　節

文王靈臺之樂樂民之樂者民亦樂其樂也宣王雲漢之憂憂民之憂者民亦憂其憂也謝安既與人同其樂自不與人同其憂范仲淹先天下之憂而憂亦後天下之樂而樂故曰樂以天下憂以天下

吾欲觀於轉附朝儛　節

堯以仲春之月刻玉而遊河舜以甲子之期披圖而巡洛御二龍而鈞臺有享夏啟終巖扈氏之誅驂八駿而崑崙可升周穆亦正徐偃之討此皆先王之觀也若夫秦始皇信求方藥乃巡行郡縣入海而遣童稚之從漢武帝欲遇神仙乃想望蓬萊封山而觀大人之跡隋煬帝幸江都殿腳行舟但窮奢而極欲唐太宗征高麗山頭駐蹕自勒石而紀功則是轉附朝儛海南琅

琊之觀。而不可以比於先王觀者。

天子適諸侯　二段

蚌宮之幸。河南之行。非巡狩也。包茅不貢。楚罪不供。非述職也。故天子不封山。而大夫臚岱。諸侯不朝。而侯伯僭時。紛然而玉帶上明堂之制。終無補漢武之求仙。而司馬相如遺封禪之書。亦然。顏師古獻王會之圖。適以啟唐宗之遠略。而房玄齡議封禪之禮亦然。則與孟子勸齊宣王行仁政。則勿毀明堂者異。

春省耕　二句

王元長永明九年策秀才文曰。農祥正而青旂肅。土膏動而耒耜戒。興是將使杏花菖葉。耕穫不愆。清畎令畝。述遵無廢。此以見春宜省耕也。故周宣王不籍千畝。而虢公進諫。漢文帝不行三推。而賈誼進言。伍彥升天監二年策秀才文曰。終畝不税。則國用靡資。百姓不足。今欲使朕無滿堂之念。民有家給之饒。漸登九年之蓄。勒去關市之征。此以見秋宜省歛也。故唐太宗親芟麥於苑中。以示稼穡之艱難。宋仁宗觀刈麥於後苑。使知稼穡之艱難。

夏諺曰　七句

魏孝文以車駕所至。見民之跛眇。而給以衣食。唐德宗以遊獵所至。聞民之不樂。而復其徭賦。則夏諺所云不遊不休。不豫不助。蓋國祥泰語也。然如齊桓公給麥邱老人之家。而不知遊幸得罪於百姓。宋劉義季賜衡陽父老之食。而不知田獵多奪農時。故魏孝文已出田獵。料古彌不與而回車唐太宗欲幸南山畏魏徵必嗔而中輟唐憲宗欲爲遊獵諫李絳必諫而且止則欲比先王觀者當知省耕省斂之事而行興發補助之係矣此景公所以說晏子之言也

從流下而忘反　節

宮中　飲長夜同歡洛表禽荒十旬弗反淮水鼓鍾流連極樂西湖燈火遊宴無休周師入而再請打圍隋軍至而猶聞奏伎此皆飲食若流流連荒亡之類又可與樂而不淫反而參看

惟君所行也

唐內殿初繪無逸圖其後代以山水而開元天寶之治亂所由分焉宋延春閣初畫耕織圖其後亦更以山水而仁宗哲宗之勤怠所由判焉故曰惟君所行也

名太師曰　二句

管仲謂齊桓公曰願君無忘射鉤臣無忘檻車馮異謂光武曰願國家無忘河北之難小臣不敢忘巾車之恩嵇紹謂晉惠帝曰願陛下無忘金墉大司馬無忘潁上大將軍無忘黃橋此景公君臣相說所以名太師而作樂也唐太宗列魏徵十漸疏於屏障以爲朝夕省覽之資宋高宗頒黃庭堅四言箴於州縣以爲宰官警戒之具亦是此意

畜君何尤

李大亮不獻名鷹唐太宗賜詔嘉歎張齊不捕佳鶴宋太宗稱名優異蘇頲不奉鏤牙合子唐元宗不爲加罪李德裕奏罷盤絛繚綾唐穆宗特詔停止故曰畜君何尤

罪人不孥

崇伯既殛。而禹爲司空。蔡叔既囚。而仲爲卿士。此固聖王之罪人不孥。亦可見爲子者之不可以父仇君也。然嵇康不以罪殺。而嵇紹乃事其主。則不得爲忠臣。王儀不以罪誅。而王裒不仕其朝。則又可爲孝子。

士會還晉。而秦伯歸其孥。賈季奔狄。而臾駢送其帑。孔明斬馬謖。而收恤其家。唐德宗殺僕固懷恩。而代嫁其女。黄權降魏。劉先主厚撫其家。李勣降唐。竇建德不殺其父。此亦罪人不孥之類。

漢建元之微。犯相引。名曰株送。徒故王温舒罪至五族。明永樂之誅族。攀染謂之瓜蔓抄。故方孝孺罪十族。此則非罪人不孥者。

文王發政施仁　二句

漢高入關。約首除秦苛法。光武徇河北。悉除莽苛政。此與武王之反商政同也。故發政施仁。有所必先者。

來朝走馬

漢文帝從霸上欲馳下峻坂。袁盎諫以恐馬驚車敗。元帝出便門。欲御樓船。薛廣德諫以當乘輿從橋。此以見人主之身不可輕也。而太王之走馬。則但爲避狄之故。

爰及姜女

吳夫差於征伐之際，而與西施自隨；唐肅宗於軍旅之間，而與張良娣共博；項羽將虞姬擊漢，而垓下之圍，奈何難共逝；唐明皇與楊妃奔蜀，而馬嵬之變，長恨錦襪空留。此皆與太王爰及姜女異。

有託其妻子節

上士可以託色，中士可以託辭，下士可以託財。故右宰穀臣託妻子於郈成子，成子遂盡分宅還璧之義。張堪託妻子於朱暉，暉不能答給帛送穀之情；荀攸託家事於鍾繇，而鍾繇經紀門戶，嫁娶一如己出；謝渾託家事於宏微，而宏微經理錢帛，生業有如舊時；楊恭託孤子於張裔，而裔分屋買田，撫恤不忘故舊。此與凍餒其友之妻子者異。魏太祖贖蔡伯喈之女，唐李翱嫁韋右司之女，于頔歸崔郊之婢，韓滉歸戎昱之妓，裴晉公歸湖糾之妻，古押衙救牛仙客之妾，都虞侯拔韓翃之妾，亦皆可託妻子之類。

士師不能治士

考叔顛而士都脫罪，衛侯執而元咺有辭，范宣子聽訟左王叔而右伯輿，伯州犁証因上子圍而下封戍，此異於柳下惠之直道者，所謂今之士師，非禾絹士師也，則其不能治士，亦必有如典戴每多違執，故宗懿得州而不與共臨，主簿例有抗持，故崔斯立為丞而漫不知事者。

王顧左右而言他

衛靈公仰視飛鴻而色不在孔子，唐太宗懷遙佳鷂而意不在魏徵，亦有宣王顧左右而言他。

模樣。
所謂故國者　二句
武王之。撫。所臨人於西。京。名伯之。業。留拔舍於南。國。夏松殷。柏。愚弟道。蹤。南梓北。楡。參觀悟。道。觀桑梓者敬念先。人。懷桑楡者不忘故。邑。子路治。蒲。樹木甚。茂。子產相。鄭。桃李勿。拔。唐吳湊。官街植。槐。人懷舊。德。晉劉嶽丹陽種。柳。人久聽。思。寇萊公歸州庭。柏。古幹長。留。魏鄭渠魏郡藩。楡。村落如。一。撫漢南之手。植。樹大十。圍。湖河陽之。風。流。花滿一。縣。此亦見國之有喬。木。固不但楚有杞梓楩。柟。衛有椅桐梓。漆。秦松受。大夫之封。漢樹紀將軍之。坐。以及城臨細。柳。基茂桃。林。北陸以楊葉為。附。南陵以梅根作治。而。已。然要非故國之謂。也。
有世臣之謂也
周勃是功。臣。非社稷臣。曹操是治世之能。臣。寔亂世之奸。臣。魏徵願為良臣不願為忠。臣。臣固有不同。也。而要以世臣為。重。如元聖佐命於兩。朝。畢公弼亮於四。世。是以一人為世者。伊陟紹休以陳。謨。君牙服勞於祖。父。是以子孫為世。者。至巫咸後有巫。賢。祖乙後有祖。伊周召畢世其官。尹姞並世其。族。姜太公為武王。父。師。而呂伋亦典兵。宿。衛。鄭桓公為平王卿。士。而掘。突亦繼職。司。徒。又皆累世勳舊。也。晉之王。謝。衣冠江左。唐之李。郭。鼎柱神京亦然。是所云黃河如。帶。泰山如。礪。國與永存。爰及苗裔。者。宜非虛語。矣。國豈不故。哉。故曰有世臣之謂也。誰謂人主之敏政。亦猶地道之敏樹。要知十年之樹木。何如百年之樹。人。有國者。當有以辨其是非矣。

昔者所進　二句

丁謂貶寇準爲雷州司户。而真宗不。知。但恨吾目久不見寇。準。章惇貶呂大防至虔州路卒。而哲宗不知。反問呂大防何事至虔。州。此即今日所進。今日不知其亡之謂。漢高祖諸將多亡。去。而蕭何獨追留韓。信。唐秦王諸將多外遷。而房喬獨表留杜如。晦。宋哲宗竄呂大防留范純仁。孝宗謂張栻朕不許魏公三退。此與不知其亡。及爲王留行者異。

吾何以識其不才而舍之

前唐明皇罷張九齡而用李林甫。邱濬以爲已兆范陽之變。後唐明宗捨李琪而相崔協。任圜以爲猶棄蘇合之丸。是不辨賢奸也。故曰吾何以識其不才而舍之。京房指石顯之巧佞。而漢成帝不。知。李泌言盧杞之奸。邪。而唐德宗不覺。亦然。

國君進賢

唐元宗命相。書名金。甌。是爲崔琳盧從愿。後唐廢帝擇相。置名於琉璃瓶。而挾得盧文紀。明莊烈帝擇相。貼名於金甌。而探得龍錫標宗道景。是慎之也。否則必有如陽城謂若相裴延齡。當取白麻廷壞。之。劉隨謂若相錢惟演。當取白麻廷毀之。者。故曰國君進賢如不得已。然如車千秋之一月。九。遷。荀奐之十旬。遠。至。是又進之不已矣。親臣之有無。又當視其賢否。楊國忠唐之親臣也。然天寶之亂。寔自國。忠。至諂入勤。王。尊戚之臣無一。二。而能獨爲藩蔽。者。乃出於卑疏之張巡許遠。賈似道宋之親臣。也。然德祐之亂寔由似道至微兵入衛尊戚之臣亦無一二而能奮起赴義者亦出於卑疏之文天祥張世傑嗟疾風勁草諒哉向使移任尊戚者以任卑疏則今日之卑疏即為他日之尊戚忠臣義士之報永世無窮矣是在人君之知其賢而進之耳

太公釣於磻溪而投竿驟稱尚父伊尹耕於莘野而釋耒翻作阿衡傅說版築胥靡而納於左右膠鬲魚鹽賈人而使為輔相海濱疏遠而孫叔薦自虞邱檻車幽囚而管仲進由鮑叔債舂賤也而楚舉申鮮虞庖廚微也而晉登屠蒯以及百里奚食牛秦穆公舉於牛口之下卜式牧羊漢武帝舉於羊羣之中胡廣累世農夫伯始位至卿相黃憲為牛醫之子叔度名動京師金日磾遭逢於養馬公孫弘起升於牧豕宏羊拔於賈豎衛青擢於人奴此皆使卑踰尊疏踰戚之類然拜韓信則一軍皆驚而樊噲尤為不服舉黃忠則五將並列而關公意獨不平故曰可不慎與

左右皆曰賢　節

輕朝廷而羞當世司馬遷以之為數置原寺而問寺人柳宗元以之為譏故有左右之譽而能辱之金納矣破左右之讒而西門豹之璽失矣乃阿大夫得譽於左右而齊威王烹之茲洮不偕譽於左右而唐明皇轉賜之此左右之皆曰賢未可也馬謖有大志舉朝盡稱智能而先主獨謂言過其實王安石有異材朝者皆稱得人而呂誨獨謂不通時事此諸大夫之皆曰賢未可也雖夫言涇陽之政李行言遂除海州刺史文老行禮象之佛李君奭遂除懷州刺史此國

人之皆曰賢。所以可察而用也。然而梁武帝不目色於范。驛。唐宣宗獨耳冷於孟宏微。亦非能察而用者。田蚡厚通賓客。而漢武帝亦欲除吏。汪繳掌領都官。而齊武帝不得命士大夫。王鳳擅權將軍。而漢成帝不得拜中常侍。此用人獨沮於權奸。與諸大夫皆曰不可者亦異。

左右皆曰可殺　節

鄭罪鄧析以改法造竹刑。而猶用其道以治。國。漢坐陳湯以矯詔斬郅。支。而仍誇其功以懼。敵。牛僧孺與李德裕不協。而譏殺悉怛謀降者。數。百。人。是但為快私。怨。林嗣與琼州帥加。爭。而令活馬伽沙貫船數十。人。是欲以綏荒服。故皆曰可殺者勿輕聽也。

五旬而舉之　四旬

有苗之格以七旬。鬼方之克以三年。吉甫北伐。而玁狁有一月之捷。周公東征。而管蔡致三年之。誅。諸侯伐鄭。門五日而即還。晉伐偪陽。圍一月而已舉。迨再駕而降崇。文王服人以德。圍三月而克。鼓。荀吳教民以忠。楚之伐宋也。九月而後行成。楚之圍鄭也。三月而乃夷縣。渠邱之七也以決。長。龍邑之取也以三日。是皆載諸晉兩舉者。各有遲速之。差。亦比諸萬乘之伐者。原有大小之別。至若後唐莊宗七十日而滅蜀。後周世宗四十二日而取燕。南宋太祖六十六日而克蜀。以及陳湯料烏孫解圍不出五日。而聞吉語。岳飛楊么可滅。太約八日而有成功。王彥章期德勝往攻。果在三日而已破敵。亦然。

霍去病不至困絕，是有天幸；謝安能破大敵，亦得神靈，此所謂人力不至於此。滹沱冰合，竟符王霸之言；赤壁風回，止與周瑜之便。耿恭拜井，疏勒泉飛；魯陽揮戈，虞淵日返，亦然。漢昭烈不敢以荊州為失權，而後日勞借州之討；唐憲宗不敢以半盞為失時，而後代費征討之加。宋仁宗不敢以夏國為失機，而後世又為郡縣之憂。故冉求曰：今不取，而為子孫憂。齊宣王亦曰：不取，必有天殃。

亦運而已矣

弘演亡而桓公救衛，風沙從而晉文存鼓，申包胥哭而秦穆救楚，此諸侯所以謀救燕也。故樂毅伐齊，青州七十餘城盡降燕，及田單為將，而後齊士民從。禄山反，唐河北二十四郡盡從賊，及顏真卿起兵，而後諸郡將應。故曰則亦運而已矣。

諸侯將謀救燕　節

凡救人國者，不必助其被兵之國，而但伐其主兵之國，使彼撤兵為禦，而此之難自解。如春秋之晉伐楚以救江，戰國之齊伐魏以救韓，是也。故諸侯謀救燕，而齊王以為多謀伐寡人，但曰將，則其謀尚未成哉，恐有救不敢。然如魯師之救齊，至於旅松，救不逮；救如趙盾之救鄭，不及楚師者；又其甚，則如秦穆之救楚，猶待七日；齊桓之救衛，已越二年也。故曰猶可及止。然亦異於袁紹之不救臧洪，賀蘭之不救睢陽。

湯一征　節

漢先取三秦。而後下齊魏。秦先取三晉。而後滅燕齊。苻氏取晉陽。而後滅燕。宇文氏取晉陽。而後滅齊。唐憲宗欲平藩鎮。張宏靖以爲當先淮蔡而後魏博。周世宗欲平天下。王朴以爲當先河南而後河東。此即范雎說秦昭王遠交齊楚。近攻韓魏之策也。故湯征必自葛始。是以齊桓侵蔡。先以孤楚之藩籬。先征義和。先以翦羿之羽翼。亦然。至於趙充國不擊罕幵。不起一難而就兩害。王忠嗣不擊石堡。不以數萬人而爭一城。李愬欲攻蔡州。故不遽取吳房。以分蔡州之加。明太祖欲攻友諒。故必先擊士誠。以絕友諒之援。是又反用其道而無敵者。宋史乾州鳳翔二州。皆欲留杜衍而各爲遮邀。北史貢鄉館陶兩縣。俱欲得魏德深而至於相訟。此亦如西夷北狄怨之意。廉叔度守蜀郡。百姓恨其來暮。賈琮刺交趾。百姓恨其來晚。此與奚爲後我意同。郭汲初牧并州。兒童遠接。封隆之再臨冀郡。耆公復來。此與後來其蘇意同。

今燕虐其民　節

傳季友爲宋公謁陵表云。臣見山川無改。城闕爲墟。宗廟蒙顛。鐘虡空列。于公異爲李公平賊露布云。臣已肅清宮禁。祗謁寢園。廟貌不移。鐘虡如故。是知宗廟重器。亦皆人國之所保者矣。是以獻公滅虞。而晉尚行虞祀。樂毅下齊。而燕亦修齊廟。王莽欲毀漢宮。而王太后責之。武后欲去唐廟。而狄仁傑止之。楚子問鼎於周王。王孫滿折以天命未改。齊王責鼎於周君。顏率恐以人力難致。魯公納郜國之鼎。而臧哀伯諫之。夙繇受智伯之鐘。而赤枝蔓章諫之。故曰毀其宗廟。遷其重器。如之何其可也。

王速出令　節

飴呂甥欲求歸晉君。而以必得歸幷秦侯。其說固行。廝養卒欲求歸趙王。而以不欲歸動燕將。其說亦行。鄭伯被執。公孫申為有君之說。而鄭伯終。歸英宗被虜。于謙為立君之謀。而英宗亦返。則燕亦未嘗不謀其君矣。故曰謀於燕衆。置君而後去之。猶可及止也。

鄒與魯鬨　節

公孫支仲主兵伐鄭。而以宋為首。所以誅殤公之黨。惡石曼姑主兵圍戚。而以齊為首。所罪國夏之助虐。此春秋之誅首惡也。況鄒而可與魯敵乎。故但一鬨而已。然而秦之敗也。二陵風雨。誰尋殽上之尸。晉之敗也。九曲波濤。可掬舟中之指。楚王之京觀徒封。元結之衰郎莫築。則有司之死者三十三人。不過如絞獲採樵之三十。荊擒長鬛之三人。猶為幸矣。而尤民乎哉。隋高祖見飢民食糠。即流涕自責。而帥百姓就食洛陽。宋神宗見流民圖狀。即歎息難安。而詔有司改除新法。晉惠帝見有司奏民飢。謂何不食肉糜。北遼主聞民間之食。謂何不食乾脂。如隋高祖宋神宗。此為非我民以自慢也。乃如晉惠帝與北遼主。則是無異梁惠王之罪歲。鄒穆公之尤民者。

有司莫以告

大東之作。大夫所以告病也。四月之歌。君子所以告哀也。河東之水旱。汲黯發倉而後告也。天下之流民鄭俠繪圖以入告也乃知營州多蟲而平盧使安祿山以烏來食蟲告天下大亂而濟南令劉溱以霖不損稼告關中年歲大饑而楊國忠特取善禾告河中鹽池多敗而韓滉仍以瑞鹽告以及趙高不以三川盜告虞世基不以關東盜告是皆無異鄒之有司莫以告者

出乎爾者反乎爾者也

齊之滅燕舜後也而陳氏即以舜後而伐齊梁之篡唐李氏也而後唐即以李氏而滅梁漢之入秦以孺子而王莽之篡漢亦因孺子唐之謀隋由婦人而武氏之移唐亦為婦人宋太宗傳位負太祖而宋之中興仍歸太祖之孫元世祖滅宋降瀛國而元之至七即為瀛國之子秦人殺楚將於蘄南而楚人之亂秦也亦有蘄澤之起晉人遷魏君於金鏞而胡人之入晉也亦有金墉之虜金人執係宋主於青城而元人之滅金也亦有青城之俘以及索元禮之鐵籠周興之火甕薛文傑之檻車李彪之木手亦莫不明受其秘陰應其報焉天道好還吁可畏哉故昔人詞云崖司戶雷司戶人生會有相逢處梅循州寶循州十五年間僕隸爾是固不特商鞅禁適人於客舍而已至欲止客舍而不容盧多遜竄朝士於南荒而後竟逢竄逐之母姬也此皆出爾反爾之類

是謀非吾所能及也

春秋皆楚之所爭在鄭戰國齊楚之所爭在滕鄭以犧牲玉帛待於境上視兩國之來者而事之故惟悉索敝賦而亦克自存此滕所以欲謀事楚也抑知六國事秦割地不止而終至滅亡

兩宋事金歲幣日增而不侵掠故曰是謀非吾所能及也陳懷公朝國人請與楚者右欲與吳者左而逢滑當公而進請吳左不可偏從田延年召縣吏令有文者東有武者西而尹翁歸獨伏不起謂文武兼唯所施設亦是此意子家羈曰失魯而以千社為臣誰與之立是不欲昭公之臣齊也諸葛亮曰與其坐而待亡孰與伐之是必欲後主之伐魏也魯仲連不肯帝秦謂惟願蹈東海而自死胡銓不肯和金謂烏能處小朝以求活故事齊楚之謀孟子曰是謀非吾所能及也

鑿斯池也築斯城也與民守之

董安于治晉陽顏真卿修平原備於先事也沈璞繕盱眙抱真定澤潞備於衝要也藝祖襲清流關之徑金人出饒風關之背正以其無備也故城池之設不可不固如种營寬州復完廢壘珍移合城釣山吳徙庭芝之守揚州外拓重城朱序鎮襄陽斜築角壘此之謂設險秦人芟麥植溫濱趙彈徙糧黃巢蹈冦準麋殺敵兵畏惟輔焚粟金帥臨于謙空倉徑冦悴仁恭燒荒契丹遁此之清野然欒乘歸車入曲沃惲啟蜀饑敗景崇蠻衣收卒隘犍為賊稱中使入幽州則譴冒又不可不防雪夜入蔡州霧長攻夾寨歲首破秀容元夕奪崑崙則潛襲又不可不杜故曰鑿斯池也築斯城也與民守之雖然又不可株守也布圍陳宮困于邳慕容離城終全缺永援彭城而不入元景子隨而分卒雖然又不可以孤守也楚非包胥郢都復趙非信陵邯鄲幾史慈告急於平原崧女突圍於州牧而且機謀又不可不密也淨梅撥鉤令彭知之縱火焚樓而

徒兵敗。竹籠沙石，昭達知之，潛兵斫籠，而蕭賊潰。吳人鐵鎖截船之謀泄，而不免大筏火炬之燒。杜弢桔槔擊船之計彰，而不免長岐振觸之拒。

與民守之　三句

張巡守睢陽，食盡而人無叛志。李芳仙守陝州，城破而民無降者。余闕守安慶，出戰而人爭先赴敵。傅燮守漢陽，不肯棄郡歸鄉里。趙犨守陳州，曰吾誓與此州存亡。郭登守大同，曰吾誓與此城存亡。亦皆與民守之，效死勿去者。

齊人將築薛

張仁愿築河北三受降城，而突厥之佃牧始絕。吳玠築釣魚山十餘城，而蜀之形勝始壯。張文錦築大同五堡，而西戎不得入。蔥諸葛亮屯五丈原鄖，而司馬不敢出兵。故齊人將築而滕甚恐。至晉築虎牢以逼鄭，齊城東陽以迫萊，吳屯巴邱以窺西蜀，唐築懷遠以脅高麗，亦然。

昔者太王居邠　二節

都邑之建，亦為國者之所宜擇也。如婁敬勸漢高帝都關中，不都洛陽；陸凱勸吳孫皓都建業，不都武昌；光義諫宋太祖都洛陽，不都長安；朱買臣諫梁元帝都建康，不都荊州。是與太王之都岐，非擇而取之者。奚唐朱朴謂關中奢侈已極，而以襄鄧為建都之選；宋陳亮謂錢塘發泄無餘，而以荊襄為進取之機，亦然。

公孫瓚聞童謠燕南趙北之說，故欲避世而據中央，而終以致敗。錢王鏐不聽術士，填湖修府之說。但願有國以待真主。而卒能永存。此以見興王之地。原非可擇而取也。苟不為善。固未有可以大其後者。如河北李花榮。而李密突以成事。劉秀作天子。而劉歆妄為改名。身且不保。何論子孫。是以李特入蜀。過劍閣嘆曰。劉氏有如此地。而面縛於人。豈非奴才。阮籍登廣武觀楚漢戰處嘆曰。昔時無英雄。乃至令豎子得以成名。則成功者之為天授。非人力也。信矣。亦誰如彼何哉。

蠻夷猾夏自古有之。然獯鬻獫狁之屬。要未有與中國雜處者。自淮徐之戎並興。而東郊日偪。陸渾之戎遷入。而伊洛不同居。厥後中原遂多故矣。魏武帝徙武都氐於秦州。而關中受萬世之弊。晉王渾保劉淵於晉陽。而元海創五湖之亂。至西漢則許匈奴以婚姻。石晉則約契丹以土地。趙宋則奉女真以金繒。是無怪太王之事以皮幣犬馬珠玉矣。然且結以衣援。而華夏受其毒。則如唐肅之於回紇。信之以與盟。而臣主蒙其羞。則如德宗之於尚結贊。又其甚則懷愍二帝行酒虜庭。徽欽二帝蒙塵沙漠。狄人之患。可勝免耶。故魏絳和戎之說。得行於晉悼公。而當時受其利。江統徙戎之論。不得行於晉惠帝。而後代蒙其災。此太王之避狄。所以不得已也。

苟為善後世子孫必有王者矣

秦檜以三字殺人。成誣獄也。張居翰以一字活人。反冤案也。故于公決獄。活數千人。而料其子孫。必有為公卿者。虞翊治獄。活六千人。而料其子孫。必有為卿者。王賀捕盜。活萬餘人。而謂其後一必有興者。故曰苟為善。後世子孫必有王者矣。

少康有衆可以一旅而興夏。而先主得亮不能一統而復漢。程嬰杵臼能保趙氏三尺孤。而張世傑陸秀夫不能存趙氏一塊肉。君子亦彊為善而已。故曰成功則天也。

滕小國也章

周初建封諸侯。一千八百國。至春秋。止存百二十餘國耳。而又漸次吞滅。如淳于州公不復紀侯大去。庭堅不祀。鄀子無歸。鄣降於齊。宿遷於宋。虢不五稔。虞不及臘。莒潰於夾。偪陽亡於七月。許之播遷者四。陳之見滅者三。一入享而息亡。一過師而鄧滅。徐子斷髮而遠竄。鄫子被烹而為犧。煢煢小國。無以自存。蓋不獨漢陽諸姬。楚實盡之也。降而戰國。七雄爭長。則如滕宋之僅存者。抑又少矣。故滕竭力以事大國。猶恐其不得免。宋將行王政。又懼齊楚之惡而伐。

夏太康失河北而僑國河南。周平王失豐鎬而遷都洛邑。東晉元帝失雒陽而播越建康。宋高宗失開封而偏安江左。此孟子所以勸滕文遷國也。故子儀回鑾之表。代宗垂泣。宗澤還京之奏。忠義歸心。然如盤庚遷殷。下民胥怨。故率衆矢告諭之言。魏孝文遷洛。國人不。樂。乃詐偈為南伐之計。則太王之屬耆老而告。又是不得已者。而要非有誘民相從之意也。

新城三老啟漢高以君臣之大義。壺關三老訟武帝以父子之至情。湖縣三老又能王尊破劫之非辜。正成帝刑罰之失當。雖不得謂天下之大老。亦必有如邠人之耆老也。故楚昭王辭父老而奔隨。唐明皇辭父老而幸蜀。亦有太王屬耆老之意。

樓緩來趙。請割地以講秦。秦檜歸宋。議予地以和金。故曰狄人之所欲者。吾土地也。然畫獨奉使契丹。增歲幣。而不肯割地。鄭元壽往勞突厥。與金幣而不許得地。則又是寶土地而不寶金玉之。意與此自別。

陳懷公疑於從楚而問國人曰。欲與楚者右。欲與吳者左。周勃欲誅諸呂。而令衆軍曰。為呂氏者右袒。為劉氏者左袒。此與太王之屬耆老異。衛成公欲與楚。國人不從。故終有出奔之難。蔡昭侯欲從吳。大夫不願。故即至盜殺之危。此與邠民之從太王異。

劉玄德去新野。萬人從之。而玄德不忍相棄。陳登去廣陵。百姓從之。而登曉語令返。此即太王之去邠。從之者如歸市也。至其梁山之踰。自不同於漢靈帝之還洛。都夜逐流螢而暗。至唐明皇之過劍閣。日聽鳥而常悲。其岐山之邑。則必有如漢高祖之營新豐。里巷一同沛。邑。而雞犬亦識其。家。宋太祖修汴城。宮殿皆按洛。陽。而門戶直如其舊。者。

世守也　節

漢世珠崖之棄。賈捐之議之。欲以息兵也。明代交趾之棄。楊士奇議之。欲以撫夷也。然孫全照議棄綏州。雖以邊塞之地不可守。而何亮議守靈州。又以表裏之地不宜棄。李德裕請受維州之議。雖格於牛僧孺之私憾。致棄祖宗之疆。而虞詡不棄涼州之議。終成於李修之公論。遂雄國家之警。故或曰世守也。效死勿去。

嬖人臧倉者　章

晉獻公嬖二五。齊桓公嬖三豎。楚宣王嬖安陵君。魏安釐王嬖龍陽君。以及漢高帝之籍孺。孝文帝之鄧通。武帝之韓嫣。李延年。元帝之弘恭石顯。成帝之張放淳于長。哀帝之董賢。景帝之周仁。昭帝之金賞。宣帝之彭祖。此皆嬖人臧倉之類。至於劉後主之黃皓。魏明帝之曹肇。吳孫皓之岑昏。宋廢帝之華願兒。齊高帝之紀僧真。陳文帝之韓子高。北齊世祖之和士開高阿那肱。後主之穆提婆。史醜多。後秦苻堅之慕容冲。隋煬帝之宇文化及。唐明皇之王毛仲。宋徽宗之童貫。金熙宗之蕭肄。亦然。

晉文公問原守於寺人勃鞮。而後人有失問之。譏。漢武帝問趙王於宦人。綽。而追習閑用事之。漸。此即魯平公欲見孟子而告臧倉也。

趙高誘秦二世以淫樂。而勸其勿見大臣。張布以吳主休以荒樂。而沮其引見博士。和士開勸齊王湛縱意快樂。而以國事盡付大臣。仇士良教唐明宗以遊樂。而使其無見儒生。此即臧倉沮見孟子之意也。

漢成帝時。王鳳用事。上嘗喜見劉歆。欲以爲中常侍。召取衣冠。臨當拜。左右曰。未曉大將軍。上曰。此小事。何須關大將軍。左右叩頭爭之。上於是語鳳。鳳以爲不可。宋度宗時。賈似道爲相。帝因有事明堂。還遇雨。似道期雨止升輅。胡顯祖請卻輅升逍遙輦。帝曰。平章得無不可。顯祖紿曰。平章已允。帝遂歸。見似道。而似道果怒於不得預聞。此即臧所謂今乘輿已駕矣。有司未知所之也。

吾之不遇魯侯天也

伊尹不遇成湯，則終身畎畝；太公不遇西伯，誰載後車；管仲不遇齊桓，竟為囚虜；百里不遇秦穆，但作媵臣；淮陰為連敖坐法，不遇滕公，豈成佐漢大業；衛公當馬邑見收，不遇秦王，豈識與唐名將；子儀不遇李白，後日之勳績奚由焉；周不遇常何，當時之奏章誰知；然諸人之幸幸而得遇者，蓋天之有以使之也。則古今來之不遇，如馮唐易老，李廣數奇，以及鄧伯翊之負才而終，徐文長之抱憤而卒者，亦莫非天之厄之矣。故曰吾之不遇魯侯天也。

公孫丑上

管仲晏子之功可復許乎

兩將相敵，則賢者勝；兩賢將相敵，則主之能任賢者又勝。如范蠡之與伍子胥，田單之與樂毅，白起之與廉頗，王翦之與李牧，韋孝寬之與斛律光，蓋有當路不當路也。若夫伍員申包胥交也，伍員欲滅楚，包胥欲復楚，員之言踐而包胥之言亦踐；李穀韓熙載友也，穀欲興江北，熙載欲興江南，穀之志酬，熙載之志亦酬，則功之成否，又未可自期也。故曰管仲晏子之功可復許乎。

管仲得君　五句

成王終悟周公，故管蔡之罪人斯得；漢昭帝不疑霍光，故燕蓋之逆亂悉平；昭烈拒關張之制，而後孔明得以行其志；苻堅斬樊世之惡，而後王猛得以成其功；此即得君之專也。房玄齡三十二年秉相，趙普三十六年無編，郭進守山西二十年，李漢超守關西十七年，此又得君之久也。以視杜衍爲相一百二十日。而王拱辰譖罷去。范爲相八十日。而史美之毒害之者興。

奸臣久於位。則其欲肆。林甫所以成天寶之亂。賢臣久於位。則其道行。房喬所以致貞觀之治。乃管仲行國政四十餘年。而僅足以霸。故謂其功烈爲卑。

武丁朝諸侯有天下

夏少康滅過澆。斃戈豷。而收復舊物。故有方夷來賓之盛。則宣王伐玁狁克荊淮。而恢復境土。故有東都會同之休。漢光武。定邯鄲。降銅馬。而人心屬望。故復漢家十二帝入德之明。唐憲宗平蜀夏。服蔡鄆。而方鎮投誠。故收强侯數十年跋扈之勢。此即武丁朝諸侯有天下之類。

其故家遺俗　三句

周自武而成。自成而康。閱三世而利口未殄。漢自高帝而惠。自惠而文。歷三世而辭語猶存。以政移俗。誠有如此之難者。然以商之善。數百年而爲宋。以唐之儉。餘千年而爲晉。是流風遺俗之所扶持也。

江漢之女。不可犯以非禮。可見周俗之美焉。范滂之母。勉其子以名節。可見漢俗之美焉。此亦故家遺俗之猶存者。齊太公之守官。可見尚父之澤遠矣。晉宗人之守禮。可見周公之澤深矣。此亦流風善政之猶存者。

侯霸條奏前世善政法度。有益於時者。皆見施行。杜詩救以郭丹功書遺事。永著黃堂。以爲後法。周墀對宣宗曰。臣嘗守江西。見韋丹有大功德。被八州。王秀之為晉安守曰。此郡承虞公之後。善政猶存。此可見善政之存入人者深也。

世家之得失。係本朝之盛衰。故榮公之後有夷。虢公之後有射父。唐將衰而盧奕之後有盧杞。晉將衰而郤鑒之後有郤超。宋將衰而韓琦之後有侂胄。王導之孫謐受璽於桓玄。謝安之孫澹持册於劉裕。則故家之存固難必其有賢者也。然晉欒氏之汰虐。報不在黶而在盈。衛公叔之富驕。亡不於枝而於戌。是家之後亡。亦可以驗國之得失矣。

故久而後失之也

六國雖并於秦。而陽人未遷。尚存周號。五代雖始於梁。而李氏繼起。仍紹唐宗。益州一隅。猶留漢祚。至劍閣入而後火德以消。崖山片帆。亦係宋祀。迨緬州沈而後趙烟滅。故曰久而後失之也。

古未有不仁而得天下者。雖得之。亦必不久而失之。如秦始皇以二十六年庚申。兼并天下。至二世元年壬辰。僅十二年。則陳步項梁之兵起矣。而漢高乃起於沛邑。王莽以孺子嬰四年己巳。自稱皇帝。至地皇三年壬午。僅十四年。則新市平林之兵起矣。而光武乃起於新野。晉自太康庚子。至永興甲子。止二十四年。則劉淵李雄僭國矣。而司馬睿乃起於建康。隋自開皇己酉至大業丁丑。止二十八年。則劉武周竇建德僭國矣。而李淵乃起於太原。是皆與殷之久而後失。文王之由方百里起者異。

雖有智慧不如乘勢

身本侏儒者晏子也而折衝樽俎之間自能知千里之外貌類婦人者張良也而運籌帷幄之中亦決勝千里之外智略相同生平謹慎者孔明也而佐先主以圖取西蜀早料定三分之機語言誠篤者魯肅也而勸大帝以保守江東亦知成三分之局是其識見膽合皆可謂有智慧而識時務者

孫仲謀家業自安奄有東土慕容垂白頭舉事克復舊都劉先主才雄天下而得稱王齊文宣才不及父兄而可以稱帝此有智慧不如乘勢之謂也故劉裕料姚興必自守不出王猛料桓溫不足與有為田單以即墨復齊而張巡不能以睢陽拒寇夏靡以綸臣克復而文山不能以幼主圖存亦然

雞鳴狗吠相聞

雞鳴狗吠相聞自是民聚盛處真有新豐雞犬各識其家之樂必無吳越雞犬亦視於國之若國不同孟嘗君徒養雞鳴狗盜之士以張門下雄風亦不同趙師羣假學雞鳴狗吠之聲以增村莊風景若夫劉寵之守會稽犬不夜吠岑彭之守魏郡村犬無驚此又所謂兄弟相安庬無使吠者尤可見德化之流行也

故事半古之人　二句

久旱之餘喜逢甘雨百姓嗷嗷正新主創業之資也故秦政苛而漢不必以強力爭隋法峻而

唐亦但以假仁得之則所云願早生聖人以為生民主者於此可副其望矣帝王之起必有驅除紂虎肆虐寔真人革命之秋也故赤眉銅馬之寇劇而光武以興士誠友諒之亂深而大明以定則所謂天子作民父母以為天下王者於此可驗其言矣故曰事半古之人功必倍之惟此時為然

我四十不動心

鄭人相驚以伯有而國人皆走楚人周呼以王至而令尹自殺秦後軍朱序曰秦師敗矣晉是以有淝水之勝長安之民曰太子來矣虜是以有祿山之兇此以見人心之易動也乃京師訛言大水王商不動而訛言遂息邊將誤報羌兵馬援不動而誤報自衛王霸不動於蘇茂而閉門休士茂之挑戰無功李石不動於田全操而坐視文業全操之謀殺不行故曰我四十不動心赤壁之戰周瑜從容定計澶淵之戰寇準飲笑自如亦然

北宮黝之養勇也　節

雷萬春面著六矢猶端立不移典韋身被重創仍瞋目大罵李陵振臂一呼士卒創病皆起楊大眼瞋目奮發使人不敢仰視此是不膚撓不目逃之類原涉斂錢助喪有毀涉者喪家子怒斫其首郭解廣交行客有毀解者門下客忽殺其人宋閔公靳南宮萬於莊南宮萬即作亂弒之要離辱椒邱訢於市椒邱訢欲夜刺之此亦惡聲至必反之之類

不目逃

皇甫文斬而高峻降，馮惠亮拒而公佑擒，剛浪唆死而元昊哭，呂嘉亡而南粤服，此敵也。以人爲目而先刺之也，安能不逃。

孟施舍之養勇　節

宋狄青每戰以銅面具示威，而屢得勝；齊蘭陵王長恭每戰以木假面對敵，而亦屢勝；唐李晟每戰必以錦裘繡帽自表，而晟以勝；宋殷孝祖每戰常以鼓蓋羽儀自隨，而孝祖以敗；宋襄公不欲乘楚師半濟而擊之，致於大敗；秦苻堅欲待晉師將濟而擊之，亦因以大敗。勝敗本無常也。是以齊師襲莒，杞殖猶爲甲首之俘；秦師遭擒，孟明亦在憤軍之列；孔明亦在將器，尚失律於街亭；韓琦踏練老成，且喪師於西夏。故曰舍豈能爲必勝哉。

北史王羆傳：神武遣韓軌襲羆，羆袒身露髻，持棒大呼而出，謂曰：老羆當道臥，貉子那得過。敵人見之驚退。万俟洛傳：河陰之役，諸軍北渡，洛獨以一軍不動，謂西人曰：万俟各在此，能來可來也。西人聞而畏避。此即所謂能無懼者。

量敵而後進，慮勝而後會

宋襄公以不度德量力而敗於泓；荀林父以偏將不用命而敗於邲；哥舒翰因中使之趣而倉猝出師，以至潼關之敗；張浚違諸將之諫而輕進失律，以致富平之敗。是皆不量敵而後進者。趙葵令中軍敵來五十步動者斬；周鮎令軍士賊至三十步乃始發。此慮勝而後會也。若韓世忠金山之伏，鐵鉦懸門之誤，是失之早發者。

吾嘗聞大勇於夫子矣　七句

回紇憚郭汾陽不免戰而還金虜憚張魏公不交兵而退韓愈宣撫王庭湊數言而散亂賊之兵段秀實責諭郭子晞一人而釋怒軍之甲薛仁貴免胄入突厥而夷人不敢加兵裴懷古輕騎赴夷獠而賊衆皆自拜迎亦可謂大勇之類自異於來虢庫雲李稱爵鐵柴紹之名着登龍高敖曹之譽傳地虎者藺武子保衛侯坐京獄伍子胥保楚王赴臨潼會藺相如保趙王入函谷關張良保漢王會鴻門軍此皆自反而縮千萬人吾往也至若曹劌劫盟樊噲救主關雲長單刀赴吳郭子儀數人往宴亦然

至大至剛　三句

文天祥正氣歌云天地有正氣雜然賦流形下則為河岳上則為日星於人曰浩然沛乎塞蒼冥皇路當清夷含和吐明庭時窮節乃見一一垂丹青在齊太史簡在晉董狐筆在秦張良椎在漢蘇武節為嚴將軍頭為嵇侍中血為張睢陽齒為顏常山舌或為遼東帽清操厲冰雪或為出師表鬼神泣壯烈或為渡江楫慷慨吞胡羯或為擊賊笏逆豎頭碎裂是氣所磅礴凜烈萬古存當其貫日月生死何足論地維賴以立天柱賴以尊三綱寔係命道義為之根此即所謂浩然之氣也故曰至大至剛以直養而無害則塞乎天地之間

是集義所生者　節

匹夫之妄逞血氣俠士之矜尚意氣冉猛之偽為客氣陳元龍之未除豪氣是皆非集義所生者故張良氣銳少年圯上受教乃成漢帝之師項羽氣蓋當世垓下敗亡僅博憤王之號陳繹為熱熱顏回孔文仲為杜園貫道郭倪為帶汁諸葛源休為火迫鄭侯是皆義集而取之者故柏孝祥之習勇數日而敗鬭殷深源一出而輒敗

助之長者至而又害之

助長之弊為士者如子路之勇無取林申張之剛寔多慾原憲之克伐怨欲不行子張之邦家必聞為達則非聖賢正誼明道之事也為君者如宋襄公之合諸侯以求伯石敬塘之借契丹以圖王漢武帝之窮兵西域唐太宗之耀武遼東則是帝王好大喜功之心也故曰非徒無益而又害之

何謂知言　節

楊氏說義不說仁墨氏說仁不說義老子主論養生韓氏專言見性此詖辭之類許行託為神農之言南容參引孔子之說蘇秦借陰符以肆其遊說王安石假周官以論其新法此淫辭之類鄒衍之談天齊諧之誌怪告子之論性無善惡白圭之言治水愈於禹此邪辭之類楊氏本不拔一毛而乃謂於一毛非可利天下墨氏本愛無差等而乃付於古人之若保赤子子路本誤使子羔為費宰而乃謂何必讀書然後為學冉求本欲助季氏伐顓臾而乃謂今不取必為子孫憂此遁辭之類

公子御說對晉使之言臧文仲知其有恤民之心可以為君公子重耳對秦使之言秦穆公知其有仁親之意可以進國此與孟子知言同也若范文子知秦客之庾辭三騶忌知淳于髡之微言五則其事稍異

陳勝魚腹丹書以欺衆也少翁牛腹帛書以欺君也是惑世誣民之大者至如詐唐元宗以得妙寶真符未幾而一婦不能庇詐肅宗以得寶玉十三枚未幾而兩宮不能保則又不待善攻書事而已矣

聖則吾不能

光武詔羣臣上事不得稱聖字不敢以聖自居也宋真宗上趙玄朗聖祖號猶欲以聖尊祖也至若更始僞為帝王自號聖公元宗未作上皇自稱大聖則是其曰予聖者矣豈夫子聖則吾不能之意乎周之皇父詩人譏其孔聖唐之董昌令衆稱為聖人又其尤妄者

皆有聖人之一體

宋帝問顏延之諸子誰有卿風對曰竣得臣筆測得臣文㚟得臣義躍得臣酒達摩命門人各言所得師曰道訓得吾皮總持得吾肉道育得吾骨慧可得吾髓此亦如唐宋文文富文辭且工書有膂力世稱三絶而其子之問乃以文章顯之悌則以驍勇聞之遜又以草隸著世謂各得其父之一絶也是皆有聖人一體之類

乃所願則學孔子也

孟子生平多與孔子同道。孔子四十而不惑，孟子四十不動心。孔子竊取老彭，孟子私淑諸人。孔子祖述堯舜而禮從先進，孟子言稱堯舜而道守先王。孔子與老莊同世而戒攻異端，孟子與楊墨同時而欲息邪說。此其為學同也。孔子兩馬一車周流列國，孟子車數十乘傳食諸侯。孔子欲正衛名而禮隆公養，孟子欲以齊王而位在賓師。孔子於公山佛肸之召欲往而終不受趙簡子之聘，孟子於在薛在宋之餽不辭而獨不受齊宣王之金。此其入世同也。孔子自行束脩以上未嘗無誨焉，孟子久以是心至斯受之而已。孔子與其進不與其退，互鄉童子猶可見之也，而獨孺悲不得入。尸武叔不得入門，孟子往不追而來不拒，上宮館人亦能言之也，而獨夷之不與求見，曹交不與受業。此其教人同也。孔子不從王孫賈以媚竈，不主彌子瑕以求衛，孟子不見儲子報幣，交不與王驩言行事。陽貨瞰孔子之亡而饋豚，孔子亦瞰陽貨之亡而往拜；齊王託疾以召孟子之見，孟子亦託疾以辭齊王之朝。孔子託疾辭孺悲，即取瑟而歌以使之聞；孟子託疾辭齊王，即明日出弔以使之知。此其行事同也。故曰乃所願則學孔子也。

自生民以來未有孔子也

宋禁程氏之學，乃以王安石作字說而配享聖人，是以徽欽有辱身之禍。明從東林之徒，乃以魏忠賢作典要而配享聖廟，是以懷宗有亾國之恥。此可為非聖褻聖者戒。故元加封孔子詔曰：前孔子而聖者，非孔子無以明；後孔子而聖者，非孔子無以法。則謂自生民以來未有孔子也，益信。齊高帝稱張融曰：此人不可無一，不能有二。程致遠贊米元章曰：是千載人，不可無一。

此亦生民未有之謂然以之比孔子則非矣。

以力服人者　五句

楚欲伐舒鳩。薳子馮曰。姑歸息民以待其卒。卒而不貳。吾又何求。若猶叛我。無辭有方。此但欲以力服人之意也。故舒鳩旋叛楚而見滅。晉未服鄭國。知武子曰。姑盟而退。修德息師而來。終非獲鄭。我之不德。民將棄我。若能休和。遠人將至。此有欲以德服人之意也。故鄭國終晉而久存。則王伯之分於此可見。

以德服人者　二句

漢高祖不征呼韓伯。賜財帛以羈縻其國。李德裕欲鎮撫回紇。使賜糧食以感服其心。漢光武不勤遠略。故不許西域請都護。唐太宗惟務內修。故不受康國求內附。此以德服人之理。又可與遠人不服。則修文德以來之。參看孔明威服南蠻。不留外人而示之以信。裴度宣慰魏博。重賞士卒而懷之以恩亦然。

莫如貴德而尊士

廣州都督裴伯先下獄擬杖。張說以為大臣若皆可笞辱。恐行及吾輩。夷州刺史嘉人坐贓論杖。裴耀卿以為解體受笞。不當及於士人。隋文帝有怒。每打人殿庭。柳彧諫以殿廷非決罰之地。唐御史坐法詔決杖朝堂。張廷珪諫以御史宜殺無辱。故以一毫挫於人者。猶若撻於市朝也。此可見人君當貴德尊士之意。

明其政刑雖大國必畏之矣

國無大小無可輕則小亦可畏無可畏則大亦可輕晉孔輕齊謂晉侯曰無可會也齊侯不務德而勤遠略范山輕晉謂楚子曰北方可圖也其君幼弱而志小子產輕吳謂諸大夫曰二三子無患吳吳夫差觀樂是務而視民如仇鄭子產曰吾不患楚矣是鄭亦輕楚矣楚左尹曰鄭方有令政是楚亦畏鄭也故曰明其政刑雖大國必畏之

楚之保於會稽以子女臣妾和吳所以弭敵國而備報仇也故范蠡及時而教訓鄭之待於敵上以犧牲玉帛和楚所以紓國難而俟奔命也故子產及時而修政蜀之借有荊州以通聘問和孫權所以息外患而專討賊也故孔明及時而致治此可謂及是時明其政刑者

般樂怠傲

若夫晉武平吳何曾知其將亂隋文平陳房喬料其不久漢元帝斬郅支胡呼韓一玩志而王氏之釁以生唐宣宗收燕趙復河隍一銷兵而龐勛之亂以起以及東晉之奄有江東聊以固圉而不能挽吳江之水以洗中原之腥南宋之偷安江左無意復仇而不能澄黃河之波以盪雪宮之辱則是般樂怠傲不知綢繆牖戶之道矣

自求多福

成湯旱而自禱則大雨亢仁宗瘦而自責則大雪楚昭亦雲俠日不移災於羣臣則終不見害宋景熒惑犯心不移禍於百姓而卒不為災故曰自求多福

則天下之士　二句

秦穆公之霸也。取由余於戎。迎蹇叔於宋。得百里奚於宛。燕昭王之興也。鄒衍自齊往。樂毅自魏往。劇辛自趙往。故曰天下之士皆悅而願立於其朝。

無羞惡之心非人也

高宗憲有言。一點羞心。至王安石滅盡。一點恥心。至馮道滅盡。然齊人之乞。妻妾猶羞。呼蹴之與。行乞不受。故曰無羞惡之心非人也。

謂其君不能者　二句

唐莊宗幸汴州。軍士罵張哥容曰。使天子至此。皆汝之由。宋高宗奔鎮江。軍士誤罵王鐸為黄潛善曰。誤國誤民。皆汝之罪。此亦賊其君者。亦今之所謂民賊也。

子路人告之以有過則喜　三節

子皮死。子産哭之曰。惟夫子知我。今已矣。僑無為為善矣。徐原死。呂岱哭之曰。德淵吾益友。今不幸。岱復何所聞過乎。故子路人告之以有過則喜。禹聞善言則拜。項羽弑義帝。董公遮説漢王舉喪。而功臣之封。董公不及。宋高宗航海。劉相如力勸張浚迎敵。而中興之將相。如無名。周亞夫破吳。寔獲用趙涉之謀。而僅請為護軍。李德裕平澤潞。頗採用杜牧之説。而反出之於黄州。是用其言而棄其人。固不如大禹拜善之誠。尤未盡大舜取善之道。

大舜有大焉　節

舍己以從人。則欒氏之勇。亦子之勇。此樂王鮒之說范宣子也。取人以為己。則田單之善。亦君之善。此貫珠者之對齊襄王也。故曰大舜有大焉。至若晉君聞子產之言曰君子也。重賄之而已。趙孟聞醫和之言曰良醫也。厚禮之而已。則是善善而不能用。不克自治其身以及其國。亦異於樂取諸人以為善者。

故君子莫大乎與人為善

伯宗伐潞。恐其後敬奉德義。而申固其命。樂毅伐齊。恐待彼悔過恤下。而難於圖慮。羊祜伐吳。恐其若更立令主。而長江未可窺。此皆兵家權謀。非以善養人之意。故君子莫大乎與人為善

伯夷非其君　節

殷洪喬不為友人作致書郵。袁安不為從事作遞書驛。尹翁歸為東海太守。于定國欲託邑子而竟不敢見。何並為潁川太守。鍾元為請弟罪。而終不得免。此有伯夷不屑之意。

推惡惡之心思與鄉人立

汲黯不與周陽由均茵伏。管甯自與華歆割席坐。王導舉扇。恐污庾元規之塵。江斅移牀。大喪紀僧真之氣。到溉尚有餘臭。遂學作貴人。何敬容益以譏其先祖之擔糞也。劉季和性愛薰香。人名為俗物。張坦所以誚其醜婦之效顰也。故曰推惡惡之心思與鄉人立。其冠不正。望望然去之。若將浼焉。

不卑小官

新安大好山水。徐摛樂得優游。東萊風物亦佳。劉琨必得替調。顏真卿志欲得五品官。羊欣但欲仕二千石。石包但求為小縣令。岑文本所望不過秘書郎。是皆不卑小官之意也。然如陶潛不能為五斗米折腰。向鄉里小人。薛登不能五十年載幞。低首俯仰而向人。則其見又有特高者。固不同於韓信羞與噲嬰為伍。而高帝疑其有大志。侯君集恥為房李之下。而江夏王謂其有反心矣。

遺佚而不怨阨窮而不憫

周子南恨為庾元規所輕。王欽若恨為王旦公所遏。以及殷浩被阨於桓溫。空書咄咄。趙抃無奈於王安石。惟稱苦苦。楊惲終被放黜。怨望常切。廖立初置游散。怨謗不免。此皆遺佚而怨阨窮而憫者。與李聽置之散地而不怨。黃幹阨於權奸而不憫異也。若太宰嚭讒子胥曰怨望。樊豐譖楊震曰怨懟。石顯譖蕭望之曰怨望。則又非真怨真憫者。

援而止之而止

佛圖澄以石虎兄弟為海鷗鳥。而日與狎遊。董壽公以魚腹侯子譬為如雷顛。而相從宴笑。此柳下惠之油油與偕者。東方朔之滑稽玩世。桑庚楚之擁腫與居。郭伋與兒童約言。待期而返。袁粲與野人泥飲。步屧而來。陶淵明出門乞食。徑造人家。邵康節到處行窩。樂迎鄉里。亦是援而止之之意。然非不自失。則恐有如兔園冊子之譏。非但為屈曲屏風之目。

公孫丑下

天時不如地利

說天時者必曰歲星在楚。故吳入楚而終敗於楚。福德在燕。故秦勝燕而終滅於燕。然紂以乙卯日死。而湯即以乙卯日興。紂以甲子日亡。而武即以甲子日興。則知莒能設備。何至衆潰於庚申。虞不假途。何至成軍於丙旦。故下陽舉而虢滅。西河失而魏虧。大峴度而燕危。河陘喪而唐弱。豈但激塗平戍守之兵。而魏人入蜀之路通。何異開樊城權貨之場。而金虜伐宋之計決乎。此是失其地利者。故曰天時不如地利。

歲在星紀而淫於玄枵。梓慎知宋鄭之已飢。星孛大辰而西及於漢。裨竈知陳衛之皆火。日食而朔合辰尾。裨竈知六年入郢之期。火災而歲及大梁。史墨知五載復陳之故。此亦天時之有可以推測者也。星出婺女。裨竈知晉侯之將死。歲在豕韋。萇宏知蔡侯之凶。亦然。

坡名落雁。龐統以之殞身。林號殺狐。契丹因而卒命。魚到晉口。而于禁被擒。豆入牛谷。而建德不返。柏人鄉過。高祖驚心。彭亡地逢。岑彭應兆。此是地名之不利者。亦行兵之所忌也。

地利不如人和

說地利者必曰方城漢水。楚之雄也。齊家無所用。表裡山河。晉之固也。天下莫能強。然秦以關中亡。而漢即以關中興。晉以建康興。而梁即以建康亡。則知衛不好鶴。豈有使戰而不從。梁不濟宮。豈有相驚而自散。故公徒釋甲。而魯君出奔。紡婦投纑。而鄣城入破。求馬者林下。居處衛無踴躍之兵介騎者河上逍遙鄭有散歸之卒可見阻兵無衆安忍無親宋殤公之所以敗何如民不罷勞軍無怨讟楚共王之所以興乎此是失其人和者故曰地利不如人和吳起吮一人之疽而鄰敵莫抗段頴裹一人之瘡而西羌報平以及晉雪慰言而軍如挾纊投醪分惠而人盡飲河此亦可見人和之意

三里之城七里之郭環而攻之而不勝

薛仁貴三箭定天山狄青三鼓奪崑崙李愬雪夜入蔡州而擒吳元濟孟珙雨晨入石穴而破金武仙此勝之之易也然樂毅六月之間下齊七十餘城而圍莒即墨則五年不克田單一日之際復齊七十餘城而北狄則三年不下故曰三里之城七里之郭環而攻之而不勝

必有得天時者矣

太公焚龜而取殷張公瑾投龜而誅元吉李孝恭杯酒化血而稱賊臣授首劉裕麾折旛況而爲破敵之兆光武大風晦冥而克勝成祖疾雷氣解而不避此人定勝天也元魏珪用甲子忌日而伐中山卒獲奏凱振旅王匡不用癸亥窮日而使鄧禹得以更理兵衆李愬用往亡日攻吳房劉裕用往亡日破燕都成祖用十惡日破吳傑故得天時者亦不必勝

固國不以山谿之險

武王欲築宮於五行山周公諫之謂重德不在險魏文侯顧西河而歎笑吳起諫之謂在德不險宋太祖欲西遷以據形勝晉王光義謂在德不在險故曰固國不以山谿之險

親戚畔之

王安石紛更新法。其弟安國恨其聚斂太急。數止受校書而不悔。曾布阿附權奸。其弟肇勸其引用善人。故出知陳州以引嫌。史彌正以弟畔兄而竊受其排擯。陳塤以甥畔舅而自甘於遠斥。此所謂親戚畔之者。

以天下之所順攻親戚之所畔故君子有不戰戰必勝矣

湯之伐桀也。曰天誅造攻自牧宮。武王之伐紂也。曰前徒倒戈攻于後。故范睢說秦昭王曰。毋攻其地。而攻其人。秦是以并天下。馬謖謂諸葛亮曰。攻城為下。攻心為上。亮以是服南蠻。此可見天下之所順。攻親戚之所畔。而戰必勝矣。

孟子將朝王　節

蔡謨陳疾辭徵而隨即詣闕待罪。王安石辭疾不起。而後使人表請。此與孟子之將朝辭疾意異。

明日出弔於東郭氏

程頤多用古禮。而司馬光之卒也。頤以有慶不弔。蘇軾故謂其不近人情。陳烈好遵古禮。而蔡襄之母喪也。烈乃匍匐往弔。李覯故譏其行怪多僞。此與孟子出弔東郭氏者皆異。

故將大有為之君　節

隋煬帝謂朕若與士大夫高選。亦當作天子。唐僖宗謂朕若應擊毬進士舉。必須為狀元。晉武帝但説生平常事。不為遠圖。何曾謂其非所以貽厥孫謀。周太子贊好昵近習小人。多此失德。
王執謂其恐不了陛下家事。是皆非大有為之君者。

欲有謀焉則就之

黄帝欲訪廣成子於崆峒。大禹見伯成子於荒野。漢文帝謁河上公於江濱。以及魯繆公就見子思。晉平公就見亥唐。魏文侯就見段干木。此固尊德樂道之所為也。至若劉後主即日詣孔明之宅。與謀却曹魏。宋太祖乘夜造趙普之家。共計下太原。唐太宗幸房元齡第。而與載還宮。明宣宗至楊士奇家。而思與言事。亦皆異於漢武之幸公主。而請見主人翁。成帝之到民家。而自稱張公子也。是所謂欲有謀焉則就之者。

尊德樂道

北周書周文帝。尊師重道。崇儒學　南史戴仲若傳文帝。請羣臣曰。吾東巡之日。當宴戴公山下也。亦是此意。

黄帝學於大真。顓頊學於綠圖。帝嚳學於赤松子。堯學於尹壽。舜學於務成跗。禹學於西王國。湯學於威子伯。文王學於鉸時子斯。武王學於箕子。是皆尊德樂道。學而不臣者。

不足以有為也

姚崇以十説要唐玄宗。而後肯為相。李剛亦以十説進宋高宗。而後肯就相。此亦不如是不足以有為之意。較之文種以七術干越王。秦檜以二策求相位者。稍異。

好臣其所教

梁武帝策錦被事。以劉峻疏十餘事而見忌。問栗事。以沈約少三事而薦。悅隋煬帝以薛道衡有空梁落燕泥句而殺之。以王胄有庭草無人隨意綠句而戮之。君之於臣。爭名記誦之末。亦可笑矣。是所謂欲矜人臣以能。高天下以聲者。故曰好臣其所教。

王餽兼金一百而不受

劉寵之但受一錢。謝譓之止留百錢。杜暹但受紙百番。將溪唯取牋一番。此一介不取一草不受之類。而孟子之不受兼金亦此意。

馬有君子而可以貨取乎

杜黃裳介節。李師古欲送錢而不敢獻。顔協清癯。蔡法度欲賄襦而不敢餽。陳師道清介。傳堯俞欲餽金而不敢出。故曰馬有君子而可以貨取乎。此宋文潞公致政居洛陽。西羌長溫谿心但以文馬一疋為獻。國初林鉉崖從道守瓊州。馬伽沙國王僅以畫圖二紙為謝。亦是此類。唐高宗以繒錦賄長孫無忌。而卒立武后。宋真宗以金幣遺王文正公。而終受天書。張説譖罷姚崇。及崇死。其子乃陳崇生平寶玩以送説。而説又為之親作碑文。張居正譖罷高珙。及珙卒。其夫人亦衷珙生平寶玩以獻居正。而居正復為之護持後事。此則可以貨取之者。

一日而三失伍　四句

晉文公斬顛頡以伸國威。周世宗斬何㷀以正軍法。穰苴之誅莊賈。狄青之斬陳曙。是明將令而立功。衛青不殺蘇建。徐達不斬胡德濟。是守君命而事主。殽之役。秦不替孟明。所以養士氣必之敗。晉不戮荀林父。是為墮軍律。諸葛武侯斬馬謖而收恤其子。斷於國法也。張魏公斬曲端而為卑其旗。蔽於私意也。此諸事各有不同。正其法者為經。敝於法者為權。而要之失伍自必當去也。故曰不待三。

求牧與芻而不得　三句

靳餽送而蠲賦役。何易于止得考中。勞撫字而拙催科。陽城自署考下。子賤宰單父。不無掣肘之嫌。龐統治耒陽。未盡展足之。故蕭為民請上苑閒地。而竟破怒責。蘇軾上疏乞罷青苗新法。而卒不果行。此即求牧與芻而不得也。故蕭育自稱男子。不詣曹而輒行。魏舒自謂其人。即襆被而徑出。是亦反諸其人之意。乃若臧穀牧羊。而不知其羊亡。王徽之為馬曹。而不知馬死。則不免於立而視其死矣。

知其罪者惟孔距心

漢丙吉為丞相。以當春牛喘。陰陽失調為己憂。唐劉秩為祭酒。以士不知方。時無賢才為己罪。唐元稹詩曰。上羞朝廷寄下愧閭里民。韋應物詩曰。身多疾病思田里。邑有流亡愧俸錢。是所謂此則距心之罪也。然如晉司馬師東關之敗。昭問王儀曰。此事誰任其咎。儀曰。責在軍師。昭怒曰。卿欲委罪於孤耶。元仁宗延祐之旱。帝問侍臣曰。雨暘不時奈何。蕭拜住曰。宰相之過。帝責曰。卿不在中書耶。則知罪者又少矣。故曰知其罪者惟孔距心。

未可以言與

陽城爲諫議大夫。韓愈論之曰。陽子在位久矣。未嘗一言。杜淹參預朝政。太宗問曰。卿今日尊任矣。可以諫未。田畫勸鄒浩立劉后事曰。志完不言。可絶交矣。又王荆公上田直言書。以諷田況之盡諫。歐陽修上范司諫書。以責范仲淹之不諫。故王巖叟居言職五年。正諫無隱。任伯雨爲正言半歲。上疏益多。楊時居諫垣九十日。論列皆切。趙鼎爲相僅七十日。而忠誠義氣動乎遐邇。朱子在朝止四十六日。而章奏屢上。知無不言。今蚳鼃之爲士師。既數月。則又非張敞之五日京兆。周顗之三日僕射矣。故孟子曰。未可以言與。

有官守者不得其職則去

子賤治單父。至有掣肘之憂。龐統宰耒陽。難爲展足之地。故典籤爲刺史主事。而宗慤得一州如斗。乃不肯與典籤同臨。監州與太守爭權。而錢昆求外郡有蟹。但願得無監州。自忍此有官守者。所以不得其職則去。

有官守者　四句

眞德秀在朝不滿十年。前後奏疏十萬餘言。魏了翁在朝六日。前後二十餘疏。田錫居諫署。盡言不諱。封疏五十三奏。韓琦在諫垣。遇事敢言。前後凡七十餘疏。唐坰奏彈王安石。凡六十餘條。劉元城論胡宗憲至二十四章。論章惇至十九章。傅堯俞除御史中丞。惟拾遺補闕。以輔敍德。不顧窺人之私。摘其細故。程顥召爲御史。惟拾遺補闕。裨贊朝廷。不能攟臣下短長。以沽直名。范鎮知諫院。不欲伺大臣細故。發其隱微。以市己直。陳瓘為司諫。謂言者不當惑主聽明。況以訐為忠。反傷治體。廖剛拜御史。謂臣職在搏擊奸邪。若摭拾細故。非臣本心。此見有官守。有言責者之當盡其職也。故汲黯既逐。而猶託其友以忠告於君。史魚既死。而尚為其子以尸諫於君。

劉元城以母老欲辭諫官。母勉使為之。元城乃供職。鄒浩恐親憂。欲辭右正言。母勉其報國。浩遂就官。唐璘恐累母。不肯為御史。母勉以盡言。璘乃就職。則可知言責之重矣。然如汲長孺不願守淮陽。而願為中郎。以拾遺補闕。蕭長倩不願平原。而願居少府。以諫諍得失。此亦與蚔鼃之請為士師意同也。蓋諫官須用正人。故楊畏不可為諫議。奸邪足以誤國。故李仲言不可為諫官。

范純仁與王安石論政不合。而求退。不欲除知制誥。陳瓘與曾布論事不協而決去。不願即給事中。故曰不得其言則去。

王使蓋大夫王驩為輔行　四句

漢哀帝令孔光過董賢。為客。唐明皇命宋璟為毛仲之客。欲以寵賢仲也。此即齊王使王驩為孟子輔行之意。

宋璟自廣州入朝。帝遣楊思勗迓之。而璟不與交一言。章德象為翰林學士。大后遣內侍省之。而德象不與交一言。是未嘗與之言行事之意也。

孟子自齊葬於魯

李日知母卒。及身未受封號。至葬而命婦之封誥適來。朱建母死家貧。未能成喪。越時而貴人之稅金多贈。陸遵之友喪親。賻贈甚厚。而郭丹獨懷縑一疋。以謂此出自機杼也。郭林宗之母卒。弔臨遠至。而徐穉獨陳芻一束。以比其人之如玉也。孟子自齊歸。葬其母。而賓客之盛。弔贈之多。輓頌之隆。亦可想見。此以鄒人而竟葬於魯者。蓋孟子原出自魯。公族孟孫之後。不知何時分適鄒。遂為鄒人。故今猶葬歸於魯。亦猶太公子孫反葬周之義也。閻百詩亦云。

不得不可以為悅　二節

喪事稱家之有無。但無財不得。斯不可以為悅。是以柳下之衾不掩。棺豈能周。顏氏之槨難為。車猶欲請。況乎雨崩新墓。合葬而隕涕防山。棺露前和。改葬而傷心欒水。則使非七寸之棺。雖為試黃泉而尋螻蟻也。故曰無使土親膚。於人心獨無恔乎。然人心固可以自盡。而古制又不可過踰。故漢文帝之霸陵。因山不必起墳。光武之壽陵。制地裁令流水。乃若季孫用璠璵以斂。孔子歷階而救之。譬如暴骸中原。宋君益車馬用殉。君子謂華元樂舉不臣。以為棄忍於過。趙簡子自疑桐棺三寸而止。而桓魋自為石槨。三年不成。帝舜葬蒼梧之野。未聞三妃之從。而始皇葬驪山之上。竟至萬人之役。雖曰得之為有財。而亦用不當用者多矣。

不告於王而私與之吾子之祿爵

唐德宗有在路獻瓜菓者。欲授以散官。陸贄諫曰。人以忘軀命而獲官。此以進瓜菓而獲官。是以人之軀命。同於瓜菓矣。視人為草木。誰復為用哉。元武宗有所愛近臣。善蹴踘者。命賜錢千五萬貫。阿沙不老諫曰。以蹴踘而受上賞。則奇技淫巧日進。而賢者日退矣。將如國家何。臣死不敢奉詔。故漢光武不許館陶公主為子求郎。而但賜錢千萬。宋太祖不與曹彬遂為使相。而但畀錢三十萬。此以見國家之爵。祿雖王命亦不可輕與。也。況王無王命而私與之乎。故曰不可。

為天吏則可以伐之

成湯放桀曰。天命殛之。武王伐紂曰。天命誅之。此實天吏也。若王莽假天文以篡漢。武氏稱天后以伐唐。則非真天與之矣。故又如周宣帝自稱天元皇帝。而妄自尊大。以至於亡。宋真宗自稱儀天皇帝。而務求禎祥。無益於治。是尤為欺天之甚者。具嚴天威則曰。天敘。呂侯之所以受王命而訓刑也。恭行天罰。則曰天吏。胤侯之所以承王命而徂征。也。故曰為天吏。則可以伐之。

燕人畔節

取人國亦有不同。取以仁義。守以仁義者。周武王也。取以詐力。守以詐力者。秦始皇也。取以詐力。守以仁義者。漢高祖也。若齊宣王則欲取以仁義。而守以詐力矣。是以燕人終畔。

成湯放夏桀。惟有慙德。恐為口實於來世也。魯昭伐季孫。不忍一慙。將見恥辱於終身也。乃燕惠王不聽樂閒之言。而敗於伐趙。至因慙而謝樂毅。袁紹不聽田豐之言。而敗於官渡。亦因慙而殺田豐。故齊宣王曰。吾甚慙於孟子。

陳賈曰 節

禹戒舜曰。無若丹朱傲。惟慢遊是好。周公戒成王曰。無若商王受之迷亂。酗于酒德。此閑邪之義然也。是以周昌以桀紂斥漢。高劉毅以桓靈比晉武。蘇世長以隋煬詆唐祖。當時人君曾莫知罪。而史冊亦紀為美談。是以陳賈之以周公為宣王解慙者。異然。唐文宗自問何如周赧漢獻。曰。赧獻受制於諸侯。今朕受制於家奴。以此言之。朕殆不如。石勒自知不及漢高。曰朕遇漢高。當北面事之。與韓彭比肩。若遇光武。自當並驅中原。未知鹿死誰手。故宣王曰。慙是何言也。則亦如北齊高演之。不敢比周公矣。彼唐太宗之託於周公誅管蔡。明燕王之託於周公輔成王。不亦悖哉。

周公使管叔監殷 至 知其將畔而使之與

知東南有反氣。而漢高竟令漢封吳。知北平為大都。而明祖乃以棣封燕。知太叔本多欲。而鄭莊卒使居京邑。知胡兒是異相。而唐皇終使鎮范陽。是不免知其將畔而使之者。與周公之使管叔監殷自異。

周公使管叔監殷 二句

陳勝假公子扶蘇以起兵。王郎假成帝子輿以服衆。項羽推立懷王孫心以收人望。朱穆詐言建文皇帝以申大義。此即管叔以殷畔類也。然夏啟繼禹。有扈不臣。至湯伐夏。而後臣於商。商書乃有臣扈之作。成湯放桀南巢。不服。至武伐商而後朝於周。周書乃有旅巢之命。故王世貞斷論管叔為忠。武庚為孝。使小人驅小人。必禍國。如何進呼董卓誅常侍。崔光名朱温殺軍容。使夷狄驅夷狄。必禍國。如唐用回紇擊安祿山。宋和女真滅契丹。是皆使之者之過也。與周公使管叔監殷。管叔以殷畔。事雖同而情自異。

仁智周公未之盡也

漢高祖以微貧時。過其兄邱嫂。嫂戛羹。乃封兄子為頡羹侯。以示恨。宋明帝以前廢帝諸其兄劉褘為驢王。乃封兄褘為廬江王。以相嘲。是非大舜之親愛。五季楚王希廣時。希萼反。劉彥瑫與戰。將獲之。而希廣使名之曰。勿使吾兄。故萼終殺廣而自立。明建文帝初。燕棣反。盛庸合圍已困之。而建文使謂之曰。勿使朕有殺叔父之名。故棣終逐建文而篡國。此亦非周公之仁智。

曰使管叔監殷管叔以殷畔也有諸

張湯坐建賈人田信之謀。佯驚曰。固宜有。秦檜欲成將軍岳飛之罪。故言曰。莫須有。是師晉榮書誣燮郤克以通楚情。樂王鮒譏說叔向以知弟謀。曰其有焉之謂也。與孟子答陳賈之問周公使管叔監殷。管叔以殷畔。曰有之者。其意自異。

周公之過　二句

周公誅管蔡以安周。季友鴆叔牙以存魯。此自為國之公心也。若鄭公以母所愛而過與叔段之城。是為故縱其奸。漢景帝以母所愛而不問梁王之獄。是為養成其惡。故魏文帝殺其弟而有煮豆燃豆萁之傳。漢文帝殺其弟而有舂粟縫布之謠。皆不得藉口於周公之過。

且古之君子　節

吳孫權問諸將以將事所當損益。諸將皆不敢言。權詰責之曰。夫惟聖人能無過舉。朕之舉措豈能悉中。而諸君諫諍未嘗以口。何所嫌難而仍執若是。唐太宗謂羣臣曰。人若不自知其過卿可為朕明言之。對曰。陛下武功文德。臣等將順之不暇。又何過之可言。上曰。朕問公以己過公等乃曲相諛說。朕欲面舉公等得失。以相成而改之。何如。此以見人之不能改過而並為君諱過者多也。故曰。今之君子。過則順之。豈徒順之。又從而為之辭。是以孔光削諫稿不示後世欲以掩人主有過之失。君子猶以為非。魏徵錄諫事以付史官。欲以彰其君受言之美。君子以為是。

孟子致為臣而歸　章

范純仁因劾王安石不聽。求罷職。執政使諭之曰。毋輕去。已除知制誥矣。純仁曰。此言何為至於我哉。言不用。萬鍾非所顧也。司馬光以論青苗法不合。辭樞密副使。曰。陛下不取臣言。臣徒以祿位自榮。是竊盜名器以私其身也。乃蔡京給酒食以等三品。而學校終衰。賈似道厚貨利以啗三學。而士論乃息。齊王授室萬鍾之言。何以異是。此孟子之致為臣而歸。所以不欲富而時子烏知之。

孟子致為臣而歸

宋哲宗初年。程伊川入侍經筵。未幾而羣吠紛紜。遂有西監之除。甯宗新政。朱晦菴進侍經幄。未幾而權奸媢嫉。遂有宮觀之命。此孟子在齊為賓師。朱子疑為王驩積憾而去之。所以孟子致為臣而歸也。故如陶宏景之掛冠。薛廣德之懸車。王右軍之誓墓。張平子之歸田。陶潛之歸栗里。子陵之歸富春。鄭俟之歸衡山。陳摶之歸華岳。以及鄭均稱為白衣尚書。楊維楨還為白衣秀才者。亦皆是此類。

前日願見而不可得

漢武帝恨晚見朱買臣。隋文帝欲早見李德林。宋哲宗思范純仁。欲急得一識面。真宗思寇準。恨目中久不見。漢桓宗圖姜肱之形。朝夕省視。隋煬帝刻柳詧之像。酬對歡娛。是異於齊宣之願見者。魏文侯屢謁段干木。劉先主三顧諸葛亮。漢光武再過朱祐。慮主人之去。講唐肅親詣李泌。請先生以俱來。觸霞宮袍。唐王幸韋綬之院。紗籠詩碑。錢王題隱之門。亦異於齊宣之就見者。

不敢請耳固所願也

君子絕交。不出惡聲。忠臣去國。不潔其名。樂毅之報燕惠王也。思不甚兮輕絕。交不忠兮怨長。屈原之託恨楚懷王也。然蘇子之詞云。明月幾時有。把酒問青天。我欲乘風歸去。又恐瓊樓玉宇高處不勝寒。神宗見之曰。蘇軾終有愛君之心。韋孟之詩云。我見遷　心存我舊。夢我瀆上。立於王朝。其夢如何。夢爭王室。其爭如何。夢我王卿。呂成公讀之曰。孟子致為臣而歸。拳拳之意猶在此。此以見孟子雖歸而寔不忘齊王之見矣。故曰固所願也。不敢請耳。

養弟子以萬鍾

蕭齊即王儉宅開學館。以總明四部書人充之。并詔以公府為家。符秦就韋逞母宋氏立講堂。置生員百二十人從之。常令隔紗幔而授業。宋武帝為劉瓛立館。第即以楊烈橋宅給之。而生徒皆賀。宋哲宗聘胡瑗在太學。至拓步兵營廨處之。而弟子始容。今齊王欲中國而授孟子室。則孟子不必有曹交之請業。假館自可不如息夫躬之寄居邸第矣。欲養弟子以萬鍾。則弟子不必為許行之徒。捆屨織席。亦可不如原成之徒。假田賃耕矣。欲使諸大夫國人皆有所矜式。則大夫國人又如文翁之遣郡縣小吏就學京師。華章之遣州郡書生追隨既播矣。其如但託諸時子之空言何。

辭十萬而受萬　二句

杜黃裳受恩之深。豈得以一官相買。田錫事君之誠。豈謂其一貫可奪。尉遲公心同山岳。必非以斗金可移。周訪行非賈豎。豈可以寶玉相悅。此亦孟子不欲富之意。

使己為政　三句

鄭伯石請命為卿。使太史降命。而後三辭受策。唐韋貽範欲起復為相。使姚洎草制。而乃即日視事。此即子叔疑之使己為政也。李輔國求為宰相，諷裴冕薦己，而終不可得。史高之欲為宰相，貸游士使上書薦己，而帝終不用。此即使己為政不用也。梁冀諷衆人薦其子為河南尹，毛仲向唐皇為其子求三品官，張倚託主試者以其子奭為甲科，秦檜諷主試者以其子熺為第一，以及王衍使弟為州牧，而共成三窟，桓温使弟督軍事，而自求九錫，此即又使其子弟為卿也。然令狐綯之子滈應進士，以綯尚在樞衡，為諫議所劾；陶穀之子邴擢進士，以穀不能教訓為名，命覆落。故韓維以父執政，而不就廷試；王堯以父作相，而不就科試。則使子弟者當知所戒，而為子弟者亦知所避矣。至若公孫壽使其子為司城以庇其族，許武使其弟得選舉以成其名，是又當別論。

又使其子弟為卿

北魏于烈以其子登引例求進，而表請黜落。宋唐介以其子義問召試秘閣，而引嫌奏罷。宋王敬宏為其子恢之奏乞奉朝請，而辭秘書郎，欲使處於不競之地。魏宋隱謂其姪等不勞遠詣臺閣，而但仕功曹吏，恐致門戶之崇。梁呂僧珍不與兄子宏為州官，謂常分不可妄干。齊張不不欲其弟怨為郡守，謂美錦不宜濫裁。是皆異於子叔疑者。曹子建上表求自試，員半千上書願自陳，李宗諤獻文以自薦，此蓋有居則曰「不吾知」之意。韓無忌舉其族弟起，謝傅舉其兄子元，呂相舉其親姪夷簡，此亦非子叔疑使子弟為卿之情。

有欲為王留行者

王安石以去要君神宗留之至降詔慰諭而後起賈似道亦以去要君度宗留之至下拜流涕而後還是奸臣之去本不欲去而庸主之留寔不當留也乃孟子既決於去齊王亦不勉於留而為之留者其奚以為哉是固異於蕭何知韓信之亡而追留說漢王袁盎惜張釋之之去而請留補謁者以及潁川百姓願借寇恂吳郡人民欲挽鄧攸矣

昔者魯繆公　二句

李及歷知杭州而冒雪造林逋龐參為漢陽太守而下車先候任棠刺史陶侃著素士服進見皇甫方回領軍謝混易衣服廷見羊欣李固想慕崔瑗奉書禮以致殷勤謝朓過候江革割半氈以充臥具是如魯繆公之於子思也子游之於滅明亦必然

泄柳申詳無人乎繆公之側

楚山以求士魏太祖得於阮瑀而晉文公終不得於介推畫形以求賢殷高宗得於傅說而漢桓帝終不得姜肱與賢者同車文王得於太公而唐德宗終不得於李泌與賢者同榻隋煬帝得於柳䛒而漢光武終不得於嚴光蓋士各有志固不係乎其君之賢不賢也故魯繆公不得於泄柳申詳

千里而見王　四句

酈食其說騎士以見漢高祖漢高即使為說客而先下陳留鄧禹杖馬策以追光武光武即留以計事而後入關中李元忠載酒迎高歡鼓箏而陳天下之勢歡猶能用其說以降高乾王猛

被猶見桓溫捫蝨而談天下之務溫乃不能用其人以資符堅則見不見由於己而遇不遇在乎人也故曰千里而見王是予所欲也不遇故去豈予所欲哉

王猶足用為善　四句

伊尹復政太甲之克終允德也周公明農成王之既能悔悟也乃樂毅去而燕惠之成功復失二疏去漢宣之晚政遂衰故李泌請去肅宗曰今與先生同樂奈何遽去張昇請去神宗曰太尉勤勞王家詎可遽去蘇軾還朝道人呼曰寄謝司馬相公毋輕去朝廷厚自愛以活我則怒悻悻而去賢者固不忍出此也故曰王猶足用為善王如用予則豈徒齊民安天下之民舉安

王庶幾改之　二句

太史公論屈原曰原雖放流睠顧楚國繫心懷王不忘欲返猶冀君之一悟俗之一改也張魏公荅或人曰吾雖去國惟日冀上心感悟苟有所見安忍弗言上如欲復用浚浚當不以老病為辭也此即孟子王庶幾改之予日望之之意

則怒悻悻然

先軫怒秦穆公已放免晉三帥乃不顧而唾於君前敬翔怒梁末帝不聽用王彥章乃竟欲自經於帝所此即怒悻悻然見於面者范雎交淺而言深未免望之過速賈誼痛而慟哭又是舍之太決則亦無異去則窮日之力也豈非皆小丈夫然哉故張南軒賜章服而為胡銓繳還而終不引避呂東萊除官職既遣陳騤詆請而復受不辭是亦不為小人之悻悻者

五百年必有王者興其閒必有名世者

自古王者之興必紀其誕降之地如斗樞入夢黃帝興於壽邱雲霞鍾奇唐堯興於伊水大虹感而舜興於姚墟神珠吞而禹興於石紐天降玄鳥成湯興而商則是居火流赤烏武王興而鎬京是宅漢高祖興而雲見龍虎之彩昭烈帝興而桑成車蓋之形夾馬營中宋祖興而紅光滿室朱家巷裡明祖興而白虹貫空是也名世之士已在隱居求志之時如太公老於渭水垂釣待時伊尹處於有莘躬耕樂道南陽諸葛卧龍裕安世之才東山謝安布衣隆公輔之望張良微遊下邳而於圯上受黃石之素書劉基伏處青田而於畫安得鄧祥甫之術數是也故曰五百年必有王者興其間必有名世者秦王興曰帝王未嘗取相於等人唐太宗曰古人豈必借才於異代亦是此意

仕而不受祿

范純仁之去不顧萬鍾李剛之去不恤禍患范鎮上表言二宜去原無享名之心葉夢鼎引疾不肯再回但全廉節之事此孟子去齊所以不受祿也二疏供帳於東都薛老懸車於沛郡蕭嵩未被帝厭而自請去歐公不待廷逐而後告休亦然

於崇吾得見王　二句

馬援見公孫述而謂其不足毯天下士王猛見桓溫而料其不足以大有為故孟子見梁襄而語其不似人君見齊宣而云退有去志

滕文公上

滕文公為世子 二節

古者王侯之子。皆稱世子。後代乃以太子稱王子。以世子稱。諸侯王子。其寔則一也。後漢郤正曰。儲君讀書。豈徒竭力博。志。以待訪問。北周宇文孝伯曰。皇子年幼。正當妙選端人。以為師友。則世子固宜貴於聞。善。不宜妄有施。為。然後可以有。為。故漢戾太子多得百姓。心。而江充乃卒陷以巫蠱。唐順宗為太子。欲諫宮市事。而王叔文恐其致疑於收人心。漢元帝為太子。二疏見其資質志趣。謂不可以扶持教。誨。魏曹丕為太子。二疏見其資質志趣。卒眠謂其宜憂。反書知不可以主宗廟社。稷。隋太子勇服用奢。侈。而終以寵衰致廢。梁太子統文詞輕麗。而卒以嫌疑憂死。是不若滕文公之為世子。知見孟子。而得聞性善。堯舜之道矣。鄫世子巫如晉。而比於魯大夫之屬。宋世子佐會申。而獻公合諸侯之禮。曹世子射姑來朝。史識其代君父之政。齊世子光伐鄭。論識其序諸侯之上。今滕世子之之楚。其事未知視此何如。而過宋見孟子則異矣。

世子自楚反

楚王之子。質於齊不得歸。作思歸歌曰。去千乘之家國。為咸陽之布衣。梁國支離。羈於魏而不返。有墓誌銘云。嗟南國之王子。成東陵之故侯。燕太子丹之自秦逃歸也。恨烏頭之未白。居趙閒山。宋康王構之自金逃還也。昧馬背之為泥。滔行江水。而滕世子之自楚反。則皆異於是。

今滕絕長補短將五十里也猶可以為善國

任囂說趙佗曰番禺負山險阻南海東西數千里頗有中國人相輔此亦一州之主可為國故召公即令行南海尉事王元說隗囂曰今天水完富士馬最強北收西河上郡東收三輔之地按秦舊迹表裡山河元請以一丸泥為大王東封函谷關張玄說竇融曰今豪傑競逐雌雄未成當各據其土宇與隴蜀合從高可為六國下不失尉佗三子之見雖不若孔明之對劉備魯肅之對孫權然其論亦頗壯矣故曰絕長補短方五十里猶可以善國

吾欲使子問於孟子然後行事

漢蕭望之為太傅以禮服授皇太子齊何終之為國子助教為諸王講喪服宋元嘉徵隱士雷次宗詣京邑為皇太子諸王講喪服經陳後主在東宮引王元規為學士親授禮記喪服義是以至尊在御而不廢講求喪禮故滕世子使然友之鄒問於孟子然後行事

定為三年之喪　節

古禮重三年之喪而宰我乃謂期月已久晉武欲終三年之服而傅玄猶謂復古難行蓋自漢文帝始權制三十六日唐元宗更變為二十七日以日易月歷千百世而不改固無怪滕之父兄百官皆不悅也然所謂魯先君莫之行吾先君亦莫之行者非自伯禽叔繡而已然蓋大約是中世失禮之君藉開國者以為口實而後人傳之遂相沿而誣其先祖也故曰至於子之身而反之不可是無異於狂泉之國國人皆狂反謂國主之不能為狂矣

父兄百官皆不欲曰 至 吾有所受之也

唐裴守真高宗崩時。無大行凶儀。自與博士討論舊事。創爲儀注。乃至開元纂修禮書。而蕭楚材又欲去國恤一篇。謂爲豫備凶事。非臣子所宜言。宋章衡熙甯初。職判太常寺事。建言而爲厚陵集禮。以貽萬世。乃至甯宗承重過期。而胡紘又謂更禫服兩月。不知用何典禮。非陛下所宜行。此即父兄百官之不悅於三年之喪。而援志以拒世子也。

吾他日未嘗學問好馳馬試劍

冢家起溝中。馬驚敗駕。飛鳥時銜。馬逸隕車。此可爲好馳馬者戒。故周穆王驂八駿而轍跡周行。何如漢文帝卻千里。而警清道也。則世子當馳德車樂御之馬。不當馳滅影絕塵之馬。虞公求劍。竟至奔亡。項羽學劍。終爲自刎。此可爲好試劍者戒。故趙文王喜劍術。而勇士多俠。何如周武王著劍銘。而虎賁皆脫也。則世子當試天子諸侯之劍。不當試庶人匹夫之劍。若知學問必無此好矣。故曰未嘗學問。

好馳馬試劍

魏文侯好晨雁北犬。不失爲賢君。錢武肅好玉帶石馬。無愧是英雄。此亦滕文公好馳馬試劍之類。

君薨百官總己 七句

秦始皇崩。趙高匿喪不發。卒至扶蘇之死。漢北鄉侯薨。閻氏秘喪不發。遂有孫程之亂。此諒陰之制。冢宰所以貴得人也。惟如東漢光武崩。諸王與太子雜坐。太尉趙熹正色横劍。扶諸王下。而內外肅然。北魏世祖殂。廣平王欲上殿哭大行。侍中崔光攘衮振杖。裁抑廣平。而廣平自服。故滕文公即位而哭。百官有司莫敢不哀。是與漢昌邑之望郭門不哭。而曰嗌痛。齊寶卷之當靈柩不哭。而曰喉痛者。大異矣。

上有好者下必有甚焉者矣

鄒君好自服長纓。而國中之長纓甚貴。魯靈公好婦人裝飾。而國人之裝飾。莫禁。吳王好劍客。臣下多劍瘢。楚王好細腰。宮中餓死。故語云。城中好高髻。四方高一尺。城中好廣眉。四方且半額。城中好大袖。四方全匹帛。此所謂上有好者。下必有甚焉者也。是以漢光武封一卓茂。而節義之俗成。唐高祖誅一德儒。而諫諍之路闢。

是誠在我　節

考古論服三年喪者二十人。論服期喪者十四人。自漢文短喪之後。能斷然行三年。惟魏孝文倚廬謚米。以伸罔極。周高祖麻衰苫塊。推明通喪。晉武帝素冠疏食。哀毀終禮。宋孝宗衰絰終制。不許易服。元英宗衰服歠粥。哀毀過禮。此數君者。其賢於齊宣王之欲短喪多矣。可知親喪固所自盡也。故滕文公曰。是誠在我。定為三年之喪。

有恒產者有恒心無恒產者無恒心

古者國有閑田。田有餘夫。夫有閑民。民有羨卒。不盡其財。加而產之。所以有恒也。自魯行履畝。

晋作爰田。至秦而自實田。至漢而覈墾田。至隋而閱丁口露田。至唐而括逃戶隱田。於是財殫力盡。民無樂生之心矣。故曰無恒產者無恒心。

取於民有制

古之取民。不過曰貢助徹而已。其後則有租庸調。然而罔利之名。又難更僕數也。如曰算緡。曰均輸。曰榷酤。則漢之賦稅。盡錙銖矣。曰上供。曰送使。曰留州。則唐之賦稅。不遺纖悉矣。為折納為召雇。為和市。則宋之賦稅。無漏澤矣。若夫謂之潤官。謂之加耗。又何止法及青苗。謂之白著。謂之博徵。更何殊稅及枯骨。此皆非什一之法也。與取於民有制異。

設為庠序學校以教之

韓延壽修治東郡學官。春秋鄉射。陳管絃揖讓之儀。鮑昱修起南陽橫舍。燕饗紳耆。備行俎豆禮樂之數。王義方集生徒講經。而歌吹登降。大化蠻荒。常袞設鄉校講禮。而宴饗遊觀。大變閩俗。韋宏機畫聖賢像以勸生徒。而學校之教盛。李栖筠蓋孝友傳以示諸生。而鄉飲之禮行。故曰設為庠序學校以教之。

經界不正

溝洫經界。二者原是相通。禹盡力溝洫。濬畎澮距川。而周禮五溝五涂之制。遂因之。自鄉遂之法弛。故子駟為田洫。而喪田者以為怨。子產作封洫。而伍田疇以致謗。甚至商鞅決裂阡陌。呂政決通川防。白圭治水。以鄰為壑。崔方治郡。壞民之防。則古制蕩然矣。故先儒有言。溝洫廢而長城與。井田壞而戎馬入。是皆經界不正之爲害也。

死徙無出鄉鄉田同井

白樂天朱陳村詩云。徐州古豐縣。有村曰朱陳。去縣百餘里。桑麻青氤氳。機梭聲軋軋。牛驢走紛紛。女汲澗中水。男採山上薪。縣遠不出門。田中老與幼。相見何欣欣。一村惟兩姓。世世爲婚姻。親疏居有族。少長遊有羣。黄鷄與白酒。相會不隔旬。生者不遠別。嫁娶先近鄰。死者不遠葬。遺墓多繞村。既安生與死。不苦形與神。所以多壽考。往往見元孫。讀此足令人神往。真有死徙無出鄉。鄉田同井。一節。親睦之意也。後蘇東坡又有題朱季常所藏朱陳村嫁娶圖二首云。何年顧陸丹青手。畫作朱陳嫁娶圖。聞道一村惟兩姓。不須門户買崔盧。又云。我是朱陳舊使君。勸君曾入杏花村。而今風物那堪畫。縣吏催錢夜打門。則别有感慨矣。然而友助扶持之風。依然可想。是雨後有人耕綠野。月明無犬吠花村二句。亦可爲朱陳添一畫本。

出入相友守望相助疾病相扶持則百姓親睦

其民至老死不相往來者。太古之猥猥也。尊長與卑幼爭爲齒讓者。末俗之斷斷也。若鄉田同井則不然。門可通乎孔。李村可合乎朱。陳住同楊巷。何分蕭白。何嘗遊共竹林。奚必北貧南富。同如温人之入周。邑無妨稱主。如德操之造龐。宅不辨誰賓。子罕不毁當户之牆。晏嬰勿更卜鄰之。宅而且鵞鴨不惱比。舍牛羊各識其。家駒不奪於愚。公犬無驚乎强。暴西周之。水可下洛。陽東壁之明可分紡織。王吉之庭。可垂鄰家之棗。梁鄙之邑。不捘楚亭之瓜。桑户視病。裹飯而來。

陳平助喪。老人而至。是其相望相扶持者。真有如蘧伯玉之所。居里名君子。費孝先之所。訪村號老人。也。故曰百姓親睦。

魏李崇剌兗州。村設樓鼓。守險要以備盜。宋薛季宣令武昌。鄉置樓鼓。舉烽火以防盜。此即守望相助之法。獨向子韶知靈江縣。不從太守公孫傑每堡置鼓樓保丁之命。曰爭鬥自此始矣。是亦一見也。蓋相機設法。又存乎人。法固無定局也。而明刑海賊。尤弭盜之本和。

守望相助

若夫潤澤之則在君與子矣

師丹限田之說。可復古也。漢哀帝終不能行。元稹均田之圖。可致治也。周世宗終不能行。若夫劉歆之王田。賈似道之公田。宋末之經界。推排明季之清丈田畝。非不亦借行古法也。而其弊將有如王安石假周禮以擾民。蔡京託紹述以誤國。以及房琯之自用車戰。而卒至於敗。乃孝孺之欲復井田而終不可。行。故曰潤澤之則在君與子矣。

有為神農之言者許行自楚之滕踵門而告文公曰

裏敬衣褐見漢高祖。脫輓而建萬世之。安。王猛被褐見桓溫。捫蝨而談當世之。務。皆與許行見滕文公異。

有為神農之言者許行

漢書藝文志有神農之篇。呂氏春秋著神農之教。管子引神農之數。文子亦引神農之法。其即所爲神農之言乎。故商君之開阡陌。李悝之盡地力。亦許行之徒也。

逸居而無教則近於禽獸

周公陳無逸之書。孫奭進無逸之圖。宋哲宗聽豊授講無逸於太。學。仁宗命蔡襄寫無逸於閤屏。比以見帝王猶不自逸也。况下民乎。楚莊王之箴曰。民生在勤。勤則不匱。公父文公伯之母曰。瘠土民勞。勞則善心生。勤勞者。即無逸之謂也。故曰逸居而無教。則近於禽獸。

夫婦有別

冀缺之妻。相待如賓。梁鴻之妻。舉案齊眉。與英與妻下床答拜。何曾與妻整服相見。故曰夫婦有別。

爲天下得人難

黄帝以夢驅羣羊。而名徵力牧。文王以夢占羆熊。而獵訪太公。武丁以夢賚良弼。而形求傅說。似乎得人之易也。然成湯三聘莘野。而後伊尹幡然肯就。劉備三顧草廬。而後孔明許以馳驅。故曰爲天下得人難。

師死而遂倍之

云敞自劾爲吳章弟子。景毅自表其子爲李膺門生。尹焞自奏已學程。氏。而不應召。命。柴仲行自明習程氏易。傳。而不顧考。校。此亦如仲由不諱爲孔丘之徒。庾公推原學孺子之射也。與陳相兄弟倍師不同。

昔者孔子沒節

陳寔死。天下會葬者三萬人。黃瓊死。名士會葬者三千餘人。此滕定公薨。及至葬所以四方來觀也。郭泰死。門人制錫衰者以千數。許謙卒。門人以義制服者數千人。此孔子沒其門人所以三年後歸也。至延篤孔昱劉焉。並以師喪去官。而荀淑卒。李膺亦自表師喪。則又子貢築室於牆之意矣。

優孟衣冠肖孫叔敖。而致莊王之歎。靖郭君衣冠象齊宣王。而致閔王之泣。虎賁以蔡仲郎。孔融動故人之念。桓溫似劉司空。老婢深舊主之情。此門人所為以有若似孔子也。然聖人寔無可似者。故孔道輔使契丹。優人以文宣王為戲。道輔拂衣徑出。若以所事孔子者事有若。則幾近於戲矣。是以曾子不可曰。皜皜乎不可尚矣。彼謂與孔子同意者。邊韶寔有慕聖之心。而敢擬仲尼。論語者。楊雄不有僭聖之罪耶。

築室於場獨居三年而後歸

史記世家。孔子葬魯城北泗上。弟子及魯人往從冢而家者。百有餘室。因命曰孔里。魯世世相傳。以歲時奉祀孔子冢。而諸儒亦講禮鄉飲大射於孔子冢。孔子冢大一頃。故所居堂。弟子內。何義門云七字疑有脫誤全祖望云當云弟子所居堂內廣袤則云弟子內三字缺衍不然則故所居堂為一句弟子內連下後世為一句言弟子中之後世也後世因廟藏孔子衣冠琴車書。至於漢三百餘年不絕。高帝過魯。以太牢祠焉。諸侯卿相至。常先謁。然後從政。皇覽曰。孔子冢去城一里。冢塋百畝。冢南北廣十步。東西十三步。高一丈二尺。冢前以瓴甓為祠壇。方六尺。與地平。本無祠堂。冢塋中樹以八尺。皆異種。魯人世世無能名其樹者。民傳言孔子弟子異國人。各持其方樹來種之。其樹柞枌雒離女貞毚檀之類。塋中不生荊棘及刺人艸。孔叢曰。夫子墓塋方一里。魯人藏孔子所乘車於廟中。是顏路所請者也。獻帝時。廟遇火焚之。是與晉書所記武庫火。而列代之寶。與漢高斬蛇劍王莽頭孔子屐皆焚焉。無異也。然當秦始皇時。欲發其冢。因見銘讖而止。則聖人之靈遠矣。可想見子貢之築室於場。獨居三年者。其心喪之誠。必較延篤為師喪以去官。李膺表師喪以終制。為更甚之。

今也南蠻鴃舌之人

楚人謂洗為湎。火為煤。善為𦁕。伊為緩。乳為穀。虎為於菟。小兒欺詐為脈蜴。是即南蠻鴃舌之音也。至若狄人謂賁泉為失台。蠻人謂魚為㛏隅。南詔謂虎為婆羅。北虜為牛為古薾。西域謂天曰。提婆。匈奴曰祁連。又曰撐犂。蒙古曰格利吞。北魏謂后土曰跋。匈奴曰耨幹。安南謂地曰烟。蒙古曰噶曾。匈奴謂王曰單能。西域曰醫嚩。哈烈曰速魯壇。古城曰芳嗉。馬哈札剌。匈奴謂王后曰可敦。又曰閼氏。羯胡曰巴里寒。匈奴酋長謂曰可汗。公主曰居次。吐蕃謂君長曰贊普。贊普之妻曰末蒙。回紇謂太子曰葉護。匈奴曰屠耆。夷人謂金曰楊邁。蒙古曰按出虎。遼人謂金曰女古。玉曰孤穩。日本謂金曰空措泥。銀曰夫祿措泥。殊方異語。不可勝紀。亦皆蠻音之類。故撐犂孤塗。元晏問胡奴而後識。提官僧醜。朱輔因田恭而乃通。

戎狄是膺荊舒是懲

楚有夏州。夷而夏也。閩俗之化中州。亦然。衛有戎州。夏而夷也。蔡人之過夷貊亦然。作楚宮。知
襄公之欲楚。效夷言。知衛侯之死起。以劉淵為左部帥。而涼州之變更深。見石勒嘯上東門。而
中華之亂迭起。唐以南詔致吐蕃。而唐之亡以南詔。宋以女真滅契丹。而中原之亡以女真。此
可見夷不可效。更不可用。故曰戎狄是膺。荊舒是懲。

予是之學亦為不善變矣

唐太宗自稱天可汗。明武宗通習諸番語。陳高祖效胡人膜拜。用夷變夏也。胡漢劉淵欲為漢
高事業。元世祖令習漢人文字。魏孝文欲變禮俗舊風。用夏變夷也。故公劉之治邠也。地夷而
人華。不旋踵而有文武興王。石晉之納款也。地華而人夷。不旋踵而有耶律之俘虜。以及端委
而治吳國。開周禮之俗。被髮而祭伊川。召陸渾之戎。亦皆此類。是在乎變之善不善也。

墨者夷之　章

世傳陶潛結白蓮社。與慧遠禪師遊。而有虎溪之笑。周茂叔結青林社。與淨真禪師遊。而有鷲
溪之名。此亦如以大顛誣韓昌黎。而謂有解帶留衣之事。以藥山誣李習之。而謂有黑風吹船
之問也。是皆異端假儒者之道以自重者。故夷之欲援儒以入墨。又如浮屠文暢之好文辭。高
閑工人之善草書。釋秘演之喜歌詩。釋惟儼之求文序。以及沙門衛元嵩之不信釋教。亦然。

夫夷子信以為人之親其兄之子　二句

林回過盜。棄已兒而擁兄兒。義姑逃兵。棄已子而抱兄子。此皆鄧伯道之儔也。真親其兄之子

過已子者。元德秀之哺幼姪。湩生兩乳而常流。郗鑒之飼兄孫。飯含兩頰而並吐。亦然。是異乎第五倫所謂吾兄子病。一夜一往。退而安寢。吾子有疾。雖不省視。而竟夕不眠。其心猶未免於私也。至若宋太宗之過死其兄子德芳。明景帝之廢易其兄子見深。則視兄之赤子爲鄰之赤子矣。

蓋上世嘗有不葬其親者　節

范丹遺命其子薄葬。棺衣僅足周身。張奐遺命其子薄葬。幅巾不喜綿纊。趙岐遺命其子薄葬。衣箪但覆單被。此即墨子之以薄爲道也。若夫楊王孫誡其子以布囊盛屍。入地去囊。盧植敎其子葬於土穴。不用棺槨。是無異委於溝壑。誠非仁人孝子所以掩其親者矣。至於甄邵母死。埋尸馬屋而拜爵受封。故李燮塗遇而笞之。趙宣葬親不閉埏隧而宿冢生子。故陳蕃問及而殺之。則又不仁之甚。而其顙豈復有泚乎。

滕文公下

大則以王小則以霸

徐東曰。圖王不成。其弊猶可霸也。王元亦曰。圖王不成其弊。猶足以霸。其說自異於董卓所言事成則可以據天下。不成亦可以畢老也。故曰大則以王小則以霸。

昔齊景公田　節

鄭厲公臧原繁不召已入。原繁對曰。臣無二心。天之制也。子儀在位十四年矣。而謀召君者。庸非貳乎。而厲公終殺之。晉懷公執狐突使召子來。狐突對曰。策名委質。貳乃辟也。今臣之子。名在重耳。有數年矣。若又召之。是教之貳也。而懷公亦殺之。即齊景公之欲殺虞人也。是皆異於唐太宗之贈堯君素詔曰。雖桀犬吠堯。有倒戈之志。而疾風勁草。宜表歲寒之心。宋太祖之贈韓通制曰。易姓受命。王者所以徇至公。臨難不苟。人臣所以明大節。大哉王言。表忠義以厲臣節。英主之識遠矣。

免冑而入敵。先軫之元如生。裂布而裹身。司馬戌之首可免。以及樊於期借頭於燕太子。田橫舉頭於漢高。此是勇士不忘喪其元。而卹溫序之鬚。毋令其汚。歸顏杲卿之髮。猶覺其動。亦然。沙場戰沒。馬援自願馬革裹尸。避水從征。麥鐵杖預製黃衫備死。以及蘇武持節於海上。祖逖擊楫於江中。是志志不忘在溝壑。而周處知戰必敗。而赴敵捐生。張悌患不得死。而殉難不去。亦然。

隋書劉行本為掌朝。不許承御取筆。金史高汝礪為郎中。不敢越職進扇。東漢种暠為太子家監。常侍漢中單騶。出迎太子。而暠以為詔命不得去。前宋謝莊為皇城門守。武帝出外夜還。欲喚城門。而莊謂須墨敕乃可開。此可見虞人之非其招不往也。楚昭王使召貞姜。而忘與符節。故貞姜雖至死不行。明武宗使召劉孃。而已忘約簪。故劉孃以無信不往。亦然。

且夫枉尺而直尋者

楊震應鄧騭之舉。蔡邕受董卓之知。荀文若立曹操之朝。揚子雲仕新莽之室。是皆枉尋直尺之類。若郅惲為吏始上臺。姚元之為武后流涕。則亦不能發者之咎。

使王良與嬖奚乘

叔孫嬖豎牛。而至於亂家。慶舍嬖盧蒲癸。而至於隕身。梁冀之嬖秦宮。生活花裡。霍光之嬖馮子都。調笑酒胡。此趙簡子嬖奚類。至於晉趙王倫之孫秀。宋王僧達之朱靈寶。後趙石虎之鄭櫻桃。北周庾信之蕭韶。明嚴東樓之金鳳。亦皆然。

一朝而獲十禽

越太祖獵南陂。一日獲雉六十三。金章宗獵豪齋。一日獲禽獸三百二十二。北齊綦顯從帝獵。一日手獲禽七十三。周宇文貴從父獵。一圍射馬鹿十五。裴旻守北平。一日射虎三十有一。是皆王良一朝獲十之類。

枉己者未有能直人者也

公仲進牛畜欣趣。而歌者之田且止。孔明進攸之禕允。而宮府之體如一。此以見推進賢可以正君。管仲有三歸。不能陳六嬖之惑。里克從優施。不能斷二五之姤。魏相因許伯。不能禁霍氏之讒。匡衡託史高。不能遏石顯之惡。此以見推正己乃可正物。故曰枉己者未有能直人者也。

以順為正者妾婦之道也

順之一字。甚非丈夫之所宜。君陳曰。順之於外。而不謂順之於內也。孝經曰。將順其美。而不謂將順其惡也。善則歸君。李斯所以亡秦。幾諫事君。劉殷所以背君。故曰以順為正者妾婦之道也。即曹大家女誡所云。婦如影響。焉得不賞之謂。而公孫宏之面諛。王猛之取旨。亦然。

妾婦之道也

孫武子教美人陣。朱序母築夫人城。柴紹妻習娘子軍。則女而武也。陳宮人選女學士。王尊妾稱女尚書。元文妻為女侍中。則女而文也。是妾婦而謂丈夫者。

富貴不能淫貧賤不能移威武不能屈

妾婦之以順為正。亦特於其夫家順所當順耳。而忠節之婦。則往往有富貴不能淫。貧賤不能移。威武不能屈者。如王莽之女。恨其父之篡漢。楊堅之女。怨其父之代周。董卓車邊顧求速死。石崇樓下。不欲偷生。曹文叔之妻。不以衰敗而改志。劉長卿之婦。豫自刑剪以明情。貞似女苟。囑尸必還於陰氏。烈如房氏。割耳先投於棺中。此皆可謂之女丈夫。儀泰業亦當愧死矣。

威武不能屈

曹操威武也。而孔融禿巾唐突。數為侮慢。禰衡裸衣笑罵。挫折奸雄。桓溫威武也。而謝安遲緩取幘。笑語如常。孟嘉風流落帽。醉行無忌。則與韋祖思之見赫連勃勃。而恭懼過甚者。異矣。故曰威武不能屈。

此之謂大丈夫

樂懷子以折歸父之勝而載藩。范寔子以悼夫人之服而昌緩。封隆之受敕曹。而辭以甘辱。司馬懿受孔明巾幗。以蒙劉蒼劉曠有婦人之名。蕭詠致婦人之誚。更始之將。皆服婦人衣。宋朝之士。盡皆婦人氣。此所謂丈夫而妾婦者。

賤丈夫如張禹牧地廣求、石崇橫塘夜出、王戎握算持籌、馮道歷身更主是也。小丈夫如先軫忿唾不顧、賈誼痛哭傷生、王安石去不視事、賈似道怒不肯還是也。而大丈夫窮則爲夷齊爲孔孟，達則爲禹稷爲伊周，既不同小丈夫絕決之志，而惟欲行道以濟時，亦不可同賤丈夫貪鄙之行，而必自守道以正己。故曰此之謂大丈夫。

諸侯耕助

漢文帝詔開籍田，親率耕以供粢盛。唐高宗耕躬籍田，命耒耜毋加雕飾。唐光宗親芟麥於苑中，謂此所以薦祖廟，欲使爾曹知稼穡之艱難。宋仁宗觀刈麥於後苑，謂此不以種花，亦庶令後人知稼穡之不易。是皆得務農重穀之意，亦可見諸侯之貴耕籍也。

不待父母之命　五句

徐吾犯有妹，子皙強以委禽；左阿君無夫，陳遺通而置泣。此不待媒妁之言而自願有室者也。然苗伯之母，惡其子苗伯多寵人，而乃逐；隋獨孤后惡其子勇多內嬖，而竟廢之。泉人女私奔孟傳，顧爲遼氏箋；紅拂女妓私奔李靖，能識虬髯公。此不待父母之命而自願有家者也。然君王后雖賢，而以奔趙太子章，其父太史敫絕不相見；卓文君雖美，而以奔司馬相如，其父卓王孫自以爲羞。故曰國人皆賤之。

魯僖公使其女季姬自擇配，故季姬遇鄫子於防。漢光武令其子湖陽公主自擇配，故公主窺

宋弘於屏宋武帝為其妹山陰公主置面首三十人○徐邈令其女擇婚而得王濬○此無異穴隙踰牆○

葛伯放而不祀

鄭人廢泰山之祀○祀鄭贖買之祀○夔子棄祝融之祀○此與葛伯不祀同○殷紂祀而人竊其牲○魯國郊而自免其牲○公索氏祭而先亡其牲○此與葛伯食之異○

湯又使人問之　五句

隋文帝修船伐陳流柹於江○或恐致陳覺備○文帝曰○使彼懼而知改○吾又何求○此即湯使人再問之意○秦穆公輸粟與晉○汎舟及絳○或語伐晉勿與○穆公曰○其君是惡○其民何罪○此亦湯遺牲為耕之意

有楚大夫於此　二句

宋太祖累棄江南○楚言未變○長沙王道情素無才能○言音甚楚○王丞相惟作吳語○郝將軍時作蠻語○王子猷兄弟聲喚濁啞○丈公嘲笑○丹楊王劉昶音雜夷夏○諸王侮弄○則如北齊楊愔稱裴讞之河東士族○惟此家全無鄉音者○蓋亦少矣○至於著書作文○尤忌俚俗○如公羊傳多齊言○淮南子多楚語○尚書奇澀○間南方音○國風謳吟○不無土語○釋訓釋詁○郭璞難詳○九辯九歌○靈均絕響○後魏之國語孝經○遼史之國語解○則又居然以本國之語載之史冊○而無異楚語之侏儺矣○此楚大夫所以欲其子之學齊語也○

使齊人傳之

孟威以明解北人語。教在著作。孫搴以能通鮮卑語宣傳號令。祖珽以鮮卑語免罪復參相府。劉世清以能作突厥語翻譯涅槃經。康福以善蕃語。每召入咨訪。若夫李興業學問深博而舊音不改。則為梁人所笑。孫詳蔣顯曾習周官。而音乖廓。則學徒不至。又無怪鄴下人士音亂陋鄙者。顏之推不願以為兒師也。故學齊語者。必使齊人傳之。勿使楚人咻之。

長幼卑尊皆薛居州也　八句

人臣之欲善其君者。其道無窮。而要先在格君心之非。閑近幸之習。善者雖小必陳。不善者雖微必戒。乃可以清其源而塞其流也。故周禮一書。嬪御奄寺。飲食衣服。次舍用器。皆領於冢宰。冕弁車旗。宗祝巫史。卜筮籥脩。皆領於宗伯。此正周公欲善成王之法。周之興也。勝侯為卜正。呂伋為虎賁。侍御僕從。罔匪正人。左右攜僕。庶常吉士。則長幼卑尊皆薛居州矣。及其衰也。太師皇父之後。為皇父卿士。尹吉之後為尹氏太師。蹶父之後維走馬以及司徒師士。膳夫內史締交於嬖寵。瑣瑣姻婭私人之子。竊位於王朝。是真長幼卑尊皆非薛居州也。下至秦而大臣不得議近臣矣。至漢而中朝得以詘外朝矣。至唐而北司是信。南司無用矣。至明而東廠自專。東林盡斥矣。而誰以為善乎。然其間猶有詰責幸臣。如申屠嘉。奏劾常侍。如楊秉。格殺湖陽公公主之奴如董宣。令批白馬寺主之類。如蘇良嗣。趙普於熏籠之造。亦制以有司之法。李沆於後宮之立。獨奏以臣沆不可。文彥博於疾勢增劇。專責宦者必以告。趙鼎於內苑移竹。猶責宦者罷其役。此即孔明所謂宫府之中。陛下當為一體。魏徵所云中外之事。宰相皆所應知也。彼唐太宗責房玄齡以北門營繕。何預君事。宋劉太后責呂夷簡以一宫人死。相公何云者。是豈識古大臣善道哉。則雖一薛居州亦未嘗不欲善其君也。但未可以其君之為善耳。故曰獨如宋王何。

月攘一雞

南頓民請賜復十年田租。元武寔惜其多載。而故託於不敢遠期。唐太宗欲避暑九成宫。所馬周不阻其即行。而但期於當示速返。此亦月攘一雞之説。

如知其非義　二句

宋神宗欲議罷青苗。趙林贊謀不決。遂至安石出而持議益堅。明萬曆欲詔除礦稅。江一貫擬旨未行。越日帝疾瘳而悔。詔中止。亦如漢高祖下赦云。已役已輸者。以來年為始。而後又本年復點為兵也。故曰如知其非義。斯速已矣。何待來年。

予豈好辯哉　予不得已也

孔子之欲無言。則現身説法。傳授正因。是釋迦之拈花也。莊子之齊物論。則解紛排難。融釋通家。是宜僚之弄丸也。而孟子之好辯。則又大聲疾呼。喚醒衆夢。苦心致覺。針砭愚頑。是臨濟之棒喝。豐干之饒舌也。自與惠施之卵毛雞足之説。公孫龍白馬枝指之論。不同。韓文公曰。孟軻好辯。孔道以明。是真得孟子不得已心事。

天下之生久矣　二句

先天之圖自泰歷蠱至否。即由治及亂。自否歷隨至泰。即由亂及治。此張文饒論易之理也。故陽九百六之災。迭進厄運。鶉火天竈之次。可卜興王。大地之氣。自北而南。是天下將治。自南而北。是天下將亂。此邵康節經世之數也。故鵑聲聞於天津。宋祚將衰而南渡。杜鵑至於大都。元運將盡而明代。故曰天下之生久矣。一治一亂。

驅蛇龍而放之菹

蝗蟲之害一也。唐太宗呑而祝之。而蝗不為災。姚崇捕而殺之。而蝗亦不為禍。鼉魚之害一也。韓文公投文祭之。而鼉魚以去。陳咨堯設法殺之。而鼉魚亦絶。此仁義之各用也。而兼乎仁至義盡者。則惟大禹驅龍蛇而放之菹

驅飛廉於海隅而戮之

國家之驅小人。至有為寇賊。助胡虜以起禍者。如黄巢不第。致陷唐宋。張自成無名。遂擾明室。以及巫臣教吳以叛楚。中行説教匈奴侵漢。管敢降胡。而鞮汗之圍復合。書生叩馬。而兀朮之兵遂還。是與林不狃之不肯導吳伐魯。王猛之不肯助秦伐晉。姚樞之不肯從元滅宋異矣。則屏諸四夷。不與同中國。猶未足以絶其害也。故周公戮飛廉於海隅

滅國者五十

滅人國者。小則蠶食。大則鯨呑。非貪其土地。即利其人民。卧榻之旁。豈容他人鼾睡。覆巢之下。

安有完朔遺留。春秋之世。晉滅國十二。耿霍魏虢虞焦楊韓肥鼓偪陽潞。楚滅國二十一。息絃黄夔鄧權江六蓼鄀邶庸賴陳蔡唐頓胡隨申舒鳩。齊滅國五。潭遂萊紀鄣。秦滅國二。梁滑。是不一而足矣。即小如鄭衛宋魯。吳越莒邾。亦齊滅一國。而魯亦嘗滅項。要俱異於周公之相武王。伐紂而滅。助紂為惡者之五十國也。後世則自秦滅六國。晉滅三國。以至更四朝而反隋唐。歷五代而及宋元。其滅人國者亦多矣。而元則尤甚。芟夷斬伐。如草木然。雖歷五十載。而誅伽無已。

驅虎豹犀象而遠之

衛人謂衛懿公使鶴禦狄。忿恨之語也。優旃請漢武帝使麋觸寇。滑稽之談也。寸人豆馬蟻可成兵淳于髡之幻夢也。流血伏尸蝸亦爭國莊子之寓言也。乃後世真有棄人用獸如孫武係火豚於野。豕。殷浩縛火繩於犀雞。楚子以燧象奔吳。師。田單以火牛突燕衆。梁人驅象以禦周軍。乾陀蓄象以為戰鬭者。然林邑之象。宗慤飾以假獅而返。奔。南漢之象。潘美射以強弩而却走。而光武昆陽之戰。虎豹亦為股栗。則猛獸又安足用哉。故周公驅虎豹犀象而遠之。

春秋天子之事也

莊周曰。春秋經世先王之志也。王通曰。春秋。王道之權衡繩墨也。胡安國曰。春秋。外史傳心之要典也。邵子曰春秋。盡性之書。亦孔子之刑書也。程子曰春秋聖人之用。猶法律之有斷例也。而要其本天德以行王法者。皆天子之事也。故賵歸仲子。則王不稱天。錫桓公則軍亦書名。齊桓不予專地而封。楚莊不予專殺而討。

處士橫議

戰國遊說之士旣多。遂馳致有坑儒之禍。東漢淸議之士旣盛。遂漸致有黨人之誅。此處士橫議之所爲流弊也。故虞翼不重聲名之士。謂此輩宜束之高閣以俟太平。李振深疾縉紳之士。謂此輩宜投之黃河。使爲濁流。則士亦當知自處之道矣。

劉安世謂公議卽在天道。未嘗一日亡。眞德秀謂公議本在人心。萬世猶一日。故熙甯之世以新法爲不可行者。公議也。雖以王安石之復諫逆非。而不能遏士大夫之口。紹興之際以和好爲不足恃者。公議也。雖以秦檜擅權專殺。而不能弭士君子之論。宋理宗時。以史嵩之援例起復。太學生黃愷伯等百四十人上書切諫。而不憚削逐之辱。明嘉靖初。以興獻王追稱考。翰林院楊愼等二百八十人。伏闕痛哭。而不畏杖謫之罪。此皆公議之所激也。若夫東漢黨人之私議。詆訕朝廷。明季妖書之竑議。覂危宮禁者。則類於處士之橫議矣。

天下之言不歸楊則歸墨

宋徽宗惑於道教。而貶沙門之說。元世祖惑於沙門。而焚道教之書。齊文宣敕道士以盡爲沙門。唐太宗廢浮屠而復祖老子。是皆入主出奴之弊也。亦猶天下之言。不歸楊則歸墨。

聖人復起必從吾言矣

魏司馬朗復井田之議。至易代而後行。元虞集東京水利之策。至異世而見用。故曰聖人復起。

不易吾言。又可與有王者者起。必來取法。參看。

周公兼夷狄

後唐潞王遣趙德鈞禦契丹。德鈞叛唐。而求契丹立己。于是潞王焚而唐鼎遷。後晉出帝遣道重威與契丹。重威叛晉。而求契丹立己。於是出帝虜而晉社危。周太宗以樞密使為漢禦契丹。至境而倒戈以入。於是乎漢亡。宋太祖以都點檢為周禦契丹。出門而返旆以趨。於是乎周衰。而周公之相武王。以兼夷狄者。則必無慮此。

孔子成春秋而亂臣賊子懼

春秋以道名分而警亂賊之惡。尤其大者書華督陳恒。則亂臣著矣。是不特趙盾之為弒君也。而後世之王莽司馬昭亦然。書莒僕商臣。則賊子顯矣。是不特許止之為弒父也。而後世之劉劭隋楊廣亦然。故崔杼因妻而弒立。惡名為南史所書。甯殖囑子以復君。惡名在諸侯之籍。此可見春秋成而亂臣賊子懼。然慶封雖戮。而楚圍已彌彰其弒名。劉璟雖誅。而燕棣終難逃个篡字。

晉惠公殺里克。衛獻公殺甯喜。隋高祖殺盧賁鄭譯。宋武帝殺傅亮謝晦。與叔孫昭子之戮豎牛。陳桓公殺石厚。楚靈王殺慶封。石勒殺索綝。唐武宗殺郭誼。即漢高祖之斬丁公。此先儒有謂春秋之法明。則亂臣賊子。舉天下而無所容其身。故懼也。是亂臣賊子懼其身之不容。尤甚於懼其名之難掩。

距楊墨放淫辭

守睢陽以守江淮。唐之天下可中興。故不得以徒死誚張巡。則伯諸侯而攘夷狄。周之天下可一匡。又豈得以又相譏管仲。斥佛老而排異端。聖人之緒可不墜。故不得以致誚朝韓愈。則距楊墨以息邪說。孔子之道可大明。又豈得以好辯稱孟子。

能言距楊墨者　節

傅奕諫受佛戒。韓愈奏燒佛骨。桓譚極非讖書。鄭興不為讖學。此即距楊墨之類。

陳仲子　節

其嗟可去。其謝可食。而齊餓者終不屑於粥也。畫亦求之。以死誰懟。而介子推終不言其祿也。宦遊而歸。不食三日。靈輒之未遇趙盾也。君子於行。三日不食。叔孫見困於豎牛也。而仲子之居於陵。三日不食。其事自别。

匍匐往將食之

赤子無知。匍匐入井。凡民有喪。匍匐往救。周后稷匍匐以就口食。生有岐嶷之稱。楚靈王匍匐而入棘圍。死至飢餓之辱。而仲子之匍匐往食者。其情事自異。

彼身織屨妻辟纑

高人何點躡屩於鍾阿。未知仲子一生。亦着得幾兩屐。處士桃椎置屨於道左。可知仲子一日亦博得兩餐糧。梁邑女與楚邑女。爭桑釀釁。而知仲子之妻則獨湎東門之紵。徐吳氏與李吳氏合燭共績。亦知仲子之妻。乃無分東壁之明。故曰身織屨妻辟纑。老萊避世。妻願同居。北郭辭榮。妻能偕隱。陳通之妻。載任器而相隨。祝牧之妻。作琴歌而互答。峴山龐老夫婦耕耘。石戶人。夫妻負戴。此亦織屨辟纑之風也。城王霸羞慙。而妻勉其少修清節。王章涕泣。而妻責其不自激昂。

以兄之祿　六句

叔肹織屨而食。不義宣公之爲。季札築室而耕。願附子臧之節。出奔陳國。公弟辰惡宋景之寵向魋。終託木門。公子鱄怨衛獻之殺甯喜。楚后莊不待母。諸梁不正視乎終身。齊商人之弑君子元。[illegible]相呼夫已氏。此皆不義其兄者。王安國之不義其兄安石。曾肇之不義其兄布。亦然。

辟兄離母

鄭莊公絕其母。潁考叔諷之。而母子如初。秦始皇遷其母。茅焦諫之。而母始復。故張猗棄母踰城。而王莽數其不孝。是爲得法。李彥珣射母。漢賊。而晉高祖赦其大辟。是爲失刑。此仲子之離母。所以不得爲廉。吳起嚙臂盟母。溫嶠絕裾去母。亦然。梁冀夫婦。對街爲宅。謝瞻兄弟。以籬隔門。蔡京與父各立門。戶。鄭譯與母。分別居處。此亦出妻屏子避兄離母之類。

處於於陵

閻伯詩四書釋地云。顧野王輿地志。齊城有長白山。陳仲子夫妻所隱處。道元水經注。漁子溝水南出長白山東入石泉山即陳仲子夫妻之所隱也又唐張説石泉驛詩目下自注於陵仲子宅漢於陵故城。章懷太子言曰。在今淄州長山縣南。與道佑通典正合張説詩云。長白臨江山於陵入濟東。我行弔遺跡感嘆石泉空。石泉非孟子所謂井者耶。江即繡江。發源長白山南今章邱縣消河是。計於陵仲子家。離其母所居。幾二百里矣。百詩之説。援引精詳。再閲之如身歷其境。可想見古人。蹤跡流風也。故録之以為居於陵之証。

己頻顣曰

叔齊天倫自重與兄偕行。介推官禄不言。與母偕隱。是異於仲子之辟兄離母。靈輒遊宦而歸。舍橐肉遺母。初不知其母之存亡。鄭均為傭而歸。以錢帛與兄。終能感其兄為廉潔。是異於仲子之歸家頻顣

茂名譚義燕山纂輯

南海符耀龍彥彬
南海潘乃成子康
茂名梁應奎星垣編次校刊
三水梁鴻慶楚生
南海符仕龍際唐

離婁上

師曠之聽　三句

伶倫斷嶰谷之管鳩州辨無射之鐘司馬遷初作律書能知律生聲而鐘生律劉歆典領鐘律亦明三統而通三正此皆以律正音也然其後如隋之萬寶常自叩食器以定律而鄭譯讞之鄭譯請制水尺以定律而何妥又沮之唐張文收依斷竹為律至啞鐘皆應而魏延陵乃以為不合周王朴以秬黍校尺為黃鐘之管而宋蓺祖又嫌其過高以及荀最校律以御府銅斛而和峴又以西京玉尺李照累律以縱黍為度而胡瑗又以橫黍為度可見雖有鐘律而後世尤難定其尺寸以正五音矣況不以六律乎故曰師曠之聰不能正五音

徒善不足以為政　二句

齊宣王不忍殺牛而境內不治梁武帝涕泣斷囚而江南六亂此徒善不足以為政也徐僨宋

襄之仁義亦然王安石假周禮以紛更而民生日蹙蔡京藉神宗以紹述而夷虜交侵此徒法不能以自行也商鞅蘇威之教令亦然

不愆不忘率由舊章

夏有典則貽厥子孫商曰成憲監于先王魯用田賦仲尼曰自有周公之典在晉鑄刑鼎仲尼曰將守唐叔之法度此皆所謂舊章也是以漢循高祖之法則治唐變太宗之制則亂故曰不愆不忘率由舊章

貨財不聚非國之害也

元世祖以宋府庫物置殿廷召剌后觀之而問其所欲后曰宋人貯蓄以遺子孫其子孫不能守我又何忍取之此以見府庫之非其財也明諸將克元都俘寶玉至馬后謂太祖曰元人有是而不能守意者帝王自有寶歟此以見珠玉之非所寶也故曰貨財不聚非國之害也

上無禮下無學　四句

置五經博士北魏之所以興也廣三舍生員大唐之所以盛也秦棄禮義焚詩書而陳勝吳廣之奮呼即召咸陽之火宋廢春秋禁道學而宋江楊太之餘孽揚崖海之波晉穆帝罷遣太學生徒遂至羌羯五胡迭亂中國明熹宗詔毀天下書院卒至張李二賊傾覆神州故曰上無禮下無學賊民興喪無日矣

天之方蹶無然泄泄

嫠婦憂宗周之傾，室女憂王子之幼，雖近杞人之過慮，實異溺人之必笑。是匹婦尚知天蹶而況當國者乎？乃若秦軍將使人請事，竟留司馬門三日不得見；趙冠軍發兵救趙，乃屯安陽縣四十六日而不進；陳邊將上書告急，至積御床上三十六封全未開；宋襄陽城被寇，時歷三五年，而人君不知；明李建泰出師，日行三十里而軍旅即止。故會見銅駝在荆棘，而華林園但問蝦蟆；誰云金虜過江淮，而賈秋壑猶聞蟋蟀。此真如燕雀治堂，不知大厦之將焚也。是泄泄者為之也。趙高、虞世基之諱盜，黃潛善、秦檜之主和，熊文燦、楊鶴之縱賊，皆然。故曰無然泄泄。

名之曰幽厲　三句

自古謚法未興，如堯舜禹湯皆是名非謚。至周公始制為謚，而後善者謚善名，惡者謚惡名。幽厲之名固惡名也，然亦必出自盈廷之公評，蓋棺之定論。故楚王自請為靈若厲，而羣臣必名之曰共；曹操欲效文王，而其子乃名之以武。至若衛靈公卜葬，掘地得石槨有銘，已默定靈謚；魏明帝有司奏請帝制作興治，宜號為烈祖。此則既生而前定，未死而預請者也，亦名之之異矣。崔杼惡名為太史所書，甯殖愧名在諸侯之策，斐豹求焚丹書，賈充憂惡謚，此以見惡名之可懼。故曰名之曰幽厲，雖孝子慈孫百世不能改也。雖有如許敬宗始謚為繆而改曰恭，陳執中始謚為靈而改曰恭，錢惟演始謚文僖，有為之申理而改曰思，唐高祖以隋張衡死非其罪而改謚曰忠，然其初名之惡固已人知之矣。

殷鑒不遠　二句

以近事爲鑒。則其言易入。楚申叔豫之子南戒蓮子馮是也。告君亦然。樊噲諫高帝曰。獨不見趙高之事乎。袁盎諫文帝曰。獨不見人彘乎。故曰。殷鑒不遠。在夏后之世也。

國之所以廢興存亡者亦然

亡夏者桀。乃殺豪傑。而桀即在其身。亡秦者胡。乃伐羌胡。而胡竟在其子。女主有天下。乃殺李君羨。而武氏已入宮中。檢點作天子。乃去張永德。而匡胤竟在殿前。秦苻生以大魚化龍之謠而殺太師魚遵。乃竟應於苻堅之弑。立齊高帝以金翅食龍之夢。而殺劉氏宗室。乃至驗於蕭鸞之虐。刑。此廢興存亡之所以皆由於天也。

爲政不難不得罪於巨室

巨室兼宗室外戚。殷周之伊巫尹姞。漢晉之霍衛王謝是也。魯之三桓。鄭之七穆。晉之六卿。秦之四貴。亦然。其力足以制人主。其勢可以結人心。喜怒係草野之從違。視聽達朝廷之耳目。是以平王貳虢公林父。遂至鄭伯之怨。而周鄭交惡。匡王叛王孫蘇。使助周公之訟。而王室不平。魯昭公欲伐季。氏。而辱于乾侯。魏曹髦憤討司馬昭。而隕于南闕。此麥邱老人所以祝齊桓公先無得罪于群臣。而後及百姓也。故曰爲政不難。不得罪于巨室。子產不結怨良駟。所以能爲政於鄭。賈誼不深交絳灌。所以不得志于漢。謝安用諸桓。各分處以大州。而彼此無怨。庾亮徵蘇峻。不許乞一荒郡。而社稷幾危。商鞅措擊貴近。而公子虔杜門不出。韓宏處置得。宜。而王承宗斂手。效。順則巨室之得罪不得罪。亦在爲政者之所爲耳。

涕出而女於吳

闕公不以女許孫。權。虎女不肯配犬子。也。蕭咸不以女許董。賢。家人子不欲壻三公。也。盧義僖不以女許李神。軌。一女不肯易眾男。也。王述不以女許桓溫之。子。少女不肯妻老兵。也。乃王商爲王鳳所。中。而納女于後。宮。賈充爲任愷所。排。而納女于太。子。此則商女求售之術。矣。至若漢高祖以長公主妻匈奴。元帝以王昭君賜呼韓。邪。唐太宗以文成公主嫁吐蕃。以及烏孫公。主。琵琶遮昆彌之。音。冒頓閼氏。巾幗遺東胡之。敵。送愛女于袁。術。呂布則馬上自。馱。許豐氏于楚國。子產則國中有。備。是皆齊景公涕出女吳之類。閎夭進妹于商。紂。以贖君。罪。告項納女弟于武承。嗣。以救父。死。盧蒲嫳通妻于慶。封。以亡國。賊。李園進女弟于黃。歇。以殺權。臣。西子入。吳。而夫差失。霸。貂蟬許。布。而董卓隕。身。此又于景公于吳之外。別有英雄之妙用。也。是蓋以衽席爲戰場。以脂粉爲甲。胄。以盼睞爲戈。矛。以嚬笑爲弓矢。女戎之收。效。固有勝于男將之立功。者。則景公之女吳。轂與勾踐之事吳異。

安其危而利其菑　二句

王安石三不足之。說。曰天變不足畏。祖宗不足法。人言不足恤。是真無所忌憚者。也。而神宗反惑之而不以爲。非。馬廷鸞三不知之。說。曰天下安危。人主不知。國家利害。群臣不知。軍前勝負。列閫不知。是真可爲痛哭者。也。而度宗乃忽之而不以爲。戒。此皆安危利菑樂亡之。道。故賈誼以為如厝火積薪之下。未可以為安。李絳以為正宵衣旰食之時。非可以為樂。

樂其所以亡者

齊閔王出亡而猶以為賢。靖郭君出亡。而猶以不知其豪暴。秦二世之宦者早知有閻樂之難。而至望夷以從。二世曰何不早言。曰使臣言死久矣。陳轅頗之族。入預知其有國人之逐。而具醴脯以從。轅頗曰。何不早諫。曰諫則懼先行。此所謂樂其所以亡而不仁者之不可與言也。故楚昭王能知其所以亡。而終得反國。

自作孽不可活

商鞅之治秦也。恐人窩藏盜賊。禁客留宿。及其敗竄出境。求宿于人。人不許。曰吾商君之法。非秦國人。毋舍外客。章惇之貶蘇軾也。誣以强奪民居。追民究治。及其自謫至州。問舍于民。民不可。曰前蘇公來。為將丞相幾破我家。此為法自斃者也。故曰自作孽不可活。

得其心斯得民矣

天下之得失。係乎人心。故人心思。漢一王郎假之而有餘。人心去。漢一孔明扶之而不足。陳項假楚以亡。秦韓劉託宋而擾元。亦然

周之興也。殷民後革。秦之始也。周民東亡。盟向之民。不肯歸鄭。陽樊之民。不肯從晉。上黨之民。不肯入秦。魯國之民。不肯下漢。此以見民心為天下之本。風俗為國家之基。故曰得其心斯得民矣。若夫商鞅之變法。而謂民不可與慮始。董卓之遷都。而謂百姓何足與議。則是咈百姓以

從已欲矣。民心奚由而得哉。

雖欲無王不可得已

少康以有一成一旅而復夏。高祖不階尺土一人而興漢。得民固不在多也。即如唐當中葉以還。祿山犯闕于前。朱泚僭號于後。李希烈李懷光。則觀望交通。回紇吐蕃則伺隙馳騖。其不亡者毫髮間耳。而郭子儀李西平兩公。獨與諸將一心。誅夷醜類。宋迨南渡之後。金虜入寇于南。遼人起釁于北。內則黃潛善秦檜主和以誤國。外則劉豫楊么助虐以侵凌。其不亡者亦呼吸間耳。而韓世忠岳武穆諸公。嘗以弱卒數千。摧挫巨敵。此無他。徒以忠義感激士卒。固結人心。是以終能克復京師。中興江左也。况以天下之大。億兆之眾。守之以道德。用之以仁義。其誰能敵之。故民心苟得。則民之歸仁。諸侯又為之敵矣。曰雖欲無王。不可得已。豈虛語哉。觀湯以七十里而得天下。文王以百里而得天下。益信。

至誠而不動者未之有也

漢光武惟以祖幘迎馬援。而馬援輸其誠款。宋太祖不以卮酒酖劉鋹。而劉鋹深為感服。此誠之動于臣下者也。郭子儀不疑魚朝恩之謀已。而請酒獨往。陸抗不疑羊祜之酖人。而送藥敵營。此誠之動于同官者也。唐田留安不疑山東吏民。而士卒為之竭效。裴度不疑蔡州牙兵。而軍士為之感泣。此誠之動于下民者也。故曰至誠而不動者未之有也。

晉靈公之客鉏麑不忍殺趙盾。感于事君之敬。隗囂之客楊賢不忍殺杜林。感于哭弟之哀。太子承乾之客張師政不忍殺于志寧感于諫君之忠葛從簡之卒以情告富人感于夫婦相敬之和劉千之客不刺劉先主感其待人之不疑劉裕之客不刺司馬楚之感其情意之勤篤至于梁王之客不殺爰盎梁冀之客不殺崔琦楊球之客不殺蔡邕苗劉之客不殺張浚又感于忠邪順逆之際者也此皆誠能動物之類宋均之德可以化虎韓愈之文可以驅鱷亦然

吾聞西伯善養老者

古者帝王養老有四一養三老五更如漢明帝講學辟雍以李躬為三老桓榮為五更周高祖養老于太學以于謹為三老是也一養致仕之老如漢宣帝賜疏廣疏受金歸第宋神宗賜歐陽少師祿終身是也一養庶人之老如有虞養于下庠夏后養于左塾殷人養于西序周人養于虞庠是也一養忠烈者之祖父是也然四者惟養庶老尤難夏之老扶醉而歸薄矣殷之老朝涉而斮脛矣牧犢之鰥夫而雉唱朝飛矣畜狰之愚公而駒被人奪矣年疑絳老終辱泥塗蓧荷丈人自勤手足商山四皓僅從太子以來遊壺關三老未聞漢王之禮遇即或有給衣食賜羊酒予几杖者亦不過一二之小惠耳其能養天下之老者少矣故惟西伯為善養老者聖人養賢以及民是治天下之道也而蕭何養民以至賢則圖天下之計也立楚王後以收人望范增之所以說項羽也延攬英雄務悅民心鄧禹之所以說光武也皆與文王善養者而致天下之歸者其心有公私之別

此所謂率土地而食人肉

虞芮始爭閒田。而終至相讓。此不以土地害人之謂。宋鄭約棄隙地。而卒至相侵。此即率土地食人之謂。

闢草萊任土地者次之

屯田之法。為儲軍餉也。兵法有云。取敵一鍾。可當吾二十鍾。屯田一石。可當轉輸二十石。誠以其無飛芻輓粟之勞。而有墾田積穀之便也。故漢以趙充國之議屯金城。而遂敵先零。魏以棗祇韓浩之請屯許下。而遂併中夏。蜀諸葛亮屯渭濱。以為六出之計。晉羊祜屯襄陽。而有十年之積。唐憲宗時。振武軍亂。以李絳請。命韓重華起代北墾田。後至四千八百餘頃。太和末黨項寇擾。節度使畢諴亦募士開河西營田。因省度支錢數百萬緡。以及元之行省立屯。而地利不滅。於舊明之諸衛分屯。而邊田不遺于荒。此即洪武所謂養兵百萬。不費民間一文也。所以宋歐陽公、范文正公、遼耶律昭。金田琢。皆建此議。互有發明。而邱文莊之大學衍義補。言之更詳。然其事自與闢草萊任土地者。不同。

觀其眸子　三句

許衡謂人心猶印板。不能無差。叔向謂人心如其面。各有不同。然盧杞面藍。而以奸傾唐。丁大全亦面藍。而以奸傾宋。則面同者。心亦不同也。而要之觀其面。不若觀其目。故觀舜之重瞳。知其心仁。觀項羽之重瞳。知其心暴。觀阮籍之白眼。知其心之嫉惡。觀王安石之白眼。知其心之藏奸。至于羊瞳者心狠。豕目者心淫。視下者心憂。視流者心懼。亦皆不能掩其惡矣。故曰觀其睟子。人焉廋哉。

恭儉豈可以聲音笑貌為哉

漢文帝慈仁而恭儉。也。然制度禮樂謙讓未遑。元帝寬而恭儉。也。然賢奸雜。用。賞罰倒。置。唐文宗寬勤而恭儉。也。然受制家奴。優柔不斷。梁武帝孝慈而恭儉也。然惑于老佛。身至敗亡。宋太宗好文而恭儉。也。然賞花曲宴。耽樂是從。故曰恭儉豈可以聲音笑貌為哉

嫂溺援之以手

陳實曰。吾不就獄。衆無所恃。乃詣黃門自為請囚。賈彪曰。吾不西行。大禍不解。乃入洛陽說人使訟。蓋以援黨人之難。也。周伯仁默。受百口之託。以保。王導。而不累于王敦。康對山不惜一身之重以救李崆峒。而自屈于劉。瑾。亦然。此即嫂溺手援之。例。

教者必以正

桓榮陳車馬以勉諸生。曰此稽古之力也。是以力學教諸。生。而劉珫設肉食以勸其子。曰此人君之祿。也。是以干祿教。其子。以及伏滔從宴得旨。自誇作父何。如陳萬年以諂希。榮。乃怒教子不。聽則教子有不盡出于正者。

責善則離。離則不祥莫大焉

薛宣為郡左馮翊。其子惠為彭城令。宣心知其不能。不問以治縣吏事。或問之。曰吏道以法令為師。能不能自有資材。是父不責子也。崔烈入錢得司徒。其子鈞為中郎將。烈心不自安。乃問

以外議云何。其子曰。大人今得三公。論者頗嫌其銅臭。是子反責父也。王悅與王導爭奕。道導笑曰。相與有瓜葛。何得爾耶。是戲責其子也。王坦之勸王述讓尚書。述忿曰。人謂汝勝我。定不及也。是忿責其子也。至于令孫部謂其子愚志顛狂。大必滅我宗。及愚仕進極有名稱。乃謂其父曰。大人謂愚為不慧。今果何如乎。邵告其妻曰。公治性度猶如拗。後果滅族。蔡京與其子攸權勢相軋。各立門戶。一日攸造京。握手診視。遽謂其父曰。大人今脈勢舒緩。得無不安否。京言于客曰。此兒欲誣我以疾耳。尋果罷京。此則父子相夷之惡矣。故又曰責善則離。離則不祥莫大焉。

政不足閒也

兵法用反間者多端。如劉琨散晉人。李靖離可汗。衛瓘疏二虜。是縱諜往返生間也。酈食其說齊。唐儉入突厥。劉琦使曹成墮馬。王陽明言捨命士。是不俟歸報死間也。馮異遺李軼簡。曹操與韓遂書。王守仁發宸濠箋。韋孝寬仿道常筆。是簧鼓篇簡書間也。白起走廉頗。田單眩樂毅。是肆行讒說言間也。百升飛上。不扶自植。盲公老背。是僞為符讖謠間也。漢軍楚聲。項羽卒散。劉琨長嘯。石勒兵解。是離散人心歌間也。賈翊結楊松。胡宗憲交徐海。是指金行賄賂間也。進草具肱增。懸圖像沒仁肇。是詐其使者物間也。郭幹詣周瑜。李達撫境外。是過其里故鄉間也。郭元振通吐蕃。李悉降曆家令。是推誠布恩惠間也。李雄鞭秦。种世衡拷僧。是苦肉驚人威間也。此用兵之得間者。尤為最詳也。是與政不足間者有異。

惟大人為能格君心之非

伊尹三篇告君。太甲終聽阿衡之訓。田千秋一言悟。主漢武乃明天子之冤。漢高帝欲易太子。而周昌爭為不可。高帝之意遂回。宋太宗欲立後宮。而李沆奏為不可。太宗之詔乃寢。故曰惟大人為能格君心之非。邢峙之邪蒿必斥。一食亦杜其微。趙普之薰籠必禁。一器尤謹其小。詔捕鵁鶄。若水嘗還其使。歲貢蚶蛤。孔戣尚疏于朝。亦然。又可與大臣以道事君參者。

有不虞之譽　二句

暴大名不祥。陳母之所以戒子也。諸葛瑾恐其子不能保家。令狐卲憂其子必至滅宗。亦然。止謗莫如自脩。王昶之所以訓子也。文王不隕厥問。周公不失其常。亦然。故修己者不可以有毀譽為憂喜。

有不虞之譽　二句

以左右之毀而屈。以左右之譽而升。魏文侯之于西門豹也。以一人之譽而召。以一人之毀而去。漢文帝之于季布也。若齊威王于即墨阿大夫。唐明皇于寇泚裴耀卿則不然。故用人者不可以有毀譽為進退。

有不虞之譽　二句

以微生高為直。以陳仲子為廉。王衍以盛名處大位。房琯以大言立虛名。樊英名著海內天下傳以為神明。殷浩才名冠世。時人擬之為管葛。故曰有不虞之譽。

有求全之毀

管叔之謗周公。武叔之毀仲尼。陳平貌美而有盜嫂之誣。直不疑同舍有盜金之。毀。第五倫三娶孤女。而有撾婦翁之謗。班超久在西域。而有擁妻子之讒。武安君去咸陽七。里。而應侯之譖己。行。董仲舒左遷膠西。而公孫之嫉忌以快。故曰有求全之毀。

人之易其言也無責耳矣

口生呫。口戕。武王之銘也。摩兜鞬。慎勿言。石人之箴也。惡言不出口。鄧析之語也。善言不離口。孟詵之訓也。耳可得而聞。口不可得而言。馬援之誡其子也。言出于我之口。入于君之耳。劉琦之語孔明也。無易由言。耳屬于垣。太子宜臼所以怨親也。由醉之言。俾出童羖。衛武公之所以悔過也。信不近義。言不可復。言之不怍。為之必難。道聽途說。是棄其德。禦人口給。屢憎于人。謂名不必正。野哉由也。之。言。謂質何以文。惜乎夫子之說。宰我安議湖喪之短。孔子乃責其不仁。陳亢輕論仲尼之賢。子貢乃責其不智。故曰人之易其言也。無責耳矣。

人之患在好為人師

張載見二程。而徹講座。不敢自為師。朱子見蔡元定。而稱老友。不當在弟子。此即如太公之見閎夭散宜生。南宮适三人。而除為師學之禮。約為朋友也。故有子雖然似孔子。而終必避座。呂伯恭非繫籍聖賢。而不敢升座。是眘與好為人師者異。又見可以為師之難。

徒哺啜也

王修齡不索陶胡奴之米。李充不甘鄧將軍之肉。閔仲叔不受猪肝以口腹累邑宰。陶靖節不為斗米作折腰向督郵。宋璟不肯為毛仲食客。張纘不肯對何敬容殘客。此皆不以哺啜者也。不徒哺啜之故。鄙有甚于食嗟來。受呼蹴。其弊必有始。則如商鞅因景監以進見。王維見公主以求官。吳興粥之于石亭。自稱門下士。焦芳之于劉瑾。必稱千歲公。終則如劉歆楊雄之附王莽。荀彧陳群之黨曹操。殷仲文卞範之之媚桓玄。謝臨徐羨之之助劉裕。

不孝有三無後為大

呂不韋獻即鄲妓女而亡秦。春申君進李園女弟而亡楚。司馬立睿而以牛亡晉。劉氏立昱而以李亡宋。此隱以他人為後而絕其世者。賈充取外甥韓謐為子。而賈氏已絕。秦檜取外姪王僖為子。而秦氏遂滅。是即春秋繒子立外孫之禍也。此又顯以他人為後而絕其世者。至若冒稱衛太子者。漢昭帝斬之。冒稱子輿者。光武斬之。而冒稱宣陵孝子者。靈帝則拜為舍人。識者知其已兆易姓之禍矣。故曰不孝有三。無後為大。鄧攸自忍棄子。俗人傷之。陽城終不娶妻。史論非之。郭巨埋兒。君子不許其斬恩絕祀。江伯兒殺子。明祖必罪其傷化滅倫。亦此意也。

離婁下

惠而不知為政

梁商載租穀。城門施賑。豆盧瑑貯囊錢。隨行施匄。此即勾踐之稻舟載脂。巡行救濟之術也。衛嗣君察縣令潄席而賜以莞簟。元仁宗見衛士敝衣而賜以衣幣。亦然。故子產乘輿濟人。孟子謂其惠而不知爲政。雖田單解裘以衣民。齊襄王即嘉之。轉可使國人皆稱君善。而蕭何請苑以業民。漢高帝竟繫之。謂欲令百姓皆聞吾過。子路私給浚溝人之食。夫子乃責其奪君恩。子貢私償贖人過者之錢。夫子且謂其壞公令。

歲十一月徒杠成　二句

晉文之霸也。道路以時平易。陳靈之亡也。川澤絕無舟梁。故薛宣晉觀其子之政。惟在橋梁廨舍之間。孔明治蜀之政。不忽亭驛逵巷觀等處驛傳橋道之完葺。知張希顏之善治萍鄉。舍館隄橋之備修。知景駿明之善宰肥邑。奸民私造渡船。故順天尹李裕乞勅禁之嚴。橋壞覆民租車。故五代史王舟以爲刺史之過。此徒杠與梁之制。所以必成也。若夫西道之橋七十所。而鮮水之軍。如過師枕席之上。揚州之橋二十四。而殿脚之女。盡牽船楊柳之中。則又治邊之器嬉遊之事矣。是不同。

君之視臣如手足　六句

遼太祖以耶律曷魯爲心。以蕭敵魯爲手。是更勝于周之李穆蔡祐爲丞相臂膊。耿豪王勇爲丞相咽項也。故曰君之視臣如手足。宋明帝以休祐爲猪王。以休範爲驢王。是尤甚于孝武之以王元漢爲老傖。劉秀之爲老慳也。故曰君之視臣如犬馬。吳孫皓以黃耇爲侍芝郎。以吳平爲平慮郎。是異于北魏之趙某爲桃弓僕射。郭祚爲黃㽁少師也。故曰君之視臣如土芥。

君之視臣如手足

漢光武與嚴光共卧○嚴光以足加帝腹○而光武不為之驚○明英宗與哈銘同寢○哈銘以手壓帝胸○而英宗且待其醒○是與愛董賢而斷其袖者○邪正有别也○故曰君之視臣如手足○

君之視臣如土芥

秦白起賜死○諸侯酌酒相賀○楚子反既殺○晉文公喜其莫余毒○宋殺檀道濟○魏人無所復憚○齊殺斛律光○周主為赦其境內○唐殺程務挺○突厥宴賀相慶○宋殺岳武穆○金人酌酒相賀○有國者奈何自毀其上柱○壞其長城○以為敵人之幸哉○是無異君之視臣如土芥也○

則臣視君如寇讎

商容執羽籥屏于馬○後欲以伐紂王而不能○遂去隱太行○張良執鐵鎚伏于車旁○欲以擊秦王而不中○遂去歸漢王○此所謂視之如寇讎也○故梁亡矣○而王琳有復仇之志○則書梁王琳○陳亡矣○而叔慎有復仇之志○則書陳叔慎○雖若豫讓欲刺趙襄子而見殺○伍孚欲刺董卓而見殺○施全欲刺秦檜而見殺○其報仇之志○有不得伸而至于死者○然亦千古如生矣○

禮為舊君有服

樂毅奔趙○不忍與伐燕之謀○袁渙拘于呂布○不肯作罵劉之書○以及鄭君不肯斥項籍之名○張天綱不肯供金主為虜○皆有蔡子英思舊主之志也○故袁粲宜列宋室忠臣○梁震自稱前進士○此以見舊君有服○

諫行言聽

魏徵之于太宗既信而後諫者也陸贄之于德宗未信而諫者也然舉明皇天寶之亂而不能
輓敬宗驪山之行舉梁武臺城之亂而不能解憲宗佛骨之惑則諫行言聽者又不多得矣故
秦二世偏信趙高以成望夷之禍隋煬帝偏信虞世基以致彭城之變

去三年不反然後收其田里

廉頗奔魏猶思趙將吳起入楚尚泣西河賈季在狄晉人送其家孥黄權降吳劉主恤其妻子
數歲遂秦士會還晉而從用十年留趙信陵歸魏而遂尊此梁卿遲與陳伯之書所以有云暮
春三月江南草長雜花生樹羣鶯亂飛睹故國之旗鼓感平生於疇昔撫絃登陴豈不愴悢人
之情也將軍獨無情哉伯之得書遂自魏歸梁則知去國之臣未必無懷歸之念其君若不如
漢武帝之待李陵遂已殺妻子而絶其歸路其臣亦必如林不狃之待魯國不忍尊寇仇而伐
其宗邦也故曰去三年不反然後收其田里

又極之於其所往

晉會沙隨以錮欒盈剽路衛人以求孟獲樊于期既亡猶重懸購首之賞蘇子由遠謫吏嚴下
僦舍之條雖其臣之去各有不同要皆爲義極于其所往者孟懿子僞請晉人以陽虎爲中
軍司馬處陽虎之適晉也東魏檄責梁人以侯景爲行臺之類畢懼侯景之用梁也亦是此意

無罪而殺士 四句

文種受屬鏤之賜范蠡遊湖淮陰抱宗室之冤張良解組龍逢誅而終古奔亡比干死而微子

行。通。泄治殺而鄧元去。陳。孫突誅而卞假稱。疾。陳東戮而許翰乞。罷。岳飛殺而韓世宗歸。休。漢武帝多。殺。而公孫賀遂不肯為。相。王莽殺。子。而逢萌恐禍將及。人。此皆以無罪而殺者。總可為大夫士之車鑿。也。故曰。可以去。可以。從。至若孔吏部不肯居朝廷。而白敘中自須檢。點。劉大中罷參知政。事。而趙丞相亦自為去。就。蔡確貶嶺嶠。范純仁恐七十年荊棘路開。吾輩亦不自免。晁仲酌犯罪被竄。范文正恐他日主上手滑。吾輩不能自免。唐武宗初立。欲誅楊嗣復。杜悰謂主上年少茲事不宜手滑。懿宗欲罪宰相。杜悰謂主上新踐祚。豈可遽贊成殺宰相事。亦是此意。

無罪而殺士則大夫可以去

袁紹一日殺二士所以。亡。王敬則一日殺二士所以。敗。孟簡子得三士而管仲。卿。迎。趙簡子殺三士而孔子反。駕。故宋理宗時。太學諸生上書諫史嵩之起復事。被逐。即作捲堂文以辭先聖云。天之將喪斯。文。實係興衰之。運。士亦何負于。國。遽罹斥逐之。辜。祖宗在國。廣學術。才。蒙教育以如天。恨補報之無地。實惟公議。不利小人。今見義而不。為。當行已而有。恥。苟為飽。煖。是貪冒粟之。盍相與提。攜。毋陷秦坑之。禍。觀此則無罪而殺。士。大夫可以去矣。

武王不泄邇

大舜邇言必。察。畢公小物克。勤。文王謹庶獄庶。慎。周公思一話一。言。此不泄邇之謂也。與衛嗣君之察吏人敝席。韓昭侯之愛一嚬一笑。唐宣宗之惜有司紫衣。晉武帝之說生平細事者。有興。

不忘遠

詩曰。不愆不忘。率由舊章。語云前事不忘後事之師。則知遠固不忘也。然如周穆王迹遍九州。秦始皇欲傳萬世。漢武帝務勤遠略。唐太宗自逞雄心。光武賜責寶融書。宜宗處分鄧州事。又非真不忘遠之。道。

其有不合者仰而思之　三句

劉向諫外戚權太。重。漢成帝曰。君且休矣。吾將思之。而終不用其言。蘇軾論青苗錢不善。王安石曰。君言誠有理。當徐思之。而卒不罷其法。此與周公之仰思待旦不同。

詩亡然後春秋作

仲山甫城齊。詩美其保身定國之。功。周平王戍申。詩譏其忘父曬仇之惡。魯僖公為成風伐邾。春秋不予救患之仁。晉平公為悼夫人城杞。春秋不予保小之義。此蓋公私邪正之別也。可見春秋與詩之義不同。

其文則史

晉語羊舌肸習于春秋。楚語申叔時教之春秋。皆在孔子前。即所謂乘與檮杌也。魯之春秋。則韓所觀。見同易象。公羊傳所云。不修春秋者是也。故曰其文則史。但王荊公詆為斷爛朝報。則又不然。至若晏子春秋。呂氏春秋。虞氏春秋。以及十國春秋。十六國春秋等。亦皆襲春秋之名。

而無春秋之義。

可以取可以無取　一章

子貢之貨殖傷廉也。齊宣王之取燕亦然。故伊尹不取一介。孟子不受萬鍾。冉有之與粟。傷惠也。子產之濟人亦然。故周王不與文公隧。孔子不與顏路車。子路之死衛傷勇也。王彥章之殉梁亦然。故管仲不死子糾。顏子不死匡人。

可以取可以無取　九句

孔子借車乘于南宮。而不假車蓋于子夏。故曰可以取可以無取。宰粟戒原思之辭。而釜庾薪冉求之請。故曰可以與可以無與。揮眾以却萊兵。而微服以避桓魋。故曰可以死可以無死。

死傷勇

召忽之死齊。荀息之死晉。晉太子以御者之過言而死。田光以燕太子之過言而死。張胥鄙以既絕之友。不受其所生而死。長兒子魚以已去之君尚思其餘愛而死。此皆傷勇之類。齊車右死及轂之鳴。子猶死越甲之至亦然。

逢蒙學射於羿　四句

王靈智學射于咎君謨。既盡其技。而欲殺君謨。君謨乃以口齧其鏃。紀昌學射于飛衛。既盡其衛。而欲殺飛衛。飛衛乃以棘端搏其矢。此逢蒙之流也。

逢蒙學射於羿至於是殺羿

董卓以臣弑君。呂布亦以子殺父。朱溫以臣弑君。友珪亦以子弑父。安祿山以臣叛君。慶緒亦以子叛父。史思明殺安慶緒。而其子朝義又殺思明。朝義殺史思明。而其將李懷仙又殺朝義。李懷仙殺朝義。而其將朱希彩又殺懷仙。希彩殺懷仙。而其將李懷瑗又殺希彩。亦皆逢蒙殺羿之類。

衛使庾公之斯追之

魯莊公十八年。公追戎于濟西。譏其至境而不能防。僖公二十六年。公追齊于酅。譏其出境而不敢及。此與庾公之斯追子濯孺子異。

夫子曰吾生何謂也

班超願生入玉門關。勾踐祝生渡會稽津。秦穆公濟河焚舟。示必死無復生。淮陰背水為陣。置之死地而後生。此子濯孺子之所以曰吾生。而其僕轉問其謂也。

其取友必端矣

馬援誡子。願其學龍高伯。不願其學杜季良。王昶誡子。願其為徐偉長。不願其為郭伯益。萬闕命其子與陶侃結友。王蘊怒其子與王悅為友。故石碏怒其子厚與州吁遊。是以為惡。韓厥稱其姪起與田蘇遊。是以為賢。此可見取友必端。而子弟亦貴親仁。從行亦當擇善。

今日之事君事也我不敢廢

諸葛瑾事吳聘蜀。惟見弟亮于公朝。梁琛事燕使秦。不敢館兄奕之私室。是使臣之奉公命而

避私情者○亦君事不敢廢之義○

發乘矢而後反

曹操自將擊馬超○與故人韓遂交○馬對語移時○而不及軍事○此反間之計也○徐晃率師伐蜀○與故人關羽馬上遙語生○平○既而終呼捉羽○此公事之義也○是與庾公之斯之發矢而反者○有異○有同○

發乘矢而後反

養由基一矢復○命○誇勝敵也○南霽雲一矢射塔○志報仇也○薛仁貴三矢定天山○平鐵勒也○李存勗三矢告祖廟伐朱梁也○而發乘矢者○異是○

天之高也　五句

顓頊命重黎以司天地○陶唐分仲叔以定歲時○其後宋有子韋○鄭有裨竈○齊有甘公○魏有石氏○以及唐都之推星○五朔之候氣○周文之視日○吳範之占風○是皆可以知天與星辰之高遠者○

天之高也星辰之遠也苟求其故

漢光武夜同故人嚴光臥○太史即奏客星犯帝座○秦苻堅母夜往其子苻融所○太史亦奏后妃星失明不見○漢章帝遣使未到益州○太守郎謂使星分向此州已久○明洪武微行夜宿野店○術士亦謂帝星臨此間○甚○近○是則星辰之○遠○亦可求其故○也○然如熒惑入○斗○梁主自禳下走之讖○而應乃在魏主之西○奔○少微隕○天○戴逵自尅必死之○則○而應乃在謝敷之不○祿○則天之高○也○

又可知而實不可知者

公行子有子之喪　一章

張讓有父喪名士畢與一赴弔而陳寔獨屈己觀臨所以保全善類也和士開有母喪託附皆成往哭泣而丁鄧更自為義孝欲以諂媚權奸也至若朱勔有兄喪陳公輔不許門生往弔杂冀有女喪杜喬不與他人會弔則是嫉惡之嚴矣而孟子之弔公行子有子之喪事自不同

孟子獨不與驩言　孔明南征還諸將出接而孔明獨引費禕同車共語吳祐舉孝廉郡中祖餞祐獨與小吏黃直越墻歡語其與孟子獨不與驩言意相反

王參軍不為殷仲文祖餞趙鼎不與秦檜為禮楊仁辟司徒府掾與宋象章同席之中不交一言韓世忠在政府視事與秦檜一揖之外未嘗共談王墮疾董榮強國如仇每于朝見之時累不與言謝朏知蕭道成欲引己參讚大事故夜召引入之時久不言及此孟子不與驩言之類

是故君子有終身之憂　一節

人非禽獸雖敢為橫逆亦未有不知君子之可愛敬者燕人入齊聞畫邑王蠋之賢下令軍中曰環畫邑三十里毋得入秦人攻齊令于軍曰敢有去柳下季壠五十步樵採者罪死不赦是以黃巾猶下拜鄭康成黃巢終不害皮日休孔孺為聖人之孫田豐敬服柯氏有孝子之婦元徙遼離此可見橫逆之終可化也故曰君子有終身之憂而無一朝之患若夫雖有一朝之患而君子亦不患者則又如伯寮之愬孔子歸之于命臧倉之沮孟子歸之于天朱文公謂偶患之來亦非敵門塞竇所能禦王守仁謂橫逆之至但若瘴癘魑魅之相侵云爾

禹稷當平世三過其門而不入

霍去病曰匈奴未滅無以家為也故辭武帝治第之令晉劉宏曰天子蒙塵敢為御樂哉故却伶人家伎之請李西平曰天子何在敢言家乎故斬朱泚家書之使岳少保曰金虜未滅何以為故辭高宗營第之命此忠臣之國爾忘家者即禹稷三過其門而不入之意徐勉入朝視事經月而後還家于謙當國多艱每窮年不還私第亦然

易地則皆然

司馬德操、諸葛孔明、俱隱于耕稼而仕止殊魏元成、徐洪容、俱隱于黃冠而出處異故曰易地則皆然

今有同室之人闘者救之

熊宜僚弄丸而兩家之難解庚市子毀玉而爭財之闘止呂蒙舞盾而甘凌之闘以分呂布戰戟而袁劉之兵各散此魯仲連解紛排難之義宋鈃禁攻寢兵之道故曰闘者救之

被髮纓冠而往救之

春秋書救二十三救在京師則罪列國子突救衛是也救在荒爾則罪諸侯狄救齊吳救陳是也救在遠國則罪四鄰晉伐楚救江是也救不速殺爵書次以罪其慢叔孫豹次于雍榆是也趙盾之救鄭不及楚師亦然救不敢救貶爵書至以罪其怯齊圍郕公至遇是也魯師之救齊至于旅松亦然以及齊桓公之救衛越二年而後還其國國不免霸者假義之謀秦穆公之救楚

待七日而後發其師亦未得盡行道之道是與被髮纓冠而往救者異矣張巡守睢陽而賀蘭不救○韋彥伯守陝州○而御端不救○張超守雍丘○而袁紹不救○則又如同室而閉戶○知其可知○此亦可與諸侯將謀救趙反正參看

夫子與之遊○

以劉燕子之少賓○而曹子建尚採其春○華○以靈運之空疏○而劉義恭不忘于悟賞○故孟子獨與匡章遊○

不顧父母之養

文王視膳命庖戒原饌以末進○陸賈傳餐約子○必十日而始更○茅容奉母殺雞○而賓客惟供野饌○孔奮養母極膳○而妻子但食蔬菜○則知養親○者○不肯儉其親○也而不顧父母之養者○焉得為孝○

責善朋友之道也

向戌與孟獻子友善○而美寡之尤○必致其讒○叔向與鄭子產友善○而刑書之諫○必致其書○杜少陵與房次律友善○而悲陳陶一詩○不為之隱○韓昌黎與柳宗元友善○而永貞行一作○不為之諱○此亦朋友責善之道也○

責善朋友之道也

漢光武徵東海處士王良為諫議大夫○後病歸復出○過其友人○友人不肯見○曰不有忠言奇謀○

而取大位。何其徑來屑屑不憚煩也。漢順帝聘壺山處士樊英為五官中郎將。英應對無奇策。談者失望。其友張楷謂之曰。子以不貲之身。怒萬乘之主。及其享受爵祿。又不聞救時之術。進退無所據矣。唐高宗徵泰山處士田遊巖為太子洗馬。無所規益。其友韓儼以書責之曰。皇太子春秋鼎盛。聖道未周。足下乃唯唯無一談。悠悠以卒歲。何以塞聖主調護之寄乎。此規過之意也。故責善朋友之道。

曾子居武城

子夏設教魏國。西河之民俗多更。索敞助教涼州。北魏之儒風始振。魏了翁授徒鶴山。蜀人盡知義理之學。趙復講學燕。燕士河朔始知性道之功。此無異曾子之居武城。

曾子居武城

今人稱書院先生為山長。始于宋理宗。景定四年。以何基為婺州教授。兼麗澤書院山長。徐幾為建寧府教授書院山長是也。而書院之最著者。則南唐之白鹿洞書院。宋之石鼓書院。以及應天書院。嶽麓書院。常常聚徒千百人。聚書數千卷也。此外如西京嵩陽書院。賜額于宋太宗至道二年。江寧府茅山書院。賜田于仁宗天聖二年。亦其次者。則曾子居武城為先生。當即是書院之山長。固無異雖籠山色。雷次宗之學館。常青槐市春風。楊伯起之講堂斯燧。

無寓人於我室毀傷其薪木

仲蔚居。處常留滿徑蓬蒿。魏野草堂。手植藥窠竹樹。李德裕平泉莊。裡草木覺其復佳。司馬公

獨樂園中草木任其自然是草木固隱居者之所適也而曾子之室亦必如孔子之杏壇孟子之庭檜尤當勝先生之五柳處士之七松

無寓人於我室毀傷其薪木

孔門之弟子各植異木茂叔之窗前不除緣艸闕里門荆棘自開鮑永會衆而修鄉射之禮弇倫樹枝擅術李時勉罷官而栅國子之門此漢東京之學舍鞠為園蔬而牧皃蕘豎薪刈其下翟酺所以請更修黌誘進後學也故曰無寓人於我室毀傷其薪木是固異乎顧庭槐之婆娑而致歎其生意已盡看城柳之搖落而自慨於人何以堪者

待先生如此其忠且敬也至是非爾所知也

廖扶為北郭先生謁煥常修門人之禮張吾貴多及門學者崔休每設俎豆之筵此即大夫之待先生也故曰如此其忠且敬邊韶好眠弟子致無一事之嘲韓愈進學諸生有不知慮之笑此即左右之議先生也故曰是非爾所知

子思居於衛　一節

李膺以直忤朝廷而不去鈎黨之錮鄧惲以直忤歐陽歙而不去功曹之位此柳下惠之不去士師晏嬰不去崔慶之難而人心以安王允不去李郭之亂而勸君有穪此子思之不去衛冠

王使人瞯夫子　二句

以言取人失之宰予以貌取人失之子羽則言貌固足以見異也然如江左風流惟有謝安當

今模楷無過長孫紹遠伏曼容之手采可方叔夜崔瞻之義表無愧裴瓚李緯美鬚髯即拜刺史褚淵好行步使作宰相唐明皇選官風度要似張九齡宋宗求配人樣如狄詠故曰王使瞯夫子果有以異於人乎

齊人有一妻一妾 一章

雍門鼓瑟何如吳市吹簫元亮叩門不似范蠡吠竇故翳桑餓士舍簞食以遺親齊國饑人嗟路粥而不食此其志與齊人之乞自異至若韓熙載之破履持琴乞食於妓房裴休之披衲持鉢乞食於歌院則是嘗從求富貴利達中來者前實為齊人過去身今又託為人現在身矣

而未嘗有顯者來 二句

僖負羈之妻窺晉公子而識其必反國伯宗之妻窺諸大夫而識其衆不及其夫甯范之妻窺陽處父而識其華而不實侯敏之妻窺其俊臣而識其指日必敗山濤之妻窺嵇阮而識其皆賢潘炎之妻窺杜黃裳而識其必貴皆賢智之婦也是以齊人之妻不見顯者之來而欲瞯其夫之所往

墦間之祭者

墓祭非古也自太甲徂桐乃為廬墓之始武王上畢遂為祭墓之先漢唐而後園陵殿寢儀制孔繁矣故渭北原廟月游衣冠洛陽諸陵時供飯食至開元二十年敕寒食上墓編入五禮以恒恒式後唐莊宗每年寒食出祭謂之破散是以上下成風習為故事五代史所謂寒食野祭

而焚紙錢是也。韓愈豐陵行曰：臣聞神道尚清淨，三代舊制存諸書。墓藏廟祭不可亂。欲言非職知何如，蓋深非之也。然墦間之祭，孟子已言之，則亦忘乎禮者之禮，由來久矣。

與其妻訕其良人　二句

晏子之僕出而御車，自足驕傲，其妻見以為羞而戒之。朱買臣自謂年五十必當富貴，其妻怨不能待而去之，此亦齊人妻妾訕泣之類。

其妻妾不羞也　二句

陸眷為庫獄官咽唾。鄧通為漢帝吮癰。魏元忠為郭元霸嘗便溺。宋之問為張易之捧溺器。武三思為薛懷義御馬。趙履溫為公主挽車。崔公度為相公拭帶。彭遜為太尉捏足。此皆如朝士為和士開嘗黃龍湯之類也。其情更有正于齊乞者，故曰其妻妾不羞也，而不相泣者幾希矣。

萬章上

不傳於賢而傳於子

賓客入宮而生七十男，故姜亡田亦亡。大賈貸國而傳女十載，故周滅而秦先滅。元帝為牛金姦子，是東晉與西晉非一姓。康王為錢鏐後身，是南宋與北宋實兩朝。此與傳賢傳子俱異。

仕則慕君

申鳴棄父而殺賊，父死而亦不受賞。棄疾掩父而從君，父死而終不受官。此亦仕則慕君者，但與不慕父稍異。

不得於君則熱中

桀仲驚滅竈更炊謂不因人之熱而王敬則以帽加帝謂汝及事之熱故曰不得於君則熱中若葉公子高使于齊問孔子曰吾朝受命而夕飲氷我其內熱與則是得君而猶熱矣利害相摩生火甚多衆人焚和莊子之言更可爲熱中者針膏肓而起錮疾

大孝終身慕父母五十而慕者予於大舜見之矣

老萊戲采以娛親慕于生前也丁蘭刻木以像母慕于死後也此之謂大孝終身慕父母若漢高祖之忍于分羹是謂爲天下者不顧家則富有天下足解憂矣温嶠之急于絶裾是謂欲事君者不違盡孝則不得于君必熱中矣故五十而慕非大舜其孰能之

使浚井　三句

衛宣公欲殺其子伋其庶弟告之使行伋曰有無父之國則可也乃終不敢棄父之命而往死于盜手晉獻公將殺世子申生其僕御諷以盍行申生曰天下豈有無父之國哉乃終不忍辨姬之讒而自縊于新城此與舜之浚井而出者異也蓋瞽瞍惑于嚚妻傲子原無必殺之心而舜藉乎雲衣龍工自有可出之道是卽所謂小杖則受大杖則走也故曾子被撞仆地夫子猶責其不孝以受怒父之杖戾太子被讒致死漢武帝終悟其無罪而起思子之臺

然則舜僞喜者與

鄭公叔段之惡公子呂輩勸莊公殺之公曰姑待其多行不義以自及也唐隱太子之變長孫

無忌等勸秦王先決。王曰。欲待其發而後以義討之。此須有殺兄弟之心而伏其機以窺其罪也。則是僞喜者矣。

仁人之於弟也　三句

唐太宗資送公主。反過于長主。代宗立皇子。乃先于皇弟。是與舜之封弟而不傳子異矣。蓋人情之親愛其弟。多不若親愛其子。雖以賢君處之。有所不免。則必如漢文帝封國先弟而後子。明帝謂我子豈得與先帝子比。以及唐元宗與諸王共寢。怡怡申肺腑之情。宋太祖爲太宗親灸。灼灼分手足之痛。乃爲得仁人親愛之意。

封之有庳

漢高祖封劉仲于北代。是以邊鄙棄其兄。明成祖封朱權于南昌。是以偏隅徙其弟。以京城封太叔。鄭莊不免猜疑。以東阿封曹思。魏文尤多忌刻。此皆與舜封象于有庳異。

豈得暴彼民哉

張敖失國。始于貫高。淮南受誅。成于伍被。是使吏治國。亦在得人也。惟如董仲舒爲膠西王相。賈誼爲長沙王太傅。斯無此禍。故曰。豈得暴彼民哉。

欲常常而見之　故源源而來

東平王蒼返國。漢明帝瞻望歎息。久不樂。獨坐。荆王元景之藩。唐太宗送別流涕。恨不常共處。魏明帝以諸王十二載不見。能勿興思。唐明皇以兄弟比歲一朝。見有隔宴。談故享之來朝于晉也迎拜降階如講家人之禮疑之陪從于齊也夜為同輩無為尉司所呵此皆欲常常而見故源源而來者若夫漢文帝賜吳王不朝因博局而致其託病之詐孝武帝賜衡山王不朝因淮南而啟其同反之謀則又非親愛之矣

是二天子矣

隋高祖與獨孤后宮中稱為二聖內外混也唐高宗與武后中外謂之二聖上下亂也前宋廢帝聽讒左右遂諸戴法興為真天子南渡高宗好使路人皆目張邦昌亦一天子此皆二天子之謂故唐鏡殿四照見數天子魏徵亦諷為不祥劉宋公一人生擒數天子晉帝遂甘心相禪

故說詩者不以文害辭　二句

春秋時上下每多通經者如郤缺說九功九歌觀射父說重黎白公子張說之命書也穆姜說元亨利貞子服惠伯說黃裳元吉易也而于詩為尤詳如叔向說昊天有成命單穆公說旱麓左史倚相說懿戒叔孫穆子說鹿鳴之三成鱄說皇矣之雅閔馬父說商那之頌是皆在謨誥訓詁之前能大有功于經學也故曰說詩者不可以文害辭以辭害志

為天子父尊之至也　四句

漢高祖為天下不顧其家而請烹父分羹唐太宗為天下急于成功而欲脅父臣虜此不可謂尊之至養之至者

祇載見瞽瞍

唐肅宗迎太上皇還西京。以嫌疑而多發猜防。宋欽宗迎太上皇至京師。以疑間而欲廢卓駕。是疑于父不得爲子矣。又如漢高祖五日一朝上皇。而置酒未央宮。乃自誇多其兄。唐太宗七年始朝上皇。而置酒未央宮。乃自欲掩其父。肅宗制于小人。即位六年。而後朝上皇于西內。感李唐之說也。宋光宗制于悍后。即位三年。而後朝壽皇于重華宮。猶廷臣迫之諫也。亦皆非祗載見之誠矣。

天子不能以天下與人

成湯三讓而後稱王。漢文五讓而後稱帝。此三以天下讓之意也。晉約吳人去王名。漢諭粵尉去帝號。此民無二王之意也。故魯仲連不肯稱秦帝。趙武靈不肯自稱王。亦知此義。至若春秋齊欲尊王于魯。戰國秦欲使毅帝于齊。又是可笑事。帝王之名。豈容一人私與之。又豈容一人私受之。則其久假甚矣。此以見天子不能以天下與人。

天子不能以天下與人

燕王噲以國讓其相子之。而致國大亂。蜀望帝以國讓其臣鼈靈。而思歸不得。此不義而欲爲堯舜之禪讓。即佛氏所謂學我者病。似我者死也。至如漢哀帝欲以天下與董賢。而自法唐堯。唐中宗欲以天下與韋元貞。而何惜侍中。兀朮使劉豫爲天子。而自收其利。明武宗任劉瑾取天下。而不誅其心。雖其事終不成。而亦皆不知天子不能以天下與人之義。

天與之者諄諄然命之乎

堯遊河渚，星精告瑞；禹處元宮，神人降福；周武未戰，而赤烏銜書；漢高未兆，而神母告符；孝宣側微，字成木葉；光武布衣，名勒圖讖；以及烏鳴似語，蝸跡成文，萬歲山呼，六王川應，桃李歌而唐祖以興，鵝毅謠而齊宣以立，鄆王應拔暈之言，蕭銑兆起梁之號，是皆天之所命，假人物以示之，非有言語之聲、芬芳之臭可得而聞也，豈果諄諄命之乎？又或出於紀事者之僞託妄增，尤不可誤信而闇于也。故劉歆改名以應秀，終致覆亡；袁術僭命于當塗，卒歸消滅；魯宗之自謂姓爲魚，登日妄作輔帝之文；劉昉自云姓是卯金刀，僭擬應王之論，此又不知天與之者之爲帝王自有真也。

而居堯之宮，逼堯之子

漢靈帝時，有人白衣入德陽門，言梁伯夏教我上殿爲天子。成帝時，有男子王褒絳衣入宮殿，曰天帝令我居此。唐睿宗時，有狂人段萬謙潛入承天門，登太極，升御床，自稱天子。宋高宗時，有狂人具衣冠，執香爐，攜絳囊，拜于行宮門外，自言天遣我爲官家。凡此類于居堯之宮、逼堯之子者。

天與子，則與子

宋宣公傳弟而不與其子，遂貽華氏之災；吳諸樊傳弟而不與其子，終致吳光之亂；宋太祖傳弟光義而不與其子，竟令德芳自縊；後蜀李雄傳任李班而不與其子，卒使李越弑君。故曰天與子則與子。

吾君之子也

妖書傳魚腹詐立扶蘇男子乘犢車偽稱衛據王郎原是卜者乃敢號成帝真子劉子輿盧芳本係邊人乃自稱武帝曾孫劉文伯以及漢之小民相聚為宣陵孝子宋之狂人自稱為太上皇孫南渡後又有詐稱徐王棣者詐稱信王榛者詐稱趙王偲次子者詐稱淵聖第三子者是皆非所謂吾君之子也而前明弘光時王之明一事則更為妖妄矣

施澤於民未久

子產治鄭三年之前刺輿薑尾而三年後則有誰嗣之歌孔子治魯三月之前謗起麛裘而三月後則有袞裘之誦此即施澤久未久之別

其子之賢不肖皆天也

後趙太子邃以官家難稱欲行弒父事石虎殺之謂羣臣曰吾欲以純灰滌其腸何為專生大惡子前宋太子業以病人多鬼不往問母疾太后大怒謂侍者曰汝們取刀來割吾腹那得竟生寧馨兒此不肖之子正肖惡父不可謂之天也若賢不肖之皆天者則如衛宣公丞齊姜而生伋子晉武公丞齊姜而生申生以晉賈梁道之忠貞而有賈充以宋顏延之之康潔而有顏竣

非人之所能為也

秦始皇以東南有天子氣欲東巡以厭之而不知真人已起于芒碭之間唐明皇以祿山有異

人相使同坐以厭之而不知胡冠即伏宮庭之內漢獻帝初四星會于箕尾韓馥欲立幽州劉虞為帝以應之而終不能成功唐咸通中四星聚于畢昴懿宗詔鎮州王景崇被袞冕軍府稱臣以厭之而卒無以弭變此可見王者之興實天與之而非人之所能為也

莫之為而為者天也　二句

有石涌于張掖其文曰大討曹此天意也越一紀而曹魏果亡有石隕于東郡或刻曰始皇死此人心也越明年而祖龍亦崩皆可見莫之為而為者天莫之致而至者命

伊尹放之於桐三年　六句

伊尹之放太甲也固非同司馬之廢曹主為邵陵公桓温之廢晉主為海西公亦不同原繁之事子儀而不召鄭厲公元咺之奉武叔而不召衛成公其復太甲也既非等呂子金之謀歸晉侯斷養卒之計返趙王亦不等許龍之矯太后命以詐迎海西徐有貞之乘景泰疾以翅復英宗

一介不以取諸人

晉陶侃之母封還魚鮓遺書訓侃曰汝為漁官勿以官物為吾憂也明鄺埜之父還封紅褐與書責埜曰汝掌刑名乃以不義之物汚我乎此亦一介不取之意

其自任以天下之重如此

陶侃劉琨以興晉為己任習勤勵進其志誠矣乃侃受詆于庾亮琨見奪于段匹磾而功不克

就顏真卿鄭畋亦以復唐為己任倡義討賊其志壯矣乃真卿權移於賀蘭進明畋見襲于李昌言而功終不成故有才志者亦必得君之專與人之助而後可任天下之重也則伊尹之自任以代夏救民者誠不可及

歸潔其身而已矣

宋之末也陳寅趙昂發皆同死國難然昂發遣其子別其兄弟以為宗祀之託而寅則與其子姓及其賓客共遭賊虜之酷汪立信李芾亦同殉臣節然立信以妻子託愛將金明獲免芾則以妻子屬帳下沈忠而盡殺豈同芾之智不及昂發立信耶昂發立信之被賊也緩緩則可以從容而定計寅芾之被賊也急急則惟是倉卒而捐軀故曰歸潔其身而已矣何必同

齊東野人之語也

唐僖宗紀年改廣明之號論者謂唐字去君而存黃以為廣故後竟致黃巢之亂宋徽宗言中華被金猾之教論者謂女真起夷狄而建號大金故後終有金人之禍唐開元間薛謙光進武后鼎銘云上天降監方建隆基即為元宗受命之符蓋以元宗本名實稱隆基也元至順間司徒香山言陶弘景胡笳曲云負扆飛天歷終是甲辰君即為文宗得位之讖蓋以文宗紀年初號天歷也此皆好事者為之也故又曰齊東野人之語

彌子之妻與子路之妻兄弟也

自古娥皇女英同嬪歷山之子南宮公冶並婚孔氏之門以至許穆夫人宋桓夫人同母于衛

邢侯之妻。譚公之妻共姨于齊。隗以叔季而分。趙姬聯袂。喬因大小而判。瑜策同衾。此彌子之妻與子路之妻兄弟也之類。

苻承祖之姨楊氏。不受其姊財物。嘗曰。姊雖有一時之榮。不若妹有無憂之樂。承祖後果至于敗。狄梁公之姨盧氏。不願其子求富貴。且曰。姨止有一子。不欲令事女主。梁公遂大以為慙。觀此則知子路之妻。亦必不諂付彌子之妻矣。

彌子謂子路曰　三句

大夫有射雉之才。賈妻因而言笑。此子路之妻也。駙馬因賭槊之勝。公主與之同車。此彌子之妻也。若夫韋皋未貴。岳族見輕。趙琮及第。妻黨同席。此則彌子之所以驕語子路而欲孔子主之也。然賈逵穿妻兄之袴。雖人稱曠達。而陳無己不着外戚之衣。實自守清廉。以子路之行行氣節。是必為陳無己而不為賈逵者。

得之不得曰有命

商鞅因景監而見知。長卿以楊意而遇主。張禹媚于石顯。孔光附于董賢。藺相如獲荐于繆賢。田生求事于張卿。史皆以為譏。故孔子不欲主于彌子瑕。若夫陳平以魏無知而得進。馬周以常何而見知。是以百里荐由禽息。孫叔荐自虞邱。同者則亦得之為有命也。

得之不得曰有命

命薄之士。不足以成功名。數奇之人。不可以當大任。李勣選將。必擇奇龐福艾之流。錢鏐用人必取清俊福厚之輩焉唐以年老而不逢漢主賈誼以年少而亦屈長沙仕宦尤須命運好宦缺必先憶華元保科第亦關流品姓音惡乃不中桑維翰故得之不得曰有命

晉人以垂棘之璧　三句

魯不假道于衛而季孫有東門之屏楚不假道于宋而申舟被華氏之誅是假道固禮也然秦欲伐蜀先遺金牛美女以開道智伯滅叔繇先遺大鐘方車以取道此是即垂棘屈產之計也又如慶蒙通夜郎之道以取南粵班超通葱嶺之道以伐龜茲以及慕容延釗假江陵之道以伐荆南而并襄江陵則伐虢滅虞者多矣豈獨吳協魏以破蜀蜀破而魏遂伐吳宋助元以滅金金滅而元復取宋哉

宮之奇諫百里奚不諫

漢公孫弘與汲黯約議進說乃至上前而弘反背約以順其旨周賀若弼與王軌相約陳說及軌既言而弼乃反覆不承其事唐李林甫與張九齡約同入諫及九齡極論而林甫乃抑默且漏其言此小人詐偽之情也與宮之奇諫百里奚不諫者異

不可諫而不諫　二句

晏子知齊之將衰因聘晉而與叔向言之郝暑知燕之將亡因聘秦而與王猛言之此即百里奚知虞公之將亡也然安祿山之犯闕也明皇西蜀之奔父老郭從謹早知其致此而欲言不得宇文化及之弒君也煬帝江都之行員外郎邵懷道預知其不可而力阻不從故曰知其不

可諫而不諫○可謂不智乎○又可與不仁不可與言條參看○

知穆公之可與有行也而相之

齊威王料章子不背齊○唐太宗料尉遲恭不叛唐○孫策料太史慈必歸吳○此國君之知臣也○韓信識項羽無成而歸漢○李衛公識世民必王而歸唐○王猛知桓溫必敗而仕秦○此則臣之知君也○故百里奚時舉于秦○知穆公之可與有行而相之○

故聞伯夷之風者頑夫廉

蔡光體貌尊嚴○而劉整過坐○不安紛殺○李僧伽修整篤業○而袁粲德入門○必滅僕從○許劭月旦品評○能滅袁紹之輿服○李德林風節○孫騤能去崔湛之車從○毛玠典選○則貴臣守度○軍吏徒行○楊綰入相○則中丞毀第宅○京兆減騶從○故曰聞伯夷之風者○頑夫廉○

孔子之謂集大成

王祐奏三公請去太號○張說學士辭加大名○此以見大之所為匪輕也○老子為道家博大真人○白樂天為詩闡廣大教主○要總不若孔子大成至聖之稱○實高於漢平帝之追謚為褒成宣尼父○後魏太和謚曰文聖尼父○唐貞觀之升為先聖○又尊為宣父○武后天授元年○加隆道公○明皇開元廿七年○謚文宣王○宋祥符元年○謚元聖文宣王○五年○又改謚至聖也○蓋孔子德超羣聖道冠生民○雖不愧帝王之○尊而實未有公侯之○貴固不必藉區區之爵號為榮也○故曰○孔子之謂集大成○

諸侯惡其害己也　二句

王子相以典籍奔楚。而楚國遂能誦訓典。總稱藏書籍出海。而海外遂多有異人。魯國被火。叔孫命出禮御之書。楚昭出奔。蒙穀竊負雞次之典。則籍之所係重也。故諸侯惡其害己而去之。

然而軻也　二句

秦始皇欲傳世萬代。無有窮期。故焚詩書以愚黔首。梁元帝謂讀書萬卷。猶有今日。故焚圖書而降魏師。是此之諸侯皆去其籍為更。甚。則文武之政。布在方策者。盡灰燼矣。文武之道。識在賢人者。皆墜地矣。然如杜元凱購書數十車。囑其子按錄受之。別置一宅中。勿復借書與人。李承休聚書二萬餘卷。誡子孫有來讀者。即別院供饌。不許將書出門。則又未嘗無孔壁之藏。汲冢之匿也。故曰軻也嘗聞其畧。

君一位

夷王下堂見諸侯。周之所以衰。明皇升殿引胡兒。唐之所由亂。魯昭欲受齊社。久居。子家諫曰。失國而以干社為臣。誰人肯與為君。晉元帝欲援王導同座。王導辭曰。若太陽下同萬物蒼生何由仰照。蔡許為楚王棄軍。即不列諸侯之會。邾子與父兄雜坐。終致失位之危。此以見君位之重也。故曰君一位。

樂正裘牧仲　三句

孟嘗之客三千。但著馮煖之焚券。平原之士十九。僅聞毛遂之定盟。此獻子五友。孟子所以止知樂正裘牧仲也田横二客有殉死之風而史冊不傳其名魯國兩生有却召之節而世俗不知其姓故曰其三人則予忘之矣民獻十夫作者七人亦然然孟子自異於許敬宗之屢忘故又師丹之老忘前語者

其三人則予忘之矣

人有聰明强記過目不忘者不特學問爲然即人事亦有之如應奉見造車匠于彭城相門內隔越二十餘年遇匠而猶識其人楊愔遇騎驢客于元思子坊前後與選二十餘數見客而猶記其姓潘纏賦飢民六百餘人一識名氏分别無差盧巡視雒陽數萬戸一問姓名後無不識是真異乎籍談之數典忘祖魯人之徙宅忘妻矣至若許敬宗見人多忘人或請其不聰敬宗曰君輩自難識若何劉沈謝輩即暗中摸索亦可得也此雖强詞亦有微理而孟子所忘歟子之友三人者則又異是

殺越人于貨

衛莊公奔己氏謂己氏曰活我吾與汝璧己氏曰殺汝璧將焉往遂殺之而取其璧武陵王渡江臨謂江陵人曰渡我吾與汝金江陵人曰殺汝金其焉逃遂殺之而取其金二事相同是與漁父辭伍子胥之劍者大異矣此殺越人于貨之類

夫謂非其有而取之者盜也

穀梁傳春秋有三盜微殺大夫之謂盜如哀公十二年盜殺陳夏區夫是也避中國之正道以

竊利之謂盜，如哀公四年盜殺蔡申侯是也。而非所取而取之之謂盜者，則如定公八年陽貨取寶玉大弓是也。故諸侯之取非其有者，即謂之盜。

孔子先簿正祭器，不以四方之食供簿正

書大傳載夏成五服，外薄四海。東海魚須、魚目；南海魚革、珠璣、大貝；西海如骨魚、幹魚脅；非海魚劍、魚石，出滇河；鯀江鮮、大龜；五湖元唐；鉅野菱；鉅定蠃；濟中詹諸；孟豬靈龜；隆谷元玉；大都鰹魚、魚刀，咸會于中國也。禹之貢物也。逸周書載伊尹為四方獻令：正東令以魚皮之鞞、烏鰂之醬、鮫瞂、利劍為獻；正南令以珠璣、瑇瑁、象齒、文犀、翠羽、菌鶴、短狗為獻；正西令以丹書、白旄、諸罽、江歷、龍角、神龜為獻；正北令以橐駞、白玉、野馬、騊駼、良弓為獻。此湯時之獻物也。王會解載八方會同，各以其職來獻。自稷慎、穢人以下，其贄有大麈、前兒等二十一物；自義渠、央林以下，其贄有茲白、闟耳等二十物；自高夷、獨鹿以下，其贄有嗛羊、距虛等十四物；自權扶、白州以下，其贄有玉目、叱閭等九物。此成王時之供物也。天子富有四海，王食萬方，似固宜乎有此。然召公旅獒之訓曰：畢獻方物，推服食器用，則珍奇之貢，恐非三代盛時之制矣。故孔子於魯，猶必簿正祭器，而不責備四方以所難致之物為供也。

會計當而已矣

孫寶為張忠主簿，卑賤不辭；習鑿齒為桓溫主簿，禮遇深密。此孔子所以為委吏也。故崔師仁口陳度支無差；馮子琮暗對簿領不失；應奉錄四十二縣囚徒，記說姓名罪狀，無所遺忘；陸績賑六百餘人饘粥。分户口姓名。無有差謬。魏仁浦疏諸州屯兵之數。及衆將校名氏。校籍無差。藏是言西域分部之種。及其風俗人物。口陳正悉。是亦如會計當之類。周有司會之官。以會天下之財。漢有計相之官。以計天下之財。故丙吉有長史邊瑣。遂巡進對。指揮遂定。李吉甫錄元和國計。弁包鉅細。無所不具。丁謂修會計之書有四。為景德為皇祐為治平。為熙寧。有司得以參酌其同。異蘇轍別會計之實有五。曰收支。曰民賦。曰課入。曰儲運。曰經費。國家可以稽其盈。虛。此會計所以宜於當也。孔子雖非職天下之會計。而亦職委吏之會計。故曰當而已。矣。至若陳平之錢穀不知。裴諝之榷酤不對。又當別論。

為貧者辭尊居卑　三句

家貧親老。不為祿仕。是為不孝之一。故毛義捧官檄而色喜。為親屈也。周磐解韋帶而就舉為親仕也。此即時乎為貧之謂。然東方朔為執戟。而有長安索米之言。顏魯公為京官。而有舉家食粥之帖。則為貧而仕者。仍然仕而居貧矣。豈獨抱關擊柝耶。

抱關擊柝

此門既掌。譏取橐鹿而行。函谷未關。竟斁雞鳴而度。此抱關之曠職也。霸陵亭尉。故將軍不得宵。行。京國城門。今天子亦難夜過。此抱關之稱職也。故曰抱關擊柝。

牛羊茁壯長而已矣

百里奚牧牛而牛。肥見其心不攖于爵。祿。卜式牧羊而羊。肥見其功實勤于稱。職。是牛羊茁壯長之類也。然甯戚叩牛角而歌。實存遇主之意。臧穀挾博策而遊。自昧亡羊之咎。以及上林尉不知禽獸。簿是爲曠官。戍采邑不受圉馬。命是有叛情。又與孔子不同。

位卑而言高

梅福以南昌尉而上書。鄭俠以上安門監而進諫。朱雲以槐里令而言事。請斬張禹。柳伉以大常博士而上疏。請斬程元振。是位卑而言高者。祁大夫乘驛見宣子。汲長孺廷議是魏其。亦然。

抱關擊柝者皆有常職以食於上

漢郅惲守關。光武出獵夜還。惲拒關不開。宋謝莊守城。武帝畋遊夜還。莊須墨敕乃開。霸陵尉止李廣。曰。即故將軍不得行。城門守拒呂元膺。曰。雖真中丞不可開。可見古之爲關者。將以禦暴也。而抱關者必當稱其職。故也。皆有常職以食于上。

子思以爲鼎肉使己僕僕爾亟拜也

後魏葛榮反。陷冀州。賈景興稱疾不拜。每捫其膝曰。吾不負汝。宋張邦昌僭號楚帝。喻汝礪不受僞命。自捫其膝曰。此豈易屈者哉。晉石敬瑭因契丹加己尊號。欲使尚書王權往謝。權曰。吾老矣。安能復向穹廬屈膝。元張士誠據高郵。欲强使李齊跪。齊曰。吾膝如鐵。豈爲賊屈也。可見士原不輕于拜。雖繆公本可拜之人。而鼎肉非重拜之物。故子思以僕僕亟拜爲怒。閔仲叔不受安邑令納肉。豈爲口腹之累。李充不受鄧將軍餽肉。何如說士之甘。此鼎肉亟拜。子思之所以不悅也。故陽貨饋蒸豚。僅博孔子瞰亡之一拜。而昌邑賜肉脯。終難禁王吉規諫之再言。

徐文遠不拜李密。而拜世充。以王公為小人。韋祖思不拜姚興。而拜赫連。以夏主為非類。此孔子瞯亡往拜之意。汲黯不拜衛大將軍。王祥不拜司馬晉王。酈食不拜高祖。趙壹不拜三公。此子思不悅亟拜之意。

以位則子君也我臣也何敢與君友也

邾子與諸昆雜坐。蔡侯為楚王副車。春秋譏其失位也。故晉元帝命王導升御床共坐。導辭曰。若太陽下同萬物。蒼生何由仰照。唐高祖引貴臣同榻而坐。劉文靖諫曰。貴賤失位。非常久之道。故曰以位。則子君也。我臣也。奚敢與君友。

以德則子事我者也

張良為黃石公拾履。張釋之為王生結襪。信陵君為侯生執轡。晏子延石父為上賓。孟嘗君邀馮驩于幸舍。此亦有以德則事之之意。

天下之善士斯友天下之善士

周公攝位。布衣之士。師見者十二人。白屋之士。先見者四十九人。介子推相荊。下俊士二十五。堂上老人二十五。宓子賤治單父。父事者三人。兄事者五人。所友者十一人。此以見友善士之多。

誦其詩讀其書不知其人可乎是以論其世也

不知詩教者句成陔黍而終亡束晳之補章何義也不知書教者詞託唐虞而亦僞張霸之古文奚取也班固雖善詞賦而辟雍靈臺之作曾何關雅頌之音王莽亦飾謙恭而金縢大誥之篇豈足當宰衡之任不知周公之世者不可與賡鴟鴞破斧之歌李世民朱棣之矯託無謂也不知伊尹之世者不可與繹太甲伊訓之說司馬師桓玄之久假不歸也識小弁而以爲怨親引北山而以證臣父是不知仁人孝子之心議夏禹而薄其傳子論湯武而謂爲弑君是不知繼述征伐之義故曰誦其詩讀其書不知其人可乎是以論其世也

頌其詩讀其書不知其人可乎

石勒使人讀漢書坐而聽之至張良諫高祖曰願借前箸爲王籌之則翻然撫手曰賴有此耳是智所見同也陳寶應使人讀漢書卧而聽之至蒯徹說韓信曰相君之背貴不可言則蹶然起坐曰可謂智士是邪人所感同也故曰頌詩讀書不知其人可乎

有貴戚之卿

周公輔相成王踐祚趙汝愚擬詔寧宗襲位此貴戚之卿也亦未嘗易位而管蔡流言乃以周公不利于孺子韓侂胄誣奏乃謂汝愚將不利于社稷則爲貴戚者難矣又如屈原以諫草賈禍而終不得志于懷王劉向爲權倖所持而終不見還于成帝此亦不任貴戚之咎也

有異姓之卿

伊尹之放太甲霍光之易昌邑此異姓之卿也亦可以易位而釁起桐宮竟遭潛殺之變禍萌

驂乘終至族滅之誅則爲異姓者難矣若夫王氏之五舅封侯而漢祚乃移于新莽楊氏之五家爭寵而唐寇實召于國忠此亦過任外戚之禍也西晉亡于賈謐石晉亡于馮玉南宋亡于賈似道東漢亡于何進亦然

曹操篡漢而伏完死難司馬篡魏而張緝死難蕭齊篡宋而王蘊死難楊堅篡周而尉遲迥死難外戚亦非必皆不賢也但在人君用之何如耳

告子上

公都子不能答

荀鑠不能答周景王乃揖籍談以對趙孟不能答楚子木乃使叔向待言雖騶忌見淳于偶然三問三答而子晉對叔譽竟至五稱而五窮故屋廬子不能答任人公都子不能答季子

弟爲尸

祭必有尸如舜入唐郊以丹朱爲尸周公祭天以太公爲尸晉祀夏郊以董伯爲尸是也然與弟爲尸者自異

庸敬在兄斯須之敬在鄉人

滕薛並朝于魯而長滕所以重宗盟是篤親之仁晉衛幷聘于魯而先晉所以敬大國是序爵之禮皋鼬之盟衛先于晉尚德而不尚年是尊賢之義黃池之會吳先于晉稱公而不稱王是正名之典此以見禮之隨事順理義之因時制宜亦如庸敬在兄斯須之敬在鄉人也故不可

以所敬在此所長在彼爲仁內義外

性可以爲善可以爲不善

齊桓公中主也管仲鮑叔隰朋輔之則伯業成易牙豎刀開方近之則伯業衰唐明皇亦中主也姚崇張九齡相之則天下治李林甫楊國忠比之則天下亂故曰可以爲善可以爲不善

乃若其情　四句

西門豹性急常佩韋董安于性緩常佩弦蔡魯公性喜賓客一日不接客則病蔡元度性風負客一日接客則病范雲性善于笑阮籍性善于哭王思遠性癖于潔王安石性耐于污此實性之發爲情者君子不謂之性也乃若其情則有之故曰非才之罪至李汝上有逐臭之夫陳君有好醜之見則亦又非人情之所有者

是非之心人皆有之

孫叔敖之國是謂合天下人之是而不以爲非也王安石之國是欲禁天下人之非而自以爲是也故陳瓘上書論國是而説終不行李綱上疏言國是而事卒不舉則是非紊矣然要不能以一己之是非盡蔽天下之是非也故曰是非之心人皆有之

則地有肥磽

禹貢墳壤九等以各州之土言草人辟剛九等以一州之土言大司徒不易之地家百畮一易之地家二百畮再易之地家三百畮此三等都鄙之制也小司徒上地家七人中地家六人下

地家五人。此三等、六鄉之制也。遂人上地田百畮，萊五十畮；中地田百畮，萊百畮；下地田百畮，萊二百畮。此三等、六遂之制也。大司馬上地食者三之二，中地食者三之半，下地食者三之一。此三等、諸侯之制也。至蔿掩別楚國之地，則一曰井衍沃，九夫而為一井；二曰牧隰皋，二牧而當一井；三田町原防，三町而當一井；四曰規偃豬，四規而當一井；五曰町數疆潦，五數而當一井；六曰表淳鹵，六表而當一井；七曰辨京陵，七辨而當一井；八曰鳩藪澤，八鳩而當一井；九曰度山林，九度而當一井。管子制地員之篇，則曰上土曰五粟，次曰五沃，次曰五位，次曰五蘟，次曰五壤，次曰五浮，凡上土三十物，種十二物；中土曰五忢，次曰五纑，次曰五壏，次曰五剽，次曰五沙，次曰五塥，凡中土三十物，種十二物；下土曰五猶，次曰五弘，次曰五殖，次曰五觳，次曰五鳧，次曰五桀，凡下土三十物，種十二物。是又不但河圖所謂東南神州曰晨土，正南卬州曰深土，西南戎州曰滔土，正西弇州曰并土，正中冀州曰白土，西北柱州曰肥土，北方元州曰成土，東北咸州曰隱土，正東陽州曰信土也。雖孟子言百畝之糞，五等之農，亦關天時人力之不齊，而要實由于土宜之不一也。故首曰地有肥磽。

不知子都之姣者無目者也

晉將軍桓溫平蜀，以李勢女歸，處之別室。夫人率羣婢挾刃破門，欲手刃之。見李當窗梳頭，鬢髮如雲，長垂委地，乃曰：阿子，我見汝猶憐，何況老奴。明附馬都尉歐陽某，挾羣奴飲酒閙于朝廷。太祖敕捕吏逮妓庭鞫，叱榜殺之。見妓解衣就縛，膚潤如玉，香聞遠近，乃曰：這小妮子，我見也惑了。那廝可知。二事人異而情同。可見色之姣者。天下莫不知也。雖美女為甚。而美男亦然。故曰不知子都之姣者。無目者也。

操則存

朱晦庵在南安。偶聞鐘聲心動。即自警曰。其此時便覺此心把捉不住。張乖崖帥西蜀。偶悅流女心動。即自責曰。張詠小人不可不可。此以見不動心之難也。閩中陳烈閉門靜坐。百日以收其放心。讀書遂一覽無遺。西安徐曰久絕人入山數載。以收其放心。作文乃特臻微妙。此以見求放心之要也。故曰操則存。

一日暴之十日寒之

羅從彥從楊時三日。驚汗浹背。而幸不虛生。侯師見周茂叔三日對榻夜談。而知其頓悟。王安石一語呂公著。則疵吝即廢。周子居時月不見黃叔度。則鄙吝復萌。陸象先一日不見賀知章。則鄙吝必生。此伯玉之寡過未能。夫子所以對使者。而詢其何為也。朋友若此。君臣亦然。故曰一日暴之。十日寒之。

吾見亦罕矣吾退而寒之者至矣

吳孫休欲韋昭講論。而張布恐其入侍。直言己過。故為之諫沮。唐文宗召鄭覃侍講。而李宗閔忌其在禁中數言事。故為之奏罷。此即仇士良教其黨以國權奸之術。在勿使人主讀書親近儒生也。君門萬里。入告無期。帝閽九重。陳詞何日。是真有如謁者難見如鬼。王難得見如天帝者。故曰吾見亦罕矣。見君子之時少。即見小人之時多。晏子辨和同之論既退。而邱據進矣。子華誦祈招之詩既退。而頑童比矣。盧絢過樓下。元宗目送之。李林甫即矜以左遷。而矯置詹事矣。寇準退朝晚。真宗目送之。王欽若即譖以孤注。而致出陝州矣。李泌歸衡山。而張良娣加尊號矣。程頤罷經筵。而蔡京禁黨人矣。此即富弼所謂必有奸人進邪說以搖上心。使諫諍之士無所施其力者。故曰吾退而寒之者至矣。是以伊尹復政告歸。猶訓太甲以任賢和擇左右。孔明上出師表。猶勉後主以親君子遠小人。管仲將死。猶告桓公曰。豎刁易牙開方三子非人情不可近。魏元忠被黜。猶告中宗曰。張昌宗張易之此二小兒。終為亂階。乃申屠嘉欲罪鄧通。而文帝曰。此吾弄臣。顏君釋之。李德裕諫近趙歸真。而武宗曰。朕無事時與之談道滌煩耳。則無惑乎宣王之不智矣。

所惡有甚於死者

雋不疑不肯解劍就因。貢禹不肯脫冠入獄。田延年不受卒徒唾背。蕭望之不聽兩吏挾持。蘇子卿不為單于屈節。此皆可殺而不可辱者。亦舍生取義之意也。故曰所惡有甚于死者。

為宮室之美

孟獻子室美。向戌尤之。智襄子室美。士茁尤之。至若鄧綰為王安石乞賜第。則欲市恩也。李師道為魏稠贖故第。則欲擇美也。故唐李義琰為兄瑛市材以作堂。而瑛不肯廣居連禍。齊世祖為劉瓛闢地以立館。而瓛乃恐華宇為災。南齊梁曄不以舊宅易外州。唐楊損不以舊宅奉權臣。此皆不爲宫室之美者。

所識窮乏者得我與

灞陵亭上。李廣逢醉尉之呵。新豐店中。馬周乏主人之顧。田甲獄卒。欲溺韓内史之灰。會稽計吏。素見朱買臣之綬。以及高祖之嫂。轢釜頡羹。亭長之妻。晨炊蓐食。皆是世俗炎涼惡態。固不特木蘭院之飯後鐘已也。較之漂母之飯韓信。溆女之食伍胥。僖負羈之饔飧重耳者。其識見異矣。則人之識我窮乏者甚難。而我之所識窮乏者亦僅耳。故欲其得我。

今之人修其天爵以要人爵

閔子騫始見孔子。出見羽蓋之美。而心竊樂慕。張繹年長傭力。後聞傳呼之聲。而發憤力學。蘇秦遊說窮歸。乃揣摩陰符之策。而謂可取人主多金。柳玭誇示顯宦。乃設肉食之榮。而謂此爲人君厚禄。故曰今之人修其天爵以要人爵。夏侯勝以明經而志青紫。韋賢以教子而擬籯金亦然。

漢宣帝召見陳遵。博進。償以太原太守。宋太祖輸羊元保奕賭。補以宣城太守。唐敬宗約李存賢手搏。授以盧龍節度。唐高祖以舞胡安叱奴爲侍郎。梁太祖以嬖吏張廷範爲太常卿。唐莊宗以教坊使陳浚爲刺史。此又非修天爵而安得人爵者。尤無足貴也。是何以大將軍之告身。不足以易乎一醉。下醫者之舐痔。更多自誇其五車耶。故于奚欲請繁纓。孔子謂不如多與之邑。而不可與繁纓。曹彬欲得使相。宋祖意寧即多與之錢。而未據授使相。

趙孟之所貴趙孟能賤之

范何忌不貪與公孫青之賞。曰與于青之賞。必及于其罰。列禦寇不欲受鄭子陽之粟。曰其以人之言而與我粟。及其罪我也。亦且以人之言。此即趙孟之所貴。趙孟之所賤之之意。

告子下

踰東家牆而摟其處子

紅拂來奔。李靖公乃挾以私逃。紅綃待約。昆侖奴乃負而出走。阮籍就鄰家酒婦。常醉飲而臥其側。謝鯤挑鄰家織女。被投梭而折其齒。此亦踰牆摟處子之類。

今交九尺四寸以長

防風氏身橫數畝。不免會稽之誅。巨無霸身大十圍。不免昆陽之敗。長狄僑如眉見于軾。不免魯國之擒。此以知形之不足恃也。故趙孟之衣不勝。而成伯晉之功。張良之貌不稱。而擅佐漢之謀。裴度之形不長。而專伐蔡之業。且同是貌也。仲尼聖而陽虎狂。同是目也。大舜仁而項羽暴。則又何論曹交之九尺四寸乎。

交得見於鄒君　三句

給劉瓛以楊烈故第。欲請作講學之堂。詔王儉以公府為家。即就開學士之館。故曹交得見于鄒君而假館。張禹心敬彭宣。而戴崇許到後堂。何長瑜不遇方明。而謝靈運載還私宅。故曹交願留而受業於門。

願留受受業於門　至有餘師

杜喬見荀爽而稱曰。可爲人師。荀淑見黃憲而嘆曰。是眞吾師。故王通過韓城。仇璋棄闕史而從學。趙咨之東海。曹崇棄印綬以追隨。廖扶號北郭先生。而太守謁煥常修門人之禮。劉昞號元虛夫子。而郡牧蒙遜親躬往之。儀此曹交所以願留而受業于門也。然邴原語孫嵩欲求爲師。而嵩辭以遠涉無益。高彪求馬融欲訪大義。而融辭以疾不獲見。黃讜召包咸入授其子。而咸辭以義無往教。張忠辟孫賓欲令授子經。而賓亦辭以義無往教。此則又孟子辭曹交之意。

無他戚之也

姜肱遇盜。兄弟爭死。孔襃被難。亦兄弟爭死。趙禮將爲賊食。而其兄孝曰。弟不如我肥。姚襃馬中流矢。而其弟萇曰。天下不可無兄。此眞如泣涕而道之者。故曰此無他戚之也。楚殺伍奢。其子尚謂弟員曰。爾適吳。我歸死。宋殺沈慶之。其子文叔謂弟文季曰。我能死。汝能報。亦然。

親之過小者也

子思之母。猶嫁于衛。明道之姊。尚嫁于王。又何怪凱風七子之母。不能安其室哉。然此但有其心。而未成其事。則亦異于魯莊之母。遜于齊。宋襄之母。歸于衛者。故曰親之過小也。是以茅焦諫秦始之遷太后。要未知親絕之義。而考叔諫鄭莊之誓。姜氏乃可稱錫類之孝。

吾聞秦楚搆兵

秦晉之仇不解。而楚之霸業成。吳蜀之和中變。而魏之篡謀成。劉項相拒。故冒頓得以自强于

匈奴契丹入寇故保吉得以猖獗于夏州此鷸蚌相持漁人得利也故宋牼欲說罷秦楚之構兵

　我將言其不利也

樊豐用事河間男子趙騰上書漢安帝指陳得失之政祿山起亂清河客人李萼上書顏真卿陳說進取之計齊國客人進靖郭君三言說止將為城薛之役晉州南子獻唐代宗三十字請罷諸州團練之使是皆所謂言其不利也亦宋牼之類

　季任為任處守

宋襄公之出有目夷以守而楚人不能為難衛成公之出有子叔儀以守而臧孫決其必歸此季任之為處守固異于魯隱公之以年長而攝亦異于衛孟縶之以足弱而居也至若康王南渡而徽欽不返終無恢復之心英宗北行而景泰權監恐有迎駕之議則其處守無異紾臂奪食

　受之而不報

祁奚救叔向之罪而不以告免廉范救鄧融之獄而終不言恩此亦直道而行之類霍諝訟范滂之冤而范滂不謝周覬保王導不知此亦受而不報之意

　他日由鄒之任見季子　二句

老嫗誤陳訴牒于戴至德而復請之曰我本與解事劉僕射舉子誤投文軸于李德裕而復請

之曰我本與及第李評事山孟子見李子不見餘子意表益不通安陵當人而獨與博徒劇孟遊皇甫規不接雁門太守而特與布衣王符見亦然

名實未加於上下而去之　○馮煖在孟嘗君門下其初未知及彈鋏作歌而孟嘗乃延於上客毛遂處平原囊中其末未見及捧盤定盟而平原乃延為上客漢高祖拜韓信為將軍一軍皆驚而樊噲尤不服後乃始知其能劉先主拜黃忠為虎將五人并列而關公甚不平後乃不輕其老故淳于髡謂孟子名實未加於上下

富弼之名宮妾不知此正人不借于近習也梅聖俞之名宮禁流傳此學士之早蜚聲于翰苑也若夫李邕所至阡陌聚觀以為古人虞寄一出老幼羅列拜塵道左婦人女子亦識韓伯林名字童孺廝隸皆識邵夫子車音以及天下但願一識韓荆州市人爭欲一識司馬公婦女小兒皆知王黑相之名小兒賤卒皆識謝侍御之名是皆名實之加于上下者

三子者不同道其趨一也　○王蠋死節而田單復齊公孫死難而程嬰保孤王陽與王尊赴任至邛郲坂尊叱馭而為忠臣陽迴車而為孝子謝朏與謝超宗奉敕至鳳莊門超宗奉君命而徑趨朏乃守臣禮而不入此所謂不同道其趨一也

虞不用百里奚而亡　二句

虞伯以璧馬誘衛衛用公孫彌牟之策而存韓魏以土地餌智伯智伯不用智過之言而滅趙國不聽司空馬之諫司空馬去五月而趙亡夙繇不聽赤章蔓枝之諫赤章蔓枝去七月而夙繇亡則不特宮之奇去而虞不臘也故士會亡秦而晉之卿士寒心伍員奔吳而楚之君臣旰

食。韓信去楚歸漢。則楚敗而漢興。王猛去晉入秦。則晉衰而秦盛。此可見虞不用百里奚而亡。秦穆公用之而霸。

不用賢則亡削何可得與

魯昭公不用子家而出。曹共公不用負羈而滅。后羿不用武羅而敗。潞子不用仲章而亡。此皆不用賢則亡之類。又如郭氏之亡由于善之不能行。惡之不能去。虢君之亡。由于斷則不能諫則無與。亦是。

華周杞梁之妻　二句

許文叔之妻孟姜。哭陁長城。儲福之妻范氏。哭走山谷。此真可謂善哭者。若夫子產聽婦人之哭而知其姦。此則與華周杞梁之妻異。

為其事而無其功者　三句

齊桓專任管仲而伯。燕噲專任子之而敗。晉武平吳。獨斷而克。苻堅伐晉。獨斷而亡。此事同而功異者。殷紂以聽婦言而失天下。宸濠以不聽婦言而亦失國。商鞅以變古而害秦。王安石以法古而亦害宋。此事異而過同者。則有其事者未必能有其功也。淳于髡之論豈其然。

則有慶慶以地至削以地

王制。天子封建諸侯之國。名山大澤不以封。其餘以為附庸間田。諸侯之有功者。取于間田以祿之。其有削地者。歸之間田。則巡狩之日所謂慶以地。削其地者。原在王畿千里。外而天子初無與焉。故當其屬有所慶。天子不見其不足。固異于周平王棄豐岐之境以與秦。周惠王割酒泉之邑以畀虢。而自損其封略也。或屬有所削。天子仍不見其有餘。亦異于漢景帝連削七國郡縣以入己。明建文謀削燕王國土以自強。而致激乎變亂也。而齊帝之與武陵王。以一州而易其宅。遼主之與大弟重元。賭雙陸而償以城者。更非慶所當慶矣。周桓王易取鄔邑。而奪與蘇忿生之田。漢高祖偽遊雲夢。而掩襲韓信之軍者。尤非削所當削矣。

五霸桓公為盛

大禹有塗山之會。夏啓有鈞臺之享。商湯有景亳之命。周武有孟津之誓。成王有岐陽之蒐。康王有酆宮之朝。齊桓公葵邱之會。雖不及三王。而兵車會三。衣裳會九。九合之中。惟此為最。固非晉文秦穆楚莊宋襄之所能及也。故呂東萊博議曰。葵邱之會。威加諸侯。名震四海。天子致胙。王人下臨。環以旗。崇以壇。遶幕張燎。舉有司戒期。斷圭交緺。柳著就位。弁冕秩秩。穆然無譁。於是威公降所逡巡下拜王命。與俯跪起之容。翼如也。環佩衡之音。鏘如也。降罷芳光。焜燿在列。申以五命之嚴。永以載書之儼。盟約既命。若扶河漢而轟雷霆。區區曹許之君。出于鼠壤蟻封之中。驟見曠古駭之偉觀。目眩氣奪。莫敢仰視。雖平日跋扈倔強不受控御如晉侯者。猶膏秣馬。奔走道路。恐干後至之誅。一時文物之盛。騷人墨客。誇矜譜至於今不衰。此般詞氣寫得奕奕有神。讀之猶可想見當日會盟之盛也。故曰五霸齊桓公為盛。

無易樹子

周勃請漢文帝豫建太子以重宗廟社稷韓琦請宋仁宗正名皇子以副天下人望寇準請真宗即立太子以付神器桓彥範請武后傳位太子以順人心則知樹子之為要矣乃如唐宣宗謂一立太子則朕更為閒人宋太宗謂人心遂屬太子欲置朕於何地宋英宗傳太子猶有難色唐德宗尚有疑心是則貪位之情父之于子且不免有然又何論乎其他哉呂端立真宗升殿審視种嵩監太子必憑符寶韓琦請太后還政以定皇太子之尊楊漣檄選侍移宮以保新天子之位此蓋防樹子之或有易者樹子之立當有大臣參贊而調護之則終不可易故齊桓公定嗣于監人易牙而國以大亂唐宣宗託孤于宦者王歸長而卒以起禍惟如漢高帝欲易太子盈而以張良之計而得止唐德宗欲易太子誦而以李泌之諫而獲全二人之功真不亞于桓公之會首止以定王世子也

無以妾為妻

自古樹子之見易多由于嬖臣艷妻之交搆而然故衛宣公嬖宣姜而聽朔姜之訴致殺其長子伋宋平公嬖妾棄而聽伊戾之譖致因其世子痤漢景帝寵栗姬而聽公主嫖之譖以廢太子榮武帝寵趙姬而聽江充之譖以罪太子據唐元宗寵惠妃而聽楊洄之譖以廢太子瑛唐高宗制于武后故不能定太子忠而致許敬忠之誣死宋寧宗制于楊后故不能定太子竑而致史彌遠之矯廢故無易樹子即無以妾為妻相連而戒也魏文將立郭貴嬪為后而中郎棧潛爭之唐明皇欲立武惠妃為后而御史潘好禮爭之宋仁

宋欲追册張貴妃為后。而樞密副使孫沔沮之。此無以妾為妻葵丘之會所以重戒于初命也。若夫褚遂良諫立昭儀。即為潭州之貶。李復古諫立章獻。後至衡州之行。則又以妾為妻而讒害忠良者多矣。

無以妾為妻

以妾為妻之禍。有古今前後如出一轍者。晉賈充納女以壬辰。劉曜陷長安以丙子。宋理宗册賈妃亦以壬辰。金人入宋亦以丙子。是奸臣孽女姓氏相同。而歷數干支若合符節。噫。亦奇矣。吁。可畏哉。

取士必得

以行取人。而得陳仲子之矯廉。趙宣之偽孝。公孫宏之曲學阿世。王莽之謙恭下士。其弊且至于學子而名母。孝廉而别父。是當知有如喜為親屈之毛義。食成弟名之許武者。以文取人而得王夷甫之虛美熏心。張昌齡之不成令器。鄭昂之錯認顏標作魯公。蘇軾之誤謂章衡為李方叔。其弊且至于溫卷求知己。捉刀作替人。是當知有如不為四六之司馬光。不及第之劉蕡者。以門族取人。而得劉向之後劉歆。陳實之後陳摩。林可山以林逋為七世祖。蔡嶷以蔡京為大父。行其弊且至于鍾京紹稱義兒于楊思最之父。崔程秀乞為養子于魏忠賢。是當知有如不令人知為李郃子之李固。不敢自附于梁公後之狄青者。以名譽取人。而得鄉愿之皆稱善人。公叔之以告者過。徐淑自比顏淵子奇。殷浩人擬管仲諸葛。其弊且至于隨駕為終南山

隱士走馬爲不求聞達科是當知有如通國稱不孝之匡章宮妾不知名之富弼者故曰取士必得

無曲防

滋武城之水乃拘鄙人之漚菅擁西周之流不下洛陽以種稻據潁川以爲利灌氏安休水之常清擁淯水以爲陂樊子豈能業之無失此即曲防之謂也然桓公亦嘗塞河以自廣使海干有蔽矣則既躬犯之而欲以是爲禁是何異掩耳盜鈴乎焉能服人

長君之惡其罪小　二句

李勣以陛下家事何必問之外人之言順唐高宗而堅其立武則天之意李林甫以陛下家事非臣等所宜豫之言順唐明皇而決其廢太子瑛之志趙普以太祖誤陛下豈容再誤之言順宋太宗而成背太后約之心此皆所謂長君之惡者魏徵不諫封禪王旦不諫天書亦不免于小罪也

一戰勝齊　三句

桓溫伐漢人皆以爲憂而劉惔獨謂其必勝但恐其克蜀之後專制朝廷殷浩伐秦自以爲無敵而王羲之獨謂其必敗不宜以區區江左經緯天下是勝敗皆不可也與孟子謂慎子爲將戰而戰勝南陽同意

而儉于百里

封建親親也。然地過小則有長沙國小之諷。而過多又有夜郎自大之嫌。漢景帝不審賈誼之策。至聽晁錯而謀削奪。而七國誅錯之號起矣。明建文不用卓敬之言。亦聽黃齊以謀削奪。而北平靖難之兵入矣。故曰周公太公皆必儉于百里。是異于麗統以来陽邑小不能展足周智以尚書地狹。不足伸脚者。

務引其君以當道志於仁而已矣

唐太宗指視魏徵望昭陵。徵曰。臣以為陛下望獻陵。若昭陵則臣固見之矣。肅宗抱幼女見李廣。廣曰太上皇思見陛下。詐亦如陛下之念公主也。此人臣譎諫之法。引君當道以志于仁者。

我能為君辟土地　二節

樓緩自秦來趙。而欲決與城之謀。是為秦非為趙。則與我能為君闢土地之說。異。秦檜自金歸宋。而力主和議之策。是為金非為宋。則與我能為君戰必克之說。異。

今之所謂良臣古之所謂民賊也

澶淵之役。寇準勸真宗親征。以作六軍之氣。雖似孤注而克有功。而吳楚之反。晁錯請景帝親行以當六國之鋒。是欲規避而反自禍。則肯自謂我能為君約與國戰必克者。亦今之所謂為為良臣。然而魏邊將表請擊宋。崔伯深。皆以為營私計。為國生事。吳邊將欲有所掩襲。顧雍以為此苟欲邀功名。為身非為國。宋臣勸舉兵伐契丹。富弼以為皆身謀非為國謀。故曰今之所謂良臣。古之所謂民賊也。究與耿弇之不以賊虜遺君父。雍門之恥致越甲鳴吾君。賈誼求試

屬國請係單于之頸終軍欲得長纓羈致越王之首者自與
傳介子用奇兵誘殺樓蘭王馮奉世假使節擊斬莎車王陳湯矯制詔襲擊匈奴郅支然介子
雖有奇功而不免為盜賊之行奉世湯亦云偉績而不免有擅權之罪此亦古所謂民賊之類

　我能為君約與國戰必克

晉朱伺答楊珉曰諸公皆以口擊賊伺惟以力耳唐楊國忠謂龍王巨曰比來人多以口打賊君
獨不爾乎是以口擊賊以口打賊者即所謂我能為君約與國戰必克者也

　由今之道無變今之俗

王安石為紛更而不善于更蔡京為紹述而不善于述秦檜主和議而終不能和韓侂胄主恢
復而終不能復此皆今之事君者之道也故曰由今之道無變今之俗

　無城郭宮室宗廟祭祀之禮　五句

戎狄生長沙漠廬聚鶉居以穹廬勝于城邑以氈罽美于紱章故犬戎入周而立太子宜臼金
兀朮入宋而立張邦昌劉豫非不能取也蓋如冒頓不安中國之美而平城解圍契丹不樂中
土之都而大梁棄倒可見貉道之與中國不同也推回紇自唐賜豐厚而始有宮室紛繡之飾
則其俗亦壞然女真不得學漢人衣裳而又有奕棋雙陸之集則舊風不移張昭遠以喜優俳
飾娼妾而知沙陀之不永張舜民以好音樂嗜茶盡而卜契丹之將亡非其無城郭宮室之廟
祭祀之禮無諸侯幣帛饔飧無百官有司之明監乎君子監乎此而又觀中行變俗之譏賈生

五餌之策○則知所以勝戎狄之道矣○是以漢東平王䟽求諸子史記○成帝納王鳳之言而不與○所以杜權詐之生○唐吐蕃金城公主表請文籍四種○玄宗用裴光庭之言而與之○但以示同文之治○故中國不可為大貉小貉○

白圭曰丹之治水也愈於禹

陳協九龍之偃○李冰五犀之渠○孟供通天之槽○歐陽充纆水之堤○以及穿陶厮溝○鎮栅石婁○皆治之法也○李公義揚泥之車○黃懷信濬川之杷○李齊物平陸之鐸○錢鏐射潮之弩○以及鐵爪鋸牙竹篙芻楗○皆治水之具也○河渠溝洫之書○言之詳矣○然其法度之所施○器具之所用○又要在乎人之通變耳○故王尊立堤捍水○水退而堤不沒○蘇軾盧城視水○水去而城亦全○陳宣不從奏塞○而大水終不入津城之門○李崇不敢愛身而大水亦不傷壽陽之郡○是皆異于白圭之治水者○

訑訑之聲音顏色距人於千里之外　三句

楚靈王謂白公子張曰○吾不能用○猶當慭置于我耳○隋高祖謂賀若弼曰○我不求名○公宜自載之家傳○齊景公謂諸大夫曰○二三子亦姑謀樂○何憂乎無君○唐憲宗謂李絳曰○諫官多謗朝政○朕欲謫其尤者○此即訑訑之聲音顏色○距人于千里之外也○故韋執誼謂杜黃裳曰○丈人甫得一官○奈何口議禁事○李林甫謂諫官曰○群臣將順不暇○烏用諸君多言○盧杞謂關播曰○以足下端慤○相引○奈何發口欲言○則讒諂面諛之所由至矣○

飢餓不能出門户

子輿霖雨病卧不出○子桑户裹飯視之○袁安大雪僵卧不出○洛陽令費種見之○所謂飢餓不能出門户者○

入則無法拂士　三句

漢之汲黯霍光○唐之姚崇宋璟○法家也○而果其無之○則殷以費仲崇侯而亡○周以榮費虢父而敗○唐之鄒浩陽城○宋之鄭俠陳東○拂士也○而果其無之○則齊以豎刁開方而亂○秦以趙高李斯而亡○周事獯鬻而肇基○越事句踐而保聚○敵國也○而視有如無者○則虢恃親滅于晉○鄧恃姻而滅于楚○士會奔秦而晉懼○伍舉奔晉而楚憂○外患也○而視有如無者○則楚不復子胥○而吴終入楚○秦不懼慕容垂○而燕終滅秦○故曰無法家拂士○出無敵國外患者○國恒亡○

教亦多術矣

馬融以善算召鄭康成○三年乃得見先生○此我且益之之意○王陽明以賭博收王龍溪○一見便甘列弟子○此歸斯受之之義○兒寬從孔安國受業○而貯貨以給衣食○承宮請留徐子盛門下○而執苦以通經典○此又是亦教之之類○故曰教亦多術矣○庾乘少給事縣庭為門士○郭泰見而拔之○勸游學宫○服虔匿姓名為崔烈門人賃作食○崔烈疑呼之○遂與友善○亦然○

盡心上

莫非命也順受其正

原繁不貳于鄭厲狐突不順于晉懷圉以悳而見殺矣然丁公之于漢高李景隆之于永樂亦不能以奸而免罪則與其為丁公景隆之死曷若為原繁狐突之死顔淵畝其叢蘭冉耕歌其芣苢固以正而短折矣然秦始皇之求神仙漢武帝之信方士未嘗以邪而長生則與其為秦始漢武之死曷若為顔淵耕冉之死故曰莫非命也順受其正

恥之於人大矣

棄禮捐恥賈誼之言也秦所以敗恥尚失所干寶之語也晉所以替可見恥之於人大矣故家聲之隕隴西士人以為恥城角之鬪新平士民以為恥

故民不失望焉

載後車而曰太公望子幸呂尚以扶周免首冑而曰國人望君喜葉高之傒甚晏嬰為齊人之望故崔賊不敢殺狄仁傑為唐室之望故張昱不能害此民不失望者也望謝安者曰安石不出如蒼生何而既用乃蒙都草小草之譏望殷浩者曰深源不起如蒼生何而屢敗果中庾翼高閣之誚樊英應聘而來而建樹無能大失神明之望謝朏輕舟而出而職事不省遂失眾人之望此民之失望者也

以佚道使民雖勞不怨以生道殺民雖死不怨殺者

百堵皆興鼛鼓弗勝太王之立岐邑也經始勿亟庶民子來文王之作靈臺也周公三年東征自非漸石之武人有怨宣王六月北伐亦異楊水之戍士懷歸此以佚道使民雖勞不怨之類

天下總無冤民。張釋之為廷尉也。此因終無死理。李日之在刑曹也。張文瓘為大理卿。抵罪者皆無怨言。而反為禱疾。裴法用法寬平。致死者皆無所恨。而自是甘心。此以生道殺民。雖死不怨之類

以佚道使民

王沂公為相。每江淮轉運使見公。公無他語。但云東南民力竭矣。岳武穆岳用兵。每謂軍食。必蹙額曰。東南民力竭矣。此將相之憂民如此者。自必擇可勞而勞之也。故曰以佚道使民

殺之而不怨

王伽脫流人枷鎖。流人即如期至京。無一離叛。張華原遣罪者歸家。罪者亦依期反獄。不敢背逃。亦殺之而不怨之類。

善政不如善教之得民也

原桀則江西三仕。張求則黃州三到。史弼三官揚州。銘碑三至。封隆之四臨冀州。吾公復來。此知其必有善教而不徒善政。故韋景駿累轉趙州。而肥鄉殷勤于舊德。李和遺愛夏士。而洛民想望乎德音。宋史乾州鳳翔二州俱欲留杜衍。而各為遮邀。北史貴鄉館陶兩縣俱欲得魏德深而至于相訟。此皆民望之民愛之之類。亦願為之氓意。

善教得民心

入蒲邑之境。知仲由之善政。入萍鄉之界。知張希顏為好官。問單父之政。漁者能宵舍。知子賤

之化。行密中牟之治。童子有仁心。知賢藝之政。異此善教得民心之驗。

其操心也危　三句

孤臣有疏遠孤獨二樣。如寧俞之保身濟難。程嬰之全孤就戮。屈原之澤畔行吟。伍員之市中乞食。是也。而文王之柔順止敬者。尤高宗孝子。有庶孽罪孽二樣。如伯奇之履霜中野。閔子之衣絮單寒。宜臼之怨對慕心。重耳之備嘗艱苦。是也。而大舜之怨慕格親者更大。故曰其操心危。其慮患深。故達。

有事君人者　二節

唐高宗欲立武后。李勣曰。此陛下家事。何必問之外人。元宗欲廢太子瑛。李林甫曰。此陛下家事。非臣等所宜豫。此逢君者也。容悅之臣也。唐武后欲立武氏七廟。獨仁傑曰。自古未有外姪而祔姑于廟者。宋劉太后欲立劉氏七廟。魯宗道曰。若立七廟。如嗣君何。此責君者也。社稷之臣也。

有安社稷臣者　二句

國有賢相。敵人之所忌。亦鄰邦之所欽。故叔詹在鄭。社稷不辱。季梁在隨。楚兵不加。子罕在宋。晉覘知其不可伐。莊子在卞。齊人忌而不敢過。卞所有默知。趙人祭北門之鬼。趙有李牧。秦王罷東并之師。溫公為宰相。邊人自語不敢輕為生事。韓琦守北都。遼使相戒無得過有呼索。以及匈奴見王商風度人標。而畏其威貌。遼使欽文潞公宿德元老。而以為異人。是真可謂社稷臣者。固不獨天生李晟爲唐社稷也。見郭令公之面。而回紇還軍。聞李豐州之聲。而梅錄郤坐。亦然。

有安社稷臣者

安社稷之臣。在治世者猶易。在亂世者較難。而在亂世者亦有二。有剪除亢悪。而安于君弒主危之日者。有恢復王室。而安于國亡寇逼之時者。如春秋魯隱初。衛桓公立。石厚與州吁共弒其君。石碏不能禁石厚。乃計使厚與州吁朝陳請覲。而密告陳人執送至衛殺之。國朝嘉慶初。純皇帝崩。和坤與王叔欲圖其位。王義孫已手刃和坤。復計誘坤黨。王叔逃外徼。兵而密諭外藩。因遞回京誅之。此社稷危亂而安者也。楊一清之除劉瑾。徐階之去嚴嵩亦然。而子産孔明爲更難。周厲王之難。尹吉甫北伐玁狁。方叔南伐荆蠻。而後共和失輔。宣王中興。唐明皇之難。郭子儀收復東都。李光弼收復西都。而後安史悉平。肅宗嗣立。此社稷喪亂而安者也。寇萊公之拒契丹。韓世宗之抗元朮亦然。而包胥范蠡爲尤甚。至若晏平仲進退崔慶之間。而齊國終定。蘧伯玉出入孫甯之際。而衛國卒存。王允依附董卓。而漢祚未移。狄梁公屈事則天。而唐室終復。是又別有安之之權。而亦異于胡廣之周流四公。委蛇求媚。馮道之歷更四姓。浮沉取容者。

父母俱存兄弟無故　三節

父母俱存。兄弟無故。此樂斯二者。樂則生矣。一樂也。是如文王之作述無憂。閔子之人言不間。

仰不愧于天。俯不怍于人。此反身而誠。樂莫大焉。二樂也。是如孔子之疏水曲肱。顔子之簞瓢陋巷。得天下英才而教育之。此有朋自遠方來不亦樂乎。三樂也。是如孔門之徒衆三千。孟子之從者數百。

仰不愧于天俯不怍于人

范純仁無愧于心。劉奉世不愧公論。蔡元定獨行不愧影。獨寢不愧衾。沈煥書不愧妻子。夜不愧夢寐。此不愧不怍之類。

樹牆下以桑

宋張詠令崇陽。教民植桑。利厚于茶。元姜彧知濱州。課民種桑。歲徧于野。可見樹牆下以桑之重也。故吳越之。如以採桑而致爭。淮河之民以盜桑而致訟。若王政之行。則無患此。

故觀於水者難為水

伯牙水仙操序曰。海水汨沒。山林杳冥。羣鳥悲號。莊子外物篇曰。白波若山。海水震蕩。聲侔鬼神。憚赫千里。酈道元水經膠水條註曰。北眺巨海。杳冥無極。天際兩分。白黑方別。此上諸語形狀海之聲色氣勢。極其奇偉。足抵木元虛海賦一篇。後人恐無復有着手處。真巨觀也。故曰觀于海者難為水。

雞鳴而起孳孳為善者舜之徒也

堯舜萬幾無曠。大禹寸陰是惜。成湯昧爽丕顯。文王日昃不遑。周公坐以待旦。自古帝王卿相。

未有不始于憂勤者故周康王晏朝則關雎作諷而致姜后之請愆齊哀公荒怠則雞鳴陳詩而思賢妃之警告况下而大夫士庶乎詩云夙夜匪懈以事一人此大夫之忠也昧旦丕顯後世猶怠叔向所以戒也三晨晏起一朝科頭管幼安所以懼也雞鳴咸盥櫛朱子之訓童蒙也起不待雞鳴陸務觀之示兒子也又豈特陳文帝投籤警覺夜判剌閨之事陶侃運甓習勤將致中原之力已乎故曰雞鳴而起孳孳為善者舜之徒也亦可見庶幾夙夜以永終譽之意

欲知舜與蹠之分　三句

管寧與華歆共鋤菜地管寧見金揮鋤不顧原無介意而歆乃捉擲之是有利見也王安石與祖無擇同知制誥安石得饋物置之梁上欲以沽名而無擇復取用之是為公費也韓柳方駕而其行殊元白齊名而其操異亦然故曰舜與蹠之分利與善之間而已

不以三公易其介

莊子不以千金之聘而為被繡之犧楚說不以三旌之位而去屠羊之肆李元忠不欲以戒飲酒易僕射徐鍇不肯以廢歌曲換中書此不以三公易其介之意也故張蓋公本仕宦中人難分華山一席地蘇直養無泉石間意終讓師川一著棋

久假而不歸

假攝政禪位而更姓改物者王莽劉裕之輩是假圖讖音謠而易名僭號者劉歆公孫述輩是誅奸靖難而廢君篡國者晉桓溫明朱棣之流是假寶符天書而代父欺人者唐肅宗宋真宗

之流是此皆久假不歸之類

久假而不歸　二句

嬴政兼三皇五帝而稱皇帝皇帝之澤于是乎熄王莽兼伊尹周公而稱宰衡宰衡之道于是乎斬是政為三皇五帝之罪人莽為伊尹周公之亂賊也此亦五伯假之者也故曰久假而不歸惡知其非有齊威王率諸侯以朝天子是假尊周之名曹操挾天子以令諸侯是假佐漢之義于奚假繁纓是求不可之名器劉仁恭假旌節是欲得長安之本色亦皆此類

有伊尹之志則可　二句

曹丕奪漢而託之舜禹蕭衍簒齊而託之湯武司馬師邵陵之廢而託之伊尹王莽新都之簒世民臨湖之變而託之周公以及李輔國尊稱尚父賈似道比德周公隗囂自比西伯曹操自比文王則知作威作福人主以為阿衡而其心未必伊尹者固不待一楊素為然也是皆司馬昭之心路人皆見郭威之心皆欲自取之類耳故曰有伊尹之志則可無伊尹之志則簒也

有伊尹之志則可

克叚段謂之鄭志所以明兄弟之倫周彭城謂之家志所以正君臣之分蓋志不蓋存伊尹亦不必盡有周公也故大義滅親石碏行于父子君子謂之純臣殺兄猶義叔向行于兄弟仲尼稱其遺直

以其小者信其大者奚可哉

魏樂羊攻敵。而忍食子肉。是異於文王之蒙難而啜羹也。故魏文侯賞其功而疑其心。漢高祖畏死而願分父羹。是異于孔子之聞變而覆醢也。故君子羞其言而罪其意。易牙烹子饗君。吳起殺妻求將。亦然。此孟子所以謂不可以小者。而信其大者也。而匡章之設心。亦特為原之。

執之而已矣

人主能容臣子之守法。而後人主之勢尊。人臣不容人主之撓法。而後人主之法信。故袁盎為郎中令。小臣也。得以妃妾之分。而徹夫人之坐席。亞夫軍門都尉。冗官也。得以將軍之令。而遏天子乘輿。大中大夫。至貴也。一戲殿上。則丞相得以檄召而議斬。非天子之節。不可釋。太子藩王至尊也。一不下司馬門。則巾車令得以劾奏而遮留。非太后之詔不可赦。故曰陶臯執之而已矣。

趙宣子舉韓厥。而厥戮其僕。宣子不以自怍。姚崇薦魏知古。而知古劾其子。崇亦不可以為怨。左雄薦周舉。而舉劾其所舉。贓帥馮直。王淮薦朱文公。而文公按其同里姻家唐仲友。秦薦蔡毗。以法繩其左右。不以私情而掩公義也。梁不疑薦張陵。而陵特奏劾其兄冀。是仲公憲以報私恩也。又如李絳杖突吐承璀之僕。所折驕恣。柳公綽殺神策軍小將。所以警輕慢。范元賁杖殺中尉將軍。所以伸國法。亦皆臯陶執之之類者。魏絳戮君弟之僕。晉侯既跣而謝之。董孫殺公主之奴。漢帝賜錢以寵直。

夫有所受之也

士之執法非私意也。刑罰為天討之加。一人不可以縱任。律令本祖宗所制。後世匪得而紛更。是以張釋之不以小民盜高廟祭器而論殺。李元紘不徇公主爭百姓碾碓而斷還。高柔不以明帝喜怒而廢法。游肇不以宣武勅命而曲筆。故曰夫有所受之也。則知獬豸能觸邪。無須識字。皋陶為大理。何妨病瘖。

夫舜惡得而禁之

魏徵諫復龐相壽官。知天下之主。不得獨私一故人。趙普奏按莫侯陳利用罪。知天下之法。不足惜一豎子。董宣不叩湖陽公主頭。知天子之威。不能行一下令。陳元禮親勒馬嵬楊妃死。知天子之貴不足庇一婦人。此皆舜為天子。不得撓法暱親之類。故必竊負而逃。若如淮南王廢死蜀道。而袁盎乃請斬丞相御史以謝天下。田竇失意杯酒。而武帝乃殺魏其族。灌夫以悅母后。則是為親廢法矣。

高遵裕敗師。宋太后不復其官。是為阿弟以徇情。則失皋陶執之之義也。柴守禮殺人。周世宗不問其罪。是為庇父而屈治。則昧大舜竊逃之道也。

竊負而逃　二句

楚棄疾聞王直告。乃掩君命而恐父之受誅。唐李瓘知父奸謀。乃發父罪而速君之致討。是以國法為重也。異於舜之竊負而逃。而楚直躬之證父為攘。吳將軍之責父不死者亦然。唐肅宗靈武即位。不思蜀道之蒙塵。宋高宗江左偏安。竟置青城之俘虜。是以天下為樂也。異於舜之

遵海而○處○而舉孝廉而忍父别○居○入廷尉而棄母下宅○者○亦然○

孟子自范之齊望見齊王之子

漢江都王從獵上林○望見副車韓嫣○以為天子○而伏謁道旁○嫣驅不見○王大怒○乃訴誅韓嫣○趙將李良求救邯鄲○道逢趙王親姊○以為趙王而伏謁道左○姊醉不知○良大慚○乃退殺王姊○此與孟子之齊○望見齊王之子而喟歎者異○

此非吾君也

垤澤門之呼○有謂為魯君親呼○有謂為左右傳呼○然重門謹肅○暴客宜防○暮夜呼號○不時有戒○故漢文帝勞軍○至細栁營○先驅不得入軍門○亞夫必待天子節詔○乃令開壁○光武出獵夜還○喚上東門○從者見面於門間○郅惲猶以火明燎遠○不肯奉詔○宋武帝畋遊夜還○勅開城門○謝莊居守○以啟信或虛○必須主上墨勅○乃敢開門○是無怪守者之謂○此非吾君也○

何其聲之似我君也

逢丑父似齊頃公○而脫頃公之難○子期似楚昭王○而脫昭王之難○紀信似漢高祖○而脫高祖之難○此亦如聲之似我君者○至於王鑄之顏似袁粲○殷顗之頰似謝鎮○王安石之眼似王敦○楊再思面似高麗○王平子面似羌人○柏良器顏文似淮臨王○寇萊公頭骨類盧多遜○桓溫神似劉司空○司馬光貌似周必大○則又與有聖人之一體同類○然要是貌之似○而非聲之似也○魯慶父識奚斯之聲○曾叔向識鬷蔑之聲○回鶻梅錄識李景略之聲○以及南子識伯玉車聲○漢

帝識鄭崇履聲。此又聲之真，而非似者。

恭敬而無實君子不可虛拘

醴酒不設，穆生即去，以其慢也。燔肉不至，孔子遂行，以其簡也。麥飯葱羹，井丹不食，以其薄也。鼎肉不餽，子思不拜，以其煩也。故曰恭敬而無實，君子不可以虛拘。

王子有其母死者　二句

匠慶謂季文子曰：子為正卿，而小君之喪不成，不終君也。君長誰受其咎。呂東萊謂羅崇勳曰：宸妃誕育聖躬，而喪不成禮，異日必有受其罪者。此生母雖壓于嫡母，而人子之心終不能已也。故王子有其母死，其傅為之請數月之喪。然如漢武帝欲立其子弗陵而殺其母趙夫人，魏道武將立其子嗣而殺其母劉貴人，則王子之母不得其死者多矣，喪云乎哉。

有問答者

學記曰：善問者如攻堅木，先其易者，後其節目；善待問者如撞鐘，事必待其從容，而後盡其聲。故聖門如由也，果於天下之事，無一不勇於為，故問君子則不足于修己，問政則不足于先勞。賜也達于天下之事，無一不思其究竟，故問士則必窮其次，問政則必窮所去。此以見賢者之善問也。問孝不一人，懿子、武伯則答以無違、慎疾，子夏、子游則答以色難、敬養；問仁不一人，而顏淵、仲弓則答以克復、敬恕，樊遲、子張則答以勿棄、能行。此以見聖人之善答也。是以君子之教有答問者。

天下有道以道殉身　二句

郭子儀以一身存亡。係天下安危。裴晉公以一身去就。為國家輕重。趙鼎以一身用舍。為社稷安危。張浚以大臣同休戚。為朝廷倚恃。此兼以道殉身。以身殉道之類。

堯舜之知而不徧物　三句

漢宣帝綜核名實。非不明也。而不能知石顯之奸。唐宣宗抉擿細微。非不察也。而不知令狐綯之佞。蓋明于小而暗于大也。故堯舜之知不徧愛物而急先務。

急親賢也。

漢高祖既破陳豨。即詔求遺賢。明太祖既克婺州。即首招儒士。此所謂急親也。與公孫述封徵李業王皓。董卓怒徵荀爽蔡邕。桓元為徵皇甫義之自異。

不能三年之喪　五句

唐文宗對羣臣于便殿。舉衫袖示之曰。此衣已三澣。衆皆美上儉德。柳公權曰。陛下富有四海。當進賢退不肖。乃可致雍熙。服澣濯之衣。乃末節耳。齊明帝當大官元日上壽。見銀酒鎗。欲毀之。羣臣咸稱盛德。蕭穎冑曰。朝廷盛禮。莫若三元。此器舊物。不足為侈也。後遇賜宴。銀器滿席。穎冑曰。陛下前欲壞酒鎗。恐宜移在此。是二君者。皆不知務也。無異于不能三年之喪而緦小功之察。放飯流歠而問無齒決。

大敗將復之恐不能勝故驅其所愛子弟以殉之

三十九

楚靈王多殺人子。人亦盡殺其子。故奔于乾谿。侍者請其待于郊以聽國人。而靈王曰：衆怒何可犯也。乃卒縊而死。楚項羽所從子弟盡至敗亡。故走于烏江。亭長請其返江東以圖復王。而項羽曰：何面目見父老乎。遂自刎而死。是與梁惠王大敗將復又驅其子弟以從之者亦與

盡下下

大敗將復之

○宋真宗澶淵之幸。有寇準助之。故能成一戰之功。高宗平江之幸。有趙鼎贊之。故能奮六師之氣。此與梁之大敗將復者異。

盡信書則不如無書

山海經為禹益所記。而有長沙零陵桂楊諸暨之名。木草為神農所述。而有朱崖趙國常山臨淄之稱。爾雅作于周公。而云張仲孝友。蒼頡篇造于李斯。而云漢兼天下。此皆非原書本文。而為後人附益之說也。亦書之不可盡信者。

趙主父施鈎梯而緣播吾。刻疎人迹。廣三尺。長五寸。而勒之曰：主父嘗遊于此。秦昭王施鈎梯而上華山。削博箭長八尺。棋長八尺。而勒之曰：昭王嘗與天神博于是。則史冊鍾鼎之文。多有如播吾之迹。華山之博也。此以見盡信書則不如無書。故孫氏書經源流說曰：粵自秦坑之燼。存遭汲塚之蕪。伏生九十口誦艱深。張霸百篇言多淺陋。考秦誓而浸偽。嗟酒以俄空。魯共王升孔子之堂。河內女壞高耼之室。古今之文蠭起。帝王之籍瓜分。科斗既訛。旅獒莫辨。仲舒三

策。猶信白魚赤烏之誣。劉向五行。徒言黃鼠黑蜺之異。必在舉宏綱而撮機要。用能揚鴻烈而振微。章。毋效秦近君。說數萬言于堯典。知孟軻氏取二三策于武城。固宜世子不會之文。唐太宗信之。遂致承乾之令德不終。公羊九世復仇之說。漢武帝信之。遂致匈奴之兵事以。王安石信國服為息之法。而青苗病其民。林瑤信需卦飲食之象。而以宴遊誤其君。此盡信書之為害也。

虎賁三千人

周瑜赤壁之勝。以五千精兵。敗曹瞞八十萬之眾。而風火神。謝元淝水之勝。以八萬勁卒。破苻虜百萬之眾。而草木皆兵。劉琨順昌之勝。以四萬孤軍。敵金人十萬之眾。而諸將惟恃一太尉。虞允文采石之勝。以數百殘卒。敗金虜十萬之師。而大功乃出一儒生。此寡可以敵眾也。故武王之虎賁三千。更為無敵。

梓匠輪輿至不能使人巧

斲輪之柀。臣不可以喻于君。削鐻之工。父不能以語于子。故曰梓匠輪輿能與人規矩。不能使人巧。

古之為關也　四句

雨不到城。只為怕抽。月可代油。何不弃税。有淫具者。亦在當刑。扁舟載愁。關說不税。此皆諸談諷語。實甚於痛哭。而道是可見今之為關者之暴也。而古之禦暴。譏而不征者。則不然。故漢終軍棄繻而逃。不受盤詰。楚太子變服而出。但恐遮留。寧成歸家。詐爲符傳之信。麻思還•郡。早下州縣之符。

好名之人能讓千乘之國　一章

王安石辭修起居注。而不辭知制誥。王莽辭稱宰衡。而不辭僭皇帝。曹操讓還三縣。而不辭身居宰相。故曰好名之人。能讓千乘之國。苟非其人。簞食豆羹見于色。則人固不可以其小而信其大也。若夫韓馥以吳州讓袁紹。吾不忘故吏之義。劉璋以益州讓劉備。是自爲同姓之親。羊叔子之讓開府。固有薦賢爲國之心。庾元規之讓中書。亦有居寵思危之意。其事又與此異。

簞食豆羹見於色

子雅色形于竊黿。子公怒起於解黿乞肉被敵。闞人搆射姑之之禍。殺羊不與。羊斟敗華元之師。延食而羞小鱉。堵父之怒難回。見食而求餘饗。劉豫之恨不解。是皆見色于簞食豆羹者。

不信仁賢則國空虛

國患三滿。亦患三空。曰土滿。曰人滿。曰武滿。三滿不止。非其國也。管子之言也。曰田野空。曰朝廷空。曰倉庫空。三空之厄。不可爲也。陳蕃之說也。故杼柚其空之詩。譚大夫病告于東國。而邦國不空之誦。王別駕功著于海沂。此亦可見不信仁賢。則國空虛。陳平之間項羽也。更草具以進楚使。而羽遂疏范增。宋祖之間李煜也。懸畫像以示南使。而煜遂殺林仁肇。聽百升明月之謠。周以解律光爲可畏。見女主武王之讖。唐以李君羡爲可疑。

名應圖讖。宅占罔原。裴度公幾罹毀語。姓合讖書。貌符藝祖。王德用竟至降官。此亦不信仁賢之類

民為貴

虞書之訓曰。衆非元后何戴。后非衆罔與守邦。商書之訓曰民非后。罔克胥匡以生。后非民。罔以辟四方。此以見民之為貴。故少康以一旅之衆而興夏。武王以三千之臣而克商。秦之亡以項羽。而實始于漁陽之屯。長。唐之亡以黄巢。而實基于桂林之戍。卒。

社稷次之君為輕

國之有君。以為社稷主也。社稷固不可一日而無君。是以明皇既奔。即册忠王繼立。光武已定。不憂成帝復生。至鄭伯加晉被執。公孫申改立君以紓晉難。趙王會秦恐留。廉頗請立王以以絶秦望。此又呂郤喪君有君。立子圉以為惠公之謀也。故曰社稷次之。君為輕。文丞相謂社稷為重。君為輕。故德祐失國。而别立二王。于忠肅亦謂社稷為重。君為輕。故英宗北行。而即立景泰。霍光廢昌邑王歸國。謂臣今日寧可負王。不可負社稷。劉琨勸司馬睿進位。亦謂陛下以社稷為務。不以小行為先。是知懷愍不返。而東晉之元帝。不可不立。欽徽已行。而南宋之高。宗。不可不立。亦然。

旱乾水溢則變置社稷

宋時岳州田鼠害苗。雖明遣迎貓而祭之。鼠隨以斃。元時馬湖田鼠食穀。總管祠而祝之。鼠悉

赴水而死。則社稷之祈報。亦所在重可知也。然句容多盜。改置社稷而盜止。下邳多盜。遷社稷於南山而盜亦衰。事見陳后山叢談。此僖公所以欲焚魯國之巫。子產所以命伐桑山之木也。故曰旱乾水溢。則變置社稷。但如北魏元楨禱雨不應。而鞭石季龍之像。奚康生祈雨不驗。而取西門豹之碑。是又過於虐矣。

國人皆以夫子將復為發棠　二句

侯霸去淮平太守。百姓乞留期年。蓋寬饒罷衛司馬。士卒願留一年。寇恂舊為潁川太守。後從車駕至郡。百姓願復得耿君。宋罷李綱以謝金人。而都民乞復用綱。司馬光自洛入京。都民願祝留相天子活百姓。此與齊人欲孟子復為發棠同意。然孟子之意。自異於朱邑之猶念桐鄉。顏斐之不忘京兆者。故曰殆不可復。

是為馮婦也

張正甫辭官而復悔。崔造相退位而復起。王良謝病歸東海。而復起仕漢。宋齊邱退讓入九華。而復還仕吳。姚樞棄官隱蘇門。而復出仕元。此皆為馮婦之類。宋寧州還俗十餘年而復出山。唐黃崇嘏守節二十餘年。而復嫁人。亦然。

可欲之謂善

秦之伐齊也。特購齊王首級。而令採樵毋至柳下季之墓。是敵人亦知旌善也。金之入洛也。大索蔡京姬妾。而令軍士毋犯司馬大師之家。是夷狄亦知敬善也。故曰可欲之謂善。至若黃巾之賊。拜康成而識為學者師。田州之蠻。迎孔鏞而稱為聖人。後。亦然。

二之中四之下也

龐統為半英雄。張浚如兩截人。薛瑄處身在四五之間。歐陽修制行有六一之稱。張緒對策有六百之譽。雷淵執法有半千之號。常遇春將兵有十萬之名。皆與所謂二之中。四之下者異。若莊子之自處于林不林之間。宋漁之忘憂于非夷非惠之際。是即二之中者。

君子用其一緩其二　六句

陳恕定茶法。以中等為可行。張方平定鹽法。以再榷為不可。故曰君子用其一。緩其二。然如晁景遷謂今賦役幾十倍于漢。林勳謂租增唐七倍。李徵之謂布縷之征三。穀粟之征三。力役之征四。則不止于用其二。用其三矣。至若文種獻七術。越王用其三。張齊賢陳十事。宋太祖用其四。則又與此用其二。用其三者異。

諸侯之寶三土地人民

漢高祖先入秦關。諸將爭取財物。而蕭何獨收取圖。籍。使知天下封。疆。唐太宗每克城邑。諸將爭取寶貨。而房玄齡獨收采人。物。以為幕府參。佐。是知寶在土地人民者。

寶珠玉者殃必及身

元左丞尚文謂粟米為寶。而寶不押忽珠。曰一寶止濟一人。其用微矣。楚王孫圉謂善人為寶。而不以白珩玉為寶。曰此先王之玩好。何足寶　是可謂不寶珠玉者。故崔洪手不持珠玉。而迄全雅操。桓玄手不離珠玉。而大著山節。則曰寶珠玉者。災必逮其身也。益信。

其為人也小有才

盧毓謂有才而不能為善。是所謂不中器。羅典謂有才而苟不正心。何取于才之過人。此郭林宗所以謂謝甄邊讓有英才而不入大道也。故唐憲宗惜李直臣有才。而牛僧孺以為安祿山朱泚皆才過人。然法不能制。宋神宗謂呂惠卿美才。而司馬光以為江充李訓若無才何以能動人主。是皆盆成括之類。狄之鄧舒。晉之智伯。亦然。

若是乎從者之廋也

以顏予為偷飯。以鄭人為竊鐵。以直不疑為盜金。以雷義為盜袴。故曰若是乎從者之廋也。

來者不拒

朱子曰常講學。不謝遣生徒以避謗。蔡元定從遊者衆。不忍拒來學以避禍。程頤誨人不倦。學者多出其門。劉子翬講論不雜。學者盡皆名士。許謙講貫無倦。而四方之士。以不及其門為恥。虞仲翔謫交趾。而講學不輟。來學者千餘人。此來者不拒及誨人不倦類。

堂高數仞至驅騁田獵我得志弗為也

沛公見秦王宮闕壯麗。而嘆曰。大丈夫固不當如是耶。鄉人見陳涉供帳侈盛。而驚曰。夥頤涉之為王沉沉者。是為宮室之美。然獨不有卜其為貧宰相者乎。則堂高數仞。榱題數尺。我得志弗為也。故無起樓臺地之嫌。萊公必不為此。劉文叔謂仕宦當作執金吾。娶妻妾之奉懲華李師中謂歸來不願封侯印。但向君王覓愛卿。是為妻妾之奉。然獨不有責其無丈夫氣者乎。則食前方丈。侍妾百人。我得志弗為也。故不厭糟糠妻之宋宏必不為此。憐故人而贈袍。范雎待須賈以不死。哀王孫而進飯。韓信報漂母以多金。是為所識窮乏者得我。然獨不有恥識面臺官者乎。則博奕飲酒驅騁田獵。我得志弗為也。故不私故人子之韓滉。必不為此。

而曾子不忍食羊棗

辛少雍之祖嗜羊肝。少雍終身不食羊肝。任昉之父嗜檳榔。昉終身不食檳榔。徐克孝之母嗜粳米。克孝終身不食粳米。故曾皙嗜羊棗。而曾子不忍食羊棗。

諱名不諱姓姓所同也

自禹貢曰錫土姓。而左氏傳于是有因生賜姓。胙土命氏之分。又别之以字。以謚。以官。以邑。其言姓氏之源流備矣。乃降及後世。則一亂于朝廷之賜姓。再亂于支孽之冒姓。三亂于夷裔之起姓。如漢之項伯賜為劉纏。婁敬賜為劉敬。至唐而如徐勣得稱李勣者。不知其幾矣。此賜姓之亂也。漢之衛青以鄭季之子而冒衛氏。曹操以夏侯氏之子而姓曹氏。至唐而如張易之子為楊國忠者。不知其幾矣。此冒姓之亂也。漢之金日磾以休屠王太子而姓金氏。劉元海以呼韓邪之後而姓劉氏。至唐而如侯莫陳之為侯。烏石蘭之為石者。又不知其幾矣。此起姓之亂也。則故姓之所同。而亦有不同。姓之不諱。而已若可諱矣。

姓所同也

姓氏相傳之說，紛紛同異。如王氏祖同靈王，而王莽乃自云舜後；程氏實出程伯，而子華又與趙同宗；樂天序白氏原于白公，乃誤以乙丙爲白公之後；休文謂沈氏出于沈子，乃誤以沈亭合汾水之川；氏孔者必言宗宣聖，而不思更有南陽氏；孟者必托祖子輿，而不知別傳索里謂顏氏皆兖國之裔，何以記聖門弟子載顏氏六人，而外衛國且有讐由；謂仲氏皆子路之支，何以序堯廟碑者，仲氏三十餘名誤入；又援山甫可知遙遙華胄，正不特稱爲閔子騫後者爲可疑矣。則姓亦有同有不同，故狄青却梁公畫像，猶不敢以遭際自附遠祖；而狄傑分仁傑告身，乃不知以遭逢自礪，猶節能安於龍光之墓，實爲人所鄙；郭崇韜哭子儀之墳，更爲世所笑。有以殊族而附中國者，如石勒引石樸爲宗室，侯景引侯瑱爲宗族；有以名門而附小人者，如孫弼與孫秀合族，周弘正與周石珍聯宗。至若李揆山東甲族，而見輔國執子弟之禮；崔寬見瀧石疎族，而見同徒浩序爲次之甥，則是新進之依藉權勢者也。又如杜銓京兆名家，而杜超乃引屬魏郡；韋鼎南邦遠族，而韋世康乃請還杜陵，則又貴戚之受慕名也。此以見姓本無可論。

又有以異姓稱同族者，杜子美送唐十八使君詩，而謂與君陶唐後；韓文公送何堅序，謂何與韓同姓。此亦如申與甫同出姜姓，故嵩高詩言生甫及申；蔡與趙同爲嬴姓，故史漢家多謂秦爲趙也。亦見姓所同之一端。

名所獨也

唐叔有文在手曰虞。季友有文在手曰友。楊堅有文在手曰王。宋仲子有文在手曰為魯大夫。
此名之以天生而獨者。晉穆侯命其子以仇。晉懷公命其子以圉。莊里丈人命其子以謚。魯孫
孫命其子以長狄僑如。此名之以父命而獨者。至若荆軻之友曰徐夫人。吳越王錢鏐小名婆
留。則男而獨以女名矣。而謝琰之幼稱末婢。李君羨之累喚五娘。亦是。衛青之姊曰衛子夫。漢
宣帝母王氏小名翁須。則女而獨以男名矣。而後漢書之孝女傳叔先雄。元世祖之皇后呼董
大哥。亦是。至若孫休制奇字以名子曰𩅦。曰𩃀。曰壾。曰𠅨。則尤獨之又獨。而必非人同矣。不亦
異乎。
魯有兩曾參。韓有兩韓傳。趙有兩毛遂。晉有兩王澄。前漢有朱買臣。前梁亦有朱買臣。大唐有
李綱。大宋亦有李綱。三國吳有張昭。五代周亦有張昭。東晉有宋齊邱。後吳亦有宋齊邱。制誥
韓翃。詩賦韓翃。同僚一般。文章李益。門戶李益。共會一時。相如則藺生馬代而題橋慕完璧之風。
子夏則杜氏同時。而小冠則眇目之號。則名亦非盡獨者也。故崔群不以嫌名同音而改。儀佐
陸鎮之名。韓皋不以呼名絕諱。而怒聲者寒膺之語。又何必定如晉以傳僖名司徒而廢司徒。
宋以武公名司空而廢司空乎。若夫王舒以會稽內史音同父名而求換他郡。趙元昊以明道
年號音同父字而改稱顯道。衛洙以滑州刺史音同家諱而請改閑官。劉溫叟以父名岳終身
不遊華岳。徐積以父名石終身不踐路石。李賀以父名晉而不舉進士。賈曾以父名忠而不拜
中書。是過於諱名者。

生斯世也為斯世也善斯可矣

孫叔敖以廉致窮○優孟曰○廉吏不可為○沈嶠之以清抵罪○寂之曰○清吏不可為○此鄉愿所以同乎流俗○合汙世也○故漢光武謂馬武曰○勿為盜賊○自致亭長○斯可矣○馬少游語其兄曰○但令鄉里稱為善人○亦足矣○則所云生斯世也○為斯世也○善斯可矣者○亦是此意○

其志嘐嘐然

終軍願請長纓係趙王之首○宗慤願承長風破萬里之浪○馬援謂大丈夫當以馬革裹尸○安能老死牖下○史宏肇謂大丈夫○當用長槍大戟○安能日事毛錐○此皆如後漢班超謂大丈夫當效傅介子張騫立功異域○以取封侯○安能久事筆硯間○以及北魏高昂謂男兒當橫行天下○自取富貴○安能端坐讀書○作老博士之意也○故曰其志嘐嘐然○

君子反經而已矣　一節

仁義者先王之道也○有韓公之原道○則先王之道也○而異端之說以廢○此即我亦欲正人心息邪說○距詖行○放淫辭之謂○禮義者勝佛之本也○有歐公之本論○則勝佛之本立○而距僻之心不生○此即君子反經而已矣○經正則庶民興○而無邪慝之謂○

孔文博文而刪訂六經○孟子亦博學而身通六藝○故孔子之門○子貢子夏長於詩○漆雕開長於書○商瞿長於易○子游長於禮○是不獨詔伯魚學詩○與子張論書○孟子之門○孟子子長於詩○公孫丑長於易○樂正子長於春秋○是不獨高子論詩○折衷之引書也○可見孔子之雅言○孟子之詳說○

是皆以經爲教。此亦見君子反經之一端。

去聖人之世若此其未遠也　四句

周家之繼述。則太王王季文王。由文王而下至孔子。五百餘歲焉。故曰待文王而後興者凡民也。無文王而猶興者豪傑之士也。孔門之傳授。則曾子子思孟子。由孟子而上溯孔子。百有餘歲耳。故曰近聖人之居。若此其甚也。去聖人之居。若此其未遠也。皆孟子自任之意。

近聖人之居

越絕書本事篇曰。聖人授教六藝。刪定五經。七十二子。養徒三千。講習學問于魯之闕門。顧寧人撰肇域志。引史記魯世家。煬公築茅闕門之文。竹竹垞亦謂考之竹書。煬公築茅闕門。是即闕門之所由稱也。家語則曰。顏繇字季路。孔子始教于闕里而受學焉。集註刪去闕里三字。闕百詩以謂闕里名。僅見于漢書。梅福傳云。仲尼之廟。不出闕里。東漢後方成稱之。蓋緣魯恭王徙魯。于孔子所居里造宮室。有雙闕焉。人因稱孔子所居曰闕里。孔子時無此名。是朱子之精於地理也。然王伯厚困紀紀聞。則謂孔子宅在兖州曲阜縣故魯城歸德門內闕里之中。背洙面泗。雙相闕之東北。水經注曰。洙泗二水。交于魯城東北十七里。背洙泗牆南北一百二十步。東西六十步。四門各有石闕。正義引伍緝之從征記。校註泗牆二字當作面泗。是孔子所居當時不早有闕里之名。可知。而又謂之闕黨者。則以黨該五百家。而夫子所居止在闕里二十五家之中。而里門有師。謂之闕師。夫子幼時。或即爲里門之師而教授焉。後乃廣及于一黨。故荀子儒效篇曰。孔子居于闕黨。闕黨之弟子化之。由是推之。則闕里以闕門得名。闕黨又以闕里得名。而闕門者即闕里之門。闕里者即闕黨之里也。弟子後世。因所居堂以為廟。中藏衣冠琴書之所。漢高帝滅項羽。舉兵圍魯。猶聞城内禮樂絃歌之聲。知聖居之化遠矣。太史公世家贊曰。余讀孔氏書。想見其為人。適魯觀仲尼廟堂車服禮器。諸生以時習禮其間。為之徘徊久之不能去云。故孟子以近聖人之居為幸。

然而無有乎爾　二句

東市之三千大學。爭願嵇康以為師。南山之五百門人。咸從郭瑀而受業。此即為孔子之徒衆三千。而悦服者尤有七十士。孟子之徒遊數百。而與難者亦有七十人也。則見知聞知豈無有乎爾哉。

類考典故四書便蒙（孟子）七卷

清　趙震輯

清光緒善成堂刻本

光緒年月新鐫

類考典故

四書便蒙

善成堂本

孟子序說

史記列傳曰孟軻趙氏曰孟子魯人族孟孫之後漢書注云字子車一說字子輿騶人也騶亦作鄒本邾國也受業子思之門人子思孔子之孫名伋索隱云王劭以人爲衍字而趙氏註及孔叢子等書亦皆云孟子親受業於子思未知是否道既通趙氏曰孟子通五經尤長於詩書程子曰孟子曰可以仕則仕可以止則止可以久則久可以速則速孔子聖之時者也故知易者莫如孟子又曰王者之迹熄而詩亡詩亡然後春秋作又曰春秋無義戰又曰春秋天子之事故知春秋者莫如孟子尹氏曰以此而言則趙氏謂孟子長於詩書而已豈知孟子者哉游事齊

宣王宣王不能用適梁梁惠王不果所言則見以爲迂遠而闊於事情按史記梁惠王之三十五年乙酉孟子始至梁其後二十三年當齊湣王之十年丁未齊人伐燕而孟子在齊故古史謂孟子先事齊宣王後乃見梁惠王襄王齊湣王獨孟子以伐燕爲宣王時事與史記荀子等書皆不合而通鑑以伐燕之歲爲宣王十九年則是孟子先游梁而後至齊見宣王矣然考異亦無他據文未知孰是也當是之時秦用商鞅楚魏用吳起齊用孫子田忌天下方務於合從連衡以攻伐爲賢而孟軻乃述唐虞三代之德

是以所如者不合。退而與萬章之徒序詩書。述仲尼之意。作孟子七篇。趙氏曰。凡二百六十一章。三萬四千六百八十五字。韓子曰。孟軻之書。非軻自著。軻既沒。其徒萬章公孫丑相與記軻所言焉耳。愚按二說不同。史記近是。

韓子曰。堯以是傳之舜。舜以是傳之禹。禹以是傳之湯。湯以是傳之文武周公。文武周公傳之孔子。孔子傳之孟軻。軻之死。不得其傳焉。荀與楊也。擇焉而不精。語焉而不詳。程子曰。韓子此語。非是蹈襲前人。又非鑿空撰得出。

必有所見。若無所見。不知言所傳者何事。〇又曰。孟氏醇乎醇者也。荀與楊大醇而小疵。程子曰。韓子論孟子甚善。非見得孟子意。亦道不到。其論荀楊則非也。荀子極偏駁。只一句性惡。大本已失。楊子雖少過。然亦不識性。更說甚道。〇又曰。孔子之道大而能博。門弟子不能徧觀而盡識也。故學焉而皆得其性之所近。其後離散分處諸侯之國。又各以其所能授弟子。源遠而末益分。惟孟軻師子思。而子思之學出於曾子。自孔子沒。獨孟軻氏之傳得其宗。故求觀聖人之道者必自孟子始。程子曰。孔子言參也魯。然顏子没後。終得聖人之道者曾子也。觀其啓手足時之言。可以見矣。所傳者子思孟子。皆其學也。○又曰。揚子雲曰。古者楊墨塞路。孟子辭而闢之廓如也。夫楊墨行正道廢。孟子雖賢聖不得位。空言無施。雖切何補。然賴其言而今之學者尚知宗孔氏崇仁義貴王賤霸而已。其大經大法皆亡滅而不救壞爛而不收。所謂存十一於千百安

在其能廓如也然向無孟氏則皆服左
衽而言侏離矣故愈嘗推尊孟氏以爲
功不在禹下者爲此也
或問於程子曰孟子還可謂聖人否程子
曰未敢便道他是聖人然學已到至處愚按至字恐當作聖字○程子又曰孟子有功於
聖門不可勝言仲尼只說一箇仁字孟
子開口便說仁義仲尼只說一箇志孟
子便說許多養氣出來只此二字其功

甚多○又曰孟子有大功於世以其言性善也○又曰孟子性善養氣之論皆前聖所未發○又曰學者全要識時若不識時不足以言學顔子陋巷自樂以有孔子在焉若孟子之時世既無人安可不以道自任○又曰孟子有些英氣才有英氣便有圭角英氣甚害事如顔子便渾厚不同顔子去聖人只毫髮間孟子大賢亞聖之次也或曰英氣見於

甚處。曰但以孔子之言比之便可見。且如冰與水精。非不光。比之玉。自是有溫潤含蓄氣象。無許多光耀也。

楊氏曰。孟子一書。只是要正人心。教人存心養性。收其放心。至論仁義禮智。則以惻隱羞惡辭讓是非之心爲之端。論邪說之害。則曰生於其心。害於其政。論事君。則曰格君心之非。一正君而國定。千變萬化。只說從心上來。人能正心。則事

無足爲者矣大學之脩身齊家治國平
天下其本只是正心誠意而已心得其
正然後知性之善故孟子遇人便道性
善歐陽永叔却言聖人之教人性非所
先可謂誤矣人性上不可添一物堯舜
所以爲萬世法亦是率性而已所謂率
性循天理是也外邊用計用數假饒立
得功業只是人欲之私與聖賢作處天
地懸隔

孟子

孟子名軻字子輿一字子車出魯桓公子慶父之後故孟子葬母而歸葬於魯世居於鄒故爲鄒人○孟子未生時夢神人乘雲霧龍鳳自泰山來將至於嶧凝視久之忽見片雲墜而寤時閭巷皆見五色雲覆孟氏居而孟子生焉父激公宜母仉氏孟子三歲喪父母

孟子卷之一　　朱熹集註

梁惠王章句上　凡七章

（蓋冀其道之行而展其仁義之學也）

孟子見梁惠王。梁惠王，魏侯罃也。都大梁，僭稱王，謚曰惠。史記：惠王三十五年，卑禮厚幣以招賢者，而孟軻至梁。

王曰：叟不遠千里而來，（自鄒至梁）亦將有以利吾國乎？叟，長老之稱。王所謂利，（含未嘗不利）蓋富國彊兵之類。

孟子對曰：王何（含有害）必曰利？亦有仁義而已矣。仁者心之德、愛之理。義者心之制、事之宜也。（我所謂不當言利者正以言利必有害也）此二句乃一章之大指，（此句是下二句之綱）下文乃詳言之。後多放此。

王曰何以利吾國，大夫曰何以利吾家，（但見利國一個）士庶人曰何以利吾身，（王　大夫士庶）上下交征利而國危矣。萬乘（將見　天子）

有賢德孟子承母斷機之訓受業子思門人道既通游說列國○生於周定王三十七年夏四月一日卒於赧王二十六年春正月十五日享年八十有四墓在鄒縣四基山○當孟子時秦用商君富國强兵楚魏用吳起戰勝弱敵齊威王宣王用孫子田忌之徒而諸侯東面朝齊天

之國弑其君者必千乘之家（公卿）千乘之國（諸侯）弑其君者必百乘之家（大夫）萬取千焉千取百焉不爲不多矣（夫先王制地定法君臣）苟爲後義而先利（先後以急緩言）不奪不饜（盡其君之利）乘去聲饜於豔反○此言求利之害以明上文何必曰利之意也征取也上取乎下下取乎上故曰交征國危謂將有弑奪之禍乘車數也萬乘之國者天子畿內地方千里出車萬乘千乘之家者天子之公卿采地方百里出車千乘也千乘之國諸侯之國百乘之家諸侯之大夫也弑下殺上也饜足也言臣之於君每十分而取其一分亦已多矣若又以義爲後而以利爲先則不弑其君而盡奪之其心未肯以爲足也

未有仁而遺其親者也未有義而後其君者也此言仁義未嘗不利以明上文

下方務於合從連衡以攻伐為賢而孟軻乃述唐虞三代之德是以所如者不合退而與萬章之徒序詩書述仲尼之意作孟子七篇以詔來世娶田氏生子名仲子

梁惠王

梁惠王名罃魏武侯子擊之子也其先周文王庶子畢公高封於畢後絕封為庶人至畢萬事

亦有仁義而已之意也。遺，猶棄也。後，不急也。言仁者必愛其親，義者必急其君。故人君躬行仁義而無求利之心，則其下化之，自親戴於己也。由此觀之

王亦曰仁義而已矣，何必曰利？

重言之以結上文兩節之意。○此章言仁義根於人心之固有，天理之公也。利心生於物我之相形，人欲之私也。循天理，則不求利而自無不利；徇人欲，則求利未得而害已隨之。所謂毫釐之差，千里之繆。此孟子之書所以造端托始之深意，學者所宜精察而明辨也。○太史公曰：余讀孟子書，至梁惠王問何以利吾國，未嘗不廢書而歎也。曰：嗟乎！利誠亂之始也。夫子罕言利，常防其源也。故曰放於利而行，多怨。自天子以至於庶人，好利之弊何以異哉？程子曰：君子未嘗不欲利，但專以利為心，則有害。惟仁義，則不求利而未嘗不利也。當是之時，天下之人惟利是求，而不復知有仁義。故孟子

新增直古

晋獻公伐霍有功封於魏爲大夫萬生魏武子武子生悼子悼子生魏絳絳生魏嬴嬴生魏獻子獻子生魏侈侈之孫曰桓子桓子與趙襄子韓康子共滅智伯分其地桓子之孫曰文侯文侯生武侯武侯生罃僭稱王是爲惠王自安邑徙大梁遂曰梁

萬乘

司馬法云天子

言仁義而不言利。所以拔本塞源而救其弊。此聖賢之心也。○孟子見梁惠王。王立於沼上。顧鴻鴈麋鹿曰。賢者亦樂此乎。（自慚）樂音洛。篇內同。○沼。池也。鴻。鴈之大者。麋。鹿之大者。孟子對曰。賢者而後樂此。不賢者雖有此。不樂也。此一章之大指。詩云。經始靈臺。（量度之始）經之（度其地）營之。（正其位）庶民攻之。不日成之。經始勿亟。（爲子來趨父事也）庶民子來。王在靈囿。（臺已成後）（臺下有囿）麀鹿攸伏。（鹿得所）麀鹿濯濯。白鳥鶴鶴。（鳥得所）王在靈沼。（囿中有沼）於牣魚躍。（魚得所）文（與無民敵之句應）王以民力爲臺爲沼。而民歡樂之。（幸君之有其樂）謂其臺曰（蓋申）靈臺。謂其沼曰靈沼。樂其有麋鹿魚鼈。古之

畿方千里地百萬井定出賦六十四萬井戎馬四萬匹兵車萬乘故稱萬乘之主君天子曰萬乘諸侯曰千乘大夫曰百乘蓋以大制小以十制一

沼

沼池也世說保眞池即梁惠王故沼

鴻鴈

月令曰仲秋鴻鴈來賓○鴈從風而飛以愛氣

人與民偕樂故能樂也。亟音棘。麀音憂。鶴詩作翯。戶角反。於音烏。○此引詩而釋之。以明賢者而後樂此之意。詩大雅靈臺之篇。經量度也。靈臺文王臺名也。營謀爲也。攻治也。不日不終日也。亟速也。言文王戒以勿亟也。子來如子來趨父事也。靈囿靈沼臺下有囿。囿中有沼也。麀牝鹿也。伏安其所不驚動也。濯濯肥澤貌。鶴鶴潔白貌。於歎美辭。牣滿也。孟子言文王雖用民力而民反歡樂之。既加以美名。而又樂其所有。蓋由文王能愛其民。故民樂其樂。而文王亦得以享其樂也。

湯誓曰時日民怨桀曰害喪。予民及女指日偕亡。夫手民欲與之偕亡雖有臺池鳥獸豈能獨樂哉。害音曷。喪去聲。女音汝。○此引書而釋之。以明不賢者雖有此不樂之意也。湯誓商書篇名。時是也。日指夏桀。害何也。桀嘗自言。吾有天下如

新增典故　孟子　卷一　三　善成堂

力銜蘆而飛以避矰繳飛有行列秋南而春北鴻其鴈之大者也

麋鹿

埤雅云鹿性喜林麋性喜澤○鹿好羣而相比陽類也故夏至感陰氣而角解麋多慾而善迷陰類也故冬至感陽氣而角解○鹿孕子於仲秋而生於春鹿孕子於仲春而生於秋

天之有日。日亡吾乃亡耳。民怨其虐。故因其自言而日之日。此日何時亡乎。若亡。則我寧與之俱亡。蓋欲其亡之甚也。孟子引此以明君獨樂而不卹其民。則民怨之而不能保其樂也。

照救荒說 是極至之辭

○梁惠王曰寡人之於國也盡心焉耳矣。河內凶則移其民於河東移其粟於河內河東凶亦然察鄰國之政無如寡人之用心者。鄰國之民不加少寡人之民不加多何也。

救荒 見分外 分外 有兼歲意

寡人。諸侯自稱言寡德之人也。河內河東。皆魏地。凶。歲不熟也。移民以就食。移粟以給其老稚之不能移者。

孟子對曰王好戰請以戰喻填然鼓之兵刃既接棄甲曳兵而走或百步而後止。

靈臺

積恩爲愛積愛爲仁積仁爲靈靈臺之所以靈者積仁也○公羊傳云天子有靈臺以候天地諸侯有時臺以候四時

獨樂

魯莊公之末一歲三築臺胡氏以爲厲民自樂去文王之風遠矣

河東　河内

魏都大梁在大河東而以故安

或五十步而後止以五十步笑百步則何如（王以爲）曰不可直（但）不百步耳是亦走也（孟子就其明而通之）曰王如知此則無望（遠）民之多於鄰國也

好去聲塡音田○塡鼓音也兵以鼓進以金退直猶但也言此以譬鄰國不卹其民惠王能行小惠然皆不能行王道以養其民不可以此而笑彼也楊氏曰移民移粟荒政之所不廢也然不能行先王之道而徒以是爲盡心焉則末矣

不違（主亦惟盡心于王道而已）農時（耕耘收穫）穀不可勝食也數罟不入洿池魚鼈不可勝食也斧斤以時入山林材木不可勝用也穀與魚鼈不可勝食材木不可勝用是使民養生喪死無憾也養生喪（則民得而邪本固）

卷一

善成堂

新增□古□

邑之地爲河內今河中府是也○河內河東本殷之故都周既滅殷分其地畿而爲三國風詩邶鄘衛是也

鼓甲兵

周禮云鼓人掌教六鼓之音聲用以和軍旅以鼖鼓鼓軍事軍動則鼓其衆○樂記云鼓鼙之聲讙讙以立動動以進衆君子聽鼓鼙之聲則思將帥之臣○

孟子二

紀綱法度可次第施矣

死無憾王道之始也根脚○勝音升數音促罟音古洿音烏○農時謂春耕夏耘秋收之時凡有興作不違此時至冬乃役之也不可勝食言多也數密也罟網也洿窊下之地水所聚也古者網罟必用四寸之目魚不滿尺市不得粥人不得食山林川澤與民共之而有厲禁草木零落然後斧斤入焉此皆爲治之初法制未備且因天地自然之利而撙節愛養之事也然飲食宮室所以養生祭祀棺椁所以送死皆民所急而不可無者今皆有以資之則人無所恨矣王道以得民心爲本故以此爲王道之始因既固之民

五畝心定裁成之法制之宅樹之以桑五十者可以衣帛矣雞豚狗稚家彘牝豕之畜無失其時所生所長七十者可以食肉矣百畝之田上不違農時猶未有百畝之制此則恒產已立勿奪其時數口之家可以無飢矣民得其養則教化可施自此謹庠

甲亦曰介亦曰函亦曰鎧○金作兵兵有五一弓二殳三矛四戈五戟又刀劍曰短兵○周官車之五兵戈殳戟酋矛夷矛也步卒五兵無夷矛而有弓矢

農時

書云食哉惟時禮記云仲春毋作大事以妨農之事○左傳云凡土功龍見而戒事火見而至用水昬正而栽

序之教申之以孝悌之義頒白者不負戴於道路矣（夫教養兼施）七十者衣帛食肉黎民不飢不寒然（心無不盡）而不王者未之有也（豈止民多）衣去聲畜勑六反數去聲王去聲凡有天下者人稱之曰王則平聲據其身臨天下而言曰王則去聲後皆倣此○五畝之宅一夫所受二畝半在田二畝半在邑（村落不必溺爲城裡）田中不得有木恐妨五穀故於墻下植桑以供蠶事五十始衰非帛不煖未五十者不得衣也畜養也時謂孕字之時如孟春犧牲毋用牝之類也七十非肉不飽未七十者不得食也百畝之田亦一夫所受至此則經界正井地均無不受田之家矣庠序皆學名也申重也丁寧反覆之意善事父母爲孝善事兄長爲悌頒與斑同老人頭半白黑者也負任在背戴任在首夫民衣食不足則不暇治禮義而飽煖無敎則

日至而畢

穀上聲

范氏云五穀者萬民之命國之重寶也是故無道者不積其盛有餘之時以濟其衰不足也

數罟

易云作結繩而為網罟以佃以漁○國語云宣公夏濫於泗淵里革斷其罟而棄之○詩云施罛濊濊鱣鮪發發註施設也罛魚罟也濊濊罟

又近於禽獸故既富而教以孝悌則人知愛親敬長而代其勞不使之負戴於道路矣衣帛食肉但言七十舉重以見輕也黎黑也黎民黑髮之人猶秦言黔首也少壯之人雖不得衣帛食肉然亦不至於飢寒也此言盡法制品節之詳極裁成輔相之道以左右民是王道之成也

狗彘食人食平日**而不知檢**歲凶**塗有餓莩而不知發人死則曰非我也歲也是何異於刺人而殺之曰非我也兵也王無罪歲**而行王道**斯天下之民至焉**豈止鄰國

莩平表反刺七亦反○檢制也莩餓死人也發發倉廩以賑貸也歲謂歲之豐凶也惠王不能制民之產又使狗彘得以食人之食則與先王制度品節之意異矣至於民飢而死猶不知發則其所移特民間之粟而已乃以民不加多歸罪於歲凶

入水鼈也

斧斤以時

禮記云草木零落然後入山林○孟春之凡禁伐木孟夏之月毋伐大樹○夏季之月樹木方盛命虞人入山行水毋有斬伐○周禮云山虞掌山林之政令物爲之厲而爲之禁禁者以守禁仲冬斬陽木仲夏斬陰木凡服耜車材農器斬季材以時入

是知刃之殺人而不知操刃者之殺人也不罪歲則必能自反而益脩其政天下之民至焉則不但多於鄰國而已○程子曰孟子之論王道不過如此可謂實矣又曰孔子之時周室雖微天下猶知尊周之爲義故春秋以尊周爲本至孟子時七國爭雄天下不復知有周而生民之塗炭已極當是時諸侯能行王道則可以王矣此孟子所以勸齊梁之君也蓋王者天下之義主也聖賢亦何心哉視天命之改與未改耳○梁惠王曰寡人願安承教承上章言願安意以受教孟子對曰殺人以梃與刃有以異乎曰無以異也梃徒頂反○梃杖也以刃與政有以異乎曰無以異也孟子又問而王答也曰庖有肥肉廐有肥馬民有飢色野有餓

之今萬民時斬材有期曰

五畝之宅

趙氏曰古者一百畝公曰行十畝八家是爲八百八十畝餘公田二十畝八家分之得二畝半以爲廬舍城邑之居亦各得二畝半春今民畢出在野冬則畢入於邑在野曰廬在邑曰里廬各在田中而里聚居也

莩此率獸而食人也指虐政驅厚斂於民以養禽獸而使民飢以死則無異於驅獸以食人矣

獸相食賓且人惡之爲主民父母行政不免於率獸而食人惡在其爲民父母也惡之惡去聲惡在之惡平聲○君者民之父母也惡在猶賓言何在也

仲尼曰始作俑者其無後乎爲其象賓人而用之也如之何其賓使斯民飢主而死也

俑音勇爲去聲○俑從葬木偶人也古之葬者束草爲人以爲從衛謂之芻靈略似人形而已中古易之以俑則有面目機發而太似人矣故孔子惡其不仁而言其必無後也孟子言此作俑者但用象人以葬孔子猶惡之況實使民飢而死乎○李氏曰爲人君者固未嘗有率獸食人之心然徇一己之欲而不恤

桑
典術云桑木者箕星之精神木蚕食葉爲文章

雞豚狗彘
周禮云雞人其雞牲○禮記云雞曰幹音家曰剛鬣豚曰肥腯犬曰羹獻○易云巽爲雞坎爲家艮爲狗

百畝之田
金仁山曰古者六尺爲步步百爲畝一夫一婦受田百畝又受田廬之地二畝

其民。則其流必至於此。故以爲民父母告之。夫父母之於子。爲之就利避害。未嘗頃刻而忘於懷。何至視之不如犬馬乎。○梁惠王曰。晉國指文侯武侯時天下莫強焉。叟之所聞知也。及寡人之身。東敗於齊馬陵覆師長子申爲虜而死焉。西喪地於秦七百里取我少梁繼割河西南辱於楚昭陽戰敗七邑盡亡寡人恥國勢如此之。願比爲先人死者一洒之。如之何則可五字內藏一疑字。長上聲。喪去聲。比必二反。洒與洗同。○魏本晉大夫魏斯與韓氏趙氏共分晉地。號曰三晉。故惠王猶自謂晉國。惠王三十年。齊擊魏。破其軍。虜太子申。十七年。秦取魏少梁。後魏又數獻地於秦。又與楚將昭陽戰敗。亡其七邑。比猶爲也。言欲爲死者雪其恥也。孟子對曰。地方百里況千里乎而可以王報怨何足言。百里。小國也。然能行仁在下忽露政。則天下之民歸之矣。王

典故　孟子　卷一

善成堂

半邑居二畝半田居九百畝爲一井八面皆百畝爲私田八家受之內一百畝爲公田又在公田之內除二十畝爲廬舍八家則每家得二畝半邑屋所受亦如之○古百畝當今四十一畝古一畝半當今一畝十步

庠序　禮記云米廩有虞氏之庠也序夏后氏之序也

綱　重民命　厚民生　於是民得

如施仁政於民省刑罰薄稅斂深耕易耨壯者以暇日脩其孝悌忠信（百行之原一誠貫乎百行）入以事其父兄出以事其長上（此）可使制梃以撻秦楚之堅甲利兵矣（此教養素裕如此一旦有事而齊不足言）省所梗反斂易皆去聲。耨奴豆反長上聲。○省刑罰薄稅斂此二者仁政之大目也。易治也。耨耘也。盡已之謂忠。以實之謂信。君行仁政。則民得盡力於農畝。而又有暇日以脩禮義。是以尊君親上而樂於效死也。

彼奪其民時（嚴刑重斂）使不得耕耨以養其父母。父母凍餓兄弟妻子離散。養去聲。○彼。謂敵國（秦楚）也。

彼陷溺其民。（以尊君親上之民）王往而征之夫誰與王敵。夫音扶。○陷。陷於阱。溺。溺於水。暴虐之意。征。正也。以彼暴虐其民而率吾

道路　釋名云道蹈也路露也言人所踏而露見也

徧　埤蒼云水人送葬設闕而能跳踊故謂之徧

晉　晉姬姓侯爵周正王少子唐叔虞成王母弟也成王滅唐前桐葉爲圭與叔虞戲曰以此封汝大臣史佚等擇月而成之遂封叔虞於唐居參

尊君親上之民往正其罪彼民方怨其上而樂歸於我則誰與我爲敵哉**故曰仁者無敵王請勿疑**（百里可王之言）仁者無敵蓋古語也百里可王以此而已恐王疑其迂濶故勉使勿疑也○孔氏曰恵王之志在於報怨孟子之論在於救民所謂惟天吏則可以伐之蓋孟子之本意○**孟子見梁襄王**（道未行於父或可行於其子）襄王恵王子名赫**出語人曰望之不似人君**（無可像之儀）**就之而不見所畏焉**（無可畏之威）**卒然問曰天下**（紛爭之）**惡乎定吾對曰定于一**語去聲卒七沒反惡平聲○語告也不似人君不見所畏言其無威儀也卒然急遽之貌蓋容貌辭氣乃德之符其外如此則其中之所存者可知王問列國分爭（勢均力敵）天下當何所定孟子對以必合于一（指君言）然後定也**孰能一之**王問也**對曰不嗜殺人者**

孟子　卷一　八

善成堂

之分野謂之晉。王威烈王時，其臣韓、魏、趙氏三分其地。

秦

秦，嬴姓，伯爵。與禹平水土，佐舜調馴鳥獸，易姓嬴，是爲栢翳。栢翳十九世非子，爲周孝王主馬汧渭間，馬大蕃息，孝分爲附庸而邑之秦。

楚

楚，芈姓，子爵。顓頊孫重黎爲高芊氏火正，命曰

能一之。嗜，甘也。孰能與之。（王者）王復問也。與，猶歸也。（指民言各事其主）對曰：天下（之曰）莫不與也。（顧得所依賴而）王知夫苗乎？（比民）七八月之間旱，則苗（比常時虐政）槁矣。（比民憔悴）天油然作雲，（比仁政將行）沛然下雨，（比仁政既行）則苗浡然興之（之煽者）（比勞民易爲）矣。其（指苗）如是，孰能禦之？（苗）今夫天下之人牧，未有不嗜殺人者也。（嚴刑重斂爭地爭城）如有不嗜殺人者，則天下之民皆引領而望之矣。誠如是也，民歸之，由水之就下，沛然誰能禦之？（指水說是形民歸之勢）夫，音扶。浡，音勃。由，當作猶，古字借用，後多放此。○周七八月，夏五六月也。油然，雲盛貌。沛然，雨盛貌。浡然，興起貌。禦，禁止也。人牧，謂牧民之君也。領，頸也。蓋好生惡死，人心所同。故人君不嗜殺人，則天下悅而歸之。○蘇氏

[illegible]融其弟吳回嗣生陸終終生六子皆剖析而產最少者季連連之苗裔鬻熊為周文武師成王時舉文王武王勤勞之後嗣得鬻熊曾孫熊繹封於荆蠻其後都郢各曰楚東敗於齊

惠王三十年魏使龐涓伐韓韓告急於齊齊使孫臏救韓直走魏都龐涓去韓而歸魏令太子

曰。孟子之言非苟為大而已。然不深原其意。而詳究其實。未有不以為迂者矣。予觀孟子以來。自漢高祖。及光武。及唐太宗。及我太祖皇帝。能一天下者四君。皆以不嗜殺人致之。其餘殺人愈多而天下愈亂。秦晉及隋。力能合之。而好殺不已。故或合而復分。或遂以亡國。孟子之言。豈偶然而已哉。

○齊宣王問曰。齊桓晉文之紹管晏霸業事可得聞乎。齊宣王。姓田氏。名辟彊。諸侯僭稱王也。齊桓公。晉文公。皆霸諸侯者。

孟子對曰。仲尼之徒臣學本仲尼無道桓文之事者。是以後世學者無傳焉。臣亦未之聞也。無以已。則王乎。道。言也。董子曰。仲尼之門。五尺童子。羞稱五霸。為其先詐力而後仁義也。亦此意也。以。已通用。無已。必欲言之而不止也。王。謂王天下之道。

曰。德何如則可以王問得親切看得極難

申爲上將軍禦齊師孫子初入魏爲十萬竈次日爲五萬竈又次日爲二萬竈龐涓喜遂之暮至馬陵孫臏伏其道旁斫大樹白而書之曰龐涓死此樹下龐涓燭書萬弩齊發涓自刎太子申被虜

西喪地於秦　惠王十七年魏與秦戰元里秦收魏少梁三十一年秦孝公使

矣曰保民而王莫之能禦也。保愛護也。曰若寡人者可以保民乎哉曰可曰何由知吾可也曰臣聞之胡齕曰王坐於堂上有牽牛而過堂下者王見之曰牛何之對曰將以釁鐘王曰舍之吾不忍其觳觫若無罪而就死地對曰然則廢釁鐘與曰何可廢也以羊易之不識有諸。齕音核。舍上聲。觳音斛。觫音速。與平聲。○胡齕齊臣也。釁鐘新鑄鐘成而殺牲取血以塗其釁郄也。觳觫恐懼貌。孟子述所聞胡齕之語而問王不知果有此事否。曰有之曰是心足以王矣百姓皆以王爲愛也

一章綱領　看得極易　慨然詩他王　牛　因鐘之釁而釁之謂塡釁也　一章骨子　承上舍之句來　亦齊王語　保民而

衛鞅代魏，魏使公子卬禦之。鞅遺書詐和，與公子會飲，伏甲襲卬，虜之，大破魏師。惠王恐，割河西地獻之，因去安邑，徙大梁。

南辱於楚

楚懷王六年，使柱國昭陽伐魏，破於襄陵，得七邑。

旱

春秋考異云：旱之爲言旱也，陽驕蹇所致。

雲雨

臣固知王之不忍也。王見牛之觳觫而不忍殺，即所謂惻隱之心，仁之端也。擴而充之，則可以保四海矣。故孟子指而言之，欲王察識於此而擴充之也。愛，猶吝也。王曰：然（夫子之言）。誠有（如）百姓者（所譏）。齊國（但吾心實不如是）雖褊小，吾何愛一牛？即（特）不忍其觳觫，若無罪而就死地，故以羊易之也。言以羊易牛，其迹似吝，實有如百姓所譏者。然我之心不如是也。曰：王無異於百姓之以王爲愛也。以小易大，彼惡知之（爲不忍心）？王若隱（痛）其無罪而就死地，則牛羊何擇焉？王笑曰：是誠何（不得其心）心哉？我非（心本）愛其財而易之以羊也，宜乎百姓之謂我愛也。○惡，平聲。異，怪陰陽聚爲雲○周禮云保章氏以五雲之物辨吉凶水旱○公羊云觸石而起膚寸而合不崇朝而雨者唯泰山雲乎○釋名云雨者輔也言輔時生養也○尚書云休徵則肅雨時若咎徵則狂雨時若

齊宣王

齊宣王名辟彊威王子也其先陳厲公陀之子敬仲完之後

也隱痛也擇猶分也言牛羊皆無罪而死何所分別而以羊易牛乎孟子故設此難欲王反求而得其本心王不能然故卒無以自解於百姓之言也

曰無傷也是乃仁術也見牛未見羊也君子之於禽獸也見其生不忍見其死聞其聲不忍食其肉是以君子遠庖廚也

遠去聲○無傷言雖有百姓之言不爲害也術謂法之巧者蓋殺牛既所不忍釁鐘又不可廢於此無以處之則此心雖發而終不得施矣然見牛則此心已發而不可遏未見羊則其理未形而無所妨故以羊易牛則二者得以兩全而無害此所以爲仁之術也聲謂將死而哀鳴也蓋人之於禽獸同生而異類故用之以禮而不忍之心施於見聞之所及其所以必遠庖廚者亦以預養是心而廣爲仁之術

敬仲奔齊數傳至恒弒簡公割齊安平以東至瑯琊為封邑三傳至田和乃遷齊康公於海上求為諸侯代有齊國和卒子桓公立桓公卒子威王立威王卒子宣王立

王

賞善誅惡諸侯朝事謂之王王者往也言其惠澤優游天下歸往也

也。王說曰：詩云：他人有心，予忖度之。夫子之謂也。夫我乃行之，反而求之，不得吾心。夫子言之，於我心有戚戚焉。此心之所以合於王者，何也？

以羊易牛　無解何擇　見牛未見羊　前日不忍之　察識矣　然而　微　纔開口說是心足王句　道之大

說，音悅。忖，七本反。度，待洛反。夫我之夫，音扶。○詩小雅巧言之篇。戚戚，心動貌。王因孟子之言，而前日之心復萌，乃知此心不從外得，然猶未知所以反其本而推之也。

曰：有復於王者曰：吾力足以舉百鈞，而不足以舉一羽；明足以察秋毫之末，而不見輿薪。則王許之乎？曰：否。今恩足以及禽獸，而功不至於百姓者，獨何與？然則一羽之不舉，為

王　孟子乃曰　起下不用恩

釁與衅同血祭也血者陰幽之物釁用血以塗郄所以變怪禦妖釁也

鐘

考工云梟氏爲鐘○國語云先王之制鐘也大不出鈞重不過石律度量衡於是乎生小大器用於是乎出故聖人愼之

庖厨

世紀云太昊取犧牲以供庖厨

○禮云君無故

不用力焉輿薪之不見爲不用明焉百姓之不見保爲（伏推字）不用恩焉故王之不王不爲也（又用二句生下）非不能也與平聲爲不之爲去聲○復白也鈞三十斤百鈞至重難舉也羽鳥羽一羽至輕易舉也秋毫之末毛至秋而末銳小而難見也輿薪以車載薪大而易見也許猶可也今恩以下又孟子之言也蓋天地之性人爲貴故人之與人（就心上說）又爲同類而相親是以惻隱之發則於民切而於物緩推廣仁術則仁民易而愛物難今王此心能及物矣則其保民而王非不能也但自不肯爲耳（兩難集於一身）曰不爲者與不能者之形（壯）何以異曰挾太山以超北海語人曰我不能是誠不能也爲長者折枝（亦）語人曰我不能是

不殺牛大夫無
故不殺羊士無
故不殺犬豕是
以君子遠庖厨
凡有血食之類
弗身踐也

秋毫
師古云毫成之
時端極纖細

不爲也。非不能也。故王之不王，非挾太山以
超北海之類也。王之不王，是折枝之類也。語，去
聲。爲長之爲，去聲。長，上聲。折，之舌反。○形狀
也。挾，以腋持物也。超，躍而過也。爲長者折枝，
以長者之命折草木之枝，言不難也。是心固
王之用心當先
有不待外求。伏推字 擴而充之，在我而已。何難之有。
以反丙便見有序在
老吾老，以及人之老；幼吾幼，以及人之幼。天
雖大 言推恩之至易行 用 法 彼 彼 治
下可運於掌。詩云：刑于寡妻，至于兄弟，以御
彼 伏善推 言無難也 就良心本體上推出老老幼幼之
于家邦。言舉斯心加諸彼而已。故推恩足以
恩此便是王 輕 所貴推之有序 帝王 功業
保四海，不推恩無以保妻子。古之人所以大
以心見於行事曰爲
過人者無他焉，善推其所爲而已矣。今恩足

度

釋文云度者分寸尺丈引也所以度長短也

對市人言何故倒行逆施起下不欲

以及禽獸而功不至於百姓者獨何與。與平聲。○老。以老事之也。吾老。謂我之父兄。人之老。謂人之父兄。幼。以幼畜之也。吾幼。謂我之子弟。人之幼。謂人之子弟。運於掌。言易也。詩大雅思齊之篇。刑。法也。寡妻。寡德之妻。謙辭也。御。治也。不能推恩。則衆叛親離。故無以保妻子。蓋骨肉之親。本同一氣。又非但若人之同類而已。故古人必由親親推之。然後及於仁民。又推其餘。然後及於愛物。皆由近以及遠。自易以及難。今王反之。則必有故矣。故復推本而再問之。

權然後知輕重。物之

度然後知長短。物之 物皆然。凡物皆有權度 心爲甚。之權度關係 王請度之。仁民愛物 緩急

度之之度。待洛反。○權。稱錘也。度。丈尺也。度之。謂稱量之也。言物之輕重長短。人所難齊。必以權度度之而後可見。若心之應物。則其輕重長短之難齊。而不可不度以本然之權度。又

有甚於物者。今王恩及禽獸而功不至於百姓。是其愛物之心重且長。而仁民之心輕且短。失其當然之序。而不自知也。故上文既發其端。而於此請王度之也。臣為王度之　對照不忍

抑王興甲兵危士臣構怨於諸侯然後快於心與

與。平聲。○抑發語辭。士。戰士也。構。結也。孟子以王愛民之心所以輕且短者。必其以是三者為快也。然三事實非人心之所快。有甚於殺觳觫之牛者。故指以問王。欲其以此而度之也。

王曰否吾何快於是將以求吾所大欲也

不快於此者。心之正也。而必為此者。欲誘之也。欲之所誘者獨在於是。是以其心尚明於他。而獨暗於此。此其愛民之心所以輕短而功不至於百姓也。孟子又設問

曰王之所大欲可得聞與王笑而不言曰為肥甘不足於口

與輕煖不足於體與抑爲采色不足視於目與聲音不足聽於耳與便嬖不足使令於前與王之諸臣皆足以供之（皆字指肥甘五者）而王豈爲是哉曰否吾不爲是也曰然則王之所大欲可知已（不言）欲辟土地朝秦楚莅中國而撫四夷也（上三者猶在疆域中）以若（正恐）所爲求若所欲（與兵搆怨之／執無外之）猶緣木而求魚也（必不可得）與平聲爲肥抑爲豈爲不爲之爲皆去聲便令皆平聲辟與闢同朝音潮○便嬖近習嬖幸之人也已語助辭辟開廣也朝致其來朝也秦楚皆大國莅臨也若如此也所爲指興兵結怨之事緣木求魚言必不可得王曰若是其甚與曰殆有甚焉緣木

商賈

商其遠近度其有亡通四方之物謂之商因其有周之物以待民來以求其利謂之賈○周禮云太宰以九職任萬民六曰商賈阜通貨財○史記云以貧求富如不能工工不如商刺綉文不如倚市門此言末業貧者之資也貪賈三之廉賈五之

求魚雖不得魚無後災以若所爲求若所欲盡心力而爲之後必有災曰可得聞與曰鄒(見鄒不自量)人與楚人戰則王以爲孰勝曰楚人勝曰然則小(地)固不可以敵大寡(人)固不可以敵衆弱(力)固不可以敵彊(此理勢必然也今總計)海內之地方千里者九(齊楚燕秦韓趙魏宋山中)齊集有其一以一服八何以異於鄒敵楚哉蓋亦反(王天之)其本矣 甚與聞與之與平聲○殆蓋皆發語辭鄒小國楚大國齊集有其一言集合齊地其方千里是有天下九分之一也以一服八必不能勝所謂後災也反本說見下文○今(舉不忍之心)王發(以)政施仁使天下仕者皆欲立於王

之朝耕者皆欲耕於王之野商賈皆欲藏於王之市行旅皆欲出於王之塗天下之欲疾其君者皆欲赴愬於王其若是孰能禦之朝音潮賈音古愬與訴同○行貨曰商居貨曰賈發政施仁所以王天下之本也近者悅遠者來則大小彊弱非所論矣蓋力求所欲則所欲者反不可得能反其本則所欲者不求而至與首章意同王曰吾惛不能進於是矣願夫子輔吾志明以教我我雖不敏請嘗試之惛與昏同曰無恆產而有恆心者惟士為能若民則無恆產因無恆心苟無恆心放辟邪侈無不為已

欲除其虐　求解倒懸之苦

及陷於罪然後從而刑之是罔民也焉有仁（平時不預養臨罪不加恤）（罔民之）

人在位罔民而可為也（恆胡登反辟與僻同焉於虔反○恆常也產生業也恆產可常生之業也恆心人所常有之善心也士嘗學問知義理故雖無常產而有常心民則不能然矣罔猶羅網欺其不見而取之也）是故明君制民

之產必使仰足以事父母俯足以畜妻子樂

歲終身飽凶年免於死亡然後驅而之善故（須養如此教）（恒）

民之從之也輕（畜許六反下同○輕猶易也此言民有常產而有常心也）

今也制民之產仰不足以事父母俯不足以

畜妻子樂歲終身苦凶年不免於死亡此惟

救死而恐不贍，奚暇治禮義哉。治，平聲。凡治字爲理物之義者，平聲；爲已理之義者，去聲。後皆放此。○贍，足也。此所謂無常産而無常心者也。王欲行之，則盍反其本矣。盍，何不也。使民有常産者，又發政施仁之本也。說見下文。五畝之宅，樹之以桑，五十者可以衣帛矣；雞豚狗彘之畜，無失其時，七十者可以食肉矣；百畝之田，勿奪其時，八口之家可以無飢矣。謹庠序之教，申之以孝悌之義，頒白者不負戴於道路矣。老者衣帛食肉，黎民不飢不寒，然而不王者，未之有也。音見前篇。○此言制民之

好樂

齊王倪南郭之吹竽廩食以數百人喜鄒忌之鼓琴卒授之國政是可見其好樂處

樂

黄帝之大咸堯之大章舜禹之韶夏商周之濩武此先王之樂可鄭好濫而淫樂燕女而溺衛促數而煩齊敖辟而驕此世俗之樂也

產之法也。趙氏曰。八口之家。次上農夫也。此王政之本。常生之道。故孟子為齊梁之君各陳之也。楊氏曰。為天下者舉斯心加諸彼而已。然雖有仁心仁聞而民不被其澤者。不行先王之道故也。故以制民之產告之。○此章言人君當黜霸功。行王道。而王道之要。不過推其不忍之心。以行不忍之政而已。齊王非無此心。而奪於功利之私。不能擴充以行仁政。雖以孟子反覆曉告精切如此。而蔽固已深。終不能悟。是可歎也。

梁惠王章句下 凡十六章

恐有妨治道

莊暴見孟子曰。暴見於王。王語暴以好樂。暴未有以對也。曰。好樂何如。孟子曰。王之好樂甚。則齊國其庶幾乎。

照同樂　昭王

見於之見。音現。下見於同。語。去聲。下同。好。去聲。

鼓樂聲音
鐘以土爲體鼓
以作爲用故凡
作樂謂之鼓樂
鐘鼓以其聲之
單出故云聲管
龠以其音之雜
比故云音車馬
亦謂音者蓋升
車則馬動馬動
則鸞鳴鸞鳴則
和應故也

管籥
管截竹爲之長
尺有二寸六孔
並兩而吹之○
大管謂之簥長
一尺圍一寸○

篇內並同。○莊暴。齊臣也。庶幾。近辭也。言近於治。他日見於王曰。王嘗語莊子以好樂。有諸。王變乎色曰。寡人非能好先王之樂也。直好世俗之樂耳。變色者。慚其好之不正也。曰。王之好樂甚。則齊其庶幾乎。好之甚則今之樂由古之樂也。今樂。世俗之樂。古樂。先王之樂。甚而庶幾者曰。可得聞與。曰。獨樂樂。與人樂樂。孰樂。曰。不若與人。甚曰。與少樂樂。與衆樂樂。孰樂。曰。不若與衆。甚聞與之與。平聲。既好樂甚樂樂下字音洛。孰樂亦音洛。○獨樂不若與人。與少樂不若與衆。亦人之常情也。臣請爲王言樂。爲去聲。○此以下。不論古樂今樂設皆孟子之言也。今王鼓樂於此或云籥如笛三孔而短小以竹爲之○附攷四比管教掌於小師長尺圍寸並而籥以成聲義取鳳凰之鳴矣古以玉今以竹管亦有古今歟籥職掌於笙師管而爲用氣極長寸圍分止一老陽之數矣古以葦今以竹籥亦有古今歟○管之義起於鳳凰之鳴宣幽出滯於焉取之王

百姓聞王鐘鼓所擊之聲管籥所吹之音舉皆疾首蹙頞而相告曰吾王之好鼓樂夫何使我至於此極也父子不相見兄弟妻子離散今王田獵推好樂之情于田獵於此百姓聞王車馬之音見羽旄之美舉疾首蹙頞而相告曰吾王之好田獵夫何使我至於此極也父子不相見兄弟妻子離散此無他不與民同樂也由平日獨樂蹙子六反頞音遏夫音扶同樂之樂音洛○鐘鼓管籥皆樂器也舉皆也疾首頭痛也蹙聚也頞額也人憂慼則蹙其額極窮也羽旄旌屬不與民同樂謂獨樂其身而不卹其民使之窮困也今王鼓樂於此

者所以編其事於小師也籥之氣極於老陽之數迺至達情於焉取之王者所以專其職於笙師也

田獵

爾雅云春獵爲蒐夏獵爲苗秋獵爲獮冬獵爲狩齊田爲燒火田爲狩○禮云天子諸侯無事則歲三田一爲乾豆二爲賓客三爲充君之庖無事而不田曰

百姓聞王鍾鼓之聲。管籥之音。舉欣欣然有喜色而相告曰。吾王庶幾無疾病與。何以能鼓樂也。今王田獵於此。百姓聞王車馬之音。見羽旄之美。舉欣欣然有喜色而相告曰。吾王庶幾無疾病與。何以能田獵也。此無他。與〔由平日能行仁政〕民同樂也。病與之與。平聲。同樂之樂。音洛。○與民同樂者。推好樂之心以行仁政。使民各得其所也。〔推好樂之能行仁政〕今王與百姓同樂。〔好樂甚〕則王矣。〔庶幾〕好樂而能與百姓同之。則天下之民歸之矣。所謂齊其庶幾者如此。○范氏曰。戰國之時。民窮財盡。人君獨以南面之樂自奉其身。孟子切於救民。故因齊王之好樂。開導其善心。深勸其與民同

不敬田不以禮曰暴天物

羽旄

周禮云羽人掌以時徵羽翮之攻於山澤之農以當邦賦之政令凡受羽十羽爲審百羽爲摶十摶爲縛○杜預云析羽爲旌爲王者旂車之所建也

囿

苑有垣曰囿○左傳疏天子曰苑諸侯曰囿○周禮云囿人掌

樂。而謂今樂猶古樂。其實今樂古樂。何可同也。但與民同樂之意。則無古今之異耳。若必欲以禮樂治天下。當如孔子之言。必用韶舞。必放鄭聲。蓋孔子之言。爲邦之正道。孟子之言。救時之急務。所以不同。楊氏曰。樂以和爲主。使人聞鐘鼓管絃之音。而疾首蹙頞。則雖奏以咸英韶濩。無補於治也。故孟子告齊王以此。姑正其本而已。

○齊宣王問曰。文王之囿方七十里。有諸。孟子對曰。於傳有之。囿。音又。傳。直戀反。○囿者。蕃育鳥獸之所。古者四時之田。皆於農隙以講武事。然不欲馳騖於稼穡場圃之中。故度閒曠之地以爲囿。然文王七十里之囿。其亦三分天下有其二之後也與。傳。謂古書。曰若是其大乎。曰民猶以爲小也。曰寡人之囿方四十里。民猶以爲大。

囿游之獸禁

兔
兔者明月之精。視月而孕。吐而生子。故謂之兔。○王衡散爲兔。○禮記云。祭宗廟之禮。兔曰明視。

郊關
五十里爲近郊。百里爲遠郊。四境皆有關者。蓋四郊之門也。

獯鬻
史記云。唐虞以上。有山戎獫狁獯鬻。居於北蠻。

何也。曰。文王之囿方七十里。芻蕘者往焉。雉兔者往焉。與民同之。民以爲小。不亦宜乎。芻音初。蕘音饒。○芻。草也。蕘。薪也。臣始至於境。問國之大禁。然後敢入。臣聞郊關之內。有囿方四十里。殺其麋鹿者。如殺人之罪。則是方四十里。爲阱於國中。民以爲大。不亦宜乎。阱才性反。○禮。入國而問禁。國外百里爲郊。郊外有關。阱。坎地。以陷獸者。言陷民於死也。(以講信修睦亦)○齊宣王問曰。交鄰國有道乎。孟子對曰。有。惟仁者爲能以大事小。是故湯事葛。文王事昆夷。惟智者爲能(仁同一道也)

遷畜牧而轉移其俗有名不諱而無姓字夏道衰而公劉失其稷官變於西戎邑於豳其後三百有餘歲戎狄攻太王亶父亶父亡走岐下豳人悉從亶父而邑焉作周其後百有餘歲周西伯昌伐畎夷氏後武王伐紂而管雒邑復居於酆鄗放逐戎夷涇洛之北以時入貢命曰荒服

以小事大故大王事獯鬻句踐事吳獯音熏。鬻音育。句。音鉤。○仁人之心。寬洪惻怛。而無較計大小彊弱之私。故小國雖或不恭。而吾所以字之之心。自不能已。智者明義理。識時勢。故大國雖見侵陵。而吾所以事之之禮。尤不敢廢。湯事見後篇。文王事見詩大雅。太王事見後章。所謂狄人即獯鬻也。句踐越王名。事見國語史記。

以大事小者。樂天者也。以小事大者。畏天者也。樂天者保天下。畏天者保其國。樂音洛。○天者。理而已矣。大之字小。小之事大。皆理之當然也。自然合理。故曰樂天。不敢違理。故曰畏天。包含徧覆。無不周徧。保天下之氣象也。制節謹度。不敢縱逸。保一國之規模也。

詩云。畏天之威。于時保之。詩周頌我將之篇。時是也。

王曰大

句踐

越夏少康之後傳至允常與吳王闔廬戰而相怨子句踐立吳伐越射傷闔廬敗之於檇李闔廬死子夫差立句踐聞吳王日夜勤兵思報越乃先伐吳吳王發精兵敗越於夫椒越王以甲楯五千人棲於會稽使大夫種行成於吳請爲臣妾夫差許之子胥曰越十年

哉言矣。寡人有疾。寡人好勇。言以好勇。故不能事大而卹小也。（仁智交鄰之）對曰。王請無好小勇。夫撫劍疾視曰。彼惡敢當我哉。此匹夫之勇。敵一人者也。王請大之。夫撫之夫音扶。惡平聲。○疾視。怒目而視也。小勇。血氣所爲。大勇。義理所發。詩云。王赫斯怒。爰整其旅。以遏徂莒。（密人徂共之家）以篤周祜。福以對于天下。此文王之勇也。文王一怒而安天下之民。詩大雅皇矣篇。赫赫然怒貌。爰於也。旅衆也。遏詩作按。止也。徂往也。莒。詩作旅。徂莒。謂密人侵阮徂共之衆也。篤厚也。祜。福也。對。答也。以答天下仰望之（之）心也。（致之其意）此文王之大勇也。書曰。天降下民。（必）作之君。作之師。惟生聚十年教訓二十年之外吳其爲沼乎後越王反國置胆於座坐仰視飲食嘗之二十餘年發習流二千教士四萬君子六千諸御千人伐吳吳方會諸侯於黃池聞之歸越大破之吳王棲於姑蘇山乃自殺

曰其助上帝。寵之四方。有罪無罪惟我在。天下曷敢有越厥志。一人衡行於天下。武王恥之。此武王之勇也。而武王亦一怒而安天下之民。

能以安民故以君師之位
今我既受天命而爲君師凡
書言如此當時商紂
跟文王

衡與横同。○書。周書泰誓之篇也。然所引與今書文小異。今且依此解之。寵之四方。寵異之於四方也。有罪者我得而誅之。無罪者我得而安之。我既在此。則天下何敢有過越其心志而作亂者乎。衡行。謂作亂也。孟子釋書意如此。而言武王亦大勇也。今

王亦一怒而安天下之民。民惟恐王之不好勇也。

跟文王

王若能好文武之爲。則天下之民望其一怒。以除暴亂而拯已於水火之中。惟恐王之不好勇耳。○此章言人君能懲小忿。則能卹小事大以交鄰國。能養大勇。則能除

雪宮

一統志云青州府城内城隍廟西有雪宮遺址○雪宮見於東國雪山峙於西域

琅琊

齊東渚鉅海南有琅琊○水經注云琅琊山名在都城縣

朝儛

朝儛在萊境去海不遠

巡狩

王者所以巡狩者何巡者循也

暴救民以安天下。張敬夫曰。小勇者。血氣之怒也。大勇者。理義之怒也。血氣之怒不可有。理義之怒不可無。知此。則可以見性情之正。而識天理人欲之分矣。○齊宣王見孟子於雪宮。王曰。（雪宮乃寡人時遊以爲樂者也）賢者亦有此樂乎。孟子（蓋以此待賢則賢固宜—但百姓皆欲有此樂備）對曰。有。人不得。則非其上矣。樂。音洛。下同。○雪宮。離宮名。言人君能與民同樂。則人皆有此樂。不然。則下之不得此樂者。必有非其君上之心。明人君當與民同樂。不可使人有不得者。非但當與賢者共之而已也。不得而非其上者。非也。（[illegible]）爲民上而不與民同樂者。亦非也。（重）（下不安分。上不卹民。皆非理也。）樂民之樂者。（所欲與聚）民亦樂其樂。（有樂即有憂）憂民之憂者。（所惡勿施）民亦憂其憂。樂以天下。（是不以一己而）憂以天下。（正見與民同樂）

待牧也爲天下循行首牧民也道德太平恐遠近不同化幽隱有不得所考禮義正法度同律曆計時月皆爲民也尚書云二月東巡狩至於岱宗柴五月南巡狩至於南嶽八月西巡狩至於西嶽十一月北巡狩至於北嶽又云五載一巡狩羣后四朝敷奏以言明試以功車服以庸

然而不王者未之有也樂民之樂而民樂其樂則樂以天下矣憂民之憂而民憂其憂則憂以天下矣昔者齊景公問於晏子曰吾欲觀於轉附朝儛遵海而南放於琅邪吾何脩而可以比於先王觀也朝音潮放上聲○晏子齊臣名嬰轉附朝儛皆山名也遵循也放至也琅邪齊東南境上邑名觀遊也晏子對曰善哉問也（觀而有恚先王）天子適諸侯（十二年）曰巡狩巡狩者巡所守也諸侯朝於天子（六年）曰述職述職者述所職也無非事者春省耕（而又每年省其畿內之郊野）而補不足秋省斂而助不給夏諺曰吾王不遊吾（誰知吾之不足）何以休吾王不

新會典文　孟子　卷一　三　善成堂

新增典故

○秋官大行人十有二載王巡狩殷國每十二年王巡狩諸侯各朝於方岳不巡狩則諸侯來朝謂之殷見

述職

唐虞時五年一朝周制侯服一歲一見甸服二歲一見男服三歲一見采服四歲一見衛服五歲一見要服六歲一見其要服朝之歲五服盡[illegible]

豫。吾何以助。（誰知吾之不給）一遊一豫。爲諸侯度。（所謂先王觀如此）狩。舒救反。省。悉井反。○述。陳也。省。視也。斂。收穫也。給。亦足也。夏諺。夏時之俗語也。豫。樂也。巡所守。巡行諸侯所守之土也。述所職。陳其所受之職也。皆無有無事而空行者。而又春秋循行郊野。察民之所不足而補助之。故夏諺以爲王者一遊一豫。皆有恩惠以及民。（諸侯之遊觀）而諸侯皆取法焉。不敢無事慢遊以病其民也。

今也不然。師行而糧食。飢者弗食。（民之疲於共給）勞者弗息。（擾於夫征）睊睊胥讒。（讒言）民乃作慝。（怨心）方命虐民。（與休助異）飲食若流。（之侈 水之）流連荒亡。爲諸侯憂。（與爲度異）睊。古縣反。○今。謂晏子時也。師。衆也。二千五百人爲師。春秋傳曰。君行師從。糧。謂糗糒之屬。睊睊。側目貌。胥。相也。讒。謗也。慝。怨惡也。言民不勝其勞而起謗怨也。方。逆也。命。王命也。若流。如水之流。無窮極也。

服更六見何服
更四見男采名
二見矣餘詳如
會同

徵招角招
詔本舜樂敬仲
來奔而韶樂因
在齊故齊之新
聲皆謂韶○樂
有五音宮爲君
商爲臣角爲民
徵爲事羽爲物
當時景公全爲
民事故只取徵
角二音而名其
樂曰徵韶角韶
○樂書云夔作
歌以勑天命其

流連荒亡。解見下文。諸侯。從流下而忘反謂
謂附庸之國。縣邑之長。
之流。從流上而忘反。謂之連。從獸無厭。謂之
荒。樂酒無厭。謂之亡。厭。平聲。○此釋上文之
義也。從流下。謂放舟隨
水而下。從流上。謂挽舟逆水而上。從獸。田獵
也。荒。廢也。樂酒。以飲酒爲樂也。亡。猶失也。言
廢時失先王無流連之樂。荒亡之行。行。去聲。惟
事也。重先王邊 言先王之法。今時之弊。景公說。大
君所行也。二者。惟在君所行耳。
以示更新圖治 以便察民疾苦 以助可知 助可知
戒之於國。出舍於郊。於是始興發補不足。召太
師曰。爲我作君臣相說之樂。其樂 蓋徵招角招是
樂章之有 詩何 以言 之欲 致招 ○孟子解詩言外見巳之言爲好君欲王之悅也。說音悅。
也。其詩曰。畜君何尤。畜君者。好君也。爲。去聲。

要在康庶事制琴以歌南風其要任阜民財樂以招名即是此意

明堂

明堂本天子畿內朝諸侯布政之宮黄帝曰合宮堯曰衢室舜曰總章夏曰世室殷曰重室制度各異周曰明堂大戴禮明堂九室室有四門八牕三十六戶七十二牖蓋以茅上圓下方天

樂。如字。徵陟里反。招與韶同。畜敕六反○戒告命也。出舍自責以省民也。興發。發倉廩也。太師樂官也。君臣已與晏子也。樂有五聲。三曰角。爲民。四曰徵爲事。招舜樂也。其詩徵招角招之詩也。尤過也。言晏子能畜止其君之欲。宜爲君之所尤。然其心則何過哉。孟子釋之。以爲臣能畜止其君之欲。乃是愛其君者也。○尹氏曰君之與民貴賤雖不同然其心未始有異也。孟子之言。可謂深切矣。齊王不能推而用之。惜哉。○齊宣王問曰人皆謂我毀明堂。毀諸。已乎。趙氏曰。明堂。太山明堂。周天子東巡守。朝諸侯之處。漢時遺址尚在。人欲毀之者。蓋以天子不復巡守。諸侯又不當居之也。王問當毀之乎。且止乎。孟子對曰。夫明堂者。王者之堂也。王欲行王政。則勿毀之矣。夫音扶。○明堂。王者所居

子巡狩朝諸侯
於方岳之下倣
明堂之制爲堂
故泰山有明堂

岐

按岐山在漢右
扶風美陽縣西
北唐屬岐州岐
山縣之南有周
原蓋周之舊國
也

關

關境上門也○
禮云句關在境
所以察出禦人
○王制云關執
禁以譏禁異服
識異言○周禮

以出政令之所也。能行王政。王曰。王政可得
則亦可以王矣。何必毀哉。王政莫善於文王 五句仁政施于平民
聞與。對曰。昔者文王之治岐也。耕者九一。仕
以行旅言以商賈言 魚所聚處魚所出入處
者世祿。關市譏而不征。澤梁無禁。罪人不孥。
此仁政施于窮民
老而無妻曰鰥。老而無夫曰寡。老而無子曰
獨。幼而無父曰孤。此四者。天下之窮民而無
父子夫婦之可 允切
告者。文王發政施仁。必先斯四者。詩云。哿矣
富人。哀此煢獨。與。平聲。孥。音奴。鰥。姑頑反。哿。工可反。煢。音瓊。○岐。周之舊
國也。九一者。井田之制也。方一里爲一井。其
田九百畝。中畫井字。界爲九區。一區之中。爲
田百畝。中百畝爲公田。外八百畝爲私田。八
家各受私田百畝。而同養公田。是九分而稅

云地官司關掌國貨之節以聯門市司貨賄之出入者掌其治禁與其政廛凡貨不出於關者舉其貨罰其人凡所達貨賄者則以節傳出之國凶札則無門關之征凡四方之賓客叩關則爲之告有外內之送令則以節傳出內之

市

易云神農氏日中爲市致天下

其一也。世祿者。先王之世。仕者之子孫皆教之。教之而成材。則官之。如不足用。亦使之不失其祿。蓋其先世嘗有功德於民。故報之。如此。忠厚之至也。關。謂道路之關。市。謂都邑之市。譏。察也。征。稅也。關市之吏。察異服異言之人。而不征商賈之稅也。澤。謂瀦水。梁。謂魚梁。與民同利。不設禁也。孥。妻子也。惡惡止其身。不及妻子也。先王養民之政。導其妻子。使之養其老而卹其幼。不幸而有鰥寡孤獨之人。無父母妻子之養。則尤宜憐卹。故必以爲先也。詩。小雅正月之篇。哿。可也。煢。困悴貌。

王曰。善哉言乎。曰。王如善之。則何爲不行。王曰。寡人有疾。寡人好貨。

治岐之　齊王之先有　田　家

對曰。昔者公劉好貨。詩云。乃積乃倉。乃裹餱糧。于橐于囊。思戢用光。弓矢斯張。干戈戚揚。

以爲遷都討　和民人一以又一顯國家　衛貨

之民聚天下之貨交易而退各得其所蓋取諸云　○周禮云天官內宰凡建國佐后立市設其次置其叙正其肆陳其貨賄出其度量淳制地官司市掌市之治教政刑量度禁令以次叙分地而經市以陳肆辨物而平市以政令禁物靡而均市以商賈阜貨而行布

爰方啓行故居者有積倉行者有裹糧也然後可以爰方啓行王如好貨與百姓同之於王何有　餱音侯。橐音拓。戢詩作輯音集。○王自以爲好貨故取民無制而不能行此王政。○公劉后稷之曾孫也詩大雅公劉之篇積露積也餱乾糧也無底曰橐有底曰囊皆所以盛餱糧也戢安集也言思安集其人民以光大其國家也戚斧也揚鉞也爰於也啓行言往遷於豳也何有言不難也孟子言公劉之民富足如是是公劉好貨而能推己之心以及民也今王好貨亦能如此則其於王天下也何難之有。

王曰寡人有疾寡人好色對曰昔者大王好色愛厥妃（大王之祖音）詩云古公亶父來朝走馬率西水滸至于岐

澤梁　周禮云澤虞掌國澤之政令爲之厲禁使其地之人守其用物以時入之於王府頒其餘於萬民○梁魚梁攔石障水而空其中以通魚之往來者○大戴禮云十二月虞人入梁梁者主設網罟者也○詩云敝笱在梁

鰥寡孤獨　釋名云鰥昆也[illegible]

下爰及姜女聿來胥宇當是時也內無怨女外無曠夫王如好色與百姓同之於王何有

大音泰○王又言此者好色則心志蠱惑用度奢侈而不能行王政也大王公劉九世孫詩大雅綿之篇也古公大王之本號後乃追尊爲大王也亶父大王名也來朝走馬避狄人之難也率循也滸水涯也岐下岐山之下也姜女大王之妃也胥相也宇居也曠空也無怨曠者是大王好色而能推己之心以及民也○楊氏曰孟子與人君言皆所以擴充其善心而格其非心不止就事論事若使爲人臣者論事每如此豈不能堯舜其君乎愚謂此篇自首章至此大意皆同蓋鍾鼓苑囿遊觀之樂與夫好勇好貨好色之心皆天理之所有而人情之所不能無者然天理人欲同行異情循理而公於天下者聖人之所以

[illegible]目恒鰥鰥然也故其字從魚目恒不閉者也寡寡踝也踝踝單獨之言也獨獨隻也言無所依也孤孤顧也顧望無所瞻見也

公劉

公劉后稷之曾孫也后稷卒子不窋立不窋末年夏后氏政衰不務稼穡不窋以失其官而奔戎狄之間不窋卒子鞠立鞠卒

盡其性也。縱欲而私，於一己者，衆人之所以滅其天也。二者之間，不能以髮。而其是非得失之歸，相去遠矣。故孟子因時君之問。而剖析於幾微之際。皆所以遏人欲而存天理。其法似疏而實密。其事似易而實難。學者以身體之。則有以識其非曲學阿世之言。而知所以克已復禮之端矣。

○孟子謂齊宣王曰。王之臣有託（負託）其妻子於其友而之楚遊者。比其反也。則凍餒其妻子。則如之何。王曰。棄之。（原情）比必二反○託寄也。比及也。棄絕也。曰。士師不能治士。（而使刑罰失中）則如之何。王曰。已之。（議法）士師獄官也其屬有鄉士遂士之官。士師皆當治之。已。罷去也。曰。四境之內。不治則如之何。王顧左右而言他。治。去聲。○孟子將問子公劉立公劉雖在戎狄之間復修后稷之業務耕種行地宜自漆沮渡渭取材用行者居者咸有以資民賴以度乃遷邑於邠百姓懷之多徙而歸焉周道之興實自此始故詩人思其德而歌之賦篤公劉

干戈戚揚文弓弩三不當一則干爲利或各乘干戚各互干

此。而先設上二事以發之。及此。而王不能答也。其慚於自責。恥於下問如此。不足與有爲可知矣。○趙氏曰。言君臣上下。各勤其任。無墮其職。乃安其身。○孟子見齊宣王曰。所謂故國者。非謂有喬木之謂也。有世臣之謂也。王無親臣矣。昔者所進。今日不知其亡也。發論本旨世臣。累世勳舊之臣。與國同休戚者也。親臣。君所親信之臣。與君同休戚者也。此言喬木世臣。皆故國所宜有。然所以爲故國者。則在此而不在彼也。昨日所進用之人。今日有亡去而不知者。則無親臣矣。況世臣乎。王曰。吾何以識其不才而舍之。舍。上聲。○王意以爲此亡去者皆不才之人。我初不知而識由於慎誤用之。故今不以其去爲意耳。因問何以先識其不才而舍之邪曰。國君進矣書曰稱干見長之足以衛短劍盾三不當一則戈爲利或名越戟或名鉤戟矣詩曰荷戈見短之足以救長至若克敵於五步之內者戚也黄戚與王戚並陳擢鋒於十步之內者楊也大鉞與金鉞異制聞昔文德之敷兩階有干羽之舞而不及戈要之干以蔽巳戈以刺人也亦聞折衝與文

賢如不得已將使卑踰尊疏踰戚可不慎與
與平聲。○如不得已言謹之至也蓋尊尊親親禮之常也然或尊者親者未必賢則必進疏遠之賢而用之是使卑者踰尊疏者踰戚非禮之常故不可不謹也。
左右皆曰賢未可也諸大夫皆曰賢未可也國人皆曰賢然後察之見賢焉然後用之左右皆曰不可勿聽諸大夫皆曰不可勿聽國人皆曰不可然後察之見不可焉然後去之
去上聲。○左右近臣其言固未可信諸大夫之言宜可信矣然猶恐其蔽於私也至於國人則其論公矣然猶必察之者蓋人有同俗而爲衆所悅者亦有特立而爲俗所憎者故必自察之而親

新增出[illegible]古

燮伐之舉秉旄有黃鉞之麾而不及戚要之戚小則制近鉞大則制遠也

士師

周禮云士師之職掌國之五禁之法以左右刑罰○鄉士掌六鄉之獄○遂士掌六遂之獄○縣士掌縣獄○士察也主察獄訟之事是士師為獄官之吏者也

喬木

見其賢否之實然後從而用舍之則於賢者知之深任之重而不才者不得以幸進矣所謂進賢如不得已者如此。左右皆曰可殺勿聽（恐有私念）諸大夫皆曰可殺勿聽（恐有私怨）國人皆曰可殺然後察之見可殺焉然後殺之故曰國人殺之也此言非獨以此進退人才至於用刑亦以此道蓋所謂（總結命詞）天命天討皆非人君之所得私也如此然後可以為民父母傳曰民之所好好之民之所惡惡之此之謂民之父母

○齊宣王問曰湯放桀武王伐紂有諸孟子對曰於傳有之傳直戀反○放置也書云成湯放桀于南巢曰臣弒其君可乎桀紂天子湯武諸侯曰賊仁者謂之賊賊

喬高也故知喬
木爲高大之本
室　工師
室實也人物實
滿其中也○工
師司空之屬官
也或曰工官之
長
玉人
周禮云攻玉之
工玉人爲長○
治玉謂之琢亦
謂之雕
燕
通考云燕姬姓
伯爵周同姓功
臣曰君奭左文
武定天下爲周
所會虫攷

義者謂之殘殘賊之人謂之一夫聞誅一夫紂矣未聞弑君也賊害也殘傷也害仁者凶暴淫虐滅絕天理故謂之賊害義者顛倒錯亂傷敗彝倫故謂之殘一夫言衆叛親離不復以爲君也書曰獨夫紂蓋四海歸之則爲天子天下叛之則爲獨夫所以深警齊王垂戒後世也○王勉曰斯言也惟在下者有湯武之仁而在上者有桀紂之暴則可不然是未免於簒弑之罪也○

孟子見齊宣王曰爲巨室則必使工師求大木工師得大木則王喜以爲能勝其任也匠人斲而小之令則王怒以爲不勝其任矣夫人幼而學之壯而欲行之王曰姑舍小用女所學而

太保食邑於召謂之召康公相成王主自陝以西諸侯封其子爲燕伯其地幽州薊縣是也

齊人伐燕

召康公名奭周同姓食邑於召子封於燕傳至王噲子之爲相與蘇秦爲婚與秦弟蘇代交善齊使代至燕燕王問齊王奚如對曰不信其臣必不霸欲激燕王尊子之也於

從我則何如。勝。平聲。夫。音扶。舍。上聲。女。音汝。下同。○巨室大宮也。工師匠人之長。匠人衆工人也。姑且也。言賢人所學者大。而王欲小之也。今有璞玉於此雖萬鎰其價値之重亦求如國家必使玉人彫琢之。至於治國家則曰姑舍女所學而從我則何以異於教玉人彫琢玉哉。鎰音溢。○璞玉之在石中者。鎰二十兩也。玉人玉工也。不敢自治而付之能者。愛之甚也。治國家則徇私欲而不任賢。是愛國家不如愛玉也。○范氏曰古之賢者常患人君不能行其所學。而世之庸君亦常患賢者不能從其所好。是以君臣相遇。自古以爲難。孔孟終身而不遇。蓋以此耳。○齊人伐燕勝之。按史記燕王噲讓國於其相子之。而國大亂。齊因伐之。燕士卒不戰。城門不閉。遂大勝燕。宣王是燕王大信子之鹿毛壽勸燕王讓國子之南面行王事噲反爲臣國大亂將軍市被與太子平攻子之搆難數月齊王令章子將五都之兵伐燕大破之噲死子之亡後二年燕人共立太子平爲王是爲燕昭王

壺漿

何云壺禮器腹方口圓曰壺漿水也飲也或曰

問曰或謂寡人勿取或謂寡人取之以萬乘之國伐萬乘之國五旬而舉之人力不至於此不取必有天殃取之何如（天意隱而難知民心顯而易見）乘去聲下同○以伐燕爲宣王事與史記諸書不同已見序說孟子對曰取之而燕民悅則取之古之人有行之者武王是也取之而燕民不悅則勿取古之人有行之者文王是也

商紂之世文王三分天下有其二以服事殷至武王十三年乃伐紂而有天下張子曰此事間不容髮一日之間天命未絕則是君臣當日命絕則爲獨夫然命之絕否何以知之人情而已諸侯不期而會者八百武王安得而止之哉

以萬乘之國伐

酒也

萬乘之國簞食壺漿以迎王師豈有他哉避水火也如水益深如火益熱亦運而已矣簞音丹食音嗣○簞竹器食飯也運轉也言齊若更爲暴虐則民將轉而望救於他人矣○趙氏曰征伐之道當順民心民心悅則天意得矣○齊人伐燕取之諸侯將謀救燕宣王曰諸侯多謀伐寡人者何以待之孟子對曰臣聞七十里爲政於天下者湯是也未聞以千里畏人者也千里畏人指齊王也書曰湯一征自葛始天下信之東面而征西日釋書夷怨南面而征北狄怨曰奚爲後我民望之

雲霓

爾雅云雲出天之正氣霓出地之正氣雄謂之虹雌謂之霓○虹霓者陰陽之精○或云霓者斗之亂精○或云樞星散爲虹霓○雨氣成虹朝陽射之則在西夕陽射之則在東

若大旱之望雲霓也歸市者不止耕者不變誅其君而弔其民若時雨降民大悅書曰徯我后后來其蘇霓五稽反。徯胡禮反。○兩引書皆商書仲虺之誥文也。與今書文亦小異。一征初征也。天下信之信其志在救民不爲暴也。奚爲後我言湯何爲不先來征我之國也。霓虹也。雲合則雨。虹見則止。變動也。徯待也。后君也。蘇復生也。他國之民皆以湯爲我君而待其來使己得蘇息也。此言湯之所以七十里而爲政於天下也。

今燕虐其民王往而征之民以爲將拯己於水火之中也簞食壺漿以迎王師若殺其父兄係累其子弟毀其宗廟遷其重器如之何

其可也天下固畏齊之彊也今又倍地而不已有秉我之心　盖起人之忌
行仁政是動天下之兵也又令人得執爲詞　累力追反○拯救也係累縶縛也重
器寶器也畏忌也倍地并燕而增一倍之地
也齊之取燕若能如湯之征葛則燕人悅之
而齊可爲政於天下矣今乃不行仁政而肆
爲殘虐則無以慰燕民之望而服諸侯之心
是以不免乎以
千里而畏人也王速出令反其旄倪止其重其未發而
器謀於燕衆置君而後去之則猶可及止也
旄與耄同倪五稽反○反還也旄老人也倪
小兒也謂所虜略之老小也猶尚也及止及
其未發而止之也○范氏曰孟子事齊梁之
君論道德則必稱堯舜論征伐則必稱湯武
蓋治民不法堯舜則是爲暴行師不法湯武
則是爲亂豈可謂吾君不能而舍所學以徇

鄒穆公
穆公曹姓子爵顓帝玄孫陸終第五子安之後武王克商封安之苗裔曹挾於邾爲附庸傳文公蘧篨卜遷於繹文公卒邾與魯世爲仇敵及穆公改邾爲鄒

倉廩
周禮云倉人掌粟入之藏辨九穀之物以待邦用若穀不足則止餘法用有餘則藏之以待凶

之哉。○鄒與魯鬨。穆公問曰、吾有司死者三十三人。而民莫之死也。誅之則不可勝誅。不誅則疾視其長上之死而不救。如之何則可也。民

鬨。胡弄反。勝。平聲。長。上聲。下同。○鬨。鬭聲也。穆公。鄒君也。不可勝誅。言人衆不可盡誅也。長上。謂有司也。民怨其上。故疾視其死而不救也。民之怨上有由來矣

○孟子對曰。凶年饑歲。君之民老弱轉乎溝壑。壯者散而之四方者幾千人矣。映三十三人 而君之倉廩實。君慢 府庫充。有司莫有司慢以告。是上慢而殘下也。兼指君有司 曾子曰。戒之戒之。出乎爾者。反乎爾者也。夫民今而後得反之也。

而頒之○廩人掌九穀之數以備國之匪頒賙賜稍食以歲之上下數邦用以知足否以詔國用以治年之豐凶

滕文公

滕姬姓侯爵文王第十四子叔繡後也武王克商封之於滕傳至文公見孟子聞性善堯舜之說行喪禮舉井田厥後二十一年爲宋所滅其

君無尤焉。民之疾視不救。幾上聲。夫音扶。○轉。飢餓輾轉而死也。充。滿也。上。謂君及有司也。尤。過也。君行仁政。斯民親其上。死其長矣。君不仁而求富。是以有司知重斂而不知卹民。故君行仁政。則有司皆愛其民。而民亦愛之矣。○范氏曰。書曰。民惟邦本。本固邦寧。有倉廩府庫。所以爲民也。豐年則斂之。凶年則散之。卹其飢寒。救其疾苦。是以民親愛其上。有危難則赴救之。如子弟之衛父兄。手足之捍頭目也。穆公不能反己。猶欲歸罪於民。豈不誤哉。

要之有司奉行君命者也　心　身

○滕文公問曰。滕小國也。閒於齊楚。事齊乎。事楚乎。閒。去聲。滕。國名。○孟子對曰。是謀非吾所能及也。無已。則有一焉。鑿斯池也。築斯城也。與民守之。效死而民弗去。則

君平日無事時　君臨變時

地今滕縣是也

薛

薛任姓黃帝之苗裔奚仲封爲薛侯

邠

邠即豳在雍州岐山之北棄爲后稷封於邠及公劉復修后稷之業立國於此今邠州三水縣是也

皮幣

周禮云小行人合六幣圭以馬璋以皮璧以帛琮以錦琥以繡

折會其文

是可爲也。無已見前篇。一謂一說也。效猶致也。國君死社稷。故致死以守國。至於民亦爲之死守而不去。則非有以深得其心者不能也。○此章言有國者當守義而愛民。不可僥倖而苟免。

○滕文公問曰。齊人將築薛。滕與薛同居齊西鄙本居齊之國 吾甚恐。有欲遷意 如之何則可。薛國名。近滕。齊取其地而城之。故文公以其偪己而恐也。

孟子對曰。昔者大王居邠。狄人侵之。去之岐山之下居焉。非擇而取之。不可法 不得已也。邠與豳同。○

地名。言大王非以岐下爲善。擇取而居之也。詳見下篇。

苟爲善。修德行仁 善之 後世子孫必有王者矣。興王 君子創業垂統。善之令後世 爲可繼也。而行 若夫成功則天也。君如彼何哉。齊 彊爲善而已矣。可繼俟天

瓚以備此六物者以和諸侯之好故

珠

埤雅云龍珠在領鮫珠在皮虵珠在口鼈珠在足蚌珠在腹○管子云玉起於禺山珠起於赤野先王以珠玉爲上幣

耆老

周禮云八十曰耆○釋名云六十曰耆耆指也不從力役指事使人也又至也

夫音扶。彊上聲。○創。造。統。緒也。言能爲善。則如大王雖失其地。而其後世遂有天下。乃天理也。然君子造基業於前。而垂統緒於後。但能不失其正。令後世可繼續而行耳。若夫成功則豈可必乎。彼。齊也。君之力旣無如之何。則但彊於爲善。使其可繼。而俟命於天耳。○此章言人君但當竭力於其所當爲。不可徼幸於其所難必。

○滕文公問曰。滕小國也。竭力以事大國。則不得免焉。如之何則可。孟子對曰。昔者大王居邠。狄人侵之。事之以皮幣。不得免焉。事之以犬馬。不得免焉。事之以珠玉。不得免焉。乃屬其耆老而告之曰。狄人之所欲者。吾土地也。吾聞之也

三段應竭力

言至老境也又強也

梁山

正義云按梁山在雍州好畤縣西北十八里鄭云岐山西南然則梁山橫長其東當陽西北臨河其西當岐山東北自出適周當踰之矣

魯平公

魯平公名叔景公子也平公五年周樂正子為政六年孟子自齊而歸過魯平所會見文

君子不以其所以養人者害人。二三子何患乎無君。我將去之。去邠踰梁山。邑于岐山之下居焉。邠人曰。仁人也。兼平日仁政臨去仁言不可失也。從之者如歸市。屬音燭。○皮謂虎豹麋鹿之皮也。幣帛也。屬會集也。土地本生物以養人。今爭地而殺人。是以其所以養人者害人也。邑作邑也。歸市人衆而爭先也。或曰世守也。非身之所能為也。效死勿去。又言或謂土地乃先人所受而世守之者。非己所能專。但當致死守之。不可舍去。此國君死社稷之常法。傳所謂國滅君死之正也。正謂此也。君請擇於斯二者。能如大王則避之。不能則謹守常法。蓋遷國以圖存者權也。守正而俟死者義也。審己量力擇而處之可也。○

公將因樂正子以見孟子嬖人臧倉止之○廣文選載平公舉宣王會於鳧繹山下樂克備道孟子於平公曰孟子私淑仲尼其德足以輔世長民其道可以發政施仁君何為不見乎公因許之見而臧倉乃以巧言沮之遂不見

樂正子

樂正姓也子通稱也名克按樂

楊氏曰孟子之於文公始告之以效死而已禮之正也至其甚恐則以大王之事告之非得已也然無大王之德而去則民或不從而遂至於亡則又不若效死之為愈故又請擇於斯二者又曰孟子所論自世俗觀之則可謂無謀矣然理之可為者不過如此舍此則必為儀秦之為矣凡事求可功求成取必於智謀之末而不循天理之正者非聖賢之道也。

○魯平公有決於出遊將出嬖人臧倉者請曰他日君出則必命有司所之今乘輿已駕矣有司未知所之敢請公曰將見孟子曰何哉君所為輕身以先於匹夫者以為賢乎禮義由賢者出而孟子之後喪踰前喪君無見焉公曰諾

正是樂官之長或者先世嘗爲樂官子孫遂以爲姓

乘輿

類考云陶唐氏始乘彤車白馬則車駕之始也○說文云人君乘車駟馬動則鸞鳴以應行節○曲禮曰君車將駕則僕執策立於馬前已駕僕展軨君出就車則僕並轡授綏

乘。去聲。○乘輿，君車也。駕，駕馬也。孟子前喪父。後喪母。踰。過也。言其厚母薄父也。諾。應辭也。

樂正子入見曰。君奚爲不見孟軻也。曰。或告寡人曰。孟子之後喪踰前喪。是以不往見也。曰。何哉君所謂踰者。前以士禮葬父後以大夫禮葬母。前以三鼎祭父而後以五鼎祭母與。曰。否。謂棺槨衣衾之美也。曰。非所謂踰也。貧富不同也。

入見之見。音現。與。平聲。○樂正子。孟子弟子也。仕於魯。三鼎。士祭禮。五鼎。大夫祭禮。

樂正子見孟子曰。克告於君。君爲來見也。嬖人有臧倉者沮君。君是以不果來也。曰。行或使之。止或尼

鼎

鼎三足兩耳和五味之寶器也○五鼎是大夫之禮三鼎是士之禮

衣衾

衾即被也○禮云小歛君錦衾大夫縞衾士緇衾皆一衾大歛二衾君大夫士一也

之行止非人所能也。吾之不遇魯侯，天也。臧氏之子焉能使予不遇哉。爲去聲。沮慈呂反。尼女乙反。焉於虔反。○克，樂正子名。沮、尼，皆止之之意也。言人之行，必有人使之者；其止，必有人尼之者。然其所以行，所以止，則固有天命，而非此人所能使，亦非此人所能尼也。然則我之不遇，豈臧倉之所能爲哉。○此章言聖賢之出處，關時運之盛衰，乃天命之所爲，非人力之可及。

公孫丑
公孫氏傳易爲道爲潔淨精微之儒
曾西
曾西曾子之孫也字子西子夏以詩傳申左丘明作傳以授曾申曾西之學於此可見

孟子卷之二　　朱熹集註

公孫丑章句上　凡九章

公孫丑問曰夫子當路操政柄於齊管仲晏子之功可復許乎復扶又反○公孫丑孟子弟子齊人也當路居要地也管仲齊大夫名夷吾相桓公霸諸侯許猶期也孟子未嘗得政丑蓋設辭以問也孟子曰子誠齊人也知管仲晏子而已矣此段輕齊人但知其國有二子而已不復知有聖賢之事或問乎曾西曰吾子與子路孰賢曾西蹵然曰吾先子之所畏也曰然則吾子與管仲孰賢曾西艴然不悅曰爾何曾比

六七作
太甲即位顛覆
湯之典刑伊尹
放之於桐自怨
自艾復歸於亳
增加脩德諸侯
咸歸號爲太宗
○大戊即位尹
陟爲相有祥桑
生於朝七日大
拱尹陟曰妖不
勝德君之政有
闕歟太戊於是
修先王之政三
日而祥桑枯死
有賢臣巫咸臣
扈等輔之商道
復興號爲中宗

子於管仲。管仲得君。如彼其專也。行乎國政。如彼其久也。功乃烈如彼其卑也。在此之看爾何曾比予。○於是。蹵子六反。艴音拂。又音勃。曾並音增。○孟子引曾西與或人問答如此。曾西。曾子之孫。蹵不安貌。先子。曾子也。艴。怒色也。曾之言則也。烈。猶光也。桓公獨任管仲。四十餘年。是專且久也。管仲不知王道而行霸術。故言功烈之卑也。楊氏曰。孔子言子路之才。曰千乘之國。可使治其賦也。使其見於施爲。如是而已。其於九合諸侯。一匡天下。固有所不逮也。然則曾西推尊子路如此。而羞比管仲者何哉。譬之御者。子路則範我馳驅而不獲者也。管仲之功。詭遇而獲禽耳。曾西仲尼之徒也。故不道管仲之事。曰。管仲曾西之所不爲也。而子爲我願之乎。子爲之爲去聲。○曰。

○祖乙即位以巫咸之子賢爲相諸侯賓服天下太和○盤庚即位耿都河决自耿遷殷作書三篇告諭臣民改商曰殷行湯之政商道復興○武丁即位盤甘爲相恭默思道夢帝賚以良弼乃以形旁求天下得傅說於傅岩之野代胥靡服築立以爲相君臣道合鬼方無道伐之三

孟子言也。願望也。曰管仲以其君霸晏子以其君顯管仲晏子猶不足爲與。與平聲。顯顯名也。○曰以齊王以字應由反手也。照時勢王去聲。由猶通。反手。言易也。曰若是則弟子之惑滋甚。且以文王之德仁政百年之久而後崩猶未洽而德化於天下。武王周公繼之然後大行。必待教化應洽字今言王若易然則文王不足法與。反手之德易去聲。下同。與平聲。○滋益也。文王九十七而崩。言百年舉成數也。文王三分天下才有其二。武王克商乃有天下。周公相成王制之德但其所處不同禮作樂。然後教化大行。此段言世澤在人心曰文王何可當也。由湯至於武丁賢聖之君六七作。天下歸殷久矣。久則難

年克之殷道復
興號爲高宗所
謂賢聖六七作
也

微仲
微仲名衍一名
泄微子之弟也
初微子封於宋
其嫡子早亡立
其弟衍爲微仲

膠鬲
膠鬲殷之賢人
也遭殷末之亂
鬻販魚鹽文王
舉之後歸殷武
王伐紂紂使膠
鬲候周師問武
王師何日至之

變也武丁朝諸侯有天下猶運之掌也紂之
去武丁未久也其故家遺俗澤之在下者流風善政澤之在上者猶有
存者又有微子微仲同姓王子比干箕子膠鬲異姓皆
賢人也相與輔相之故久而後失之也以上言其時難一失民心尺地
莫非其有也一民莫非其臣也然而文王猶
方百里起以上言其勢難是以難也朝音潮鬲音隔又音歷
猶與由通○當猶敵也商自成湯至於武丁之
中閒太甲太戊祖乙盤庚皆賢聖之君作事作起
也自武丁至紂凡七
世故家舊臣之家也齊人有言曰雖有智慧包勢
不如乘勢雖有鎡基種田不如待時今時則易然

丑日甲子至殷郊子以是報矣膠鬲行天雨不休王疾行不輟軍士皆諫王曰吾已令彼報其主矣今甲子不至其主必殺之吾疾行以救之後至殷郊大克之王問殷之所以亡對曰王欲知請以日中爲期後弗至王怪之周公曰吾已知之矣此君子也以其主惡告王不忍爲也若

也。鎡音茲。○鎡基，田器也。時，謂耕種之時。夏后殷周之盛，地未有過千里者也，而齊有其地矣。雞鳴狗吠相聞而達乎四境，而齊有其民矣。地不改辟矣，待而已廣民不改聚矣。待而已衆行仁政而王，由是莫之能禦也。辟與闢同。○此言其勢之易也。三代盛時，王畿不過千里。今齊已有之，異於文王之百里。又雞犬之聲相聞，自國都以至於四境，言民居稠密也。且王者之不作，未有疏於此時者也。民之憔悴於虐政，未有甚於此時者也。飢者易爲食，渴者易爲飲。補行仁政此言其時之易也。自文武至此七百餘年，異於商之賢聖繼作。民苦虐政之甚，異於紂之猶有善政。易爲

新鐫典故 孟子 卷二 三 善成堂

夫期而不當言
而不信此殷之
所以亡也以此
告王矣
齊地
齊南有太山東
有琅琊西有清
河北有渤海方
二千餘里臨淄
之中七萬戶戶
三男子不待發
於遽縣而卒固
已二十一萬矣
四境
太公始封東至
於海西至於河
南至於穆陵北
至於無棣

況仁政之行本自速者
飲食。言飢渴之孔子曰。德之流行。速於置郵
甚。不待甘美也。○置。驛也。郵。馹也。所以。當今
而傳命。傳命也。孟子引孔子之言如此
時 勢 德
之時。萬乘之國。行仁政。民之悅之。猶解倒懸
也。故事半古之人。功必倍之。惟此時爲然。乘。去
聲。○倒懸。喻困苦也。所施之事半於古人。○
而功倍於古人。由時勢易而德行速也。
以 之位 其
公孫丑問曰。夫子加齊之卿相。得行道焉。雖
有所疑懼而 足
由此霸王不異矣。如此則動心否乎。孟子曰
未至用世時已
否。我四十不動心。相。去聲。○此承上章又設
問孟子若得位而行道則
雖由此而成霸王之業。亦不足怪。任大責重
如此。亦有所恐懼疑惑而動其心乎。四十强

置郵
許東陽云馬遞書曰置步遞曰郵○西域傳因騎置以聞師古云卽今驛馬也○黃霸傳郵亭師古云書舍也謂傳送文書所止處如今驛館也

四十不動心
曲禮云人生十年曰幼學二十曰弱冠三十曰壯有室四十曰強仕五十曰艾服官政六十曰

仕。君子道明德立之時。孔子四十而不惑。亦不動心之謂。曰。若是則夫子過孟賁遠矣。曰。是不難。告子先我不動心。賁音奔。○孟賁勇士。告子名不害。孟賁血氣之勇。丑蓋借之以贊孟子不動心之難。孟子言告子未爲知道。乃能先我不動心。則此亦未足爲難也。曰。不動心有道乎。（方法）曰。有。程子曰。心有主。則能不動矣。北宮黝之養勇也。不膚（斷）（使）（被刺）撓。（而出）不目逃。（使）（被刺而）思以一毫挫（挫）於人。若撻之於市朝。（殺）不受於褐寬博。亦不受於萬乘之君。視刺萬（無於嚴褐夫萬乘）乘之君。若刺褐夫。無嚴（畏憚）諸侯。惡聲至。必反之。黝伊糾反。撓奴效反。朝音潮。乘去聲。○北宮姓。黝名。膚撓。肌膚被刺而撓屈也。目逃。目被

者指使七十曰老而傳八十九十曰耄百年曰期頤

孟賁

孟賁齊人水行不避蛟龍陸行不避虎狼發怒吐氣聲響動天能生拔牛角秦武王好多力士孟賁往歸之

褐

大寒者刺短褐○豳風七月篇無衣無褐何以卒歲○揚蓋於[illegible]

刺而轉睛逃避也。挫，猶辱也。褐，毛布。寬博，寬大之衣，賤者之服也。不受者，不受其挫也。刺，殺也。嚴，畏憚也。言無可畏憚之諸侯也。黝，蓋刺客之流，以必勝爲主而不動心者也。孟施舍之所養勇也，曰：視不勝猶勝也。量敵而後進，慮勝而後會，是畏三軍者也。舍豈能爲必勝哉？能無懼而已矣。舍，去聲，下同。○孟，姓。施，發語聲。舍，名也。會，合戰也。舍自言其戰雖不勝，亦無所懼。若量敵慮勝而後進戰，則是無勇而畏三軍矣。舍蓋力戰之士，以無懼爲主而不動心者也。孟施舍似曾子，北宮黝似子夏。夫二子之勇，未知其孰賢，然而孟施舍守約也。夫，音扶。○黝務敵人，舍專守己。子夏篤信聖人，曾子反求諸己，故二

服乃褐之謂也

孟施舍

趙岐註曰施發語聲朱註因之但從未有用發語聲於八姓名間者趙註疑不可從當是孟姓施舍名也

子之與曾子子夏雖非等倫然論其氣象則各有所似賢猶勝也約要也言論二子之勇則未知誰勝論其所守則舍比於黝爲得其要也。**昔者曾子謂子襄曰子好勇乎吾嘗聞大勇於夫子矣**（何能）（大勇之本）**自反而不縮**（理直）**雖褐寬博吾不惴焉**（作事）**自反而縮雖千萬人吾往矣**（而斷無屈撓）好去聲惴之瑞反○此言曾子之也縮直也檀弓曰古者冠縮縫今也衡縫又曰棺束縮二衡三惴恐懼之也往往而敵之也。**孟施舍之守氣又不如曾子之守約也**（非直能約也而已矣）（先得其）言孟施舍雖似曾子然其所守乃一身之氣又不如曾子之反身循理所守尤得其要也孟子之不動心其原蓋出於此下文詳之（知黝舍則知告子知曾子則知孟子而丑不悟又問）**曰敢問夫子之不動心與**

孟子曰告子不動心之法

言之矣

凡言語有所不達

告子之不動心可得聞與告子曰不得於言

言之理

凡行事有所不安

心之助

下是孟子斷語

勿求於心不得於心勿求於氣不得於心勿

急本緩末

失外遺內然卽其可者論猶未可也

求於氣可不得於言勿求於心不可夫志氣

固

卽

之師也氣體之充也夫志至焉氣次焉故曰

亦當

持其志無暴其氣聞與之與平聲夫志之夫音扶○此一節公孫丑之

問孟子誦告子之言又斷以已意而告之也

告子謂於言有所不達則當舍置其言而不

必反求其理於心於心有所不安則當力制

其心而不必更求其助於氣此所以固守其

心而不動之速也孟子既誦其言而斷之曰

彼謂不得於心而勿求諸氣者急於本而緩

其末猶之可也謂不得於言而不求諸心則

既失於外而遂遺其內其不可也必矣然凡

曰可者亦僅可而有所未盡之辭耳若論其極則志固心之所之而爲氣之將帥然氣亦人之所以充滿於身而爲志之卒徒者也故志固爲至極而氣即次之人固當敬守其志然亦不可不致養其氣蓋其內外本末交相培養此則孟子之心所以未嘗必其不動而自然不動之大略也

既曰志至焉氣次焉又曰持其志無暴其氣者何也曰志壹則動氣（同足）氣壹則動（亦反爲）志也今夫蹶者趨者是氣也而反動其心（夫音扶）（就粗顯者爲驗）

公孫丑見孟子言志至而氣次故問如此則專持其志可矣又言無暴其氣何也壹專一也蹶顛躓也趨走也孟子言志之所向專一則氣固從之然氣之所在專一則志亦反爲之動如人顛躓趨走則氣專在是而反動其心焉所以既持其志而又必無暴其氣

塞天地

易有太極是生兩儀兩儀未分其氣混沌清濁既分伏者爲天偃者爲地○太初氣之始也清濁未分大始形之始也清者爲精濁者爲形太素質之始也已有素朴而未散也二氣相接剖判分離輕清者爲天重濁者爲地

也。程子曰。志動氣者什九。氣動志者什一。敢問夫子惡乎長。曰。我知言。無所疑我善養吾浩然之氣。無所懼惡。平聲。○公孫丑復問孟子之不動心。所以異於告子如此者。有何所長而能然。而孟子又詳告之以其故也。知言者。盡心知性。於凡天下之言。無不有以究極其理。而識其是非得失之所以然也。浩然。盛大流行之貌。氣。即所謂體之充者。本自浩然。失養故餒。惟孟子爲善養之。以復其初也。蓋惟知言。則有以明夫道義。而於天下之事無所疑。養氣。則有以配夫道義。而於天下之事無所懼。此其所以當大任而不動心也。告子之學。與此正相反。其不動心。殆亦冥然無覺。悍然不顧而已爾。敢問何謂浩然之氣。曰。難言也。孟子先言知言。而丑先問氣者。承上文方論志氣而言也。難言者。蓋其心所獨得。而無形聲之驗。有未易以言語形容者。故程子曰。觀此一想象其體言。則孟子之實有是氣可知矣。其爲氣也。

體段至大至剛以直養而無害則塞于天地之閒。

至大。初無限量。至剛。不可屈撓。蓋天地之正氣。而人得以生者。其體段本如是也。惟其自反而縮。則得其所養。而又無所作爲以害之。則其本體不虧。而充塞無閒矣。程子曰。天人一也。更不分別。浩然之氣。乃吾氣也。養而無害。則塞乎天地。一爲私意所蔽。則欿然而餒。知其小也。謝氏曰。浩然之氣。須於心得想象其用其爲其正時識取。足以根柢養後求又曰。若浩然氣便是無虧欠時。

氣也配義與道無是餒也

餒。奴罪反。○配者。合而有助之意。義者。人心之裁制。道者。天理之自然。餒。飢乏而氣不充體也。言人能養成此氣。則其氣合乎道義而爲之助。使其行之勇決。無所疑憚。若無此氣。則其一時所爲。雖未必不出於道義。

然其體有所不充，則亦不免於疑懼，而不足以有爲矣。

是集義所生者。配道義之氣集在心 非義襲而取之也。襲在事 行有不慊於心，則餒矣。氣不充體而 我故曰告子未嘗知義，以其外之也。慊，口簟、口劫二反。○集義，猶言積善，蓋欲事事皆合於義也。襲，掩取也，如齊侯襲莒之襲。言氣雖可以配乎道義，而其養之之始，乃由事皆合義，自反常直，是以無所愧怍，而此氣自然發生於中，非由只行一事偶合於義，便可掩襲於外而得之也。慊，快也，足也。言所行一有不合於義而自反不直，則不足於心而其體有所不充矣。然則義豈在外哉？告子不知此理，乃曰仁內義外，而不復以義爲事，則必不能集義以生浩然之氣矣。上文不得於言勿求於心，卽外義之意，詳見下集義 其或未充 必有事焉而勿正，心勿忘，勿助長。

揠苗

苗者禾也生曰苗秀曰禾○苗其弱也欲孤長其也欲相與居其熟也欲相扶是故三以爲族乃多粟

（然正助皆有害而助長爲甚）

也無若宋人然宋人有閔其苗之不長而揠之者芒芒然歸謂其人曰今日病矣予助苗（養氣而）長矣其子趨而往視之苗則槁矣（由此觀之）天下之不（不養不過如）助苗長者寡矣（不知助之爲害只甚于忘者彼義）以爲無益而舍之者（于氣）不耘苗者也助之長者揠苗者也（猶未甚害于苗氣）非徒無益而又害（于氣）之

長○上聲○揠烏八反舍○上聲○必有事焉而勿正○趙氏程子以七字爲句○近世或幷下文心字讀之者亦通○必有事焉有所事也○如有事於顓臾之有事○正○預期也○春秋傳曰戰不正勝是也○如作正心義亦同○此與大學之所謂正心者語意自不同也○此言養氣者必以集義爲事○而勿預期其效○其或未充○則但當勿忘其所有事○而不可作爲以助其長○乃

集義養氣之節度也。閔，憂也。揠，拔也。芒芒，無知之貌。其人，家人也。病，疲倦也。舍之而不耘者，忘其所有事。揠而助之長者，正之不得而妄有作爲者也。然不耘則失養而已，揠則反以害之。無是二者，則氣得其養而無所害矣。如告子不能集義而欲彊制其心，則必不能免於正助之病。其於所謂浩然者，蓋不惟不善養，而又反害之矣。

何謂知言？

曰：詖辭知其所蔽，淫辭知其所陷，邪辭知其所離，遁辭知其所窮。〔天此四矢〕生於其心，害於其政；〔大綱〕發於其政，害於其事。〔節目〕聖人復起，必從吾言矣。

詖，彼寄反。復，扶又反。○此公孫丑復問而孟子答之也。詖，偏陂也。淫，放蕩也。邪，邪僻也。遁，逃避也。四者相因，言之病也。蔽，遮隔也。陷，沉溺也。離，叛去也。窮，困屈也。四者亦相因，則心之失

德行

易云君子進德脩業欲及時也○山下出泉蒙君子以果行育德○水洊至習坎君子以常德行

說辭　辭命

詩厭厭良人秩秩德音○好言自口莠言自口○維號斯言有倫有脊○其容不改出言有章○辭之輯矣民之洽矣辭之懌矣民之莫矣

也。人之有言，皆出於心。其心明乎正理，而無蔽，然後其言平正通達而無病。苟爲不然，則必有是四者之病矣。即其言之病，而知其心之失，又知其害於政事之決然而不可易者如此。非心通於道，而無疑於天下之理，其孰能之？彼告子者，不得於言而不肯求之於心，至爲義外之說，則自不免於四者之病，其何以知天下之言而無所疑哉？程子曰：「心通乎道，然後能辨是非，如持權衡以較輕重，孟子所謂知言是也。」又曰：「孟子知言，正如人在堂上，方能辨堂下人曲直。若猶未免雜於堂下衆人之中，則不能辨決矣。」

宰我、子貢善爲（知言）說辭，冉牛、閔子、顏淵善言德行（養氣），孔子兼之（然猶常），曰：「我於辭命，則不能也。」然則夫子（孟子也）既聖（是推）矣乎（尊孟子）？

行，去聲。○此一節，林氏以爲皆公孫丑之問，是也。說辭，言語也。德行，得於心而見於行事者也。三子善言德行者身有之。故言之親切而有味也。公孫丑言數子各有所長。而孔子兼之。然猶自謂不能於辭命。今孟子乃自謂我能知言。又善養氣。則是兼言語德行而有之。然則豈不既聖矣乎。此夫子指孟子也。○程子曰。孔子自謂不能於辭命者欲使學者務本而已。

推尊之詞

曰。惡。是何言也。昔者子貢問於孔子曰。夫子聖矣乎。孔子曰。聖則吾不能。我學

聖道

與聖說離是勉工夫　以聖道入

不厭而教不倦也。子貢曰。學不厭。智也。教不倦。仁也。仁且智。夫子既聖矣。夫聖。孔子不居。

與聖說合是自然流出

是何言也。

惡。平聲。夫聖之夫。音扶。○惡。驚歎辭也。昔者以下。孟子不敢當丑之言。而引孔子子貢問答之辭以告之也。此夫子。指孔子也。學不厭者。智之所以自明。教不

倦者仁之所以及物再言是何言也以深拒之昔者竊聞之子夏子游子張皆有聖人之一體冉牛閔子顏淵則具體而微敢問所安此一節林氏亦以為皆公孫丑之問是也一體猶一肢也具體而微謂有其全體但未廣大耳安處也公孫丑復問孟子既不敢比孔子則於此數子欲何所處也曰姑舍是舍上聲○孟子言且置是者不欲以數子所至者自處也曰伯夷伊尹何如曰不同道非其君不事非其民不使治則進亂則退伯夷也何事非君何使非民治亦進亂亦進伊尹也可以仕則仕可以止則止可以久則久可以速

百里之地

禮記云凡四海之內九州州方千里州建百里之國三十七十里之國六十五十里之國百有二十○周禮云諸公之國方五百里諸侯之地方四百里諸伯之地方三百里諸子之地方二百里諸男之地方百里

則速孔子也皆古聖人也吾未能有行焉乃
（此則）（之道）（不特孔子爲聖夷尹亦）（不特未能行孔子之聖即夷尹亦）

所願則學孔子也。治，去聲。○伯夷，孤竹君之長子，兄弟遜國，避紂隱居，聞文王之德而歸之。及武王伐紂，去而餓死。伊尹，有莘之處士。湯聘而用之，使之就桀。桀不能用，復歸於湯。如是者五，乃相湯而伐桀也。三聖人事，詳見此篇之末及萬章下篇。

伯夷伊尹於孔子若是班乎。曰：否。自有生民以來，未有孔子也。（包道德事功說）班，齊等之貌。公孫丑問，而孟子答之以不同也。

曰：然則有同與。曰：有。得百里之地而君之，皆能以朝諸侯有天下。行一不義，殺一不辜而得天下，皆不爲也。是則同。與，平聲。朝，音潮。○有，言有同也。以百里而

麒麟

大戴禮云毛蟲三百六十而麒麟爲之長○爾雅云麟麕身牛尾一角○鶡冠子云麟者玄枵之獸陰之精也○詩疏云麟馬足黃色圓蹄角端有肉音中黃鍾王者至仁則出○廣雅云麟者含仁懷義行步中規折旋中矩游必擇土審而後處不履生蟲不踐生草不

王天下。德之盛也。行一不義。殺一不辜。而得天下。有所不爲。心之正也。聖人之所以爲聖人。其根本節目之大者。惟在於此。於此不同。則亦不足以爲聖人矣。曰。敢問其所以異。曰。宰我子貢有若。智（此何正說）足以知聖人。汙（反言以決其言之可信）不至阿其所好。汙音蛙。好去聲。○汙下也。三子智足以知夫子之道。假使汙下。必不阿私所好而空譽之。明其言之可信也。宰我曰。以予觀於夫子。賢於堯舜遠矣。程子曰。語聖則不異。事功則有異。夫子賢於堯舜。語事功也。蓋堯舜治天下。夫子又推其道以垂教萬世。堯舜之道。非得孔子。則後世亦何所據哉。子貢曰。見其禮而知其政。聞其樂而知其德。由百世之後。等百世之王。莫之能違也。

羣居不旅行不犯陌穽不㒩網羅文章彬彬○牡曰麒牡曰麟黄帝時在囿成康時在郊藪

鳳凰

格物論云鳳神鳥也雄曰鳳雌曰凰五色備舉出東方君子之國見則天下安寧飛則禽鳥隨之故曰羽蟲三百六十而鳳凰爲之長

丘垤

廣雅云小陵曰丘

自生民以來未有夫子也（德政之宗）言大凡見人之禮則可以知其政聞人之樂則可以知其德是以我從百世之後差等百世之王無有能遁其情者而見其皆莫若夫子之盛也

有若曰豈（夫子之聖）惟民哉（不能及）麒麟之於走獸鳳凰（均飛走流峙之）之於飛鳥泰山之於丘垤河海之於行潦類也（其形同其性同）聖人之於民亦類也（聖人踐形盡性）出於其類（並生曰類）拔乎其萃（並處曰萃）自生民以來未有盛於孔子也垤大結反潦音老○麒麟毛蟲之長鳳凰羽蟲之長垤蟻封也行潦道上無源之水也出高出也拔特起也萃聚也言自古聖人固皆異於衆人然未有如孔子之尤盛者也○程子曰孟子此章（救世安民之）擴前聖所未發學者所宜體認而玩索也○

孟子曰以力假仁者

丘。○埤雅云：詩豳風零雨其濛，鸛鳴於垤。註：鸛，水鳥。垤，蟻塚也。蟻封其垤則雨將至，一名蟻封。

行潦

爾雅釋云：行者，道也；潦者，雨水也。行道上雨水流聚，故云行潦也。

七十子

顔回　閔損
冉耕　冉雍
宰予　端木賜
冉求　仲由
言偃　卜商

霸。霸必有大國。以德（伏誠字）行仁者王。王不待大。湯以七十里。文王以百里。力謂土地甲兵之力。假仁者本無是心，而借其事以爲功者也。霸若齊桓晉文是也。以德行仁，則自吾之得於心者推之，無適而非仁也。以力服人（諸侯）者，非心服也，力不贍（贍根上句）也。以德服人者，中心悅而誠服（誠服如此節）也。如七十子之服孔子也。詩（四自字就鎬京說武王時事）云：自西自東，自南自北，無思不服。此之（二者以德服人心悅誠服。又何待大哉）謂也。贍，足也。詩大雅文王有聲之篇。王霸之心，誠僞不同，故人所以應之者，其不同亦如此。○鄒氏曰：以力服人者，有意於服人，而人不敢不服；以德服人者，無意於服人，而人不能不服。從古以來，論王霸者多矣，未有若此章之深切而著明者也。○孟子

顓孫師　曾參
澹臺滅明
高柴　樊須
有若　原憲
曾點　宓不齊
顏繇　商瞿
公良孺　秦商
公西赤　顏刻
公冶長
司馬黎耕
巫馬期　梁鱣
琴牢　南宮縚
冉孺　顏辛
伯虔　公孫寵
公晳哀　曹卹
漆雕開　陳亢
叔仲會　孔璇
縣亶　奚蒧

曰：仁則榮，不仁則辱。今惡辱而居不仁，是猶（之人君）惡濕而居下也。惡，去聲，下同。○好榮惡辱，人之常情。然徒惡之而不去其得之之道，不能免也。如惡之，莫如貴德而尊士，（有之士）（其）賢者在（尊貴之實）位，能者在職。（高）（家）國家閒暇，及是時明其政刑，（通篇精神）（指君與賢能）雖大國必畏之矣。閒，音閑。○此因其惡辱之情，而進之以彊仁之事也。貴德，猶尚德也。士，則指其人而言之。賢，有德者，使之在位，則足以正君而善俗。能，有才者，使之在職，則足以脩政而立事。國家閒暇，可以有為之時也。詳味及字，則惟日不足之意可見矣。詩云：迨天之未陰雨，徹彼桑土，（桑根之皮）綢繆牖戶。今此下民，或敢侮予？孔子曰：為此詩者，其知

公祖玆　廉潔
公西輿
宰父黑
穰駟赤　冉季
薛邦　石處
懸亶　左郢
狄黑　商澤
任不齊　榮祈
顔噲　原桃
公肩　秦非
漆雕從　燕級
公夏守
句井疆
步叔乘
厚蜀　邽選
樂欣　顔之僕
公西箴
孔弗　漆雕侈

道乎能治其國家誰敢侮之（治國之）（及時）徹直列反土音杜綢音稠繆武彪反○詩豳風鴟鴞之篇周公之所作也迨及也徹取也桑土桑根之皮也綢繆纏綿補葺也牖戶巢之通氣出入處也予鳥自謂也言我之備患詳密如此今此在下之人或敢有侮予者乎周公以鳥之爲巢如此比君之爲國亦當思患而預防之孔子讀而贊之以爲知道也

今國家閒暇及是時般樂怠敖是自求禍也（等樂）般音盤樂音洛敖音傲○言其縱欲偷安亦惟日不足也

禍福無不自己求之者（之仁不仁）結上文之意

詩云永言配命自求多福太甲曰天作孽猶可違自作孽不可活此之謂也孽魚列反○詩大雅文王之篇永長也言猶念也配合也命天命也此言

懸戌　顏相

俊傑

智過萬人者謂之英過千人者謂之俊過百人者謂之豪過十人者謂之傑

市廛

當先看清廛征法三字法是市官治市之法此是一定要行的廛乃開鋪面之屋本是死字今却作活字看謂使出貨鋪面錢也古者市廛皆是官房與今不

福之自已求者。太甲。商書篇名。孽。禍也。違。避也。活。生也。書作逭。逭。猶緩也。此言禍之自己求者。○孟子曰。尊賢使能。俊傑在位。則天下之士皆悅。而願立於其朝矣。朝。音潮。○俊傑。才德之異於衆者。

即賢　能　不特吾國之士悅也　身未歸而心先歸曰願

市。廛而不征。法而不廛。則天下之商皆悅。而願藏於其市矣。廛。市宅也。張子曰。或賦其市地之廛。而不征其貨。或治之以市官之法。而不賦其廛。蓋逐末者多。則廛以抑之。少則不必廛也。關。譏而不征。則天下之旅皆悅。而願出於其路矣。解見前篇。耕者。助而不稅。則天下之農皆悅。而願耕於其野矣。但使出力以助耕公田。而不稅其私田也。廛。無夫里之布。

地租屋租　物稅　平物價治爭訟　道路之異言異服　之征無

同若逐末者多則使出賃舖面房錢以抑之此是暫行的若逐末者少則不賦其廛矣征是取其貨物之稅此乃後世所加先王所無的若國中逐末者多則既治以法而使出廛以抑之而決不更征其貨若逐末者少則但用法以治之而幷不賦其廛隨時斟酌而行也

則天下之民皆悅而願爲之氓矣。氓音盲○周禮宅不毛者有里布民無職事者出夫家之征鄭氏謂宅不種桑麻者罰之使出一里二十五家之布民無常業者罰之使出一夫百畝之稅一家力役之征也今戰國時一切取之市宅之民已賦其廛又令出此夫里之布非先王之法也氓民也○吾爲彼之父母彼即吾之子弟苟鄰國之君信能行此五者則鄰國之民仰之若父母矣率其子弟攻其父母自生民以來未有能濟者也如此則無敵於天下無敵於天下者天吏也然而不王者未之有也。呂氏曰奉行天命謂之天吏廢興存亡惟天所令不敢不從若湯武是也○此章言能行王政則寇戎爲父子不行王政則赤子爲仇讎○孟

廛

洗滄杜云上節兩廛字指原賦言是市廛此廛字指廛房言是民廛市廛處商賈民廛處百工及遠方來歸之民冬不同若仍作市宅之民則與次節重複且與下願爲氓不相照應

闕譏

饒雙峰云闕譏之制凡衆途所會之地則立闕以限之行旅有

子曰人皆有不忍人之心。人有可矜可憐之事天地以生物爲心。而所生之物。因各得夫天地生物之心以爲心。所以人皆有不忍人之心也。先王有不忍人之心。斯有不忍人之政矣。以不忍人之心。行擴充不忍人之政。治天下。可運之掌上。言衆人雖有不忍人之心。然物欲害之。存焉者寡。故不能察識而推之政事之閒。惟聖人全體此心。隨感而應。故其所行。無非不忍人之政也。所以謂人皆有不忍人之心者。今人乍見孺子將入於井。無論賢愚皆有怵惕惻隱之心。非所以內交於不面恩孺子之父母也。非所以要譽於不沽名鄉黨朋友也。非惡其聲不避謗而然也。怵音黜內

節傳方可度關以此稽考其來歷以防姦究節是使者所持之節傳如今脚引及州縣移文或用節或用傳周禮所謂以節傳出納之者是也

夫里之布

周禮地官載師以廛里在中國之地凡宅不毛者有里布凡田不耕者出屋粟凡民無職事者出夫家之征以時征其賦○不

讀爲納要平聲惡去聲下同○怵猶忽也怵惕驚動貌惻傷之切也隱痛之深也此即所謂不忍人之心也內結要求聲名也言乍見之時便有此心隨見而發非由此三者而然也程子曰滿腔子是惻隱之心謝氏曰人須是識其真心方乍見孺子入井之時其心怵惕乃真心也非思而得非勉而中天理之自然也內交要譽惡其聲而然即人欲之私矣

由是自見一端觀之無惻隱之心非人也無此心何所不貫羞惡之心非人也無辭讓之心非人也無是非之心非人也

惡去聲下同○羞恥己之不善也惡憎人之不善也辭解使去己也讓推以與人也是知其善而以爲是也非知其惡而以爲非也人之所以爲心不外乎是四者故因論惻隱而悉數之言人若無此則此心非自外至不得謂之人所以明其必有也

惻隱之心

毛者不種桑麻也布帛也罰之使出二十五家之帛布所以勸織也○夫三爲屋有田而不耕者罰之使出三家之屋粟所以勸耕也

矢人

黃帝臣牟夷作矢○周禮云矢人爲矢鍭矢參分一在前二在後兵矢田矢五分二在前三在後殺矢七分三在前

仁之端也。羞惡之心。義之端也。辭讓之心。禮之端也。是非之心。智之端也。惻隱。羞惡。辭讓。是非。情也。仁。義。禮。智。性也。心。統性情者也。端。緒也。因其情之發。而性之本然可得而見。猶有物在中。而緒見於外也。人之有是四端也。猶其有四體也。有是四端而自謂不能者。自賊者也。謂其君不能者。賊其君者也。四體。四肢。人之所必有者也。自謂不能者。物欲蔽之耳。凡有四端於我者。知皆擴而充之矣。若火之始然。泉之始達。苟能充之。足以保四海。苟不充之。不足以事父母。擴。音廓。○擴。推廣之意。充。滿也。四端在我。隨處

（旁注：人君　臣　一句就心說　矣字不斷則此心自不能已　則其功可自已矣　遠）

四在後○前弱則俛後弱則翔中弱則紆中强則揚羽豐則遲羽殺則趮○周禮云夏官司弓矢掌八矢之法凡矢極矢絜矢利火射用諸守城車戰殺矢鍭矢用諸近射田獵矰矢茀矢用諸弋射恒矢庳矢用諸散射

函人

周禮云函人爲甲犀甲七屬兕甲六屬合家五

發見。知皆即此推廣而充滿其本然之量。則其日新又新。將有不能自已者矣。能由此而遂充之。則四海雖遠。亦吾度內。無難保者。不能充之。則雖事之至近。而不能矣。○此章所論人之性情。心之體用。本然全具。而各有條理如此。學者於此反求默識而擴充之。則天之所以與我者。可以無不盡矣。程子曰。人皆有是心。惟君子爲能擴而充之。不能然者。皆自棄也。然其充與不充。亦在我而已矣。又曰。四端不言信者。既有誠心爲四端。則信在其中矣。愚按四端之信。猶五行之土。無定位。無成名。無專氣。而水火金木。無不待是以生者。故土於四行無不在。於四時則寄王焉。其理亦猶是也。

○孟子曰。矢人豈不仁於函人哉。矢人惟恐不傷人。函人惟恐傷人。巫匠亦然。故術不可不慎也。（推開上文）

函音含。○函甲

屬○凡爲甲必先爲容然後制革○凡察革之道眡其鑽空欲其窕也眡其裏欲其易也眡其朕欲其直也櫜之欲其約也舉而視之欲其豐也衣之欲其齘也

弓人

黃帝第五子青陽生揮爲弓正觀弧星始制弓矢○天子雕弓諸侯彤弓大夫墨弓○考工云

也。惻隱之心。人皆有之。是矢人之心。本非不如函人之仁也。巫者爲人祈祝。利人之生。匠者。作爲棺椁。利人之死。

孔子曰。里仁爲美。擇不處仁。焉得智。孔子此言見夫仁。天之尊爵也。以有生之初言人之安宅也。以有生之後言莫之禦而不仁。是不智也。

焉。於虔反。夫。音扶。○里有仁厚之俗者。猶以爲美。人擇所以自處而不於仁。安得爲智乎。此孔子之言也。仁義禮智。皆天所與之良貴。而仁者天地生物之心。得之最先。而兼統四者。所謂元者善之長也。故曰尊爵。在人則爲本心全體之德。有天理自然之安。無人欲陷溺之危。人當常在其中。而不可須臾離者也。故曰安宅。此又孟子釋孔子之意。以爲仁道之大如此。而自不爲之。豈非不智之甚乎。

不仁不智。無禮無義。人役也。猶身卑賤之地尊貴者皆得而役之人役而恥爲役。由弓弓人爲弓取六材必以其時六材既聚巧者和之幹也者以爲遠也角也者以爲疾也筋也者以爲深也膠也者以爲和也絲也者以爲固也漆也者以爲受霜露也

射

書云若虞機張往省括於度則釋○詩云叔善射忌又良御忌抑磬控忌抑縱送忌○禮云男

人而恥爲弓。矢人而恥爲矢也。由與猶同。以不仁故不智。不智故不知禮義之所在。如恥之。莫如爲仁。此亦因人愧恥之心（然亦豈得不求哉）而引之使志於仁也。不言智禮義者。仁該全體。能爲仁。則三者在其中矣。仁者如射。射者正己（外正體內正志）而後發。發而不中。不怨勝己者。反求諸己而已矣。（四句俱說射）中去聲。○爲仁由己。而由人乎哉。○孟子曰。子路人告之以有過則喜。喜其得聞而改之。其勇於自脩如此。周氏曰。仲由喜聞過。令名無窮焉。今人有過。不喜人規。如諱疾而忌醫。寧滅其身而無悟也。噫。程子曰。子路人告之以有過則喜。亦可謂百世之師矣。禹聞善言則拜。書曰。禹拜昌言。蓋不待有過。而能屈己以受天下之善也。大舜有大

子生桑孤蓬矢六以射天地四方

耕稼陶漁

史記云舜耕歷山歷山之人皆讓畔漁雷澤雷澤之人皆讓居陶河濱器皆不苦窳○括地志云蒲州府河東縣雷首山亦名歷山舜所耕處○陶城在蒲州河東縣北三十里南去歷山不遠○雷夏澤在濮州雷澤縣郭

焉善與人同舍己從人樂取於人以爲善。上舍聲。樂音洛。○言舜之所爲。又有大於禹與子路者。善與人同。公天下之善而不爲私也。己未善則無所繫吝。而舍以從人。人有善則不待勉彊而取之於己。此善與人同之目也。

下二句之綱 已未善則 人有善則

自耕稼陶漁以至爲帝。無非取於人者。舜之側微耕于歷山。陶于河濱。漁于雷澤。取諸人以爲善。是與人爲善者也。故君子莫大乎與人爲善。與。猶許也。助也。取彼之善。而爲之於我。則彼益勸於爲善矣。是我助其爲善也。能使天下之人。皆勸於爲善。君子之善。孰大於此。○此章言聖賢樂善之誠。初無彼此之閒。故其在人者。有以裕於己。在己者。有以及於人。

○孟子曰。伯夷。非其君不事。非其友

外西北

朝衣

周禮云上公冕服九章侯伯七章子男五章○禮記云天子龍袞諸侯黼大夫黻士元衣纁裳非列采不入公門

朝冠

禮記云諸侯袞冕以祭裨冕以朝皮弁以聽朔於太廟袞冕以聽朝於內朝○袞冠未組纓天子之冠也

不友不立於惡人之朝不與惡人言立於惡人之朝與惡人言如以朝衣朝冠坐於塗炭推惡惡之心思與鄉人立其冠不正望望然去之若將浼焉是故諸侯雖有善其辭命而至者不受也不受也者是亦不屑就已 朝音潮惡惡上去聲下如字浼莫罪反○塗泥也鄉人鄉里之常人也望望去而不顧之貌浼汚也屑趙氏曰潔也說文曰動作切切也不屑就言不以就之爲潔而切切於是也已語助辭

柳下惠不羞汙君不卑小官進不隱賢必以其道遺佚而不怨阨窮而不憫故曰爾爲爾

緇布冠繢緌諸侯之冠也縞冠衮武子姓之冠也

天時

時日支干者子丑寅卯辰巳午未申酉戌亥是爲支甲乙丙丁戊己庚辛壬癸是爲干支干所以配時日而用之也五行旺相孤虛之屬者五行金木水火土是也金旺在巳午未申酉木旺在亥子丑寅卯

我爲我，雖袒裼裸裎於我側，爾焉能浼我哉。雖當去時[illegible]說

故由由然與之偕，而不自失焉，援而止之而止。援而止之而止者，是亦不屑去已。佚，音逸。袒，音但。裼，音錫。裸，魯果反。裎，音程。焉能之焉，於虔反。○柳下惠，魯大夫展禽，居柳下而謚惠也。不隱賢，不枉道也。遺佚，放棄也。阨，困也。憫，憂也。爾爲爾至焉能浼我哉，惠之言也。袒裼，露臂也。裸裎，露身也。由由，自得之貌。偕，並處也。不自失，不失其正也。援而止之而止者，言欲去而可留也。

孟子曰：伯夷隘，柳下惠不恭。視天下無人可與，其失在 視天下無人可較，其失在 隘與不恭，中道可由，一偏不可由 君子不由也。隘，狹窄也。不恭，簡慢也。夷、惠之行，固皆造乎至極之地，然既有所偏，則不能無弊，故不可由也。

水旺在申酉戌亥子火旺在寅卯辰巳午土旺在申酉戌亥孤虛者蓋孤虛之法以一畫爲孤無畫爲虛二畫爲實以六十甲子日定東西南北四方然後占其孤虛實而向背之即知吉凶矣○兵家之法背孤擊虛依旺乘相若風吹南北而知死聲月宿箕翼而知水困是也

公孫丑章句下 凡十四章自第二章以下記孟子出處行實爲詳

孟子曰天時不如地利地利不如人和。天時謂時日支干孤虛王相之屬也。地利險阻城池之固也。人和得民心之和也。

三里之城七里之郭環而攻之而不勝夫環而攻之必有得天時者矣然而不勝者是天時不如地利也。夫音扶。○三里七里城郭之小者。郭外城。環圍也。言四面攻圍曠日持久必有值天時之善者。

城非不高也池非不深也兵革非不堅利也米粟非不多也委而去之是地利

地利

孫子云：地者，遠近、險易、廣狹、死生也。○相地形，處次舍，治壁壘，審煙斥，居高陵，舍出處，此善爲地形者也。

城郭

管子云：內爲之城，外爲之郭。○鯀築城以衛君，造郭以守民，此城郭之始也。○公羊注云：天子之城千雉，高七雉；公侯百雉，高五雉；子男五十

不如人和也。革，甲也。粟，穀也。委，棄也。言不得民心，民不爲守也。故曰：域民不以封疆之界，固國不以山谿之險，威天下不以兵革之利。（惟體恤民心二句論其理）得道者多助，失道者寡助。寡助之至，親戚畔之；多助之至，天下順之。（四句究其極）域，界限也。以天下之所順，攻親戚之所畔，故君子有不戰，戰必勝矣。言不戰則已，戰則必勝。尹氏曰：言得天下者，凡以得民心而已。○孟子將朝王，王使人來曰：寡人如就見者也，有寒疾，不可以風。朝將視朝，不識可使寡人得見乎？對曰：不幸而有疾，不能造

城高三雉

攻

孫子云善攻者敵不知其所守善守者敵不知其所攻微乎微乎至於無形神乎神乎至於無聲○又云用兵之法無恃其不來恃吾有以待之無恃其不攻恃無有所不可攻也

池

說文云池沼也穿地鍾水也○地輿提綱云城

朝章內朝並音潮唯朝將之朝如字造七到反下同○王齊王也孟子本將朝王王不知而託疾以召孟子故孟子亦以疾辭也明日出弔於東郭氏公孫丑曰昔者辭以病今日弔或者不可乎曰昔者疾今日愈如之何不弔東郭氏齊大夫家也昔者昨日也或者疑辭辭疾而出弔與孔子不見孺悲取瑟而歌同意王使人問疾醫來孟仲子對曰昔者有王命有采薪之憂不能造朝今病小愈趨造於朝我不識能至否乎使數人要於路曰請必無歸而造於朝要平聲○孟仲子趙氏以為孟子之從昆弟學於孟子者也采薪之憂言病不能采薪謙

外有池池有水曰隍

華

趙氏云古甲以革爲之故函人爲攻皮之工後世始用金曰鎧

米粟

金仁山云有殼曰粟無殼曰米粟即穀也古人米與穀兼積米切用而易腐穀氣全而可久緩急兼儲後世軍諸獨以米故久即不可食

封疆

辭也。仲子權辭以對。又使人要不得已而之孟子。令勿歸而造朝。以實己言。不如

景丑氏宿焉。景子曰：內則父子，外則君臣，人之大倫也。父子主恩，君臣主敬。丑見王之敬子也，未見所以敬王也。曰：惡！是何言也！齊人無以仁義與王言者，豈以仁義爲不美也？其心曰：是何足與言仁義也云爾，則不敬莫大乎是。我非堯舜之道不敢以陳於王前，故齊人莫如我敬王也。

惡平聲，下同。○景丑氏，齊大夫家也。景子，景丑也。惡，歎辭也。景丑所言，敬之小者；孟子所言，敬之大者也。我言不敬

景子曰：否，非此之

周禮云形方氏掌制邦國之地域而正其封疆無有乖離之地使小國事大國大國比小國○金仁山云封疆古者每國封土為疆

谿 爾雅云水注川曰谿注谿曰谷

東郭氏 氏族略云東郭氏姜姓齊桓公之後也

薪 薪柴也所以供

之謂也（不以仁義）禮曰父召無諾君命召不俟駕固將朝也聞王命而遂不果宜與夫禮若不相似（不俟駕之）然。夫音扶下同。○禮曰父命呼唯而不諾又曰君命召在官不俟屨在外不俟車言孟子本欲朝王而聞命中止似與此禮之意不同也。曰豈謂是與（我不應召之意）曾子（對禮曰）曰晉楚之富不可及也彼以其富我以吾仁（統萬物之）彼以其爵我以吾義（起萬物之）吾何慊乎哉夫豈不義而曾子言之（曾子之言如此）是或一道也天下有達尊三爵一齒一德一朝廷莫如爵鄉黨莫如齒輔世（維持世道）長民（長育人民）莫如德（德即仁義）惡得有其一以慢其二哉（慢是不敬）。與平聲。慊。

炊大曰薪小曰蒸供爓燎曰燋

君召父召

禮云凡君召以三節二節以走一節以趨在官不俟屨在外不俟車○父命呼唯而不諾手執業則投之食在口則吐之走而不趨

齒

禮云有虞氏貴德而尚齒夏后氏貴爵而尚齒殷人貴富而尚齒周人貴戚而

口簞反長上聲。○慊恨也。少也。或作嗛字書以爲口銜物也。然則慊亦但爲心有所銜之義其爲快。爲足。爲恨。爲少。則因其事而所銜有不同耳。孟子言我之意。非如景子之所言者。因引曾子之言。而云。夫此豈是不義。而曾子肯以爲言。是或別有一種道理也。達通也。蓋通天下之所尊有此三者。曾子之說。蓋以德言之也。今齊王但有爵耳。安得以此慢於齒德乎。

故將大有爲之君。必有所不召之臣。欲有謀焉。則就之。其尊德樂道不如是。不足與有爲也。

捐君謁

樂音洛。○大有爲之君。大有作爲。非常之君也。程子曰。古之人。所以必待人君致敬盡禮而後往者。非欲自爲尊大也。爲是故耳。

故湯之於伊尹。學焉而後臣之。故不勞而王。桓公之於管仲。

尚齒虞夏殷周

天下之盛王也，未有遺年者。年之貴乎天下久矣，次乎事親也。是故朝廷同爵而尚齒，七十杖於朝，君問則席，八十不俟朝，君問則就之，而弟達乎朝廷矣。行肩而不併，不錯見老者則車徒避，斑白者不以其任行乎道路，而弟達乎道路矣。居鄉以齒，而老窮不遺，强不

學焉而後臣之。故不勞而霸。先從受學，師之也。後以爲臣，任之也。今天下地醜德齊，莫能相尚，無他，好臣其所教，而不好臣其所受教。好，去聲。○醜，類也。尚，過也。所教，謂聽從於己，可役使者也。所受教，謂己之所從學者也。湯之於伊尹，桓公之於管仲，則不敢召。（夫尹不敢召固不待言至于）管仲且猶不可召，而況不爲管仲者乎。不爲管仲，孟子自謂也。范氏曰：孟子之於齊，處賓師之位，非當仕有官職者，故其言如此。○此章見賓師不以趨走承順爲恭，而以責難陳善爲敬；人君不以崇高富貴爲重，而以貴德尊士爲賢，則上下交而德業成矣。

○陳臻問曰：前日於齊，王餽兼金一百而不受；於宋，

犯弱衆不暴寡而弟達乎州巷矣古之道五十不為甸徒頒禽隆諸長者而弟達乎蒐狩矣軍旅什伍同爵則尚齒而弟達乎軍旅矣

兼金

兼金價倍於惡者故曰兼金○爾雅云黃金謂之璗其美者謂之鏐餅金謂之鈑絕澤謂之銑白金謂之銀其美者謂之鐐

餽七十鎰而受。於薛餽五十鎰而受。前日之不受是則今日之受非也今日之受是則前前後互勘日之不受非也。語意重此夫子必居一於此矣。非陳臻。孟子弟子兼金。好金也。其價兼倍於常者。一百。百鎰也。孟子曰皆是也。受固是辭亦是也皆適於義也。當在宋也。予將有處有遠行。行者必以贐。古禮辭曰使來致餽贐。予何為不受。贐徐刃反。○贐。送行者之禮也。當在薛也予有有處戒心。辭曰聞戒。故為兵餽之。予何為不受。為兵之為，去聲。○時人有欲害孟子者。孟子設兵以戒備之，薛君以金餽為孟子兵備。辭曰聞子繫從上轉下之有戒心也。若於齊則未有處也。無處而餽

平陸

廣輿記云平陽府有平陸縣

大夫

冊府元龜云魯謂之宰仲尼爲中都宰是也齊謂之大夫齊威王封卽墨大夫烹阿大夫是也楚謂之尹沈尹戌爲方城之外縣尹是也亦謂之公葉公諸梁是也○通典云春秋時列國相滅多以其地爲縣則縣大而郡

之是貨之也。焉有君子而可以貨取乎。焉於虔反。○無遠行戒心之事。是未有所處也。取猶致也。○尹氏曰。言君子之辭受取予。惟當於理而已。○孟子之平陸。謂其大夫曰。子之持戟之士。一日而三失伍。則去之否乎。曰。不待三。明乎處士 去上聲。○平陸齊下邑也。大夫邑宰也。戟有枝然 兵也。士戰士也。伍行列也。去之殺之也。臣之職 臣之伍也 則子之失伍也亦多矣。凶年饑歲。子之民老羸轉於溝壑。壯者散而之四方者幾千人矣。水旱疾疫之類 谷不登 頃兩句 死散 曰此非距心之所得爲也。幾上聲。○子之失伍。言其失職。猶士之失伍也。距心大夫名。對言此乃王之失政使然。非我所得專爲也。曰。今有受

小故傳云上大夫受縣下大夫受郡縣邑之長孔姓距心名平陸之大夫也

戟 說文云戟有枝兵也長丈六尺○趙氏德曰雙枝曰戟單枝曰戈

伍 周禮云小司徒之職會萬民之卒伍而用之五人為伍五伍為

人之牛羊而為之牧之者。則必為之求牧與芻矣。求牧與芻而不得。則反諸其人乎。抑亦立而視其死與。曰。此則距心之罪也。為。去聲。死與之與。平聲。○牧之。養之也。牧。牧地也。芻。草也。孟子言若不得自專。何不致其事而去。他日見於王曰。王之為都者。臣知五人焉。知其罪者惟孔距心。為王誦之。王曰。此則寡人之罪也。見。音現。為王之為。去聲。○為都。治邑也。邑有先君之廟曰都。孔。大夫姓也。為王誦其語。欲以風曉王也。○陳氏曰。孟子一言而齊之君臣舉知其罪。固足以興邦矣。然而齊卒不得為善國者。豈非說而不繹。從而不改故邪。○孟子謂蚳鼃曰。

替他 飼 是地 夜之 朱職之 前為臣為民無非為王

○靈丘　地理志云代郡有靈丘縣

子之辭靈丘而請士師似也爲其可以言也。云句是激之使言不是諷之使去

今既數月矣未可以言與。○蚳音遲。鼃烏花反。爲去聲。與平聲。○蚳鼃齊大夫也。靈丘齊下邑。似也言所爲近似有理可以言謂士師近王得以諫刑罰之不中者。

蚳鼃諫於王而不用致爲臣而去。致猶還也。

齊人曰所以爲蚳鼃則善矣所以自爲則吾不知也。爲去聲。○譏孟子道不行而不能去也。

公都子以告。公都子。孟子弟子也。

曰吾聞之也有官守者爲君所制不得其職則去有言責者爲君所拒不得其言則去我無官守我無言責也則吾進退退字陪說豈不綽綽然有餘裕哉。官守

蓋　地理志云漢太山郡蓋縣故城在沂州沂水縣西

以官爲守者。言責以言爲責者。綽綽寬貌。裕寬意也。孟子居賓師之位。未嘗受祿。故其進退之際。寬裕如此。尹氏曰。進退久速。當於理而已。

○孟子爲卿於齊。出弔於滕。王使蓋大夫王驩爲輔行。王驩朝暮見。反齊滕之路。未嘗與之言行事也。蓋古盍反見音現。○蓋齊下邑也。王驩王嬖臣也。輔行副使也。反往而還也。行事使事也。公孫丑曰。齊卿之位。不爲小矣。齊滕之路。不爲近矣。反之而未嘗與言行事何也。曰。夫既或治之。予何言哉。夫音扶。○王驩蓋攝卿以行。故曰齊卿。夫既或治之。言有司已治之矣。孟子之待小人。不惡而嚴如此。

○孟子自齊葬於魯。反

客　重此句　出弔之事　勢分相次而非隔　相接日久而非過　行事　淡妙

瀛 左傳杜預注云嬴齊邑今泰山嬴縣是也

棺槨 禮記云君大棺八寸屬六寸椑四寸上大夫大棺八寸屬六寸下大夫大棺六寸屬四寸士棺六寸君裏棺用朱綠用雜金鐕大夫裏棺用玄綠用牛骨鐕士不綠君松椁大夫柏椁士雜木椁棺椁之間君

於齊。止於嬴。充虞請曰。前日不知虞之不肖。使虞敦匠事。嚴。虞不敢請。今願竊有請也。木若以美然。孟子仕於齊。喪母。歸葬於魯。嬴齊南邑。充虞孟子弟子。嘗董治作棺之事者也。嚴急也。木棺木也。以已通。以美大美也。

曰。古者棺椁無度。中古棺七寸。椁稱之。自天子達於庶人。非直為觀美也。然後盡於人心。推源古人立法之意 稱去聲。○度厚薄尺寸也。中古周公制禮時也。椁稱之與棺相稱也。欲其堅厚久遠。非特為人觀視之美而已。

不得不可以為悅。無財不可以為悅。得之為有財。今既 而又 古之人皆用之。吾何為獨不然。不得謂法制所不當得。得之為

容柷大夫容壺土容甒君裏椁虞筐大夫不裏椁士不虞筐○饒雙峰云周七寸只此今四寸

子噲

子噲燕易王之子也噲既立齊人殺蘇秦蘇秦之在燕與子之爲婚而其弟蘇代與子之交及秦死而齊宣王欲用蘇代燕三年子之相燕貴重蘇代爲齊使於燕謂齊王不

有財。言得之而又爲有財也。或曰。爲當作而。且比化者無使土親膚於人心獨無恔乎。比。必二反恔。音效。○比。猶爲也。化者。死者也。恔快也。言爲死者。不使上親近其肌膚。於人子之心。豈不快然無所恨乎。吾聞之也君子不以天下儉其親送終之禮。所當得爲而不自盡。是爲天下愛惜此物。而薄於吾親也。○沈同以其私三字有斟酌問曰燕可伐與孟子曰可子噲不得與人燕子之不得受燕於子噲有仕於此而子悅之不告於王而私與之吾子之祿爵夫士也亦無王命而私受之於子則可乎燕之授受何以異於是伐與之伐。平聲。下伐與。殺

僖臣必不能覇
以激燕王之尊
子之也燕王八
信子之子之因
遺蘇代百金而
聽其所使鹿毛
壽謂燕王不如
以國讓子之王
因以國讓子之
三年國大亂將
軍市被與太子
平謀攻之圍公
宮不克乃與百
姓反攻太子齊
王因令章子將
五都之兵擒子
之而醢之

與。同夫。音扶。○沈同。齊臣。以私問。非王命也。子噲。子之。事見前篇。諸侯土地人民。受之天子。傳之先君。私以與人。則與者受者皆有罪也。仕。爲官也。士。卽從仕之人也。○齊人伐燕。或問曰。勸齊伐燕。有諸。曰。未也。沈同問燕可伐與。吾應之曰可。彼然而伐之也。彼如曰。孰可以伐之。則將應之曰。爲天吏天所命者則可以伐之。今有殺人者。或問之曰。人可殺殺人者與。則將應之曰。可。彼如曰。孰可以殺之。則將應之曰。爲士師君所命者。則可以殺之。今以燕伐燕。何爲勸之哉。天吏。解見上篇。言齊無道與燕無異。如以燕伐燕也。史記亦謂孟子勸齊伐燕。蓋傳

管叔
武王克殷封紂子武庚於殷使弟管叔鮮蔡叔度霍叔處監其國武王崩成王立周公攝政管叔及其羣弟流言於國曰公將不利於孺子周公避位居東二年罪人斯得公作鴟鴞詩以貽王秋大熟未獲大雷電以風禾盡偃王將卜天變乃得周公金縢之書王拆書

聞此說之誤。○楊氏曰。燕固可伐矣。故孟子曰可。使齊王能誅其君。弔其民。何不可之有。乃殺其父兄。虜其子弟。而後燕人畔之。乃以是歸咎孟子之言。則誤矣。

○燕人畔。王曰。吾甚慚於孟子。齊破燕。後二年。燕人共立太子平爲王。

陳賈曰。王無患焉。王自以爲與周公。孰仁且智。惡智王曰。惡。是何言也。曰。周公使管叔監殷。管叔以殷畔。知而使之。是不仁也。不知而使之。何是不智也。仁智。周公未之盡也。而況於王乎。賈請見而解之。惡。監。皆平聲。○陳賈。齊大夫也。管叔。名鮮。武王弟。周公兄也。武王勝商殺紂。立紂子武庚。而使管叔與弟蔡叔霍叔。監其國。武王崩。成王幼。周公攝迎親迎周公命討武庚大誥天下作大誥三年克之誅武庚致辟管叔於商囚蔡叔於郭鄰以車七乘降霍叔於庶人三年不齒作東山詩以勞歸士歸士作破斧詩以答之詳見書金縢

政。管叔與武庚畔。周公討而誅之。徧御凡極

見孟子問曰。周公何人也。曰。古聖人也。曰。使管叔監殷。管叔以殷畔也。有諸。曰。然。曰。周公知其將畔而使之與。曰。不知也。然則聖人且有過與。曰。周公弟也。管叔兄也。周公之過。愛兄之心敝之不亦宜乎。與。平聲。○言周公乃管叔之弟。管叔乃周公之兄。然則周公不知管叔之將畔而使之。其過有所不免矣。或曰。周公之處管叔。不如舜之處象。何也。游氏曰。象之惡已著。而其志不過富貴而已。故舜得以是而全之。若管叔之惡則未著。而其志其才。皆非象比也。周公詎忍逆探其兄之惡而棄之耶。周公愛兄。宜無不盡者。管叔之事。聖人之不幸也。舜誠信而喜象。周公誠信而任管叔。此天理人

倫之至。其用心一也。且古之君子。過則改之。今之君子。過則順之。古之君子。其過也。如日月之食。民皆見之。及其更也。民皆仰之。今之君子。豈徒順之。又從而爲之辭。

從改過內看出不諱過

滲出文過

只在君子身上言責備意在言外

○順。猶遂也。更。改也。辭。辯也。更之則無損於明。故民仰之。順而爲之辭。則其過愈深矣。責賈不能勉其君以遷善改過。而教之以遂非文過也。○林氏曰。齊王慙於孟子。蓋羞惡之心。有不能自已者。使其臣有能因是心而將順之。則義不可勝用矣。而陳賈鄙夫。方且爲之曲爲辯說。而沮其遷善改過之心。長其飾非拒諫之惡。故孟子深責之。然此書記事散出而無先後之次。故其說必參考而後通。若以第二篇十章十一章。置之前章之後。此章之前。則孟子之意。不待論說而自明矣。○

萬鍾
註鍾量名。趙氏
註鍾生之云
曰四豆爲區。區
受斗六升。四區
爲釜。釜受六斗
四升。十釜爲鍾。
鍾受六斛四斗。

孟子致爲臣而歸。孟子久於齊而道不行。故去也。王就見孟子曰。前日願見而不可得。得侍同朝甚喜。今又棄寡人而歸。不識可以繼此而得見乎。對曰。不敢請耳。固所願也。朝音潮。他日王謂時子曰。我欲中國而授孟子室。養弟子以萬鍾。使諸大夫國人皆有所矜式。子盍爲我言之。爲去聲。時子。齊臣也。中國。當國之中也。萬鍾。穀祿之數也。鍾。量名。受六斛四斗。矜。敬也。式。法也。盍。何不也。時子因陳子而以告孟子。陳子以時子之言告孟子。陳子。即陳臻也。孟子曰。然。夫時子惡

龍斷
孫奕云壟斷者岡龍斷而崛起之小山也四顧無凝見商旅負販之來者以羅取一市之利也

知其（皆指道不行）不可也。如使予（留予必諒予所欲）欲富。辭十萬而受萬。是為欲富乎。夫。音扶。惡。平聲。○孟子既以道不行而去（不欲揚于之失）。則其義不可以復留。而時不子不知。則又有難顯言者。故但言設使我欲富。則我前日為卿。嘗辭十萬之祿。今乃受此萬鍾之饋。是我雖欲富。亦不為此也。季孫曰。異哉子叔疑。使（君）己為政。不用。則亦已矣。（疑）又使其子弟為卿。人亦孰不欲富貴。而獨於富貴之中。有私龍斷焉。

龍。音壟。○此孟子引季孫之語也。季孫。子叔疑。不知何時人。龍斷。岡壟之斷而高也。義見下文。蓋子叔疑者嘗不用。而使其子弟為卿。季孫譏其既不得於此。而又欲求得於彼。如下文賤丈夫登龍斷者之所為也。孟子引此以明道既不行。復受其祿。則無以異此矣。

畫

[illegible]輿記云青州府臨淄縣有畫邑城

几

周禮云司几筵掌五几之名物五几王雕漆素形也○武王几銘云安不忘危存不忘亡○曲禮云謀於長者必操几以從之○南郭子綦隱几而坐嗒然似喪其耦○以几閣其手得以寄其逸也○用材斵會與文

古之爲市者。以其所有易其所無者。有司者治之耳。有賤丈夫焉。必求龍斷而登之。以左右望而罔市利。人皆以爲賤。故從而征之。征商自此賤丈夫始矣。孟子釋龍斷之說如此。治之。謂治其爭訟。左右望者。欲得此而又取彼也。罔。謂罔羅取之也。從而征之。謂人惡其專利。故就征其税。後世緣此遂征商人也。○程子曰。齊王所以處孟子者。未爲不可。孟子亦非不肯爲國人矜式者。但齊王實非欲尊孟子。乃欲以利誘之。故孟子拒而不受。○孟子去齊。宿於晝。晝如字。或曰當作畫。音獲。下同。○晝。齊西南近邑也。有欲爲王留行者。坐而言。其留行之意。不欲問其言。不欲見其人。不應。隱几而臥。爲。去聲。下同。隱於靳反。○

設飾則有別若其形制無二也

魯繆公

魯繆公名顯元公之子悼公之孫也元公在位二十年卒繆公即位元年壬申公儀休為政泄柳子思為臣〇公問子思曰吾國可興乎子思曰可苟與大夫兼周公伯禽之治行其政化開公家之惠杜私門之利結恩百姓修理鄰國其

隱・憑也。客坐而言。孟子不應而臥也。客不悅曰。弟子齊宿而後敢言。夫子臥而不聽。請勿復敢見矣。曰。坐。我明語子。昔者魯繆公無人乎子思之側。則不能安子思。泄柳申詳無人乎繆公之側。則不（以維持調護）能安其身。齊。側皆反。復。扶又反。語。去聲。〇齊宿。齊戒越宿也。繆公尊禮子思。常使人候伺道達誠意於其側。乃能安而留之也。泄柳。魯人。申詳。子張之子也。繆公尊之不如子思。然二子義不苟容。非有賢者在其君之左右。維持調護之。則亦不能安其身矣。子為長者慮。而不及子思。子（先）絕長者乎。長者（先）絕子乎。長。上聲。〇長者。孟子自稱也。言齊王不使子來。而子自欲為王留我。是所

興也勃矣

泄柳

泄柳字子柳，魯叔仲皮之子也。子柳之母死，家貧無財，其弟子碩曰：請鬻庶弟之母。泄柳曰：如之何鬻人之母以葬其母也，不可。既葬，子碩欲以冢人莫金備買祭器，泄柳曰：不可，請班諸兄弟之貧者。

申詳

申詳魯人，子張之子也，定公十

以爲我謀者不及繆公留子思之事而先絕我也。我之臥而不應，豈爲先絕子乎。

孟子去齊，尹士語人曰：不識王之不可以爲湯武，則是不明也；識其不可，然且至，則是干澤也。千里而見王，不遇故去，三宿而後出晝，是何濡滯也。士則茲不悅。

不明　干澤　以在無論矣　意在此　單頂濡滯

語去聲。○尹士齊人也。干求也。澤恩澤也。濡滯遲留也。

高子以告。

高子亦齊人，孟子弟子也。

曰：夫尹士惡知予哉。千里而見王，是予所欲也；不遇故去，豈予所欲哉。予不得已也。

伏安天下

夫音扶，下同。惡平聲。○見王欲以行道也，今道不行，故不得已而去，非本欲如此也。

予三宿而出晝，於

四年衛公叔成
弃會與申詳交
子思戒之申詳
曰吾今知公叔
子同而不和誠
小人之驕者也
遂謝之

高子
高子齊人嘗問
孟子曰夫嫁娶
者非巳所自親

反對濟滯

在出晝時

予心猶以爲速。王庶幾改之。王如改諸。則必反予。所改。必指一事而言。然今不可考矣。夫出晝而王不予追也。予然後浩然有歸志。予雖然。豈舍王哉。王由足用爲善。王如用予。則豈徒齊民安。天下之民舉安。王庶幾改之。予日望之。

在出晝後

浩然。如水之流不可止也。楊氏曰。齊王天資朴實。如好勇。好貨。好色。好世俗之樂。皆以直告。而不隱於孟子。故足以爲善。若乃其心不然。而謬爲大言以欺人。是人終不可與入堯舜之道矣。何善之能爲。

予豈若是小丈夫然哉。諫於其君而不受則怒。悻悻然見於其面。去則窮日之力而後也衛女何以得編於詩也孟子曰有衛女之志則可無衛女之志則怠夫道三常之謂經變之謂權權其常道而俟其變權乃得爲賢夫衛女行中孝慮中權如之何又嘗指小弁爲小人之詩妄議禹文之樂其後法而學他術

宿哉。悻形頂反見音現。悻悻怒意也。窮盡也。○尹士聞之曰士誠小人也。識小此章見聖賢行道濟時汲汲之本心。愛君澤民惓惓之餘意。李氏曰。於此見君子憂則違之之情。而荷蕢者所以爲果也。○孟子去齊充虞路問曰夫子若有不豫色然前日虞聞諸夫子曰君子不怨天不尤人。謂路問之時路問。於路中問也。豫悅也。尤過也。此二句實孔子之言。蓋孟子嘗稱之以教人耳。曰彼一時此一時也。指閒之時彼前日。此今日。五百年必有王者興其間必有名世者。伏歎字自堯舜至湯。自湯至文武。皆五百餘年而聖人出。名世。謂其人德業聞望。可名於一世者。爲之輔佐。若皋陶。稷。契。伊尹。萊朱。太公望。散宜生之屬。由周而來七百

休　國名紀云休在潁州或云介休介在膠西

崇　崇古崇侯國即今鄠縣昔文王伐崇命無殺人民壞宮室崇人歸之如父母

有餘歲矣以其數則過矣以其時考之則可矣。周謂文武之間。數謂五百年之期。時謂亂極思治可以有為之日。於是而不得一有所為。此孟子所以不能無不豫也。夫天未欲平治天下也。如欲平治天下。當今之世。舍我其誰也。吾何為不豫哉。夫音扶。舍上聲。○言當此之時而使我不遇於齊。是天未欲平治天下也。然天意未可知。而其具又在我。我何為不豫哉。然則孟子雖若有不豫然者。而實未嘗不豫也。蓋聖賢憂世之志。樂天之誠。有並行而不悖者。於此見矣。

懷名世之具者在我原無虧欠

○孟子去齊。居休。公孫丑問曰。仕而不受祿。古之道乎。休地名。曰。非也。於崇吾得見王。退而有去志。不欲變故不受也。崇。亦地名。孟子始見齊王。必有所不合。故有去志。變。謂變其去志。繼而有師命。於義於勢皆不可以請。久於齊。非我志也。師命。師旅之命也。國既被兵。難請去也。○孔氏曰。仕而受祿。禮也。不受齊祿。義也。義之所在。禮有時而變。公孫丑欲以一端裁之。不亦誤乎。

孟子卷之三　朱熹集註

滕文公章句上　凡五章

滕文公爲世子將之楚過宋而見孟子世子太子
也孟子道性善言必稱堯舜道言也性者人
所稟於天以生之理也渾然至善未嘗有惡人與堯舜初無
少異但衆人汨於私欲而失之堯舜則無私
欲之蔽而能充其性爾故孟子與世子言每
道性善而必稱堯舜以實之欲其知仁義不
假外求聖人可學而至而不懈於用力也門
人不能悉記其辭而撮其大旨如此程子曰
性卽理也天下之理原其所自未有不善喜
怒哀樂未發何嘗不善發而中節卽無往而
不善發不中節然後爲不善故凡言善惡皆
先善而後惡言吉凶皆先吉而後凶言是非

成覸

成覸爲人博物，策會嘗以丈夫自期，而孟子述其言。

公明儀

公明儀爲子張之門人，甚尊其師，嘗問曾子曰：夫子可以爲孝乎？曾子曰：是何言與？君子之所謂孝者，先意承志，諭親於道，參直養者也，安得爲孝乎。

皆先是而後非。世子自楚反。復見孟子。孟子曰。世子疑吾言乎。夫道。（古今聖愚）一而已矣。○復扶又反。夫音扶。時人不知性之本善。而以聖賢爲不可企及。故世子於孟子之言不能無疑。而復來求見。蓋恐別有卑近易行之說也。孟子知之。故但告之如此。以明古今聖愚本同一性。前言已盡。無復有他說也。（成覸言道）成覸謂齊景公曰。（聖賢）彼丈夫也。我丈夫也。吾何畏彼哉。（顔淵言道）顔淵曰。舜何人也。予何人也。（可而至之）有爲者亦若是。公明儀曰。（周公言）文王我師也。周公豈欺（儀不言道）我哉。覸古莧反。○成覸人姓名。彼謂聖賢也。有爲者亦若是。言人能有爲。則皆如舜也。公明姓。儀名。魯賢人也。文王我師也。蓋周公之言。公明儀亦以文王爲必可師。故誦周

齊疏　禮傳云斬衰三升既虞卒哭受以成布六升冠七升為母疏齊四升受以成布七升冠八升去麻布葛葛帶三重期而小祥練冠縓緣要絰不除

公之言。而歎其不我欺也。孟子既告世子以道無二致。而復引此三言以明之。欲世子篤信力行以師聖賢。不當復求他說也。

今滕絕長補短將五十里也。猶可以為善國。（根性善）書曰若藥不瞑眩。厥疾不瘳。

瞑莫甸反眩音縣。○絕猶截也。書商書說命篇。瞑眩憒亂。言滕國雖小猶足為治但恐安於卑近不能自克則不足以去惡而為善也。○愚按孟子之言性善始見於此而詳具於告子之篇。然默識而旁通之則七篇之中無非此理。其所以擴前聖之未發而有功於聖人之門程子之言信矣。

○滕定公薨。（性善）世子謂然（其傳）友曰。昔者孟子嘗與我言於宋。於心終不忘。今也不幸至於大故。吾欲使子問於孟子。然後行

饘粥

禮云君子喪子大夫公子衆士皆三日不食子大夫公子食粥主疏食水飲夫人世婦諸妻皆疏食水飲大夫之喪主人室老子姓皆食粥衆士疏食水飲士妻疏食水飲士亦如之既葬主人疏食水飲不食菜果婦人亦如之君大夫士一也練而食菜果祥而食肉

喪禮

事定公文公父也然友世子之傳也大故大喪也事謂喪禮然友之鄒問於孟子孟子曰不亦善乎親喪固所自盡也宜世子不能已於問曾子曰生事之以禮死葬之以禮祭之以禮然盡心尤當盡禮可謂孝矣典章殘缺其隆殺諸侯之禮吾未之學也雖然吾嘗其大經聞之矣三年之重喪齊疏之服飦粥之食自天子達於庶人無貴賤三代共之無古今齊音資疏所居反飦諸延反○當時諸侯莫能行古喪禮而文公獨能以此爲問故孟子善之又言父母之喪固人子之心所自盡者蓋悲哀之情痛疾之意非自外至宜乎文公於此有所不能自已也但所引曾子之言本孔子告樊遲者豈曾子嘗誦之以告其門人歟三年之喪者子生三年然後免於父母

五月居廬

左傳云天子七月而葬同軌畢至諸侯五月同盟至大夫三月同位至士踰月外姻至○禮云父母之喪居倚廬不塗寢苫枕塊非喪禮不言君為廬宮之大夫士壇之

之懷故父母之喪必以三年也齊衣下縫也不緝曰斬衰緝之曰齊衰疏麤也麤布也議饘糜也喪禮三日始食粥既葬乃疏食此古今貴賤通行之禮也

然友反命定為三年之喪父兄同姓百官異姓皆不欲曰吾宗國魯先君莫之行吾先君亦莫之行也至於子之身而反之不可且志曰喪祭從先祖志之意曰吾有先祖体先所受之也祖教後人口氣

父兄同姓老臣也滕與魯俱文王之後而魯祖周公為長兄弟宗之故滕謂魯為宗國也然謂二國不行三年之喪者乃其後世之失非周公之法本然也志記也引志之言而釋其意以為所以如此者蓋為上世以來有所傳受雖或不同不可改也然志所言本謂先王之世舊俗所傳禮文小異而可以通行者耳不謂後世失禮之甚

民事
務本論云古者之理國也以本爲務人政之於民也以食爲首是以黎民時雍降福孔借也故仰司星辰以審其時俯耕籍田以率其力封祀農稷以神其事祈穀報年以寵其功設農司以監之置田畯以董之黍稷茂則喜而受賞田不墾則怒而加罰都不得有游民

者也。謂然友曰。吾他日未嘗學問。好馳馬試劍。（迷終）
今也父兄百官不我足也。（象志未孚）恐其不能盡於大
事。子爲我問孟子。（何以厭服衆心）然友復之鄒問孟子。孟子
曰。然。（不我足誠然此大事）不可以他求者也。（父兄百官）孔子曰。君薨。聽於冢
宰。歠（飲）粥。面深墨。即位而哭。（喪次之）百官有司莫敢不
哀。（哀以感）先之也。上有好者。下必有甚焉者矣。君子
之德。風也。（主感）小人之德。草也。（主應）草尚之風必偃。（孔子之言如此）是
在世子。（自盡其道而已）好爲。皆去聲。復。扶又反。歠。川悅反。○
然者。不我足。謂不以我滿足其意也。然者。
然其不我足之言。不可他求者。言當責之於
已。冢宰。六卿之長也。歠。飲也。深墨。甚黑色也。

氣不得有爕耜野積踰冬奪者無非揚功過限竊者不刑

于茅

不見夫英英焉如白雲之露者乎山阿水湄之內擷其秀而取其英茅之爲物薄而用可重也

索陶

不見夫歷歷焉如治絲之棼者乎牆陰廬畔之間比其綸而合其緒陶之取類多而用則弘也

卽就也。尚加也。論語作上。古字通也。偃。

然友反命。世子曰：然。（悟）是誠在我。五月居廬，未有命戒。（行諒陰之禮）（行不言之禮）百官族人可謂曰知。（自悲而感近人）（皆）（知禮）及至葬，四方來觀之。（聞世子行三年之禮）顏色之戚，哭泣之哀，弔者大悅。（自悲而感遠人）（服）

伏也。孟子言但在世子自盡其哀而已。諸侯五月而葬。未葬，居倚廬於中門之外。居喪不言。故未有命令教戒也。可謂曰知。疑有闕誤。或曰皆謂世子之知禮也。○林氏曰：孟子之時，喪禮既壞，然三年之喪，惻隱之心，痛疾之意，出於人心之所固有者，初未嘗亡也。惟其溺於流俗之弊，是以喪其良心而不自知耳。文公見孟子而聞性善堯舜之說，則固有以啓發其良心矣。是以至此而哀痛之誠心發焉。及其父兄百官皆不欲行，則亦反躬自責，悼其前行之不足以取信，而不敢有非其父兄百官之心。雖其資

貢助徹

穀梁傳云夏之民耕五十畮而以五畮貢商之民耕七十畮而以七畮助皆什內之一周之民耕百畮以公田十畮徹什外之一孟子言其實皆什一者以其法雖少異而其實不離什一也

質有過人者。而學問之力。亦不可誣也。及其斷然行之。而遠近見聞。無不悅服。則以人心之所同然者。自我發之。而彼之心悅誠服。亦有所不期然而然者。人性之善。豈不信哉。

○滕文公問為國。（從孟子論為善國來）文公以禮聘孟子。故孟子至滕。而文公問之。孟子曰。民事不可緩也。（君不可緩）詩云。晝爾于茅。宵爾索綯。亟其乘屋。其始播百穀。（民自不緩益見君不可緩）○綯音陶。亟紀力反。民事。謂農事。詩豳風七月之篇。于往取也。綯絞也。亟急也。乘升也。播布也。言農事至重。人君不可以為緩而忽之。故引詩言治屋之急如此者。蓋以來春將復始播百穀。而不暇為此也。民之為道也。有恆產者有恆心。無恆產者無恆心。苟無恆心。放辟邪侈。無不為已。及陷乎罪。然

鄉遂貢法
周禮云遂人凡治野夫間有遂遂上有經一夫有溝溝上有畛百夫有洫洫上有塗千夫有澮澮上有道萬夫有川川上有路以達於畿

都鄙助法
周禮云冬官匠人為溝洫九夫為井井間廣四尺深四尺謂之溝方十里為成成間廣八尺深八尺謂之洫方

後從而刑之是罔民也焉有仁人在位罔民而可為也（音義並見前篇）是故賢君必恭儉禮下取於民有制（恭則能以禮接下，儉則能取民以制。）陽虎曰為富不仁矣為仁不富矣（陽虎，陽貨，魯季氏家臣也。天理人欲不容並立，虎之言此，恐為仁之害於富也；孟子引之，恐為富之害於仁也。君子小人每相反而已矣。）夏后氏五十而貢殷人七十而助周人百畝而徹（實字對數字，法字不對名字。）其實皆什一也（貢無論矣）徹者徹也助者藉也（徹，勅列反。藉，子夜反。）○此以下乃言制民常產與其取之之制也。夏時一夫受田五十畝，而每夫計其五畝之入以為貢。商人始為井田之制，以六百三十畝之地畫為九區，區七十畝，中為

百里爲同同間
廣二尋深二仞
謂之澮

庠序學校

禮云天子命之
教然後爲學小
學在公宫南之
左大學在郊天
子曰辟雍諸侯
曰頖宫○司徒
修六禮以節民
性明七教以興
民德齊八政以
防淫一道德以
同俗養耆老以
致孝恤孤獨以
建不足上賢以
崇德簡不肖以

公田。其外八家各授一區。但借其力以助耕公田，而不復稅其私田。周時一夫授田百畝。鄉遂用貢法，十夫有溝；都鄙用助法，八家同井。耕則通力而作，收則計畝而分，故謂之徹。其實皆什一者，貢法固以十分之一爲常數；惟助法乃是九一，而商制不可考。周制則公田百畝中以二十畝爲廬舍，一夫所耕公田實計十畝，通私田百畝爲十一分而取其一，蓋又輕於十一矣。竊料商制亦當似此，而以十四畝爲廬舍，一夫實耕公田七畝，是亦不過什一也。徹，通也，均也。藉，借也。

龍子曰：「治地莫善於助，莫不善於貢。貢者，校數歲之中以爲常。樂歲粒米狼戾，多取之而不爲虐（如行助法），則寡取之（拘于常數）；凶年糞其田而不足（不足償糞田之資），則必取盈焉（必滿常數）。爲民父母（此七句俱根取盈來），使民盻盻紐惡○命鄉簡不帥教者以告耆老皆朝於庠元日習射上功習鄉上齒大司徒帥日之俊士與執事焉○命鄉論秀士升之司徒曰選士司徒論選士之秀者而升之學曰俊士升於司徒者不征於鄉升於學者之征於司徒曰造士樂正崇四術立四教順先王詩書禮樂以造士春

然將終歲勤動不得以養其父母又稱貸而益之使老稚轉乎溝壑惡在其爲民父母也（以足其數）

樂音洛。盻五禮反。從日從兮。或音普莧反者。非。養去聲。惡平聲。○龍子古賢人。狼戾猶狼籍。言多也。糞壅也。盈滿也。盻恨視也。勤動勞苦也。稱舉也。貸借也。取物於人而出息以償之也。益之以足取盈（是助法有闕於世祿不可不行）（可不行助法乎）去。之數也。稚幼子也。

夫世祿滕固行之矣

音扶。○孟子嘗言文王治岐耕者九一仕者世祿二者王政之本也。今世祿滕已行之。惟助法未行。故取於民者無制耳。蓋世祿者授之土田使之食其公田之入。實與助法相爲表裏。所以使君子野人各有定業。而上下相安者也。（貢無公田）故下文遂言助法。

詩云雨我（況助又我周已行乎）公田遂及我私惟助爲有公田由此觀之雖

孟子 卷三 六

善成堂

新增典故

秋教以禮樂，冬夏教以詩書。王太子、王子、羣后之太子、卿大夫元士之適子、國之俊選，皆造焉。凡入學以齒。○大樂正論造士之秀者，以告於王而升諸司馬，曰進士。○凡養老，有虞氏以燕禮，夏后氏以享禮，殷人以祀禮，周人修而兼用之。○有虞氏養國老於上庠，養庶老於下庠。夏

雨于付反。○詩小雅大田之篇。雨，降雨也。言願天雨於公田，而遂及私田，先公而後私也。當時助法盡廢，典籍不存，惟有此詩可見周亦用助，故引之也。**周亦助也。**

設爲庠序學校以教之。庠者，養也。（尚齒）**校者，教也。**（興行）**序者，射也。**（觀德）**夏曰校，殷曰序，周曰庠，學則三代共之。**（鄉學國學）**皆所以明人倫也。人倫明於上，小民親於下。**庠以養老爲義，校以教民爲義，序以習射爲義，皆鄉學也。學，國學也。共之，無異名也。倫，序也。父子有親，君臣有義，夫婦有別，長幼有序，朋友有信，此人之大倫也。庠序學校皆以明此而已。

有王者起，（論孰）（受命而）**必來取法，是爲王者師也。**（於子）滕國褊小，雖行仁政，未必能興王業；然爲王者師，則雖不有天下，而其澤亦足以及天下。

后氏養國老於東序養庶老於西序殷人養國老於右學養庶老於左學周人養國老於東膠養庶老於虞庠虞庠在國之西郊○凡三王養老皆引年○言誦夏弦大師詔之瞽宗秋學禮執禮者詔之冬讀書典書者詔之禮在瞽宗書在上庠○凡學春官釋奠於其先師秋冬亦如

矣。聖賢至公無我之心於此可見。

詩云。周雖舊邦。其命維新。文王之謂也。子力行之。亦以新子之國。〔勿說興王〕詩大雅文王之篇。言周雖后稷以來舊爲諸侯。其受天命而有天下。則自文王始也。子指文公。諸侯未踰年之稱也。

使畢戰問井地。孟子曰。子之君將行仁政。選擇而使子。〔畫限〕子必勉之。〔頒不正來〕夫仁政必自經界始。經界不正。井地不均。穀祿不平。〔根不均來 郎公田所入之穀以爲祿也〕是故暴君汙吏必慢其經界。〔恐其妨己〕經界既正。分田制祿可〔小人 君子〕坐而定也。〔定法制〕夫音扶。○畢戰。滕臣。文公因孟子之言。而使畢戰主爲井地之事。故又使之來問其詳也。井地。即井田也。經界。謂治地分田。經畫其溝塗封植之界也。此法不

孟子　卷三　七

善誠堂

新增典故

之。○米廩有虞氏之庠也。序夏后民之庠也。瞽宗殷學也。類官周學也。○古之教者家有塾。黨有庠。術有序。國有學。○大學始教皮弁祭菜。示敬道也。宵雅肄三。官其始也。入學鼓篋。孫其業也。夏楚二物。收其威也。未卜禮不視學。游其志也。時觀而弗語。存其心也。幼老聽而弗問。學不

修則田無定分。而豪强得以兼并。故井地有不均。賦無定法。而貪暴得以多取。故穀祿有不平。此欲行仁政者之所以必從此始。而暴君汙吏則必欲慢而廢之也。有以正之。則分田制祿。可不勞而定矣。

夫滕壤地褊小。將爲君子焉。將爲野人焉。無君子莫治野人。無野人莫養君子。

夫音扶。養去聲。○言滕地雖小。然其間亦必有爲君子而仕者。亦必有爲野人而耕者。是以分田制祿之法。不可偏廢也。

請野九一而助。國中什一使自賦。

此分田制祿之常法。所以治野人使養君子也。野。郊外都鄙之地也。九一而助。爲公田而行助法也。國中。郊門之內鄉遂之地也。田不井授。但爲溝洫。使什而自賦其一。蓋用貢法也。周所謂徹法者。蓋如此。以此推之。當時非惟助法不行。其貢亦不止什

[illegible]等也此七者教之大倫也○食三老五更於太學天子祖而割牲執醬而饋執爵而酳冕而總干所以教諸侯之弟也

經界

溝水界也如曰溝曰澮曰川皆是塗陸界也如曰徑曰畛曰塗曰道曰路皆是封土堠也植種木也○饒氏曰經界謂溝塗封植之界經緯錯綜直

一矣。卿以下必有圭田，圭田五十畝；此世祿常制之外又有圭田所以厚君子也圭潔也所以奉祭祀也不言世祿者滕已行之但此未備耳餘夫二十五畝。程子曰一夫上父母下妻子以五口八口為率受田百畝如有弟是餘夫也年十六別受田二十五畝俟其壯而有室然後更受百畝之田愚按此百畝常制之外又有餘夫之田以厚野人也。死徙無出鄉，鄉田同井，出入相友，處常而作息同守望相助，處變而防禦同疾病相扶持，處患而周恤同則百姓親睦。死謂葬也徙謂徙其居也同井者八家也友猶伴也守望防寇盜也方里而井，井九百畝，二句大綱其中為公田，八家皆私百畝，五句綱節同養公田，耕公事畢，然後敢治私事，所以別野人者爲經，橫者爲緯。界經字有緯在其中。

圭田　趙氏曰：圭，潔白也。德行潔，曰始與之田。此殷法也。

餘夫　禮書云：先王之於民，受地雖均百畝，然其子弟之衆，或食不足而力有餘，則又以餘夫任之。然餘夫之田，不過二十五畝，以其家既受田百畝。

也。養，去聲。別，彼列反。○此詳言井田形體之制，乃周之助法也。公田以爲君子之祿，而私田野人之所受。先公後私，所以別君子野人之分也。不言君子，據野人而言，省文耳。上（指上節）言野及國中二法，此獨詳於治野者，國中貢法，當時已行，但取之過於什一爾。**此其大略也。若夫潤澤之，則在君與子矣。**○夫，音扶。井地之法，諸侯皆去其籍，此特其大略而已。潤澤，謂因時制宜，使合於人情，宜於土俗，而不失先王之意也。○呂氏曰：子張子慨然有意三代之治，論治人先務，未始不以經界爲急。講求法制，粲然備具，要之可以行於今，如有用我者，舉而措之耳。嘗曰：仁政必自經界始。貧富不均，教養無法，雖欲言治，皆苟而已。世之病難行者，未始不以亟奪富人之田爲辭。然茲法之行，悅之者衆，苟處之有術，期以數年，不刑一人而可復，所病者特上之未行耳。

而又以百畝予之則彼力有所不逮矣故其田四分農夫之一而已

守望

疏云耜助以守而此永可以威武奪相助以望而彼不得以接踪來

耒耜

易云神農氏作斲木爲耜揉木爲耒耒耨之利以教天下蓋取諸益○耜耒端木也耒手耕曲

乃言曰縱不能行之天下猶可驗之一鄉方與學者議古之法買田一方畫爲數井上不失公家之賦役退以其私正經界分宅里立斂法廣儲蓄興學校成禮俗救菑卹患厚本抑末足以推先王之遺法明當今之可行有志未就而卒○愚按喪禮經界兩章見孟子之學識其大者是以雖當禮法廢壞之後制度節文不可復考而能因略以致詳推舊而爲新不屑屑於既往之迹而能合乎先王之意眞可謂命世亞聖之才矣○有爲神農之言者許行自楚之滕踵門而告文公曰遠方之人聞君行仁政願受一廛而爲氓文公與之處其徒數十人皆衣褐捆屨織席以爲食○衣去聲捆音閫○神農炎帝神農氏始爲耒耜教民稼穡者也爲其言者

木也。

倉廩

周禮云：倉人掌粟入之藏，辨九穀之物，以待邦用。若穀不足則止餘法用，有餘則藏之以待凶而頒之。○廩人掌九穀之數，以待國之匪頒賙賜稍食，以歲之上下數邦用，以知足否，以詔穀用，以治年之凶豐。

釜甑

釜，用之以養者

史遷所謂農家者流也。許，姓；行，名也。踵門，足至門也。仁政，上章所言井地之法也。廛，民所居也。氓，野人之稱。褐，毛布，賤者之服也。捆，扣椓之欲其堅也。以爲食，賣以供食也。程子曰：許行所謂神農之言，乃後世稱述上古之事失其義理者耳。猶陰陽醫方稱黃帝之說也。

陳良之徒陳相與其弟辛負耒耜而自宋之滕，曰：聞君行聖人之政，是亦聖人也，願爲聖人氓。陳良，楚之儒者。耜，所以起土；耒，其柄也。陳相見許行而大悅，盡棄其學而學焉。陳相見孟子，道許行之言曰：滕君則誠賢君也；雖然，未聞道也。賢者與民並耕而食，饔飧而治。今也滕有倉廩府

也冶人爲之甑用之以烝者也陶人爲之○黄帝始用釜甑火食之道就矣

陶冶

陶作瓦器之匠也冶鑄金之匠也○考工云陶人爲甑實二副厚半寸脣寸盆實二鬴甑實二鬴亦如之○左傳云昔虞閼父爲陶正以服事我先王

九河濟漯

書云九河既道

厲，則是厲民而以自養也，惡得賢。饔音雍。飧音孫。惡平聲。饔飧熟食也。朝曰饔，夕曰飧。言當自炊爨以爲食，而兼治民事也。厲，病也。許行此言蓋欲陰壞孟子分別君子野人之法。孟子曰：許子必種粟而後食乎？曰：然。許子必織布而後衣乎？（二者皆非種粟能致）曰：否，許子衣褐。許子冠乎？曰：冠。曰：奚冠？（究其制）曰：冠素。曰：自織之與？曰：否，以粟易之。曰：許子奚爲不自織？曰：害於耕。曰：許子以釜甑爨，以鐵耕乎？曰：然。自爲之與？曰：否，以粟易之。衣，去聲。與，平聲。○釜所以煮，甑所以炊，爨然火也。鐵，耜屬也。此語八反，皆孟子問而陳相對也。以粟易械器者不灉沮會同傳云自河出者爲灉自濟出者爲沮○浮於濟漯達於河傳云以舟行水曰浮因水入水曰達濟水南入於河漯水東入於河故兗之貢賦浮濟漯而達於河○導河積石至於龍門南至於華陰東至於底柱又東至於孟津東過洛汭至於大伾北過降水至於大陸又北播

爲厲陶冶陶冶亦以其械器易粟者豈爲厲農夫哉且許子既欲人君並耕何不爲陶冶舍止皆取諸其宮中而用之何爲紛紛然與百工交易何許子之不憚煩曰百工之事固不可耕且爲也舍去聲○此孟子言而陳相對也械器釜甑之屬也陶爲甑者冶爲釜鐵者舍止也或讀屬上句舍謂作陶冶之處也然則治天下獨可耕且爲與有大人之事有小人之事且一人之身而百工之所爲備如必自爲而後用之是率天下而路也故曰或勞心或勞力勞心者治人若勞力

爲九河同爲逆河入於海傳云此北條之大河也○道沇水東流爲濟入於河○汝漢淮泗江書云淮沂其乂○浮於淮泗達於河○三江既入震澤既定○江漢朝宗於海○嶓冢導漾東流爲漢又東爲滄浪之水過三澨至於大別南入於江東滙澤爲彭蠡東爲北江入於海傳云

者治於人治於人者食人治人者食於人天下之通義也

與平聲食音嗣○此以下皆孟子言也路謂奔走道路無時休息也治於人者見治於人也食人者出賦稅以給公上也食於人者見食於人也此四句皆古語而孟子引之也君子無小人則飢小人無君子則亂以此相易正猶農夫陶冶以粟與械器相易乃所以相濟而非所以相病也治天下者豈必耕且爲哉

當堯之時天下猶未平洪水橫流氾濫於天下草木暢茂禽獸繁殖五穀不登禽獸偪人獸蹄鳥跡之道交於中國堯獨憂之舉舜而敷治焉舜使益掌火益烈山澤而焚之禽獸逃匿禹

善成堂

此南條之漢也○岷山導江東別為沱又東至於豐過九江至於東陵東迆北會為滙東為中江入於海傳云此南條之江也○導淮自桐栢東會於泗沂東入於海

司徒

舜典帝曰契百姓不親五品不遜汝作司徒敬敷五教在寬○司徒掌教之官徒謂萬民也教

疏九河。（西北之水為）瀹濟漯。（以會於河）而注諸海。決汝漢。（北條之水有歸）排淮泗。而注之江。（南條之水有歸）然後中國可得而食也。（言有可耕之土）當是時也。禹八年於外。三過其門而不入。雖欲耕得乎。（以勢言）瀹音藥。濟子禮反。漯佗合反。○天下猶未平者洪荒之世。生民之害多矣。聖人迭興。漸次除治。至此尚未盡平也。洪大也。橫流不由其道而散溢妄行也。氾濫橫流之貌。暢茂長盛也。繁殖衆多也。五穀稻黍稷麥菽也。登成熟也。道路也。獸蹄鳥跡交於中國言禽獸多也。敷布也。益舜臣名。烈熾也。禽獸逃匿然後禹得施治水之功。疏通也。分也。九河曰徒駭。曰太史。曰馬頰。曰覆釜。曰胡蘇。曰簡。曰潔。曰鉤盤。曰鬲津。瀹亦疏通之意。濟漯二水名。決排皆去其壅塞也。汝漢淮泗亦皆水名也。據禹貢及今水路。惟漢水入江耳。汝泗則入淮。而淮自

養萬民之冢故謂之司徒
孔子沒
孔子沒弟子皆家於墓行心喪三年畢相訣而去哭各盡哀或復留惟子貢廬於冢上凡六年然後去弟子及魯人往從而家者百有餘室因名曰孔里魯世相傳以歲時奉祀孔子冢而後儒亦習禮鄉飲大射於孔子冢上

入海此謂四水皆入於江記者之誤也后稷教民稼穡樹藝五穀五穀熟而民人育人之有道也（性中自）飽食煖衣逸居而無教則近於禽獸（頑然無知）聖人有憂之使契爲司徒教以人倫父子有親君臣有義夫婦有別長幼有序朋友有信放勳曰（命契之詞）勞之來之（從教者）匡之直之（違教者）輔之翼之（根上四件）使自得之（又承上六句）又從而振德之聖人（統堯舜在內）之憂民如此而暇（以時言）耕乎契音薛別彼列反長放並上聲勞來並去聲○言水土平然後得以教稼穡衣食足然後得以施教化后稷官名棄爲之然言教民則亦非並耕矣樹亦種也藝殖也契亦舜臣名也司徒官名也人之有道

鴃

註鴃博勞也詩云七月鳴鴃言應陰而後動者也

荆舒

左傳云楚大飢羣舒叛之

布帛　麻縷絲絮

書云青州厥貢岱畎絲枲厥篚檿絲○豫州厥貢漆枲絺紵○詩云抱布貿絲○不績其麻市也婆娑○東門之也可以漚麻

言其皆有秉彝之性也。然無教。則亦放逸怠惰而失之。故聖人設官而教以人倫。亦因其固有者而道之耳。書曰。天敘有典。勅我五典五惇哉。此之謂也。放勳。本史臣贊堯之辭。孟子因以爲堯號也。德。猶惠也。堯言勞者勞之。來者來之。邪者正之。枉者直之。輔以立之。翼以行之。使自得其性矣。又從而提撕警覺以加惠焉。不使其放逸怠惰而或失之。蓋命契之辭也。

堯以不得舜爲已憂。舜以不得禹皋陶爲已憂。夫以百畝之不易爲已憂者。農夫也。

夫音扶。易。去聲。○易。治也。堯舜之憂民。非事事而憂之也。急先務而已。所以憂民者其大如此。則不惟不暇耕。而亦不必耕矣。

分人以財謂之惠。教人以善謂之忠。爲天下得人者謂之仁。是故以天

○禮云布帛精粗不中數幅廣狹不中量不粥於市○昔者先王未有絲麻衣其羽皮後聖有作治其絲麻以爲布帛○周禮云典絲掌絲入而辨其物頒絲於內外工皆以物授之○典枲掌布緦縷紵麻章之物以待時頒功而授齎○閭師任嬪以女事貢布帛

下與人易爲天下得人難易爲易並去聲○分人以財小惠而已教人以善雖有愛民之實然其所及亦有限而難久惟若堯之得舜舜之得禹皐陶乃所謂爲天下得人者而其恩惠廣大敎化無窮矣此其所以爲仁也孔子曰大哉堯之爲君惟天爲大惟堯則之蕩蕩乎民性無能名焉君哉舜也巍巍乎有天下而不與心乎治天下哉憂勤孔子之言如此則焉堯舜之治天下豈無所用其心哉亦不用以心言於耕耳與去聲○則法也蕩蕩廣大之貌君哉言盡君道也巍巍高大之貌不與猶言不相關言其不以位爲樂也吾聞用夏變夷者未聞變治天下教天下於夷者也陳良楚產也悅周公仲尼之道北

墨者

孔墨之後儒分爲八，墨離爲三。○墨者之葬也，冬日冬服，夏日夏服，桐棺三寸，服喪三月，世以爲儉而禮之。

狐狸

格物論云：狐形似黃狗，鼻尖尾大，性多疑審聽。○狐善爲魅。○說文云：狐，妖獸也，有三德，其色中和，小前大後，死則首丘。○狸似虎斑，亦有似

學於中國。北方之學者，未能或之先也。彼所謂豪傑之士也。子之兄弟事之數十年，所宗者正，所學者深。師死而遂倍之。此以下責陳相倍師而學許行也。夏，諸夏禮義之教也。變夷，變化蠻夷之人也。變於夷，反見變化於蠻夷之人也。產，生也。陳良生於楚，在中國之南，故北遊而學於中國也。先，過也。豪傑，才德出衆之稱，言其能自拔於流俗也。倍與背同，言陳良用夏變夷，陳相變於夷也。昔者孔子沒，三年之外，門人治任將歸，入揖於子貢，相嚮而哭，皆失聲，然後歸。子貢反，築室於場，獨居三年，然後歸。他日，子夏、子張、子游以有若似聖人，欲以所事孔子

猫斑者有香狸有風狸有牛尾狸有九節狸狸善搏者也行則止而擬度焉詩云取彼狐狸為公子裘言狐善疑狸善擬不可有為故古者以為燕居之裘

蠅蚋

雜俎云蠅其類有蒼者聲雄壯負金者聲清聒其聲在翼青者能敗物巨者頭如火○爾雅云青蠅善亂色蒼

事之。彊曾子。曾子曰。不可。江漢以濯之。秋陽以暴之。皜皜乎不可尚已。任。平聲。彊。上聲。暴。蒲木反。皜。音杲。○三年。古者為師心喪三年。若喪父而無服也。任。擔也。場。冢上之壇場也。有若似聖人。蓋其言行氣象有似之者。如檀弓所記子游謂有若之言似夫子之類是也。所事孔子。所以事夫子之禮也。江漢水多。言濯之潔也。秋日燥烈。言暴之乾也。皜皜。潔白貌。尚。加也。言夫子道德明著。光輝潔白。非有若所能彷彿也。或曰。此三語者。孟子贊美曾子之辭也。今也南蠻鴃舌之人。非先王之道。子倍子之師（與子師正相反也）而學之。亦異於曾子矣。（之不事似聖）鴃。亦作鵙。古役反。○鴃。博勞也。惡聲之鳥。南蠻之聲似之。指許行也。吾聞出於幽谷遷于喬木者。未

新刻典故 孟子 卷三

善成堂

蠅善亂聲詩營營青蠅止於棘○埤雅云蚋蓍亂飛似蚊而小望之如霧因雨而生與蚊實異○蚊有昏市蓋蠅成市於朝蚊成市於暮

聞下喬木而入於幽谷者。小雅伐木之詩云伐木丁丁鳥鳴嚶嚶。出自幽谷。遷于喬木。魯頌曰。戎狄是膺。荊舒是懲。周（今許行之人）公（若在）方且膺之。子是之學。亦爲不善變矣。魯頌閟宮之篇也。膺。擊也。荊。楚本號也。舒。國名。近楚者也。懲。艾也。按今此詩爲僖公之頌。而孟子以周公言之。亦斷章取義也。從（相各）許子之道。（治市）則市賈不貳。國（永不貳）中無僞。雖使五尺之童適市。莫之或欺。布帛長（但丈尺）短同。則賈相若。麻縷絲絮（但斛兩）輕重同。則賈相若。五穀多（斗石）寡同。則賈相若。屨（但尺寸）大小同。則賈相若。賈。音價。下同。○陳相又言許子之道如此。蓋神農始爲市井。故許行又託於神農而有是

尺尋

爾雅云四尺謂之仞倍仞謂之尋尋舒兩肱也倍尋謂之常

王良

王良趙簡子之御也善御賈伐鄭簡子自矜其功良亦矜焉

說也。五尺之童。言幼小無知也。許行欲使市中所粥之物。皆不論精粗美惡。但以長短輕重多寡大小爲價也。曰。夫物之不齊。物之情也。（對乃字）或相倍蓰。或相什伯。或相千萬。子比而同之。是亂天（就物價天平）下也。巨屨小屨同賈。（夫物有精粗猶之有大小）人豈爲之哉。（巨屨）從許子之道。相率而爲僞者也。惡能治國家。夫音扶。蓰音師又山綺反。比必二反。惡平聲。○倍。一倍也。蓰。五倍也。什伯。千萬。皆倍數也。比。次也。孟子言物之不齊。乃其自然之理。其有精粗。猶其有大小也。若大屨小屨同價。則人豈肯爲其大者哉。今（補）不（明）論精粗。使之同價。是使天下之人。皆不肯爲其精者。而競爲濫惡之物。以相欺耳。（有初學）

○墨者夷之因徐辟而求見孟子。孟子曰。吾

公孫衍

張儀

國策云楚攻魏張儀謂秦王曰不如與魏以勁之魏戰勝復聽於秦人西河之外不勝魏不能守王必取之王用儀言取卒萬人車千乘以與魏犀首即公孫衍戰勝威王魏兵罷傲恐畏秦果獻西河之地○魏王將相張儀犀首弗利故令人謂韓公叔

固願見。今吾尚病。病愈我且往見。夷子不來。辟音璧。又音闢。○墨者。治墨翟之道者。夷。姓之名。徐辟。孟子弟子。孟子稱疾。疑亦託辭以觀其意之誠否。他日又求見孟子。孟子謂徐辟曰。吾今則可以見矣。不直。則道不見。我且直之。言吾聞夷子墨者。學乎墨道墨之治喪也。以薄爲其道也。夷子思以易天下。豈以爲薄葬非是而不貴也。夫以薄爲貴必以厚爲賤然而夷子葬其親厚。則是以墨者所賤事親也。○不見之見音現。又求見。則其意已誠矣。故因徐辟以質之如此。直。盡言以相正也。莊子曰。墨子生不歌。死無服。桐棺三寸而無椁。是墨之治喪。以薄爲道也。易天下。謂移易天下之風俗也。夷子學於墨氏而不日儀已合秦魏矣。其言曰：魏攻南陽，秦攻三川，韓氏必亡。且魏三所以貴張子者，欲得韓地也。則韓之南陽舉矣。子盍少委焉，以爲衍功，則秦魏之交可錯矣。如此則魏必圖秦而棄儀，收韓而相衍。公叔以爲然，因而委之。犀首以爲功，果相魏。○犀首以梁與齊戰於承匡而不勝，張儀

從其教，其心必有所不安者。故孟子因以詰之。徐子以告夷子。夷子曰：儒者之道，古之人若保赤子，此言何謂也（不是問，是起下）？之則以爲愛無差等（解上書意），施由親始（貼厚葬言）。徐子以告孟子。孟子曰：夫夷子信以爲人之親其兄之子（謂愛無差等），爲若親其鄰之赤子乎（比赤子）？彼有取爾也（比民）（書言盖）。赤子匍匐將入井（以民無知犯法猶），非赤子之罪也（以上開引書）。且天之生物也，使之一本，而夷子二本故也（三句破墨子愛無差等之說）（惟其本出於一，故愛亦主於一。○以上闢愛無差等）。

夫音扶，下同。匍音蒲。匐，蒲北反。○若保赤子，周書康誥篇文。此儒者之言也。夷子引之，蓋欲援儒而入於墨，以拒孟子之非己。又曰愛無差等，施由親始，則推墨而附於儒，以釋己所以厚葬其親之意，皆所謂遁辭也。

謂梁王不用臣言以危國王因相儀儀以秦梁之齊合横親犀首欲敗謂衛君曰衍非有怨於儀値所以爲國者不同耳君必解衍衛君爲告儀儀許諾因與之參坐於衛君之前犀首跪行爲儀千秋之祝明日張子行犀首送之至於齊疆齊王聞之怒於儀曰衍也吾仇而儀與之俱

孟子言人之愛其兄子。與鄰之子。本有差等。書之取譬本爲小民無知而犯法。如赤子無知而入井耳。且人物之生。必各本於父母而無二。乃自然之理。若天使之然也。故其愛由此立。而推以及人。自有差等。今如夷子之言則是視其父母。本無異於路人。但其施之之序。姑自此始耳。非二本而何哉。然其於先後之閒。猶知所擇。則又其本心之明。有終不得而息者。此其所以卒能受命。而自覺其非也。

蓋上世嘗有不葬（不懂）其親者。其親死。則舉而委（不曉如何殯殮）之於壑。他（究不忍忘）日過之。狐狸食之。蠅蚋姑嘬之。其顙有泚。睨而不視。夫泚也。非爲（於序事中忽來議論直指頭顱刺人肺腑）人泚。中心達於面目。蓋歸反虆梩而掩之。掩之（上世）誠是也。則孝子（後世）仁人之掩其親。

是必與儀粥吾國矣遂不聽

冠

禮云男子二十冠而字○始冠緇布之冠也○適子冠於阼以著代也醮於客位加有成也三加彌尊諭其志也冠而字之敬其名也○無大夫冠禮而有婚禮古者五十而後爵何大夫冠禮之有諸侯之有冠禮也夏之末造也○天子

推厚葬

亦必有道矣。蚋音汭。嘬楚怪反。泚此禮反。睨音詣。爲去聲。虆力追反。梩力知反○因夷子厚葬其親而言此以深明一本之意。上世謂太古也。委棄也。壑山水所趨也。蚋蚊屬。姑語助聲。或曰螻蛄也。嘬攢共食之也。顙額也。泚泚然汗出之貌。睨邪視也。視正視也。不能不視而又不忍正視。哀痛迫切不能爲心之甚也。非爲人泚言。非爲他人見之而然也。所謂一本者於此見之尤爲親切。蓋惟至親故如此。在他人則雖有不忍之心而其哀痛迫切不至若此之甚矣。反覆也。虆土籠也。梩土轝也。於是歸而掩覆其親之尸。此葬埋之禮所由起也。此掩其親者若所當然。則孝子仁人所以掩其親者必有其道而不以薄爲貴矣。

徐子以告夷子。夷子憮然爲閒曰。命之矣。八字傳神 憮音武。閒如字。○憮然茫然自失之貌。爲閒者有頃之閒也。命猶教也。言孟子之元子猶士也天下無坐而貴者也○禮義之始在於正容體齊顔色順辭令冠而後容體正顔色齊辭令順故曰冠者禮之始也○古者冠禮筮日筮賓所以敬冠事也冠而見於母見於兄弟奠摯於君遂以摯見於鄉大夫鄉先生以成人見也將責爲人子爲人弟爲人臣爲人少

已教我矣。蓋因其本心之明。以攻其所學之蔽。是以吾之言易入。而彼之惑易解也。

滕文公章句下　凡十章

陳代曰。不見諸侯。宜若小然。（節）今一見之。大則（觀志之意）以王。（其君）小則以霸。（其君　非子私言）且志曰。枉尺而直尋。宜若可（僅僅自守之）爲也。王去聲。○陳代。孟子弟子也。小。謂小節也。枉。屈也。直。伸也。八尺曰尋。枉尺直尋猶屈已一見諸侯而可以致王霸。所屈者小。所伸者大也。孟子曰。昔齊景公田。招虞人以旌。不至。將殺之。（孔子美之曰）志士不忘在（其有志節）溝壑。勇士不忘喪其元。孔子奚取焉。（虞人）取非其招不往也。如不待其招而往。何哉。喪。去聲。○田。獵也。虞

者之禮行馬其禮可不重與重冠故行之於廟

嫁

內則云女子十有五年而笄二十而嫁有故二十三年而嫁聘則爲妻奔則爲妾○儀禮云父送女命之曰戒之敬之夙夜無違命母施衿結帨曰勉之敬之夙夜無違宮事庶母及門內施鞶申之以父母之命命之曰敬

人。守苑囿之吏也。招大夫以旌。招虞人以皮冠。元。首也。志士固窮。常念死無棺槨棄溝壑而不恨。勇士輕生。常念戰鬬而死喪其首而不顧也。此二句。乃孔子歎美虞人之言。夫虞人招之不以其物。尚守死而不往。况君子豈可不待其招而自往見之耶。此以上告之以不可往見之意。且夫枉尺而直尋者。以利言也。如以利。則枉尋直尺而利。亦可爲與。夫。音扶。與。不聲。○此以下正其所稱枉尺直尋之非。夫所謂枉小而所伸者大。則爲之者計其利耳。一有計利之心則雖枉多伸少而有利。亦大利不可討即勢王知之矣將爲之邪。甚言其不可也。昔者趙簡子使王良與嬖奚乘。終日而不獲一禽。嬖奚反命曰奚不欲天下之賤工也。或以告王良。良曰。請復之。彊

恭聽爾父母之言夙夜無愆視
爾衿鞶
妾婦
禮疏云妾之爲言接也言得接
見於君子不得伉儷也○禮云
妻不在妾御不敢當夕○禮服
傳云妾事女君與事舅姑同也
婦事夫有四禮焉雞初鳴咸盥
漱櫛縱笄總而朝君臣之道也
惻隱之恩父子之道也會計有
之道也

而後可。一朝而獲十禽。嬖奚反命曰。天下之良工也。簡子曰。我使掌與女乘。謂王良。使人良不可。曰。吾爲之範我馳驅。終日不獲一。爲之詭遇。一朝而獲十。詩云。不失其馳。舍矢如破。我不貫與小人乘。請辭。

要人詭遇上見必循其道方謂君子

乘。去聲。彊。上聲。女。音汝。爲。去聲。舍。上聲。○趙簡子。晉大夫趙鞅也。王良。善御者也。嬖奚。簡子倖臣。與之乘。爲之御也。復之。再乘也。彊而後可。嬖奚不肯。彊之而後肯也。一朝自晨至食時也。掌。專主也。範。法度也。詭遇。不正而與禽遇也。言奚不善射。以法馳驅則不獲。廢法詭遇而後中也。詩。小雅車攻之篇。言御者不失其馳驅之法。而射者發矢皆中而力。今嬖奚不能也。貫。習也。

御者且羞與

無兄弟之道也閨閫之内袵席之上朋友之道也

耕助

禮云孟春之月天子乃以元日祈穀於上帝乃擇元辰天子親載耒耜措之於參保介之御間帥三公九卿諸侯大夫躬耕帝籍天子三推三公五推卿諸侯九推反執爵於大寢三公九卿諸侯大夫皆御

射者比。（媚其心）比而得禽獸雖若丘陵弗爲也。如枉道而從彼何也。且子過矣（言枉尺直尋者亦）枉己者（更進一層打開後壁）未有能直人者也。比必二反○此阿黨也若丘陵言多也○或曰居今之世出處去就不必一一中節欲其一一中節則道不得行矣楊氏曰何其不自重也枉己其能直人乎古之人寧道之不行而不輕其去就是以孔孟雖在春秋戰國之時而進必以正以至終不得行而死也使不卹其去就而可以行道孔孟當先爲之矣孔孟豈不欲道之行哉○

景春曰。公孫衍張儀豈不誠大丈夫哉一怒而（他國）諸侯懼安居而天下熄。景春人姓名公孫衍張儀皆魏人怒則說諸侯使相攻伐故諸侯懼也。

孟子曰是焉得爲大丈夫（一句喝破）

命曰勞酒○祭義云昔者天子爲籍千畝冕而朱紘躬秉耒諸侯爲籍百畝冕而青紘躬秉耒以祀天地山川社稷先古以爲醴酪齊盛於是乎取之敬之至也○周禮云甸師掌帥其屬而耕耨王藉以時入之以共齊盛

蠶繅

禮云季春之月后妃齊戒親東鄉躬桑禁婦女

乎。子未學禮乎。丈夫之冠也。父命之。女子之嫁也。母命之。往送之門。戒之曰。往之女家。必敬必戒。無違夫子。以順爲正者。妾婦之道也。焉於虔反。冠去聲。女家之女音汝○加冠於首曰冠。女家夫家也。婦人內夫家。以嫁爲歸也。夫子夫也。女子從人。以順爲正道也。蓋言二子阿諛苟容竊取權勢。乃妾婦順從之道耳。非丈夫之事也。居天下之廣居。立天下之正位。行天下之大道。得志與民由之。不得志獨行其道。富貴不能淫。貧賤不能移。威武不能屈。此之謂大丈夫。廣居仁也。正位禮也。大道義也。與民由之。推其所得於人也。獨毋觀省婦使以觀蠶事蠶事既登分繭稱絲效功以共郊廟之服毋有敢惰孟夏之月蠶事畢后妃獻繭乃收繭稅以桑均貴賤長幼如一以給郊廟之服○祭義曰古者天子諸侯必有公桑蠶室近川而爲之築宮仞有三尺棘牆而外閉之及大昕之朝君皮弁素積卜三宮之夫人

行其道。守其所得於已也。淫。蕩其心也。移。變其節也。屈。挫其志也。○何叔京曰。戰國之時聖賢道否。天下不復見其德業之盛。但見姦巧之徒。得志橫行。氣焰可畏。遂以爲大丈夫不知由君子觀之。是乃妾婦之道耳。何足道哉。○周霄問曰。古之君子仕乎。孟子曰。仕。傳曰。孔子三月一証無君則皇皇如也。出疆必載質。公明儀曰。古之又一証人三月無君則弔。傳。直戀反。質。與贄同。下同。○周霄。魏人。無君。謂不得仕而事君也。皇皇。如有求而弗得之意。出疆。謂失位而去國也。質。所執以見人者。如士則執雉也。出疆載之者。將以見所適國之君而事之也。三月無君則弔既仕而不以已急乎。周霄問也。以。已通。太也。後章倣此。曰。士之失位也。猶諸侯之

善成堂

世婦之吉者使入蠶於蠶室奉種浴於川桑於公桑風戾以食之歲既單矣世婦卒蠶奉繭以示於君遂獻繭於夫人夫人曰此所以為君服與遂副褘而受之因少牢以禮之古之獻繭者其率用此與及良日夫人繅三盆手遂布於三宮夫人世婦之吉者使繅遂朱綠之玄黃之以

蓋古人重者祭而祭祀由於……而祿 祭義 賓 躬 籍田而庶人 祭祀之 親命

失國家也。禮曰。諸侯耕助。以供粢盛。夫人蠶繅以為衣服。繅 犧牲不成。粢盛不潔。衣服不備祭祀禮之。言如此假若諸侯失國則不能行耕助親蠶之禮而不敢以祭。禮王制曰 惟士無田。則亦不祭。牲殺器皿衣祀之言如此假如士失其位則無田祿而服不備。皆能 不敢以祭。既不敢祭 則不敢以宴。亦不足弔乎。亦人子之心 夫一年有四祭若三月則廢一祭豈不得祭

盛音成。繅素刀反。皿。眉永反。○禮曰。諸侯為籍百畝。冕而青紘。躬秉耒以耕。而庶人助以終畝。收而藏之御廩。以供宗廟之粢盛。使世婦蠶于公桑蠶室。奉繭以示于君。遂獻于夫人。夫人副褘受之。繅三盆手。遂布于三宮世婦。使繅以為黼黻文章。而服以祀先王先公。又曰。士有田則祭。無田則薦。黍稷曰粢。在器曰盛。牲殺。牲必特殺也。皿。所以覆器者。特 出

耳 疆必載質。何也。周霄問也 曰。士之仕也。猶農夫之

爲黼黻文章服既成君服以祀先王先公敬之至也

圭田

禮云無田祿者不設祭器有田祿者先爲祭器○大夫士宗廟之祭有田則祭無田則薦庶人春薦韭夏薦麥秋薦黍冬薦稻註有牲曰祭無牲曰薦

牲殺　器皿

衣服

禮云循行犧牲

耕也。農夫豈爲出疆舍其耒耜哉。舍，上聲。爲，去聲。曰：晉國亦仕國也，未嘗聞仕如此其急。仕如此其急也，君子（暗指孟子）之難仕（暗指不見諸侯），何也。曰：丈夫生而願爲之有室（四句影仕之所以急），女子生而願爲之有家（五句影仕之所以難）。父母之心，人皆有之。不待父母之命、媒妁之言，鑽穴隙相窺，踰牆相從，則父母國人皆賤之。古之人（孟子自寓）未嘗不欲仕也，又惡不由其道。不由其道而往者，與鑽穴隙之類也。爲，去聲。妁，音酌。隙，去逆反。惡，去聲。○晉國，解見首篇。仕國，謂君子游宦之國。霄意以孟子不見諸侯爲難仕，故先問古之君子仕否，然後視全具按芻豢瞻肥瘠察物色必比類量大小視長短皆中度○周禮小宗伯之職掌建國之神位毛六牲辨其名物而頒之於五官使共奉之辨六齊之名物與其用使六官之人共奉之辨六彝之名物以待祼將辨六尊之名物以待祭祀○肆師之職掌立國祀之禮以佐大宗伯

言此以風切之也。男以女爲室。女以男爲家。妁。亦媒也。言爲父母者。非不願其男女之有室家。而亦惡其不由道。蓋君子雖不潔身以亂倫。（仕之所以急）而亦不徇利而忘義也。（仕之所以難）○彭更問曰。後車數十乘。（暗指孟子）從者數百人。以傳食於諸侯。不以泰乎。（已過分）孟子曰。非其道。（二段抑揚重下段）則一簞食不可受於人。如其道。則舜受堯之天下。不以爲泰。子以爲泰乎。更。平聲。乘。從。皆去聲。傳。直戀反。簞。音丹。食。音嗣。○彭更。孟子弟子也。泰。侈也。（大任賤民祇之）曰。否。士無事而食。不可也。言不以舜爲泰。但謂今之士無功而食人之食。則不可也。（人之而爱其）曰。子不通功易事。以羨補不足。則農有餘粟。女有餘布。子如通之。則梓立大祀用玉帛牲牷立次祀用牲幣立小祀用牲以歲時序其祭祀及其祈彌大祭祀展犧牲繫於牢頒於職人凡祭祀之卜日宿爲斯詔相其禮眡滌濯亦如之表齍盛告潔展器陳告備○司服掌王之吉凶衣服辨其名物與其用事王之吉服祀昊天上帝則服大裘而冕祀五帝

新增典故

匠輪輿皆得食於子。於此有人焉，入則孝，出則弟，守先王之道，以待後之學者，而不得食（此爲仁義之人也）於子。子何尊梓匠輪輿而輕爲仁義者哉。羨延面反。○通功易事，謂通人之功而交易其事。羨，餘也。有餘，言無所貿易，而積於無用也。梓人、匠人，木工也。輪人、輿人，車工也。曰：梓匠輪輿，其志將以求食也。君子之爲道也（仁義之），其志亦將以求食與？曰：子何以其志爲哉？（切定君子）其有功於子，可食而食之（亦圖其）矣。（平日）且子食志乎？食功乎？曰：食志。與，平聲。可食而食、食志食功之食，皆音嗣，下同。○孟子言自我而言，固不求食；自彼而言，凡有功者則當食之。曰：

亦如之享先王則衮冕享先公享射則鷩冕祀四望山川則毳冕祭社稷五祀則絺冕祭羣小祀則玄冕

載

書云五玉三帛二生一死贄○禮云凡贄天子鬯諸侯圭卿羔大夫雁士雉庶人之贄匹童子委贄而退野外軍中無贄以纓拾矢可也婦人之贄椇榛脯修

有人於此毀瓦畫墁其志將以求食也則子食之乎曰否曰然則子非食志也食功也墁武安反子食之食亦音嗣○墁墻壁之飾也毀瓦畫墁言無功而有害也旣曰食功則以士爲無事而食者眞尊梓匠輪輿而輕爲仁義者矣○萬章問曰宋小國也今將行王政齊楚惡而伐之則如之何惡去聲○萬章孟子弟子宋王偃嘗滅滕伐薛敗齊楚魏之兵欲霸天下疑即此時也孟子曰湯居亳與葛爲鄰葛伯放而不祀湯使人問之曰何爲不祀曰無以供犧牲也湯使遺之牛羊葛伯食之又不以祀湯又使人

粢粟○周禮云大宗伯以禽作六贄以等諸臣孤執皮帛卿執羔大夫執雁士執雉庶人執鶩工商執雞○儀禮云士相見之贄冬用雉夏用腒下大夫相見以雁上大夫相見以羔

媒妁

詩云娶妻如之何匪媒不得○禮云男女非有行媒不相知名非受幣不交不

問之曰何爲不祀曰無以供粢盛也湯使亳衆往爲之耕老弱饋食葛伯率其民要其有酒食黍稻者奪之不授者殺之有童子以黍肉餉殺而奪之書曰葛伯仇餉此之謂也

王政　不以爲德反以爲仇矣　遺　唯

季反盛音成往爲之爲去聲饋食酒食之食音嗣要平聲餉式亮反○葛國名伯爵也放而不祀放縱無道不祀先祖也亳衆湯之民其民葛民也授與也餉亦饋也書商書仲虺之誥也仇餉言與餉者爲仇也

爲其殺是童子而征之四海之內皆曰非富天下也爲匹夫匹婦復讎也

怨虐民者衆

爲去聲○非富天下言湯之心非以天下爲富而欲得之也

湯始征自葛

親故日月以告君齋戒以告鬼神爲酒食以召鄉黨僚友以厚其別也○夫禮妨民之淫章民之別者也故男女無媒不交無幣不相見以此妨民民猶有自獻其身者○周禮云媒氏掌萬民之判凡男女自成名以上皆書年月日名焉今男子三十而娶女子二十而嫁

載十一征而無敵於天下東面而征西夷怨（釋書）南面而征北狄怨曰奚爲後我民之望之若（其未至）大旱之望雨也歸市者弗止芸者不變誅其（其既至）君弔其民如時雨降民大悅書曰徯我后后（引書又証民之大悅）來其無罰（未聞恐而伐之者）載亦始也十一征所征十一國也餘已見前篇有攸不爲臣東征（於是）（以）綏厥士女（於是士女）匪厥玄黃（且曰今日）紹我周王見休（庶幾）惟臣附于大邑周（但見）其君子實玄黃于匪以迎（蓋以武王）其君子其小人簞食壺漿以迎其小人救民於水火之中取其殘（民者誅之）而已矣食音嗣○按周書武城篇載武

梓匠輪輿、
周禮冬官梓人
有三一爲筍簴
一爲飲器一爲
侯匠人有三一
建國一營國一
爲溝洫輪人有
二一爲輪一爲
蓋輿人爲車○
趙氏曰梓人成
器械以利用匠
人營宮室以安
居輪人作車輪
以運行輿人作
車輿以利載○
考工云有虞氏
上陶夏后氏上
匠殷人上梓周

王之言。孟子約其文如此。然其辭特與今書
文不類。今姑依此文解之。有所不爲臣。謂助
紂爲惡而不爲周臣者。匪。與篚同。玄黃。幣也
紹。繼也。猶言事也。言其士女以匪盛玄黃之
幣。迎武王而事之也。商人而曰我周王。猶商
書所謂我后也。休美也。言武王能順天休命
而事之者皆見休也。臣附歸服也。孟子又釋
其意。言商人聞周師之來。各以其類相迎者
以武王能救民於水火之中。取其殘民者誅
之而不爲暴虐耳。君子。謂在位之人。小人。謂
細民也。

太誓曰。我武惟揚。侵于紂**之疆。則取于殘。殺伐用張。**比**于湯有光。**之伐桀又 亦桀聞惡而伐之者

太誓。周書也。今書文亦小異。言武王威武奮揚。侵彼紂之疆界。取其殘賊。而殺伐之功因此張大。比於湯之伐桀。又有光焉。引此以證上文取其今宋殘之義。

不行王政云爾。苟行王政。四海之內。

人上輿

瓦

古史云夏昆吾氏作瓦烏曹氏作磚

亳

括地志云宋州穀熟縣西南三十五里南亳故城即南亳湯都也宋州北五十里大蒙城爲景亳湯所盟地因景山爲名河南偃師縣爲西亳帝嚳及湯所都盤庚所從都之

東征

皆舉首而望之。欲以爲君。齊楚雖大。何畏焉。宋實不能行王政。後果爲齊所滅。王偃走死。○尹氏曰。爲國者能自治而得民心。則天下皆將歸往之。恨其征伐之不早也。尚何彊國之足畏哉。苟不自治。而以彊弱之勢言之。是可畏而已矣。

○孟子謂戴不勝宋臣曰。子欲子之王之善與。我明告子。有楚大夫於此。欲其子之齊語也。則使齊人傅諸。使楚人傅諸。曰。使齊人傅之。曰。一齊人傅之。衆若楚人咻之。雖日撻而求其齊也。不可得矣。引而置之莊嶽之閒數年。雖日撻而求其楚。亦不可得矣。與。平聲。咻。音休。○戴

武城篇云恭天成命肆於東征綏厥士女惟其士女篚其玄黄紹我周王天休震動用附我大邑周

篚厥玄黄

孔傳云以篚篚盛其絲帛也○三禮圖云篚以竹爲之長三尺廣一尺深六寸足高三寸上有蓋必入玄黄於篚者蓋天謂之玄地謂之黄武王能革殷之否

不勝。宋臣也。齊。齊語。齊人語也。傳。教也。咻。讙也。齊。齊語也。莊。嶽。齊街里名也。楚。楚語也。此先設譬以曉之也。子謂薛居州善士也。使之居於王所。在於王所者長幼卑尊皆薛居州也。王誰與爲不善。在王所者長幼卑尊皆非薛居州也。王誰與爲善。一薛居州獨如宋王何。所謂一齊人傳之也○長。上聲。居州。亦宋臣。言小人衆而君子獨。無以成正君之功。○公孫丑問曰。不見諸侯何義。孟子曰。古者不爲臣不見。不爲臣。謂未仕於其國者也。此不見諸侯之義也。段干木未爲臣者也踰垣而辟之。魏文侯亦未爲臣者也泄柳魯繆公閉門而不內。是皆已甚。言不迫蹙不可見也迫斯可以見矣。辟。去聲。內。聲。

而泰之是能如天地之覆載以養民者也

戴不勝

薛居州

戴不勝薛居州皆宋臣也萬統譜云戴宋戴公之後以謚爲氏時宋王偃淫暴戴不勝謂薛居州曰子不聞乎君猶素也臣猶染也染於青則青染於黃則黃今曰沙在泥將染而黑矣子其奈何哉其後齊

與納同。○段干木。魏文侯時人。泄柳。魯繆公時人。文侯繆公欲見此二人。而二人不肯見之。蓋未爲臣也。已甚。過甚也。迫。謂求見之切也。孔子不爲已甚者也 陽貨欲見孔子。而惡劉使人拜以已爲因思禮有無禮。大夫有賜於士。不得受於其家。則往拜其門。陽貨瞰孔子之亡也。而饋孔子蒸豚。孔子亦瞰其亡也。而往拜之。當是時。陽貨先言不先必不見也豈得不見。欲見之見。音現。惡。去聲。瞰。音勘。○此又引孔子之事以明可見之節也。欲見孔子。欲召孔子來見己也。惡無禮。畏人以已爲無禮也。受於其家。對使人拜受於家也。其門。大夫之門也。瞰。窺也。陽貨於魯爲大夫孔子爲士。故以此物及其不在而饋之。欲其來拜而見之也。先。謂先來加禮也。曾子曰。脅肩諂笑。病于夏

湣王與魏楚伐宋殺子偃遂滅宋而三分其地

段干木

文侯往見干木干木避之文侯立倦而不敢息反見翟璜踞於堂而與之語翟璜不悅文侯曰段干木官之則不肯祿之則不受今汝欲言則相位欲祿則上卿又責吾禮無乃難乎

畦。子路曰。未同而言。觀其色赧赧然。非由之所知也。由是觀之。則君子之所養可知已矣。

一赧側媚 一惡强合

脅，虛業反。赧，奴簡反。○脅肩，竦體。諂笑，强笑。皆小人側媚之態也。病，勞也。夏畦，夏月治畦之人也。言為此者，其勞過於夏畦之人也。未同而言，與人未合而强與之言也。赧赧，慙而面赤之貌。由，子路名。言非己所知，甚惡之之辭也。孟子言由此二言觀之，則二子之所養可知。必不肯不俟其禮之至而輒往見之也。○此章言聖人禮義之中正，過之者傷於迫切而不洪，不及者淪於汙賤而可恥。

朱

○戴盈之曰。什一，去關市之征，今茲未能。請輕之，以待來年，然後已。何如。

仁農 仁商

去，上聲。○盈之亦宋大夫也。什一，井田之法也。關市之征，商賈之稅也。已，止也。孟

蛇

埤雅云。螣蛇龍類也。雄鳴於上風。雌鳴於下風而風化。能興雲霧而游其中。○蛇有水草木上四種。

園囿

呂氏春秋云。昔先王之爲苑囿園池也。足以觀望形勞而已矣。非好儉節乎性也。○或曰。園有林池。所以禦災也。其餘莫非國王之其衰也[illegible]

子曰。今有人日攘其鄰之雞者。或告之曰。是非君子之道。曰。請損之。月攘一雞。以待來年。然後已。攘。如羊反。○攘。物自來而取之也。損。減也。如知其非義。（厚斂征商）斯速已矣。何待來年。知義理之不可而不能速改。與月攘一雞何以異哉。

○公都子曰。外人皆稱夫子好辯。敢問何也。孟子曰。予豈好辯哉。予不得已也。好。去聲。下同。天下之生久矣。（民）一治一亂。（好辯之由）治。去聲。○生。謂生民也。一治一亂。氣化盛衰。人事得失。反覆相尋。理之常也。當堯之時。水逆行。氾濫於中國。蛇龍居之。民無所定。（正無所定處）下者爲巢。上者爲

驟游獵以奪人之時勞人之力也

沛澤

風俗通云沛者草木之蔽茂禽獸之所蔽匿也水草交錯名之爲澤澤者言其潤澤萬物以阜民用也

奄

史記云周公歸政之明年淮夷奄國又叛成王東伐淮夷遂滅奄而徙其君五月還至鎬京

營窟。書曰。洚水警余。洚水者。洪水也。洚。音降又胡貢胡工反○水逆行。下流壅塞。故水倒流而旁溢也。下。下地。上。高地也。營窟。穴處也。書。虞書大禹謨也。洚水。洚洞無涯之水也。警。戒也。此一亂也。使禹治之。禹掘地而注之海。驅蛇龍而放之菹。水由地中行。江淮河漢是也。險阻既遠。鳥獸之害人者消。然後人得平土而居之。菹側魚反○掘地。掘去壅塞也。菹。澤生草者也。地中。兩涯之間也。險阻。謂水之氾濫也。遠。去也。消。除也。此一治也。堯舜既沒。聖人之道衰。暴君代作。壞宮室以爲汙池。民無所安息。棄田以爲園囿。使民不得衣食。邪

新鐫典故孟子　卷三　毛　善成堂

飛廉

飛廉顓頊之苗裔。太廉玄孫中衍之後也。世有功以佐殷國。其玄孫曰中潏在西戎。保西垂。生飛廉。飛廉生惡來。有力。飛廉善走。父子俱以才力事紂。

犀　象

爾雅云犀狀如牛。頭似豕。二角。一在額上。一在鼻上。○郭璞贊云犀之爲狀。形兼牛豕。刀無不

說暴行又作。園囿汙池沛澤多而禽獸至。及紂之身。天下又大亂。壞。音怪。行。去聲。下同。沛。蒲内反。○暴君。謂夏太康。孔甲。履癸。商武乙之類也。宮室。民居也。沛。草木之所生也。澤。水所鍾也。自堯舜沒至此。治亂非一。及紂而又一大亂也。周公相武王。誅紂伐奄。三年討其君。驅飛廉於海隅而戮之。滅國者五十。驅虎豹犀象而遠之。天下大悅。書曰。丕顯哉文王謨。丕承哉武王烈。佑啓我後人。咸以正無缺。相。去聲。奄。平聲。○奄。東方之國。助紂爲虐者也。飛廉。紂幸臣也。五十國。皆紂黨虐民者也。書。周書君牙之篇。丕。大也。顯。明也。謨。謀也。承。繼也。烈。光也。佑。助也。啓。開也。缺。壞

傾力無不靡以晦嬰災因乎角抅○格物論云象長丈餘高稱之大六尺餘牙耳鼻俱下垂牙亦長丈許鼻端有瓜猪目睛黑肉兼十牛六十歲骨方足妬惡鼠聲○擢光之精散爲象

春秋

玉海云春秋孔子約魯史而修之也天有四時春爲陽中萬物以生秋爲陰中

也。此一治也。世衰道微。邪說暴行有作。臣弒其君者有之。子弒其父者有之。有作之有。讀爲又。古字通用。○此周室東遷之後。又一亂也。孔子懼不得已乃假魯史之舊文作春秋。春秋。天子之事其大要皆有德位也。惟爲天子之事是故孔子曰。知我者世有以心而其惟春秋乎。罪我者世有以迹而其惟春秋乎。胡氏曰。仲尼作春秋以寓王法。惇典。庸禮。命德。討罪。其大要皆天子之事也。知孔子者。謂此書之作。遏人欲於橫流。存天理於既滅。爲後世慮至深遠也。罪孔子者。以謂無其位而託二百四十二年南面之權。使亂臣賊子禁其欲而不得肆。則戚矣。愚謂孔子作春秋以討亂賊。則致治之法垂於萬世。是亦一治也。聖王不作。諸侯放恣。于是處士橫議。楊朱橫議之尤甚者墨翟之言盈天

萬物以成故錯
而舉之言包十
二月而爲名也
楊朱　墨翟
楊子名朱老子
弟子也墨子名
翟以宋人事宋
爲大夫外治經
典內修道術著
書十篇名爲墨
子世多學者與
儒家分途務尚
儉約墨子年八
十有二乃嘆曰
世事已可知榮
位非常保將委
流俗以從赤松
子游耳乃入周

下。天下之言。不歸楊。則歸（横議惑人如此彼）墨。楊氏爲我。是無（昧於理）君也。墨氏兼（昧於分殊）愛。是無父也。無父無君。是禽獸也。（其爲害何如也哉）公明儀曰。庖有肥肉。廄有肥馬。民（以致）有飢色野有餓莩。此率獸而食人也。（以上公明儀之言）（今二子之害豈異乎此）楊墨之道不息。孔子之道不著。是邪說誣民。充塞（專親之）仁（專君之）義也。仁義充塞。則率獸食人。（人皆無父無君以陷於禽獸是楊墨）人將相食。（亂臣賊子接迹於天下矣）○横。爲。皆去聲。莩皮表反○楊朱但知愛身。而不復知有致身之義。故無君。墨子愛無差等。而視其至親無異衆人。故無父。無父無君。則人道滅絕。是亦禽獸而已。公明儀之言。義見首篇。充塞仁義。謂邪說徧滿。妨於仁義也。孟子引儀之言。以明楊墨道行。則人皆無父無君。以陷於禽獸。而大亂將起。是亦率獸食人，而人又相食也。此又一亂也。吾為此懼（不得已），閑（欲）先聖（孔子）之道（故）距楊墨，放（而）淫辭（使）邪說者不得作。作（詖邪說）於其心。（既）害於其事；作於其事（則），害於其政。聖人復起（此必然之理也），不易吾言矣（以我言為無益而跟上四句）。為。去聲。復。扶又反。○閑，衛也。放，驅而遠之也。作，起也。事，所行。政，大體也。孟子雖不得志於時，然楊墨之害，自是滅息。而君臣父子之道，賴以不墜。是亦一治也。程子曰：楊墨之害，甚於申韓。佛氏之害，甚於楊墨。蓋楊氏為我疑於義，墨氏兼愛疑於仁。申韓則淺陋易見，故孟子止闢楊墨，為其惑世之甚也。佛氏之言近理，又非楊墨之比，所以為害尤甚。

昔者禹抑（止）洪水而天下平，周公兼夷狄驅猛獸而百姓寧，孔子成春秋而亂臣賊

匡章

匡章齊人。其毋得罪於其父。父殺之而埋馬棧之下。秦假道韓魏以攻齊。齊威王使章將而應之。勉以全兵而還。更葬其毋。章曰。臣之毋得罪於臣之父。臣之父未教而死。夫不得父之教而更葬毋。是欺死父也。必不敢。後又爲齊將五都之兵以攻燕

子懼。抑。止也。兼。并之也。總結上文也。詩云戎狄是膺(擊)。荆舒是懲。則莫我敢承。無父無君。是周公所膺也。說見上篇。承。當也。我亦欲正人心。息邪說。距詖行。放淫辭。以承三聖者。豈好辯哉。予不得已也。行。好。皆去聲。○詖。淫。解見前篇。辭者。說之詳也。承。繼也。三聖。禹。周公。孔子也。蓋邪說橫流。壞人心術。甚於洪水猛獸之災。慘於夷狄篡弒之禍。故孟子深懼而力救之。再言豈好辯哉。予不得已也。所以深致意焉。然非知道之君子。孰能眞知其所以不得已之故哉。能言距楊墨者。聖人之徒也。言苟有能爲此距楊墨之說者。則其所趨正矣。雖未必知道。是亦聖人之徒也。孟子既答公都子之問而意有未盡。故復言此。蓋邪說害

陳仲子

陳仲子字子終齊人也楚王遣使持金百鎰聘以爲相夫妻相與逃去爲人灌園藏其兄之名

詩云南山有杞北山有李投我以桃報之以李○左傳云冬十有二月隕霜不殺草李梅實

蚓

蚯蚓一名螼蚓一名蜿蟺一名

正。人人得而攻之。不必聖賢如春秋之法。亂臣賊子。人人得而誅之。不必士師也。聖人救世立法之意。其切如此。若以此意推之。則不能攻討。而又倡爲不必攻討之說者。其爲邪誠之徒。亂賊之黨。可知矣。○尹氏曰。學者於是非之原。毫釐有差。則害流於生民。禍及於後世。故孟子辯邪說如是之嚴。而自以爲承三聖之功也。當是時。方且以好辯目之。是以常人之心。而度聖賢之心也。

居之廉

○匡章曰。陳仲子。豈不誠廉士哉。居於陵。三日不食。耳無聞。目無見也。井上有李。螬食實者過半矣。匍匐往將食之。三咽。然後耳有聞。目有見。

以下食之廉　若天全其節　與物亦無爭

於音烏。下於陵同。螬音曹。咽音宴。○匡章。陳仲子。皆齊人。廉有分辨。不苟取也。於陵。地名。螬。蠐螬蟲也。匍匐。言無力不能行也。咽。吞土龍一名地龍一名螳螾一名朐䏰一名寒蠕能應時而鳴江東呼爲歌女又曰鳴砌○禮月令云孟夏之月蚯蚓出蚯蚓不出發奪后仲冬之月蚯蚓結蚯蚓不結君政不行

盜跖

盜跖柳下惠之弟也從卒九千人橫行天下侵暴諸侯所過之邑萬民苦之○

也。孟子曰。於齊國之士。吾必以仲子爲巨擘焉。雖然。仲子惡能廉。充仲子之操。則蚓而後可者也。擘。薄厄反。惡。平聲。蚓。音引。○巨擘。大指也。言齊人中有仲子。如衆小指中有大指也。充。推而滿之也。操。所守也。蚓。丘蚓也。言仲子未得爲廉也。必若滿其所守之志。則惟丘蚓之無求於世。然後可以爲廉耳。夫蚓上食槁壤。下飲黃泉。仲子所居之室。伯夷之所築與。抑亦盜跖石。之所築與。所食之粟。伯夷之所樹與。抑亦盜跖石。之所樹與。是未可知也。夫。音扶。與。平聲。○槁壤。乾土也。黃泉。濁水也。抑。發語辭也。言蚓無求於人而自足。而仲子未免居室食粟。若所從來或有非義

（濂富貴貪功利）

（何以見蚓之可而仲子不可也）

（重跖一濁）

蹠，黃帝時大盜，以名柳下惠之弟也。

辟纑

釋名云：辟，分解也。纑，布纑也。

鵝

禮記云：舒鴈、舒鳧翠弗食。註云：舒鴈，鵝也。○禽經謂鵝見異類差翅鳴。○埤雅云：鵝之行也，自然而有行列，故聘禮云出如舒鴈。

則是未能如蚓之廉也。曰：是何傷哉？彼身織屨，妻辟纑，以易之也。辟，音璧。纑，音盧。○辟，績也。纑，練麻也。曰：仲子，齊之世家也。兄戴，蓋祿萬鍾。以兄之祿為不義之祿而不食也，以兄之室為不義之室而不居也。辟兄離母，處於於陵。他日歸，則有饋其兄生鵝者，已頻顣曰：惡用是鶃鶃者為哉？他日，其母殺是鵝也，與之食之。其兄自外至，曰：是鶃鶃之肉也。出而哇之。蓋，音閤。辟，音避。頻與顰同。顣與蹙同，子六反。惡，平聲。鶃，魚一反。哇，音蛙。○世家，世卿之家。兄名戴，食采於蓋，其入萬鍾也。歸，自於陵歸也。

居室食粟

也

因節

亦交際之禮也

孝思之發

愛少之情

矯情

已。仲子也。鶂鶂，鵝聲也。頻顣而言。以母則不
以其兄所受饋爲不義也。哇，吐之也。（所易之食）
食，以妻則食之；以兄之室則弗居，以於陵則
居之。是尚爲能充其類也乎？（不食不居之）若仲子者，蚓而（不能充類便不能充操）
後充其操者也。（然則人安能如蚓，仲子又惡能爲廉哉）言仲子以母之食、兄之室爲
不義而不食不居，其操守如
此。至於妻所易之粟、於陵所居之室，既未必
伯夷之所爲，則亦不義之類耳。今仲子於此
則不食不居，於彼則食之居之，豈爲能充滿
其操守之類者乎？必其無求自足，如丘蚓然，
乃爲能滿其志而得爲廉耳。然豈人之所可
爲哉？○范氏曰：「天之所生，地之所養，惟人爲
大。人之所以爲大者，以其有人倫也。仲子避
兄離母，無親戚、君臣、上下，是無人倫也。豈有
無人倫而可
以爲廉哉？」

離婁

離婁名朱黃帝時人明察秋毫而幽室之中能辨五色橫邪曲直一見不爽絲髮也○莊子云黃帝遊乎赤水之北登崑崙之丘而南望還歸遺其玄珠使離朱索之即離婁

公輸子

名班又名般魯之巧人嘗爲母作水人爲御又爲木鳶使自飛父爲吳人所殺

孟子卷之四　　朱熹集註

離婁章句上　凡二十八章

（二段興體）

孟子曰離婁之明（以制器言之設有人如）公輸子之巧不以規矩不能成方員師曠之聰（以審音言之設有人如）不以六律（之長短）不能正五音（之高下）（典藝且然況治天下乎設有人如）堯舜之道不以仁政（兼教養）不能平治天下

離婁古之明目者公輸子名班魯之巧人也規所以爲員之器也矩所以爲方之器也師曠晉之樂師知音者也六律截竹爲筩陰陽各六以節五音之上下黃鍾太簇姑洗蕤賓夷則無射爲陽大呂夾鍾仲呂林鍾南呂應鍾爲陰也五音宮商角徵羽也范氏曰此言治天下不可無法度仁政者治天下之法度也

今有仁心（君）仁聞（謚爲）而民（當時之）不被其

作木仙指吳大旱三年吳人賫物謝之乃斷木仙手吳中大雨

師曠

左傳云晉人聞有楚師師曠曰不害吾驟歌北風又歌南風南風不競多死聲楚必無功○師涓從衛靈公聞鼓琴聲於濮水之上寫而習之靈公之晉見平公平公觴之酒酣靈公起曰有新聲願請以示

澤不可法於後世者不行先王之道也（仁政）聞去聲○仁心愛人之心也仁聞者有愛人之聲聞於人也先王之道仁政是也范氏曰齊宣王不忍一牛之死以羊易之可謂有仁心梁武帝終日一食蔬素宗廟以麪為犧牲斷死刑必為之涕泣天下知其慈仁可謂有仁聞然而宣王之時齊國不治武帝之末江南大亂其故何哉有仁心仁聞而不行先王之道故也

故曰（一結）徒善不足以為政（治）徒法（等之）不能以自行徒猶空也有其心無其政是謂徒善有其政無其心是謂徒法程子嘗言為政須要有綱紀文章謹權審量讀法平價皆不可闕而又曰必有關雎麟趾之意然後可以（者以其）行周官（故出）之法度正謂此也（術紀）

詩云不愆（至用意太過而）不忘（至昏懶不及而）率由舊章遵先王之法而過者未之有也詩大

平公曰善乃召師涓令坐師曠之旁援琴撫之未終師曠撫而止之曰此亡國之聲也不可聽平公曰此道奚出師曠曰此師延所作與紂爲靡靡之樂也及武王伐紂師延東走至濮水而自投故聞此音者必於濮水之上先聞此聲者其國必削○平公鑄爲大鐘使工聽之皆以爲

雅假樂之篇愆過也率循也章典法也所行不過差不遺忘者以其循用舊典故也聖人既竭目力焉繼之以規矩準繩以爲方員平直不可勝用也既竭耳力焉繼之以六律正五音不可勝用也既竭心思焉繼之以不忍人之政而仁覆天下矣勝平聲。○準所以爲平繩所以爲直覆被也此言古之聖人既竭耳目心思之力然猶以爲未足以偏天下及後世故制爲法度以繼續之則其用不窮而仁之所被者廣矣三結故曰爲高必因丘陵三句引爲下必因川澤兼立政補政說爲政不因先王之道可謂智乎○丘陵本高川澤本下爲高下者因之則用力少而成功多矣鄒氏曰自章首至此論

調矣師曠曰不
調請更鑄之平
公曰工皆爲調
矣師曠曰後世
有知音者將知
鍾之不調也臣
坊爲君恥之
六律五音
書云予欲聞六
律五聲八音在
治忽以出納五
言汝聽○禮云
五聲六律還相
爲宮也○周禮
云大師掌六律
六同以合陰陽
之聲陽聲黃鍾
太簇姑洗蕤賓

以仁心仁聞。是以惟仁者宜在高位。不仁而（賓）（主）
行先王之道。仁者有仁心仁聞
在高位是播其惡於衆也。而能擴而充之以（有圓通意）（故）（有定劃）
行先王之道者也。播惡上無道揆也，下無法
於衆，謂遺惡於下也。（二句以心之廢法言）
守也，朝不信道，工不信度，君子犯義，小人犯（二句以身之違法言）
刑，國之所存者幸也。朝音潮。○此言不仁而在高位之禍也。道，義理
也。揆，度也。法，制度也。道揆謂以義理度量事
物而制其宜。法守謂以法度自守。工，官也。度
即法也。君子小人以位而言也。由上無道揆
故下無法守。無道揆則朝不信道而君子犯
義，無法守則工不信度而小人犯刑。有故曰
此六者，其國必亡，其不亡者僥倖而已。（雖不強）
城郭不完，兵甲不多，非國之災也。田野不辟，

夷則無射陰聲大呂夾鐘仲呂林鐘南呂應鐘皆文之以五聲宮商角徵羽播之以八音金石絲竹匏土革木○陽生陰曰下陰生陽曰上黄鐘三分損一下生林鐘三分林鐘益一上生太簇三分太簇損一下生南呂三分南呂益一上生姑洗三分姑洗損一下生應鐘三分應鐘益

貨財不聚非國之害也上無禮下無學賊民興喪無日矣辟與闢同喪去聲○上不知禮則無以教民下不知學則易與爲亂鄒氏曰自是以惟仁者至此所以責其君詩曰天之方蹶無然泄泄蹶居衛反泄弋制反○詩大雅板之篇蹶顛覆之意泄泄怠緩悅從之貌言天欲顛覆周室羣臣無得泄泄然不急救正之泄泄猶沓沓也沓徒合反蓋孟子時人語如此○沓沓即泄泄之意事君無義（匡正之）進退無禮（持身之）言則非先王之道者猶沓沓也非詆毀也故曰責難（四結）於君謂之恭陳善閉邪謂之敬（以）吾君不能謂（若是）（爲先王之道）之賊范氏曰人臣以難事責於君使其君爲堯舜之君者尊君之大也開陳善道以

一上生蕤賓。三分蕤賓損一下生大呂。三分大呂益一上生夷則。三分夷則損一下生夾鐘。三分夾鐘益一上生無射。三分無射損一下生仲呂。陰陽相生，自黄鐘始也。○五音以宫聲爲首，律呂以黄鐘爲元。言一律五音倫比無間，加之二變，義若循環。故曰一宫二商三角四變徵五

禁。閉君之邪心，惟恐其君或陷於有過之地者，敬君之至也。謂其君不能行善道而不以告者，賊害其君之甚也。鄒氏曰：自《詩》云「天之方蹶」至此，所以責其臣。○鄒氏曰：此章言爲治者，當有仁心、仁聞，以行先王之政，而君臣又當各任其責也。○孟子曰：「規矩，方員之至也；聖人，人倫之至也。至，極也。人倫，說見前篇。規矩盡所以爲方員之理，猶聖人盡所以爲人之道。人倫莫大於君臣，聖人莫過於堯舜。欲爲君盡君道，欲爲臣盡臣道，二者皆法堯舜而已矣。不以堯舜之所以事堯事君，不敬其君者也；不以堯之所以治民治民，賊其民者也。法堯舜以盡君臣之道，猶用規矩以盡方員之極。此孟子所以道性善而稱堯舜也。孔子曰：『道二：仁

徵六羽七變宮其聲從濁至清爲一均○國語云周景王將鑄無射問律於伶州鳩對曰古之神瞽考中聲而量之以制紀之以三平之以六成於十二黃鐘所以宣養六氣九德也太簇所以金奏贊陽出滯也姑洗所以脩潔百物考神納賓也蕤賓所以安靖神人獻酬交錯也夷則

與不仁而已矣。法堯舜則盡君臣之道而仁矣。不法堯舜則慢君賊民而不仁矣。二端之外。更無他道。出乎此則入乎彼矣。可不謹哉。（禍）暴其民甚。則身弒國亡。（禍）不甚。則身危國削。（且）名之曰幽厲。雖孝子慈孫。百世不能改也。幽。暗。厲。虐。皆惡謚也。苟得其實。則雖有孝子慈孫。愛其祖考之甚者。亦不得廢公義而改之。言不仁之禍。必至於此。可懼之甚也。詩云。殷鑒不遠。在夏后之世。此之謂也。（卽後人以幽厲爲鑒）詩。大雅蕩之篇。言商紂之所當鑒者。近在夏桀之世。而孟子引之。又欲後人以幽厲爲鑒也。

○孟子曰。三代之得天下也以仁。其失天下也以不仁。（不獨三代）三代。謂夏商周也。禹湯文武。以仁得之。桀紂幽厲。以不仁失之。國所以咏歌九則平民無二也無射所以宣布哲人之令德示民軌儀也爲之六間以揚沉伏而黜散越也大呂助宣物也夾鐘出四隙之細也仲呂宣中氣也林鐘和展百事俾莫不任肅純恪也南宮贊陽秀也應鐘均利器用俾應復也律呂不易無奸物也細鈞有鐘無鎛昭其大也

之所以廢興存亡者亦然。國謂諸侯之國。天子不仁，不保四海。諸侯不仁，不保社稷。卿大夫不仁，不保宗廟。士庶人不仁，不保四體。言必死亡。今惡死亡而樂不仁，是猶惡醉而强酒。惡，去聲。樂，音洛。强，上聲。○此承上文之意而推言之也。○孟子曰：愛人不親反其仁，治人不治反其智，禮人不答反其敬。治人之治，平聲。不治之治，去聲。○我愛人而人不親我，則反求諸己，恐我之仁未至也。智敬放此。行有不得者，皆反求諸己，其身正而天下歸之。不得，謂不得其所欲，如不親、不治、不答是也。反求諸己，謂反其仁、反其智、反其敬也夫鈞有鍾無鍾鳴其細也大昭小鳴和之道也○漢書云黄帝使伶倫自大夏之西崑崙之陰取竹於嶰谿之公以生而空竅厚薄均者斷兩節間而吹之以爲黄鍾之宮制十二管以聽鳳凰之鳴其雄鳴爲六雌鳴亦六以比黄鍾之宮此律呂之所由昉也○吳氏曰五聲最濁者爲

如此。則其自治益詳。而身無不詩云永言配正矣。天下歸之。極言其效也。

命。自求多福。解見前篇。○亦承上章而言。○孟子曰。人有

恆言。皆曰天下國家。天下之本在國。國之本此中恆言蓋有序焉吾因而推之　遠內丁近　外曰二內

在家。家之本在身。有恆言所未及者蓋遠近內外皆以身爲觀型恆。胡登反。○恆。常也。雖常言之。而未必知其言之有序也。故推言之。而又以家本乎身也。此亦承上章而推言之。大學所謂自天子至於庶人。壹是皆以脩身爲本。爲是故也。○孟子曰。爲政不難。首句截住下正明所以不難處不只在得罪

於巨室。巨室之所慕。一國慕之。兼君民一國之所慕。

天下慕之。故沛然德教澤化溢乎四海。巨室。世臣大家也。得罪。謂身不正而取怨怒也。麥丘邑人祝齊桓公曰。願主君無得罪於羣臣百姓。意蓋如此。

新會典文　孟子　卷四　五　善成堂

宮稍濁者爲商徵濁徵清者爲角稍清者爲徵最清者爲羽十二管長者聲濁短者聲清宮商角徵羽之高下無定準必以律管長短定之每律之宮各有商角徵羽而不相亂則長短之度不可有分厘之差然後其聲韻調和聲韻調和施之八音皆然而無相奪倫矣

規矩準繩

慕向也。心悅誠服之謂也。沛然盛大流行之貌。溢充滿也。蓋巨室之心難以力服而國人素所取信。今既悅服則國人皆服而吾德教之所施可以無遠而不至矣。此亦承上章而言。蓋君子不患人心之不服而患吾身之不脩。吾身既脩則人心之難服者先服而無一人之不服矣。○林氏曰戰國之世諸侯失德巨室擅權爲患甚矣。然或者不脩其本而遽欲勝之則未必能勝而適以取禍。故孟子推本而言。惟務脩德以服其心。彼既悅服則吾之德教無所留礙可以及乎天下矣。裴度所謂韓弘輿疾討賊承宗斂手削地非朝廷之力能制其死命特以處置得宜能服其心故爾正此類也。○孟子曰天下有道小德役大德小賢役大賢（二句是理當如此）天下無道小役大弱役強（二句是勢不得不如此）斯二者天也（兼理勢）順天者存逆天者律歷志云權與物均而生衡衡生規規圓生矩矩方生繩繩直生準準正則平衡而均權矣是爲五則規者所以規圓器械令得其類也矩者所以矩方器械令不失其形也規矩相須陰陽位序圓方乃成準者所以揆平取正也經云繩墨誠陳不可欺以曲直規矩誠設不可欺以方

亡。有道之世。人皆脩德。而位必稱其德之大小。天下無道。人不脩德。則但以力相役而已。天者。理勢之當然也。

齊景公曰。既不能令。又不受命。是絕物也。（與人睽絕）涕出而女於吳。（從恥來）女去聲。○引此以言小役大弱役强之事也。令。出令以使人也。受命。聽命於人也。物。猶人也。女。以女與人也。吳。蠻夷之國也。景公羞與爲昏。而畏其强。故涕泣而以女與之。

今也小國師大國而恥受命焉。（役）是猶弟子而恥受命於先師也。（言不能免）言小國不脩德以自强。其般樂怠敖。皆若效大國之所爲者。（效尤）而獨恥受其教命。不可得也。

如恥之。莫若師文王。（含仁）師文王。大國五年。小國七年。（言其速）必爲政於天下矣。此。因其愧恥之心。而勉以脩德也。文王之政。布

圖

幽王

幽王名宮湦宜王子也幽王二年西周三川皆震是歲也三川竭岐山崩三年幽王嬖愛褒姒褒姒生子伯服幽王欲廢太子太子母申侯女為后後幽王得褒姒愛之欲廢申后并去太子宜臼以褒姒為后以伯服為太子昔夏后氏之衰也有二神龍

在方策舉而行之所謂師文王也五年七年以其所乘之勢不同為差蓋天下雖無道然脩德之至則道自我行而大國反為吾役矣程子曰五年七年聖人度其時則可矣然凡此類學者皆當思其作為如何乃有益耳

詩云商之孫子其麗不億上帝既命侯于周服侯服于周天命靡常

所以　者以　故也

是以　讀詩　就文王講　失其家

殷士膚敏祼將于京孔子曰仁不可為衆也

因文王而泛論其理皆孔子語

夫國君好仁天下無敵

祼音灌夫音扶好去聲

詩大雅文王之篇孟子引此詩及孔子之言以言文王之事麗數也十萬曰億侯維也商士商孫子之臣也膚大也敏達也祼宗廟之祭以鬱鬯之酒灌地而降神也將助也言商之孫子衆多其數不但十萬而已上帝既命周以天下則凡此商之孫子皆臣服于周矣所以然者以天

正於夏帝庭而言曰余褒之二君夏帝卜殺之與去之與止之莫吉卜請其漦而藏之乃吉於是布幣而策告之龍亡而漦在櫝而藏之夏亡傳此器殷殷亡傳此器周三代莫敢發之至厲王之末發而觀之漦流於庭不可除厲王使婦人裸而譟之漦化爲玄黿以入王後宮後宮之

命不常歸於有德故也是以商士之膚大而敏達者。皆執祼獻之禮。助王祭事于周之京師也。孔子因讀此詩。而言有仁者。則雖有十萬之衆。不能當之。故國君好（小國）仁。則必無敵於天下也。不可爲衆。猶所謂難爲兄難爲弟云爾

今也欲無敵於天下而不以仁。是猶執熱而不以濯也。詩云。誰能執熱。逝不以濯。恥受命於大國。是欲無敵於天下也。乃師大國而不師文王。是不以仁也。詩大雅桑柔之篇。逝語辭也。言誰能執持熱物。而不以水自濯其手乎。○此章言不能自强。則聽天所命。脩德行仁。則天命在我。（已見自取）

○孟子曰。不仁者可與言哉。（忠）安其危而利其菑。樂其所以亡者。（皮折喚醒）不仁而可與言。則何亡國敗家之有。菑與災同。

童妾旣齔而遭之旣笄而孕無夫而生子懼而棄之宣王之時童女謠曰檿弧箕服實亡周國於是宣王聞之有夫婦賣是器者宣王使執而戮之逃於道而見鄉者後宮童妾所棄妖子出於路者聞而夜啼哀而收之夫婦遂亡奔於褒褒人有罪請入童妾所棄女子者於王以贖罪

樂。音洛。○安其危。利其菑。者。不知其爲危菑而反以爲安利也。所以亡者。謂荒淫暴虐。所以致亡之道也。不仁之人。私欲固蔽。失其本心。故其顚倒錯亂至於如此。所以不可告以忠言。而卒至於敗亡也。

有孺子歌（無心之歌）曰。滄浪之水淸兮。可以濯我纓。（貴用之）滄浪之水濁兮。可以濯我足。（賤用之）

浪。音郎。○滄浪。水名。纓。冠系也。（紫）

孔子曰。小子聽之。（動有心之聽）淸斯濯纓。濁斯濯足矣。（側重濁邊）自取之也。

言水之淸濁有以自取之也。聖人聲入心通。無非至理。（不齊而）此類可見。

夫人必自侮。（身不修而）然後人侮之。家必自毀。而後人毀之。國必自伐。（不治）而後人伐之。（三句重）

夫。音扶。○所謂自取

太甲曰。天作孽。（災）猶可違。自作孽。不可活。（有）

棄女子出於褒是爲褒姒當幽王三年王之後宫見而愛之生子伯服竟廢申后及太子以褒姒爲后伯服爲太子褒姒不好笑幽王欲其笑萬方故不笑幽王爲烽燧大鼓有寇至則舉烽火諸侯悉至至而無寇褒姒乃大笑幽王説之爲數舉烽火其後不信諸侯亦不至幽王以琥

此之謂也。解見前篇。○此章言心存則有以審夫得失之幾。不存則無以辨於存亡之著。禍福之來。皆其自取。○孟子曰桀紂之失天下也輕失其民也。失其民者。失其心也。得天下有道知所以失則知所以得得其民。斯得天下矣。得其民有道。得其心。斯除害得民矣。得其心有道。所欲與之聚之。所惡勿二何正趨利是仁施爾也。惡。去聲。○民之所欲。皆爲致之。如聚斂然。民之所惡。則勿施於民。鼂錯所謂人情莫不欲壽。三王生之而不傷。人情莫不欲富。三王厚之而不困。人情莫不欲安。三王扶之而不危。人情莫不欲逸。三王節其力而不盡。此類之謂也。民之歸仁也。猶其性順水之就下。獸其情樂之走壙也。走。音奏。○壙。廣野也。言民之所石父爲卿用事國人皆怨石父爲人佞巧善諛好利王用之又廢申后去太子也申侯怒十有一年申侯與繒西夷犬戎攻幽王幽王舉烽火徵兵兵莫至遂殺幽王驪山下處褒姒盡取周賂而去於是諸侯乃即申侯而共立故幽王太子宜臼是爲平王東遷洛邑而西周遂亡

以歸乎此。以其所欲之在乎此也。

故爲淵敺魚者獺也。爲叢敺爵者鸇也。爲湯武敺民者桀與紂也。（再喻）（仁者）（不仁者）爲去聲。敺與驅同。獺音闥。爵與雀同。鸇諸延反。○淵深水也。獺食魚者也。叢茂林也。鸇食雀者也。言民之所以去此。以其所欲在彼而所畏在此也。

今天下之君有好仁者。則諸侯皆爲之敺矣。雖欲無王。不可得已。（應得心斯得民二句）（應得民斯得天下二句）好。爲。王。並去聲。

今之欲王者。猶七年之病求三年之艾也。苟爲不畜。終身不得。苟不志於仁。終身憂辱以陷於死亡。（歸寶在此）（民困）（喻）（仁澤）（艾）（及收却是正收）王去聲。○艾草名。所以灸者乾久益善。夫病已深而欲求乾久之艾。固難卒辦。然自今畜之。則猶或可及。不然則病日益深。死日益迫。而艾終

厲王

厲王名胡，夷王子也。周自夷王王政不綱。厲王元年，楚熊渠畏之，自去其王號。三十年間天下無他。其後厲王好利，近榮夷公。大夫芮良夫諫之，厲王不聽，卒以榮公爲卿士用事。三十三年，王愈恭虐侈傲。國人謗王，召公諫曰：民不堪命矣。王怒，得衛巫，使監謗者以告

不可得矣。詩云：其何能淑，載胥及溺。此之謂也。大雅桑柔之篇。淑，善也。載，則也。胥，相也。言今之所爲，其何能善，則相引以陷於亂亡而已。（與不轉）（柔惡）

○孟子曰：自暴（剛惡）者，不可與有言也；自棄者，不可與有爲也。（激不起）言非禮義，謂之自暴也；（止見不可與言）吾身不能居仁由義，謂之自棄也。（止見不可與爲）暴，猶害也。非，猶毀也。自害其身者，不知禮義之爲美而非毀之，雖與之言，必不見信也。自棄其身者，猶知仁義之爲美，但溺於怠惰，自謂必不能行，與之有爲，必不能勉也。程子曰：人苟以善自治，則無不可移者，雖昏愚之至，皆可漸磨而進也。惟自暴者拒之以不信，自棄者絕之以不爲，雖聖人與居，不能化而入也。此所謂下愚之不移也。仁，人之安宅也；（無危害）義，人之正（無邪曲）

則殺之其謗鮮矣諸侯不朝三十四年王益嚴國人莫敢言道路以目厲王喜告召公曰吾能弭謗矣召公曰是障之也防民之口甚於防水水壅而潰傷人必多民亦如之是故爲水者決之使道爲民者宣之使言云云王不聽於是國莫敢出言三年乃相與畔襲厲王厲王出奔彘

路也。仁宅已見前篇。義者宜也，乃天理之當行，無人欲之邪曲，故曰正路。曠安宅而弗居，舍正路而不由，哀哉！暴棄舍，上聲。○曠，空也。由，行也。○此章言道本固有而人自絕之，是可哀也。此聖賢之深戒，學者所當猛省也。○孟子曰：「道在爾而求諸遠，事在易行道謂之事而求諸難。人人親其親、長其長而天下平。」爾、邇，古字通用。易，去聲。長，上聲。○親長在人爲甚邇，親之長之在人爲甚易，而道初不外是也。舍此而他求，則遠且難而反失之。但人人各親其親，各長其長，則天下自平矣。○孟子曰：「居下位而不獲於上稱譽薦達，民不可得而治也。獲於上有道修齊有素：不信於友，弗獲於上矣。信於友有道：事親弗厲王太子靜匿召公家國人聞之乃圍之穆公乃以其子代王太子太子竟得脫召公周公鼻二相行政號曰共和共和十四年厲王死於彘太子靜長於召穆公家二相乃共立之爲王是爲宣王

女吳

越絕書闔廬伐齊大克取齊王女爲質子爲造齊門齊女用其

悅弗信於友矣悅親有道反身不誠不悅於親矣（由獲上事親信友推之而推任誠身則誠身要矣然）誠身有道不明乎善不誠其身矣獲於上得其上之信任也誠實也反身不誠反求諸身而其所以爲善之心有不實也不明乎善不能卽事以窮理無以眞知善之所在也游氏曰欲誠其意先致其知不明乎善不誠乎身矣學至於誠身則安往而不致其極哉以內則順乎親以外則信乎友以上則可以得君以下則可以得民矣（所以復天）是故誠者天之道也思誠者人之道也誠者理之在我者皆實而無僞天道之本然也（由思誠到）思誠者欲此理之在我者皆實而無僞人道之當然也至誠而不動者未之有也不誠未有能動者也至極也楊氏曰動便是驗處若獲乎上信乎友悅於親之

國死葬虞西山化爲白龍而逝○所嫁乃閭廬長子各終纍俱早亡

祼將

周禮云春祠夏禴祼用雞彝秋嘗冬烝祼用斝彝黃彝追享朝享祼用虎彝蜼彝○考工云祼圭之飾天子用全上公用龍侯用瓚伯用將

滄浪

倪氏曰漢水東爲滄浪之水覌

類是也。○此章述中庸孔子之言。見思誠爲脩身之本。而明善又爲思誠之本。乃子思所聞於曾子。而孟子所受乎子思者。亦與大學相表裏。學者宜潛心焉。

○孟子曰伯夷辟紂。居北海之濱。聞文王作。興曰盍歸乎來。吾聞西伯善養老者。太公辟紂。居東海之濱。聞文王作。興曰盍歸乎來。吾聞西伯善養老者。辟。養。並去聲。○作。興。皆起也。盍。何不也。西伯。卽文王也。紂命爲西方諸侯之長。得專征伐。故稱西伯。太公。姜姓。呂氏。名尚。文王發政。必先鰥寡孤獨。庶人之老皆無凍餒。故伯夷太公來就其養。非求仕也。二老者齒德俱尊民心所係天下之大老也。而歸之。是天下之父歸之也。天下之父歸之禹貢文。酈道元云：武當縣北四十里有州曰滄浪州，有水曰滄浪水，是也。○一統志云：滄浪淵在今懌縣北，有濯纓處。

獺

說文云：獺如小狗，水居食魚，猵屬也。○禮云：獺祭魚，然後漁人入澤梁。○埤雅：熊食鹽而死，獺飲酒而斃。○大戴禮云：十月豺祭獸，謂之祭獺。

斤入[illegible]文

其子焉往。老。言非常人之老者，天下之父。言齒德皆尊，如衆父然。既得其心，則天下之心不能外矣。蕭何所謂養民致賢以圖天下者，暗與此合，但其意則有公私之辨，學者又不可以不察也。諸侯有行文王之政者，七年之內，必為政於天下矣。（能收民心而得民心）七年以小國而言也。大國五年在其中矣。○孟子曰：求也為季氏宰，無能改於其德，而賦粟倍他日。（剝民之）孔子曰：求非我徒也，小子鳴鼓而攻之可也。求，孔子弟子冉求。季氏，魯卿。宰，家臣。賦，猶取也。取民之粟，倍於他日也。小子，弟子也。鳴鼓而攻之，聲其罪而責之也。由此（此節是案）觀之，君不行仁政而富之，（臣）皆棄於孔子者也。

祭魚謂之獻○淮南子獺穴知水之高下言獺前知歲水潦高下預度水所不至而穴也

爵

格物總論云雀小鳥也常依人觜頷皆黑通身毛羽褐色尾長二寸許爪趾黃白色四時有子其種類不一○舊說雀自夕昏人有至夕昏不見物者謂之雀

況於爲之強戰爭地以戰殺人盈野爭城以戰殺人盈城此所謂率（申）土地而食人肉罪不容於死。爲去聲○林氏曰當其君者奪民之財耳而夫子猶惡之況爲土地之故而殺人使其肝腦塗地則是率土地而食人之肉其罪之大雖至於死猶不足以贖之也

故善戰者服上刑連諸侯者（爲戰之助）次之辟草萊任土地者（爲戰之資）次之（俱次於善戰）。辟與闢同○善戰如孫臏吳起之徒連結諸侯如蘇秦張儀之類辟開墾也任土地謂分土授民使任耕稼之責如李悝盡地力商鞅開阡陌之類也

○孟子曰存乎人者莫良於眸子眸子不能掩其惡（四句連說止見不能掩惡）胸中正則眸子瞭焉胸中不正則眸

鷐 爾雅云晨風鸇也○陸佃云鸇似鷂黃色燕頷向風搖翅乃因風飛急疾擊鳩鴿燕雀食之○詩云鴥彼晨風鬱彼北林○左傳云見無禮於君者誅之若鷹鸇之逐鳥雀也

艾 埤雅云艾一名炙草可以療疾○字說云艾能乂疾久而彌善○爾雅云育孟

子眊焉。眸，音牟。瞭，音了。眊，音耄。○良，善也。眸子，目瞳子也。瞭，明也。眊者，蒙蒙目不明之貌。蓋人與物接之時，其神在目。故胷中正，則神精而明；不正，則神散而昏。聽其言也，觀其眸子，人焉廋哉。焉，於虔反。廋，音搜。○廋，匿也。言亦心之所發，故幷此以觀，則人之邪正不可匿矣。然言猶可以偽為，眸子則有不容偽者。

（皆根心出）

孟子曰：恭者不侮人，儉者不奪人。侮奪人之君，惟恐不順焉，惡得為恭儉？恭儉豈可以聲音笑貌為哉？

（是侮奪之甚）（其侮奪）（名為）（正以足上惡得意）（為）（言）（偽貌）（作為）

惡，平聲。○惟恐不順，言恐人之不順己。聲音笑貌，偽為於外也。

○淳于髡曰：男女授受不親，禮與？孟子曰：禮也。曰：嫂溺，則援之以手乎？曰：嫂溺不援，是豺

卷四　三

善成堂

耆艾正伯長也艾歷也頭艾育養也

太公

太公望炎帝之後四岳佐禹治水有功錫姓爲姜氏曰有呂故曰呂望避紂之亂聞西伯善養老者遂奔於周田於渭濱文王出田而見之曰吾太公望子久矣乃載與歸號爲太公望使爲大師文王薨佐

狼也。男女授受不親，禮也；之經嫂溺援之以手者，權也。與，平聲。援，音爰。○淳于，姓。髡，名。齊之辯士。授，與也。受，取也。古禮，男女不親授受，以遠別也。援，救之也。權，稱錘也。稱物輕重而往來以取中者也。權而得中，是乃禮也。曰：今天下溺矣，夫子之不援，何也？言今天下大亂，民遭陷溺，亦當從權以援之，不可守先王之正道也。曰：天下溺，援之以道；嫂溺，援之以手。子欲手援天下乎？言天下溺，惟道可以拯之。非若嫂溺可手援也。今子欲援天下，乃欲使我枉道求合，則先失其所以援之之具矣。是欲使我以手援天下乎。○此章言直己守道，所以濟時；枉道徇人，徒爲失己。○公孫丑曰：君子之不教子，何也？不親教也。孟子曰：勢於兩眸子淳實府云天地通竅於日月故陰陽薄蝕則日月代著其昏明人心通竅於兩眸故邪正未形兩眸預呈其瞭眊○岐伯云五臟六腑之精氣皆上注於目而爲之精精之窠爲眼骨之精爲瞳子筋之精爲黑眼血之精爲絡其窠氣之精爲白眼目者榮

不行也教者必以正以正不行繼之以怒繼之以怒則反夷矣夫子教我以正夫子未出於正也則是父子相夷也父子相夷則惡矣夷傷也教子者本爲愛其子也繼之以怒則反傷其子矣父既傷其子子之心又責其父曰夫子教我以正道而夫子之身未必自行正道則是子又傷其父也古者易子而教之易子而教所以全父子之恩而亦不失其爲教父子之間不責善責善則離離則不祥莫大焉責善朋友之道也○王氏曰父有爭子何也所謂爭者非責善也當不義則爭之而已矣父之於子也如何曰當不義則亦戒之而已矣○孟子曰事孰爲大事親爲

衛魂魄之所常營也神氣之所生也是故目者心使也心者神之舍也

淳于髡

淳于髡者齊之贅壻也長不滿七尺滑稽多辨數使諸侯未嘗屈辱齊威王善隱好為淫樂長夜之飲沈湎不治委政卿大夫百官荒亂諸侯並侵國且危亡在於旦暮左右

大守孰為大守身為大不失其身而能事其親者吾聞之矣失其身而能事其親者吾未之聞也守身持守其身使不陷於不義也一失其身則虧體辱親雖日用三牲之養亦不足以為孝矣事親何以為大孰不為事事親事之本也孰不為守身何以為大守守身守之本也事親孝則忠可移於君順可移於長身正則家齊國治而天下平曾子養曾皙必有酒肉將徹必請所能守身以事親惟曾子可法與問有餘必曰有曾皙死曾元養曾子必有酒肉將徹不請所與問有餘曰亡矣將以復守身在言外進也此所謂養口體者也若曾子則可謂養

串 守身即所以事親

三

侭養志

說之隱曰國中
有大鳥止王之
庭三年不蜚又
不鳴王知此鳥
何也王曰此鳥
不飛則已一飛
冲天不鳴則已
鳴則驚人於是
乃朝諸縣令長
七十二人賞一
人誅一人奮兵
而出諸侯振驚
皆還齊侵地威
行三十六年

授受不親
禮內則云男不
言內女不言外
非祭非喪不相

志也。養，去聲。復，扶又反。○此承上文事親言
之。曾晳，名點，曾子父也。曾元，曾子子也。
曾子養其父，每食必有酒肉。食畢將徹去，必
請於父曰：此餘者與誰？或父問此物尚有餘，
否？必曰有。恐親意更欲與人也。曾元不請所與
與。雖有言無。其意將以復進於親，不欲其與
人也。此但能養父母之口體而已。曾子
則能承順父母之志，而不忍傷之也。**事親**
若曾子者可也。（養志）言當如曾子之養志，不可如
曾元但養口體。程子曰：子之
身所能爲者，皆所當爲，無過分之事也。故事
親若曾子可謂至矣，而孟子止曰可也，豈以
曾子之孝
爲有餘哉。（蓋以用人行政之非皆由於君心）○**孟子曰：人**（用之差）**不足與**（過）**適也，政**（行之失）**不足**
間也。（用人行政）**惟大人爲能格君心之非。**（心）**君仁莫不仁，**
（心　用人行政）（心　用人行政）（大人以仁義）（心）（之人政俱）
君義莫不義，君正莫不正。一正君而國定矣。

授器其相授男女授以篚其無篚則皆坐奠之而後取之

豺狼

霜降之日豺乃祭獸豺不祭獸爪牙不良。史云豺舌低䑛舐舌似鋸。埤雅云豺狗足似狗而尾長白頰前高後廣其色黃。狼大如狗青色作聲諸竅皆沸性貪暴爭食以養口體而嘗以害其身。持

適音謫。間去聲。○趙氏曰：適，過也。間，非也。格正也。徐氏曰：格者，物之所取正也。書曰格其非心。愚謂間字上亦當有與字。言人君用人之非，不足過謫；行政之失，不足非間。惟有大人之德，則能格其君心之不正以歸於正，而國無不治矣。大人者，大德之人，正己而物正者也。○程子曰：天下之治亂，繫乎人君之仁與不仁耳。心之非，卽害於政，不待乎發之於外也。昔者孟子三見齊王而不言事，門人疑之。孟子曰：我先攻其邪心，心既正而後天下之事可從而理也。夫政事之失，用人之非，知者能更之，直者能諫之。然非心存焉，則事事而更之，後復有其事，將不勝其更矣；人人而去之，後復用其人，將不勝其去矣。是以輔相之職，必在乎格君心之非，然後無所不正；而欲格君心之非者，非有大人之德，則亦莫之能也。

○孟子曰：有不虞之譽，有求全之毀。虞，度也。呂

云狼跋其胡載疐其尾言狼項下有袋求食滿腹向前行乃觸之後退又自踏跋進退有患〇周官云獸人冬獻狼〇詩疏云狼能小兒啼聲以誘人其猛絕者人不能制其膏可以煎和其皮可以爲裘

曾子養志

搜神記云曾子從孔子在楚而心動辭歸問母曰思汝齧指孔

氏曰。行不足以致譽而偶得譽。是謂不虞之譽。求免於毀而反致毀。是謂求全之毀。言毀譽之言。未必皆實。脩己者不可以是遽爲憂喜。觀人者不可以是輕爲進退。

〇孟子曰。人之易其言也。無責耳矣。易。去聲〇人之所以輕易其言者。以其未遭失言之責故耳。蓋常人之情。無所懲於前。則無所警於後。非以爲君子之學。必俟有責而後不敢易其言也。然此豈亦有爲而言之與。

〇孟子曰。人之患在好爲人師。好。去聲。〇王勉曰。學問有餘。人資於己。不得已而應之。可也。若好爲人師。則自足而不復有進矣。此人之大患也。

〇樂正子從於子敖之齊。子。敖。王驩字。

樂正子見孟子。特爲見孟子而來孟子曰。子亦來見我乎。曰。先生何爲出此言也。不悟曰。子

子聞之曰参之至誠也精感萬里○曾子事親常以一夕五起視衣之厚薄枕之高卑○曾子之養親也若事嚴主烈君

曾元

曾子寢疾曾元持足曾子曰元志之吾語汝夫魚鼈黿鼉猶以淵爲淺而掘其中鷹鷲猶以山爲卑而巢其上及其得也必以餌故君子敬能

來幾日矣曰昔者曰昔者則我出此言也不亦宜乎曰舍館未定曰子聞之也舍館定然後求見長者乎長上聲○昔者前日也館客舍也王驩孟子所不與言者則其人可知矣樂正子乃從之行其失身之罪大矣又不早見長者則其罪又有甚者焉故孟子姑以此責之曰克不悟有罪陳氏曰樂正子固不能無罪矣然其勇於受責如此非好善而篤信之其能若是乎世有強辯飾非聞諫愈甚者又樂正子之罪人也

○孟子謂樂正子曰子之從於子敖來徒餔啜也我不意子學古之道而以餔啜也餔博孤反啜昌悅反○徒但也餔食也啜飲也言其不擇所從但求食耳此乃正其罪而切責之

無以利害義則恥辱亦無由至矣

舍館

館客舍也待賓之舍館○開元文字云館者賓客之舍也有積以待朝聘之官也客舍逆旅名侯館也公館者公所爲也私館者自卿大夫以下之家所爲也○記曰卿館於大夫大夫館於士士館於工商

○孟子曰不孝有三無後爲大趙氏曰於禮有不孝者三事謂阿意曲從陷親不義一也家貧親老不爲祿仕二也不娶無子絕先祖祀三也三者之中無後爲大舜不告而娶爲無後也君子以爲猶告也爲無之爲去聲○舜告焉則不得娶而終於無後矣告者禮也不告者權也猶告言與告同也蓋權而得中則不離於正矣○范氏曰天下之道有正有權正者萬世之常權者一時之用常道人皆可守權非體道者不能用也蓋權出於不得已者也若父非瞽瞍子非大舜而欲不告而娶則天下之罪人也

○孟子曰仁之實事親是也義之實從兄是也仁主於愛而愛莫切於事親義主於敬而敬莫先於從兄故仁義之道其用至廣而其實不越於事親從兄之間蓋良心

瞽瞍

瞽瞍舜之父也有目不能分別善惡故時人謂之瞽配字曰瞍非眞如瞽者之無目也

諸馮　負夏

鳴條

史記云舜冀州之人也耕於歷山漁於雷澤陶於河濱作什器於壽丘就時於負夏踐帝位三十九年南巡狩崩於蒼梧之野葬於江南九疑

之發最爲切近而精實者。有子以孝弟爲爲仁之本。其意亦猶此也。**智之實知斯二者。弗去是也。禮之實節文斯二者是也。**（太過 不及）**樂之實**（心體 和處便是）**樂斯二者。樂**（孝弟之心 動于內）**則生矣。生則**（孝弟之事 形現于外）**惡可已也。惡可已則不知足之蹈之**（足蹈 孝弟之運行）**手之舞之。**（手舞 孝弟之鼓盪）樂斯樂則之樂音洛。惡平聲。○斯二者指事親從兄而言。知而弗去則見之明而守之固矣。節文。謂品節文章。樂則生矣。謂和順從容。無所勉强。事親從兄之意油然自生。如草木之有生意也。既有生意則其暢茂條達。自有不可遏者。所謂惡可已也。其又盛則至於手舞足蹈而不自知矣。○此章言事親從兄良心眞切。天下之道。皆原於此。然必知之明而守之固。然後節之密而樂之深也。

○**孟子曰。天下大悅而將歸己。視**

山今云舜生諸馮則諸馮冀州之分負夏衛地鳴條湯與桀戰之野地在安邑之西括地志云高涯原在蒲州安邑縣北三十里南坂口即古鳴條陌也鳴條戰地在安邑西

岐州　畢郢

文王治岐即今鳳翔府鳳縣成縣皆其地也俱屬陝西道鳳縣今屬漢中成縣今屬鞏昌各去

天下悅而歸己猶草芥也惟舜爲然。不得乎親。不可以爲人。（則人道有虧）不順乎親。（不但已也）不可以爲子。（則子職有虧）言舜視天下之歸己如草芥而惟欲得其親而順之也。得者曲爲承順以得其心之悅而已。順則有以諭之於道。心與之一而未始有違。尤人所難也。爲人蓋泛言之。爲子則愈密矣。

舜盡事親之道而瞽瞍厎豫。瞽瞍厎豫而天下化。（以心言）瞽瞍厎豫而天下之爲父子者定。（以分言）此之謂大孝。瞽瞍舜父名。厎致也。豫悅樂也。瞽瞍至頑。嘗欲殺舜。至是而厎豫焉。書所謂不格姦。亦允若是也。蓋舜至此而有以順乎親矣。是以天下之爲子者。知天下無不可事之親。顧吾所以事之者未若舜耳。於是莫不勉而爲孝。至於其親亦厎豫焉。則天下之爲父

新增典故

數百里間於羌戎其還都於豐則今鄠縣詩謂既伐於崇作邑於豐是屬西安府註亦謂畢郢近豐鎬○馬融云畢文王墓地名也南越志云郢故楚都在南郡新安陳氏云郢在鎬東非楚都之郢

符節

文心雕龍云符瑞字也徵召防外事資中孚王用玉瑞漢用金

者亦莫不慈所謂化也子孝父慈各止其所而無不安其位之意所謂定也為法於天下可傳於後世非止一身一家之孝而已此所以為大孝也○李氏曰舜之所以能使瞽瞍底豫者盡事親之道共為子職不見父母之非而已昔羅仲素語此云只為天下無不是底父母子翁聞而善之曰唯如此而後天下之為父子者定彼臣弒其君子弒其父者常始於見其有不是處耳

離婁章句下 凡三十三章

孟子曰舜生於諸馮遷於負夏卒於鳴條東夷之人也諸馮負夏鳴條皆地名在東方夷服之地文王生於岐周卒於畢郢西夷之人也岐周岐山下周舊邑近畎夷畢郢近

竹未代從省代以書翰矣○節以毛爲之上下相重取象竹節因以爲名凡將命者持以爲信○周禮地官掌節掌守邦節而辨其用以輔王命守邦國者用玉節守都鄙者用角者凡邦國之使節山國用虎節土國用八即澤國用龍節皆金也以英蕩輔之門關用符節貨賄用重節

豐鎬。今有皁郭而西

地之相去也千有餘里世之相後也千有餘歲得志行乎中國若合符節

文王墓。得志行乎中國謂舜爲天子文王爲方伯得行其道於天下也符節以玉爲之篆刻文字而中分之彼此各藏其半。有故則左右相合以爲信也若合符節言其同也。

先聖後聖其揆一也

揆度也其揆一者言度之而其道無不同也○范氏曰言聖人之生雖有先後遠近之不同然其道則一也。

○子產聽鄭國之政以其乘輿濟人於溱洧

乘去聲。溱音臻。洧榮美反○子產鄭大夫公孫僑也。溱洧二水名也。子產見人有徒涉此水者以其所乘之車載而渡之。

孟子曰惠而不知爲政

惠謂私恩小利政則有公平正大之體綱紀法度之施焉、

新會異文一孟子 卷四 七 善成堂

道路用旌節，皆有期以反節。凡通達於天下者，必有節以傳輔之；無節者有譏，則不達。禮云：凡君召以三節，二節以走，一節以趨。

鄭

鄭，姬姓，伯爵。出自周厲王少子友，宣王母弟也。宣王二十二年封友於鄭，在滎陽宛陵西南，啓邇王畿，秦京兆、漢華陰之鄭縣。

歲十一月徒杠成，十二月輿梁成，民未病涉也。杠音江。○杠，方橋也。徒杠，可通徒行者。梁亦橋也。輿梁，可通車輿者。周十一月，夏九月也。周十二月，夏十月也。夏令曰：十月成梁。蓋農功已畢，可用民力；又時將寒沍，水有橋梁，則民不患於徒涉，亦王政之一事也。君子平其政，行辟人可也，焉得人人而濟之？辟，與闢同。焉，於虔反。○辟，辟除也。如周禮闔人為之辟之辟。言能平其政，則出行之際，辟除行人，使之避己，亦不為過。況國中之水，當涉者衆，豈能悉以乘輿濟之哉。故為政者，每人而悅之，日亦不足矣。言每人皆欲致私恩以悅其意，則人多日少，亦不足於用矣。諸葛武侯嘗言治世以大德，不以小惠，得孟子之意矣。○孟子告齊宣王曰：君

是也幽王之難秦寄帑於虢鄶之間因取二國也前華後河而食焉

子產鄭人

說苑云子游問於孔子曰夫子之極言子產之惠也可得聞乎孔子曰惠在愛民而已矣子游曰愛民謂之德教何必施惠哉孔子曰夫子產者猶衆人之母也能食之弗能教也子游曰可

之視臣如手足則臣視君如腹心君之視臣如犬馬則臣視君如國人君之視臣如土芥則臣視君如寇讎孔氏曰宣王之遇臣下恩禮衰薄至於昔者所進今日不知其亡則其於羣臣可謂邈然無敬矣故孟子告之以此手足腹心相待一體恩義之至也如犬馬則輕賤之然猶有豢養之恩焉國人猶言路人言無怨無德也土芥則踐踏之而已矣斬艾之而已矣其賤惡之又甚矣寇讎之報不亦宜乎王曰禮爲舊君有服何不知人君如斯視之可爲服矣爲去聲下爲之同○儀禮曰以道去君而未絕者服齊衰三月王疑孟子之言太甚故以此禮爲問曰諫行言臣當在國時聽由是而膏澤下於民有故而去則君使人導之出

得言與孔子曰子產以所乘之輿濟冬涉者是愛無教也

溱洧

詩云褰裳涉溱褰裳涉洧○溱與洧方渙渙兮士與女方秉蕑兮○傳云鄭國之俗三月上巳之溱洧兩水之上秉蘭草祓除不詳按溱洧在濟西洛東河南潁北四水謂之新鄭

徒杠　輿梁

疆。又先於其所往。去三年不反。然後收其田里。此之謂三有禮焉。如此則爲之服矣。導之出疆防剽掠也。先於其所往。稱道其賢。欲其收用之也。三年而後收其田祿里居。前此猶望其歸也。今也爲臣。諫則不行。言則不聽。膏澤不下於民。有故而去。則君搏執之。又極之於其所往。去之日。遂收其田里。此之謂寇讎。寇讎何服之有。極。窮也。窮之於其所往之國。如晉錮欒盈也。○潘興嗣曰。孟子告齊王之言。猶孔子對定公之意也。而其言有迹。不若孔子之渾然也。蓋聖賢之別如此。楊氏曰。君臣以義合者也。故孟子爲齊王深言報施之道。使知爲君者不可不以禮遇其臣耳。若君釋名云杠公也。衆所共也。爾雅云隄謂之梁。○左傳云凡土功龍見而畢務戒事也火見而致用水昏正而栽日至而畢註九月角亢晨見東方始戒民以工築繼而心星晨見則致築作之物冬至則功息○國語云辰角見而雨畢天根見而水涸本見而草木節解駟見而隕霜火

子之自處。則豈處其薄乎。孟子曰王庶幾改之。予日望之。君子之言蓋如此。○孟子曰無罪而殺士。則大夫可以去。無罪而戮民。則士可以徙。百家尚民 言君子當見幾而作。禍已迫。則不能去矣。○孟子曰君仁莫不仁。君義莫不義。張氏曰。此章重出。然上篇主言人臣當以正君爲急。此章直戒人君義亦小異耳。○孟子曰非禮之禮。非義之義。大人弗爲。禮義是非易見而是中之非難明非察理精者鮮不誤 察理不精。故有二者之蔽。大人則隨事而順理。因時而處宜。豈爲是哉。○孟子曰中也養不中。德 才也養不才。能 子弟之 故人樂有賢父兄也。子弟 如中也棄不中。子弟之 才也棄不才。則賢不肖之相去。父兄 其閒不能以 子弟 子弟四不肖父兄不養亦不得謂賢故相去不遠 不養便是棄不是不教

見而清風戒寒故先王之教曰雨畢而除道水涸而成梁草木節解而備藏隕霜而冬裘具清風至而修城郭宮室故夏令曰九月除道十月成梁其時儆曰收而場功持而畚挶營室之中土功其始火之初見期於司里此先王之所以不用財賄而廣施德於天下者也今陳國火朝

寸。樂音洛。○無過不及之謂中。足以有爲之謂才。養謂涵育熏陶。俟其自化也。賢謂中而才者也。樂有賢父兄者。樂其終能成已也。爲父兄者若以子弟之不賢。遂遽絕之而不能教。則吾亦過中而不才矣。其相去之閒能幾何哉。○孟子曰。人有不爲也而後可以有爲。程子曰。有不爲。知所擇也。惟能有不爲。是以可以有爲。無所不爲者安能有所爲邪。○孟子曰。言人之不善。當如後患何。

教人有厚道看人字是無關于我者

此亦有爲而言。○孟子曰。仲尼不爲已甚者。

正至聖處

已猶太也。楊氏曰。言聖人所爲本分之外。不加毫末。非孟子眞知孔子。不能以是稱之。○孟子曰。大人者。言不必信。行不必果。惟義所在。

精義之人

行去聲。○必猶期也。大人言行不先期於信果。但義之所在。則必從之。卒

觀矣而道路若纍埒場若棄澤不限障州無冉梁是廢先王之教也

舊君有服

禮云臣之去國君不掃其宗廟則爲之服○儀禮云爲舊君者孰謂也仕焉而已者也何以服齊衰三月也言與民同也○檀弓云穆公問於子思曰爲舊君反服古與子思曰古之君子進

亦未嘗不信果也○尹氏曰主於義則信果在其中矣主於信果則未必合義王勉曰若不合於義而不信不果則妄人爾○孟子曰大人者不失其赤子之心者也大人之心通達萬變赤子之心則純一無僞而已然大人之所以爲大人正以其不爲物誘而有以全其純一無僞之本然是以擴而充之則無所不知無所不能而極其大也○孟子曰養生者不足以當大事惟送死可以當大事養去聲○事生固當愛敬然亦人道之常耳至於送死則人道之大變孝子之事親舍是無以用其力矣故尤以爲大事而必誠必信不使少有後日之悔也○孟子曰君子深造之以道欲其自得之也自得之則居之安居之安則

人以禮退人以禮故有舊君反服之禮也今之君子進人若將加諸膝退人若將墜諸淵毋爲戎首不亦善乎又何反服之禮之有

水

子貢問曰君子見大水必觀焉何也孔子曰夫水者君子必德也遍予無私似德所及者生似仁其流卑下句倨皆循其禮似

平時

資之深，資之深則取之左右逢其原。故君子欲其自得之也。挽到深造句

應事

造，七到反。○造，詣也。深造之者，進而不已之意。道，則其進爲之方也。資，猶藉也。左右，身之兩旁，言至近而非一處也。逢，猶値也。原，本也，水之來處也。言君子務於深造而必以其道者，欲其有所持循，以俟夫默識心通，自然而得之於已也。自得於已，則所以處之者安固而不搖；處之安固，則所藉者深遠而無盡；所藉者深，則日用之間取之至近，無所往而不値其所資之本也。○程子曰：「學不言而自得者，乃自得也。有安排布置者，皆非自得也。然必潛心積慮，優游厭飫於其間，然後可以有得。若急迫求之，則是私已而已，終不足以得之也。」

○孟子曰：「博學而詳說之，藏下句將以反說約也。」

言所以博學於文而詳說其理者，非欲以誇多而鬬靡也，

似義淺者流行深者不測似智其赴百仞之谷不疑似勇綿弱而微達似察受惡不讓似包蒙不清以入鮮潔以出似善化至量必平似正滿不求槩似度萬折必東似知似以有子觀焉

原泉

爾雅云水本曰源源曰泉正直上出曰檻泉從上溜下曰下泉勇出曰濆泉則

欲其融會貫通有以反而說到至約之地耳。蓋承上章之意而言。學非欲其徒博。而亦不可以徑約也。

○孟子曰。以善服人者。未有能服人者也。以善養人。然後能服天下。天下不心服而王者。未之有也。王。去聲。○服人者。欲以取勝於人。養人者。欲其同歸於善。蓋心之公私小異。而人之嚮背頓殊。學者於此。不可以不審也。

○孟子曰。言無實不祥。不祥之實。蔽賢者當之。或曰。天下之言。無有實不祥者。惟蔽賢為不祥之實。或曰。言而無實者不祥。故蔽賢為不祥之實。二說不同。未知孰是。疑或有闕文焉。

○徐子曰。仲尼亟稱於水曰。水哉水哉。何取於水也。亟。去吏反。○亟。數也。水哉水哉。歎美之辭。

出曰氿泉所出
同所歸異曰肥
泉異出同流曰
瀵泉
溝澮
爾云水注川曰
谿注谿曰谷注
谷曰溝注溝曰
澮注澮曰瀆

孟子曰原泉（指原泉）混混不舍晝夜盈科而後進放
乎四海有本者如是是之（指混混下 王句）取爾（應）舍放皆上聲○原泉有原
之水也混混湧出之貌不舍晝夜言常出不
竭也盈滿也科坎也言其進以漸也放至也
言水有原本不已而漸進以至於海如人
有實行則亦不已而漸進以至於極也苟
爲（與原泉反）無本七八（與混混不舍反）月之閒雨集（與盈科反）溝澮皆盈（與放四海反）其涸也
可立而待也故聲聞過情君子恥之澮古外反涸下
各反聞去聲○集聚也澮田閒水道也涸乾
也如人無實行而暴得虛譽不能長久也聲
聞名譽也情實也恥者恥其無實而將不繼
也林氏曰徐子之爲人必有躐等干譽之病
故孟子以是答之○鄒氏曰孔子之稱水其
皆徼矣孟子獨取此者自徐子之所急者言

禹惡旨酒

書大傳云古有醴酪時儀狄作酒禹飲而甘之遂疏儀狄絕旨酒曰後世必有以酒亡其國者○夏至仲康之世羲和沈亂於酒俶擾天紀固知禹之垂戒者遠

迹熄詩亡

申侯與犬戎攻宗周殺幽王於戲晉文侯鄭武公迎太子宜臼

之也。孔子嘗以問達告子張矣。達者。有本之謂也。聞。則無本之謂也。然則學者其可以不（之）務本乎。

○孟子曰。人之所以異於禽獸者幾希。（特）（九字說得重）庶民去之。君子存之。（理耳）（不知而）（要知此而閑）（保庶民）幾希。少也。庶。眾也。人物之生。同得天地之理以為性。同得天地之氣以為形。其不同者。獨人於其間得形氣之正。而能有以全其性。為少異耳。雖曰少異。然人物之所以分。實在於此。眾人不知此而去之。則名雖為人。而實無以（天地之）異於禽獸。君子知此而存之。是以戰兢惕厲。而卒能有以全其所受之正也。

舜明於庶物。（間萬事萬物）察於人倫。（吾心之）（二句主）由仁義行。（由是從心中而出意）非（強）行仁義也。（二句安行）物。事物也。明。則有以識其理也。人倫說見前篇。察。則有以盡其理之詳也。物理固非度外。而人倫尤切於身。故其知之有詳略之異。在舜則皆生而知之也。由仁義行。非行仁義。則仁義於申而立之是爲平王以亂故徒居東都於是王室之尊與諸侯無異其詩不能復雅故貶之謂之王國之變風○周自平王遭父子之變去豐而遷洛周始東也故曰大東自敬王遭兄弟之爭子朝居王城曰西王敬王居狄泉曰東王問又東也故曰小東○陳氏曰[illegible]王者

已根於心。而所行皆從此出。非以仁義爲美。而後勉强行之。所謂安而行之也。此則聖人之事。不待存之而無不存矣。○尹氏曰。存之者。君子也。存者。聖人也。君子所存。存天理也。由仁義行。存者能之。

○**孟子曰。禹惡旨酒而好善言。**（遏欲）（存理）惡好皆去聲。○戰國策曰。儀狄作酒。禹飲而甘之。曰。後世必有以酒亡其國者。遂疏儀狄而絕旨酒。書曰。禹拜昌言。

湯執中。立賢無方。（作事）（用人）執。謂守而不失。中者。無過不及之名。方。猶類也。立賢無方。惟賢則立之於位。不問其類也。

文王視民如傷。（治人）**望道而未之見。**（修己）而讀爲如。古字通用。○民已安矣。而視之猶若有傷。道已至矣。而望之猶若未見。聖人之愛民深。而求道切如此。不自滿足。終日乾乾之心也。

武王不泄邇。不忘遠。（與兼治事與待人說）泄。狎也。邇者。人所易狎而不泄。遠者。人所易忘而不朝會燕享樂章或是公卿大臣規諫獻納之所作東遷以後朝廷既不作公卿又無獻納故雅詩遂亡獨有民俗歌謠其體聲節與列國之風同故止可謂之王風非聖人能降之也

忘德之盛仁之至也。周公思兼三王以施四事其有不合者仰而思之夜以繼日幸而得之坐以待旦也。三王禹也湯也文武也四事上四條之事時異勢殊故其事或有所不合思而得之則其理初不異矣坐以待旦急於行也○此承上章言舜因歷叙羣聖以繼之而各舉其一事以見其憂勤惕厲之意蓋天理之所以常存而人心之所以不死也○程子曰孟子所稱各因其一事而言非謂武王不能執中立賢湯却泄邇忘遠也人謂各舉其盛亦非也聖人亦無不盛

○孟子曰王者之迹熄而詩亡詩亡然後春秋作。王者之迹熄謂平王東遷而政教號令不及於天下也詩亡謂黍離降爲國風而雅亡也春秋魯史記之名孔子因而筆削之始於魯隱公之元年。

檮杌

神異經云西方荒中有獸焉其狀如虎而大毛長二尺人面虎足猪口牙尾長一丈八尺攪亂荒中名檮杌一名傲狠一名難訓○又舜因凶一名檮杌即古漢書注鯀崇伯之名即檮杌也惟周禮外史以檮杌爲惡獸春秋直史不避君之善惡故謂春秋爲檮杌也

實平王之四十九年也。

晉之乘楚之檮杌魯之春秋一（與）（其爲紀事之書）**也。**乘去聲。檮音逃。杌音兀。○乘義未詳。趙氏以爲興於田賦乘馬之事。或曰取記載當時行事而名之也。檮杌惡獸名。古者因以爲凶人之號。取記惡垂戒之義也。春秋者記事者必表年以首事。年有四時。故錯舉以爲所記之名也。古者列國皆有史官。掌記時事。此三者皆其所記冊書之名也。

其事則齊桓晉文（會盟之舉）。**其文則史**（官編年紀月之詞）。**孔子曰其義**（其中功罪賞罰不容重）**則丘竊取之矣。**（假借之大義則未之明焉而裁定）春秋之時。五霸迭興。而桓文爲盛。史。史官也。竊取者謙辭也。公羊傳作。其辭則丘有罪焉爾。意亦如此。蓋言斷之在已。所謂筆則筆。削則削。游夏不能贊一辭者也。尹氏曰。言孔子作春秋。亦以史之文。載當時之事也。而其義則定天下之邪正。爲百王之大法。○此又承上章歷叙羣聖。因以孔子之事

羿　逢蒙

夷羿有窮之君也偃姓年二十胥弓矢仰天嘆曰我將射四方楚有弧父者生於楚之荊山生不見父母爲兒時習用弓矢所射無脫羿從之學盡得其道後羿以術傳蒙蒙詩殺羿內行媚外施賂而虞羿以於畋內外咸服而羿弗察也八年將歸自畋逢蒙取桃梧殺

繼之。而孔子之事莫大於春秋。故特言之。○孟子曰。君子之澤五（聖人在上）世而斬（後）。小人之澤（亦）五世而斬（後）。（聖人在下）澤。猶言流風餘韻也。父子相繼爲一世。三十年亦爲一世。斬。絕也。大約君子小人之澤。五世而絕也。楊氏曰。四世而緦。服之窮也。五世袒免。殺同姓也。六世親屬竭矣。服窮則遺澤寖微。故五世而斬。予未（雖）得爲孔子徒也。予私淑諸人也。（孔子生五世之內其澤尚在）私。猶竊也。淑。善也。李氏以爲方言是也。人。謂子思之徒也。自孔子卒至孟子遊梁時。方百四十餘年。而孟子已老。然則孟子之生。去孔子未百年也。故孟子言予雖未得親受業於孔子之門。然聖人之澤尚存。猶有能傳其學者。故我得聞孔子之道於人。而私竊以善其身。蓋推尊孔子而自謙之辭也。○此又承上三章歷敘舜禹至於周孔。而以是終之。其辭雖謙。然其所以自任之重。

之
庾公之斯　尹公之他
庾公之斯一名庾公差字子魚衛人尹公之他亦衛人尹公他學射於庾公差庾公差學射於公孫丁衛孫文子作亂使它與差逐獻公公孫丁爲獻公御子魚曰射爲背師不射爲戮射爲禮乎射兩鉤而還尹公他曰子爲師我則遠矣

亦有不得而辭者矣。○孟子曰可以取可以無取取傷廉可以與可以無與與傷惠可以死可以無死死傷勇。先言可以者略見而自許之辭也後言可以無者深察而自疑之辭也過取固害於廉然過與亦反害其惠過死亦反害其勇蓋過猶不及之意也林氏曰公西華受五秉之粟是傷廉也冉子與之是傷惠也子路之死於衛是傷勇也○逢蒙學射於羿盡羿之道思天下惟羿爲愈己於是殺羿孟子曰是亦羿有罪焉公明儀曰宜若無罪焉曰薄乎云爾惡得無罪逢薄江反惡平聲○羿有窮后羿也逢蒙羿之家衆也羿善射篡夏自立後爲家衆所殺愈猶勝也薄言

爲失中者儆　初視之若　再審之實　一項不及　二項太過
反宿大寸　服不端之友　孟子排直若之意　忽

為反之公孫丁
授公轡而射之
貫臂

侵　追
凡兵聲致討曰
伐潛師接境曰
侵兩兵相接曰
載環其城邑曰
圍造其國都曰
入徙其朝市曰
遷毀其宗廟社
稷曰滅詭道而
勝之曰敗悉虜
而俘之曰取輕
行而掩之曰襲
已去而躡之曰
追聚兵而守之
曰戍以弱假强

其罪差薄耳。鄭人使子濯孺子侵衛衛使庾公之
斯追之子濯孺子曰今日我疾作不可以執
弓吾死矣夫問其僕曰追我者誰也其僕曰
庾公之斯也曰吾生矣其僕曰庾公之斯衛
之善射者也夫子曰吾生何謂也曰庾公之
斯學射於尹公之他尹公之他學射於我夫
尹公之他端人也其取友必端矣庾公之斯
至曰夫子何為不執弓曰今日我疾作不可
以執弓曰小人學射於尹公之他尹公之他

而能左右之曰以

西子

西子姓施美婦人也居苧羅山若耶溪之西故曰西子鬻薪浣紗爲世絶色○越王以吳王淫而好色大夫種乃使相於國中得守羅山鬻薪之女曰西施鄭具飾以羅縠教以容步習於土城臨於都巷三年學服而獻於吳乃使相國范

學射於夫子我不忍以夫子之道反害夫子雖然今日之事君事也我不敢廢抽矢扣輪去其金發乘矢而後反○他徒河反夫夫尹之夫並音扶去上聲乘去聲○之語助也僕御也尹公他亦衛人也端正也孺子以尹公正人知其取友必正故度庾公必不害已小人庾公自稱也金鏃也扣輪出鏃令不害人乃以射也乘矢四矢也孟子言使羿如子濯孺子得尹公他而教之則必無逢蒙之禍然夷羿篡弑之賊蒙乃逆儔庾斯雖全私恩亦廢公義其事皆無足論者孟子蓋特以取友而言耳○孟子曰西子蒙不潔則人皆掩鼻而過之潔心西子美婦潔身人蒙猶冒也不潔汚穢之物也掩鼻惡其臭也雖有惡人齊戒沐浴

蠡進之吳爲築姑臺臺後吳亡復歸范蠡因泛五湖而去

日至

禮云孟夏之月命太史守典奉法司天日月星辰之行宿離不貸毋失經紀以初爲常註宿止也離行也貸作忒差也經紀度數也初舊法也○周禮云馮相氏掌十有二歲十有二辰十日二十有八星之

則可以祀上帝。齊側皆反○惡人，醜貌者也○尹氏曰此章戒人之喪善而勉人以自新也。

○孟子曰天下之言性也（可知性言性之）則（但言）故而已矣故者以利（順）爲本。性者人物所得以生之理也故者其已然之跡若所謂天下之故者也利猶順也語其自然之勢也言事物之理雖若無形而難知然其發見之已然則必有迹而易見故天下之言性者但言其故而理自明猶所謂善言天者必有驗於人也然其所謂故者又必本其自然之勢如人之善水之下非有所矯揉造作而然者也若人之爲惡水之在山則非自然之故矣

所惡於（少）智者爲其（言性）（穿）鑿也（而不本于自然）如智者若（之處事）禹之行水也則無惡於智矣（于日用事物之間）（何也）禹之行水也（因水自然之勢而利導之）行其所無事也如智者亦行其

位辨其叙事以會天位冬夏致日春秋致月以辨四時之序註以上○測景定二至二分也○保章氏掌天星以日月星辰之變動觀天下之吉凶○左傳云先王之正時也履端於始舉正於中歸餘於終註履端者謂以十一月甲子朔夜半冬至爲曆元也舉正者舉中氣以正每月

所無事則智亦大矣。惡、爲，並去聲。○天下之理，本皆利順。小智之人務爲穿鑿，所以失之。禹之行水，則因其自然之勢而導之，未嘗以私智穿鑿而有所事，是以水得其潤下之性而不爲害也。

天之高也，豈惟治水，即如天道亦然星辰之遠也，附于天者若未易測矣苟求其故，天與星辰運行已然之跡千歲之日至，之度已往者可坐而致也。推天雖高，星辰雖遠，然求其已然之跡，則其運有常。雖千歲之久，其日至之度，可坐而得。況於事物之近，若因其故而求之，豈有不得其理者，而何以穿鑿爲哉？必言日至者，造曆者以上古十一月甲子朔夜半冬至爲曆元也。○程子曰：此章專爲智而發。愚謂事物之理，莫非自然。順而循之，則爲大智。若用小智而鑿以自私，則害於性而反爲不智。程子之言，可謂深得此章之旨矣。

○公行子有子之喪，右師往弔，奉君命入門，有未就位進之候已歸餘者朔虛氣盈之間以其所餘歸之歲終積而置閏也○唐書曆志云治曆之本逆推上元必得日月合璧五星連珠於牽牛之次然後用爲曆元○新安陳氏曰夜半爲甲子時歲月日時皆甲子爲曆元蓋以建寅月爲歲首算之則是癸亥歲十一月以建子月爲一歲之

而與右師言者有就右師之位而與右師言（既就位）者公行子齊大夫右師王驩也孟子不與右師言右師不（自未就位既就位）悅曰諸君子皆與驩言孟子獨不與驩言是（之上各人有一定位次）簡驩也簡略也孟子聞之曰禮朝廷不歷位而（今之弔君命所在即朝廷所在）相與言不踰階而相揖也我欲行禮子敖以（衆人有排列班）我爲簡不亦異乎朝音潮○是時齊卿大夫以君命弔各有位次若周禮凡有爵者之喪禮則職喪涖其禁令序其事故云朝廷也歷更涉也位他人之位也右師未就位而進與之言則右師歷已之位矣右師已就位而就與之言則已歷右師之位矣孟子右師之位又不同階孟子不敢失此禮故不與右師言也

○孟子曰

最初算之則甲子歲之氣候已始於此矣故云歲亦甲子也○總考必推上古曆元者蓋日月星晨之運變動無方曆法雖精久則未有不差者由後可以推由前每不能測後理之自然也故孟子謂千歲之日至可坐而致而朱子以上古曆元爲言其說見於兩漢志據西漢志十九

君子所以異於人者，以其存心也。君子以仁存心，以禮存心。以仁禮存心，言以是存於心而不忘也。仁者愛人，有禮者敬人。此仁禮之施。愛人者人恆愛之，論其常敬人者人恆敬之。恆，胡登反。○此仁禮之驗。有人於此，然最難者處變之存心其待我以橫逆，則君子必自反也：我必不仁也，必無禮也，不然此物橫逆奚宜至哉？橫，去聲，下同。○橫逆，謂強暴不順理也。事也。其自反而仁矣，自反而有禮矣，仁禮之盡其橫逆由是也，君子必自反也：我必不忠。由，與猶同，下放此。○忠者，盡己之謂。我必不忠，恐所以愛敬人者，有所不盡其心也。自反而忠矣，其年爲章二十七章爲會二會爲統三統爲元計一元凡四千六百一十七年此一說也據東漢志十九年爲章四章爲蔀二十蔀爲紀三紀爲元計一元凡四千五百六十年此又一說也所謂年月日時皆會甲子者此也

公行子

公行子齊大夫正班行之官以官爲氏

橫逆由是也。君子（必自反）曰。此亦妄人也已矣。（吾乃哀之不暇）如此則與禽獸奚擇哉。於禽獸又何難焉。○難。去聲。奚擇。何異也。又何難焉。言不足與之校也。（三自反）是故君子有終身之憂。無一朝之患也。（由終身憂）乃若所憂則有之。舜人也。我亦人也。（舜遭橫逆最甚）舜爲法於天下。可傳於後世。我由未免爲鄉人也。是則可憂也。（遭家庭之變而盡仁盡禮以）憂之如何。如舜而已矣。若夫君子所患則亡矣。（由一朝句）非仁無爲也。（以仁存心）非禮無行也。（以禮存心）如有一朝之患。（橫逆）則君子不患矣。（君子所以異于人如此）（只知自反）夫。音扶。○鄉人。鄉里之常人也。君子存心不苟。故無後憂。○禹稷當平世。（地）三過

新增典故　孟子　卷四　元

善成堂

右師

古者天子之卿尊者謂之太師卑者謂之少師諸侯之卿尊者謂之左師卑者謂之右師

禹稷

禹治洪水疏河決江十年不闚其家手不生瓜脛不生毛生偏枯之病步不相過人故曰禹步也○書曰暨稷播奏庶艱食鮮食懋遷有無化居烝民乃粒萬邦

其門而不入孔子賢之（事見前篇）顏子當亂世（地）居於陋巷一簞食一瓢飲人不堪其憂顏子不改其樂孔子賢之（食音嗣樂音洛）孟子曰禹稷顏回同道（道是理之當然）聖賢之道進則救民退則脩己其心一而已矣禹（任司空之責以治水爲己責）思天下有溺者由己溺之也稷（任司徒之責以教稼穡爲己責）思天下有飢者由己飢之也是以如是其急也（過門不入）由與猶同○禹稷身任其職故以爲己責而救之急也禹稷顏子易地則皆然聖賢之心無所偏倚隨感而應各盡其道故使禹稷居顏子之地則亦能樂顏子之樂使顏子居禹稷之任亦能憂禹稷之憂也今有（其地近其情則親）同室之人鬬者救之雖被髮纓冠

作乂

纓

說文云纓冠卷也纓冠系也○禮書云二組屬於笄順頤而下結之謂纓纓之垂者謂之緌

匡章

匡章齊之人也○國策秦假道韓魏以攻齊齊威王使章子將而應之與秦交和而合使者數相往來章爲變識以雜秦軍候者言章以齊入

而救之可也（不暇束髮而結纓往救言急也以喩禹稷）鄉鄰有鬬者被髮纓冠而往救之則惑也雖閉戶可也（喩顏子也○此章言聖賢心無不同事則所遭或異然處之各當其理是乃所以爲同也尹氏曰當其可之謂時前聖後聖其心一也故所遇皆盡善）○公都子曰匡章通國皆稱不孝焉夫子與之遊又從而禮貌之敢問何也（匡章齊人通國盡一國之人也禮貌敬之也）孟子曰世俗所謂不孝者五惰其四支（怠而忘親）不顧父母之養一不孝也博弈好飲酒（縱而忘親）不顧父母之養二不孝也好貨財私妻子（私而忘親）不顧父母之養

新增史故

秦威王不應頃間侯者復言威王復不應如此者三有司請曰言章者異人而同辭王何不發將而擊之王曰此不叛寡人明矣曷爲而擊之頃間言齊兵大勝秦兵大敗於是秦王稱西藩之臣而謝於齊左右曰何以知之曰章子之母啟得罪其父殺之而理馬棧之下吾使章子將

三不孝也。從耳目之欲。以爲父母戮。四不孝也。好勇鬭很。以危父母。五不孝也。章子有一於是乎。○好。養。從。皆去聲。很。胡懇反。夫章子。子父責善而不相遇也。夫。音扶。○遇。合也。相責以善而不相合。故爲父所逐也。責善。朋友之道也。父子責善。賊恩之大者。賊。害也。朋友當相責以善。父子行之。則害天性之恩也。夫章子。豈不欲有夫妻子母之屬哉。爲得罪於父。不得近。出妻屏子。終身不養焉。其設心以爲不若是。是則罪之大者。是則章子已矣。夫。章之夫。音扶。爲。去聲。屏。

其父甚者不但不養父母　蕩而辱親　照責善

忿而禍親　照責善

然人稱其不孝有由也

不相遇未嘗不自責也

行子有　父而不養之

故亦受妻子之　出屏

是其中心諸　總承責善自責二章

也勉之曰天子全兵而還必更葬將軍之母對曰臣非不能更葬臣母也臣之母得罪臣之父臣之父未命而死夫不得父命而更葬母是欺死父也故不敢夫爲人子而不欺死父豈爲人臣欺生君哉

必并反。養去聲。○言章子非不欲身有夫妻之配，子有子母之屬，但爲身不得近於父，故不敢受妻子之養，以自責罰其心，以爲不如此，則其罪益大也。○此章之旨，於衆所惡而必察焉，可以見聖賢至公至仁之心矣。楊氏曰：章子之行，孟子非取之也，特哀其志而不與之絕耳。○曾子居武城（地），有越寇。或曰：寇至，盍去諸？曰：無寓人於我室，毀傷其薪木。寇退，則曰：脩我牆屋，我將反。寇退，曾子反。左右（私議 武城大夫）曰：待先生如此其忠且敬也（將有所賴之今 內 外 重），寇至則先去以爲民望；寇退則反（患難漠不相關 輕），殆於不可。沈猶行曰：是非汝所知（非不可禦患）也。昔沈猶有負芻之禍，從先生者七十人，未

沈猶行

沈猶行南武城人曾子門人也一曰太山人國名紀曰古附庸之後

有與焉與去聲。武城曾邑名。盍何不也。左右曾子之門人也。忠敬言武城之大夫事曾子忠誠恭敬也。爲民望言使民望而效之。沈猶行弟子姓名也。言曾子嘗舍於沈猶氏。時有負芻者作亂來攻沈猶氏。曾子率其弟子去之不與其難。言師賓不與臣同。

子思居於衞〔出仕地〕。有齊寇。或曰。寇至。盍去諸。子思曰。如伋去〔社稷人民〕。君誰與守。言所以不去之意如此。孟子曰。曾子子思同道。曾子師也〔師之尊〕。父兄也。子思臣也。微〔臣之分〕也。曾子子思易地則皆然。微猶賤也。尹氏曰。或遠害。或死難。其事不同者。所處之地不同也。君子之心。不繫於利害。惟其是而已。故易地則皆能爲之。孔氏曰。古之聖賢。言行不同。事業亦異。而其道未始不同也。學者知此。則因所遇而應之

儲子
國策云。子之三年。燕國大亂。百姓恫怨。將軍市被太子平謀將攻子之。儲子謂齊閔王。因而仆之。破燕必矣。

若權衡之稱物低昂屢變。而不害其爲同也。○儲子曰。王使人瞯夫子。果有以異於人乎。（有高視孟子意）孟子曰。何以異於人哉。堯舜與人同耳。（豈但我即聖如此視聽時行）瞯古莧反。○儲子。齊人也。瞯竊視也。聖人亦人耳。豈有異於人哉。○齊人有一妻一妾而處室者。其良人出則必饜酒肉而後反。其妻問所與飲食者。則盡富貴也。其妻告其妾曰。良人出則必饜酒肉而後反。問其與飲食者。盡富貴也。而未嘗有顯者來。吾將瞯良人之所之也。蚤起。施從良人之所之。徧國中（但見）無與立談者。卒之東郭墦閒之祭者乞其餘不足又顧而之他而向此其爲饜足之道也其妻歸告其妾曰良人者所仰望而終身也今若此與其妾訕其良人而相泣於中庭而良人未之知也施施從外來驕其妻妾仍以厭飫足之道

施音迤又音異墦音燔施施如字○章首當有孟子曰字闕文也良人夫也饜飽也顯者富貴人也施邪施而行不使良人知也墦塚也顧望也訕怨詈也施施喜悅自得之貌

由君子觀之則人之所以求富貴利達者使其妻妾見之不羞也而不相泣者幾希矣

孟子言自君子而觀今之求富貴者皆若此人耳使其妻妾見之不羞而泣者

少矣。言可羞之甚也。○趙氏曰：言今之求富貴者，皆以枉曲之道，昏夜乞哀以求之，而以驕人於白日，與斯人何以異哉。

號泣旻天

虞書云帝初于歷山狂于田日號泣於旻天于父母負罪引慝祗載見瞽瞍夔夔齋慄瞽亦允若○虞舜思親操云陟彼歷山兮崔嵬有鳥翔兮高飛瞻彼鳩兮徘徊河水洋洋兮清冷深谷鳥鳴兮嚶嚶設罝張罝兮思我父母力耕日與月兮往如馳父母遠兮吾當安

孟子卷之五　　朱熹集註

萬章章句上　凡九章

萬章問曰舜往于田號泣于旻天何爲其號泣也孟子曰怨慕也號平聲○舜往于田耕歷山時也仁覆閔下謂之旻天號泣于旻天呼天而泣也事見虞書大禹謨篇怨慕怨己之不得其親而思慕也

萬章曰父母愛之喜而不忘父母惡之勞而不怨然則舜怨乎曰長息問於公明高曰舜往于田則吾既得聞命矣號泣于旻天于父母則吾不知也公明高曰是非爾所知也夫

聖人心事古有先論者矣

躬耕養親

何心　亦疑舜之怨親耳

聖人至孝所在　吾推

歸

九男二女 史記云舜年二十以孝聞三十而堯問可用者四岳咸薦虞舜曰可於是堯乃以二女妻舜以觀其內使九男與處以觀其外舜居嬀汭內行彌謹堯二女不敢以貴驕事舜親戚甚有婦道堯九女皆益篤

公明高以（之意）孝子之心爲不若是恝（不得乎親而遂恝然無愁孝子心不若是也）我（自謂）竭力耕田共（不過）爲子職（之事）而已矣（此外未盡道甚多）父母之不我愛於我（必我有未盡但不知）何哉（此所以呼天而泣也豈怨親哉）惡。去聲。夫。音扶。恝。苦八反。共。平聲。○長息公明高弟子。公明高。曾子弟子。于父母。亦書辭。言呼父母而泣也。恝。無愁之貌。於我何哉。自責不知己有何罪耳。非怨父母也。楊氏曰。非孟子深知舜之心。不能爲此言。蓋舜惟恐不順於父母。未嘗自以爲孝也。若自以爲孝。則非（不但躬耕時怨慕）孝矣。（供本）

帝使其子九男（事之于外）二女（事之于內）百官牛羊倉廩備以事舜於畎畝之中天下（其際遇非常如此且）之士多就之者帝將（人心歸服如此）胥天下而遷之焉爲（帝心之簡在如此）不順於父母如窮人無（伏憂字）所歸爲。去聲。○帝。堯也。史記云。二女妻之。以觀其內。九男事之。以觀其外。

百官

太昊設九庖之官後有龍瑞明以龍紀官盖設官自伏羲至唐虞建官惟百故歷代稱百官

又言一年所居成聚。二年成邑。三年成都。是天下之士就之也。胥相視也。遷之移以與之也。如窮人之無所歸。言即恒情推之其怨慕迫切之甚也。天下之士悅之人之所欲也。而不足以解憂。好色人之所欲。妻帝之二女。而不足以解憂。富人之所欲。富有天下。而不足以解憂。貴人之所欲。貴爲天子。而不足以解憂。人悅之。好色富貴。無足以解憂者。惟順於父母。可以解憂。孟子推舜之心如此以解上文之意極天下之欲。不足以解憂。而惟順於即恒情之始終推之父母可以解憂。孟子真知舜之心哉。人少則慕父母。知好色則慕少艾。有妻子則慕妻子。

仕則慕君不得於君則熱中大孝終身慕父母五十而慕者予於大舜見之矣少好皆去聲○言常人之情因物有遷惟聖人爲能不失其本心也艾美好也楚辭戰國策所謂幼艾義與此同不得失意也熱中躁急心熱也言五十者舜攝政時年五十也五十而慕則其終身慕可知矣○此章言舜不以得衆人之所欲爲己樂而以不順乎親之心爲己憂非聖人之盡性其孰能之

○萬章問曰詩云娶妻如之何必告父母信斯言也宜莫如舜舜之不告而娶何也孟子曰告則不得娶男女居室人之大倫也如告則廢人之大倫以懟（取於）父母是以不告

琴

琴操云伏羲作琴以修身理性反其天真也○通鑑云舜恭已南面無為而治引五絃之琴歌南風之詩曰南風之薰兮可以解吾民之慍兮南風之時兮可以阜吾民財兮

張

張彫弓也彫弓漆赤弓也天子曰彫弓堯禪舜天下故賜之彫弓也

也。懟直類反。○詩。齊國風南山之篇也。信。誠也。誠如此詩之言也。懟。讎怨也。舜父頑。母嚚。常欲害舜。告則不聽其娶。是廢人之大倫。以讎怨於父母也。萬章曰。舜之不告而娶。則吾既得聞命矣。帝之妻舜而不告。何也。曰。帝亦知告焉則不得妻也。妻去聲。○以女為人妻曰妻。程子曰。堯妻舜而不告者。以君治之而已。如今之官府治民之私者亦多。萬章曰。父母使舜完廩。捐階。瞽瞍焚廩。使浚井。出。從而揜之。象曰。謨蓋都君咸我績。牛羊父母。倉廩父母。干戈朕。琴朕。弤朕。二嫂使治朕棲。象往入舜宮。舜在床琴。象曰。鬱陶思君

床

釋名云床裝也所以自裝載也

棲

床曰棲者蓋取類於禽棲也

舜流共工于幽州

虞書帝曰疇咨若予采驩兜曰都共工方鳩侍功帝曰吁靜言庸違象恭滔天○少皡氏有不才子毀信廢忠崇飾惡言靖譖庸回服讒蒐慝以誣盛德天下

爾忸怩。舜曰：惟茲臣庶，汝其于予治。不識舜不知象之將殺己與？曰：奚而不知也？象憂亦憂，象喜亦喜。張都禮反。忸，女六反。怩，音尼。與，平聲。○完，治也。捐，去也。階，梯也。揜，蓋也。按史記曰：使舜上塗廩，瞽瞍從下縱火焚廩。舜乃以兩笠自扞而下，去，得不死。後又使舜穿井，舜穿井為匿空旁出。舜既入深，瞽瞍與象共下土實井，舜從匿空中出去。即其事也。象，舜異母弟也。謨，謀也。蓋，蓋井也。舜所居三年成都，故謂之都君。咸，皆也。績，功也。舜既入井，象不知舜已出，欲以殺舜為已功也。干，盾也。戈，戟也。琴，舜所彈五弦琴也。張，琱弓也。象欲以舜之牛羊倉廩與父母，而自取此物也。二嫂，堯二女也。棲，牀也。象欲使為已妻也。象往舜宮，欲分取所有，見舜生在牀彈琴。蓋既出，即潛歸其宮也。鬱陶，思之甚而氣

之民謂之窮奇
窮奇即共工也
○爾雅云燕曰
幽州其意氣惡
厥性慓故曰幽
幽惡也恬地志
云故龔城在檀
州燕樂縣界故
志傳云舜流共
工幽州居此城
放驩兜于崇
山
帝鴻氏有不才
子掩義隱賊好
行凶德醜類惡
物頑嚚不友是
爲此周天下之
民謂之渾混即

不得伸也。象言已思君之甚。故來見爾。忸怩慚色也。臣庶謂其百官也。象素憎舜。不至其宮。故舜見其來而喜。使之治其臣庶也。孟子言舜非不知其將殺已。但見其憂則憂。見其喜則喜。兄弟之情自有所不能已耳。萬章所言其有無不可知。然舜之心則孟子有以知之矣。他亦不足辯也。程子曰。象憂亦憂。象喜亦喜。人情天理於是爲至。

曰然則舜僞喜者與。曰否。昔者有饋生魚於鄭子產。子產使校人畜之池。校人烹之反命曰始舍之圉圉焉少則洋洋焉攸然而逝。子產曰得其所哉得其所哉。校人出曰孰謂子產智。予既烹而食之。曰得其所哉得其所哉。即此一事觀之凡故君子

驩兜○路史云崇山今澧之慈利是也有驩兜墓然嶺外驩州圖經以爲其竄所樂史亦記驩州爲所放處

殺三苗于三危

三苗國名縉雲氏之後爲諸侯縉雲氏有不才子貪於飲食冒於貨賄侵欲崇侈不可盈厭聚歛積實不知紀極不念孤寡不恤窮匱天下之

可主欺以其方難賓罔以非其道彼以愛兄之道來故誠信而喜之奚偽焉與平聲校音效又音教畜許六反○又校人主池沼小吏也圉圉困而未舒之貌洋洋則稍縱矣攸然而逝者自得而遠去也方亦道也罔蒙蔽也欺以其方謂誑之以理之所有罔以非其道謂昧之以理之所無象以愛兄之道來所謂欺以其方也舜本不知其偽故實喜之何偽之有○此章又言舜遭人倫之變而不失天理之常也似當直治其罪○萬章問曰象日以殺舜爲事立爲天子則放之何也孟子曰封之也或曰放焉放猶置也置之於此使不得去也萬章疑舜何不誅之爲天子孟子言舜實封之象甚惡世之比周爲兇之而或者誤以爲放也萬章曰舜流共工於幽州放驩兜

民以比三凶謂之饕餮饕餮卽三苗也○括地志云三危山有峰故曰三危俗亦名卑羽山右沙州燉煌縣東南三十里○路史云今戎虜瓜沙等州是其處有三峯山俗曰升雨山在燉煌南三十里○地道志云鳥鼠同穴西有三危山三苗所處也
殛鯀于羽山
鯀字熙顓頊五

于崇山。殺三苗于三危。殛鯀于羽山。四罪而天下咸服。誅不仁也。象至不仁。封之有庳。有庳之人奚罪焉。仁人固如是乎。在他人則誅之。在弟則封之。曰。仁人之於弟也。不藏怒焉。不宿怨焉。親愛之而已矣。親之欲其貴也。愛之欲其富也。封之有庳。富貴之也。身爲天子。弟爲匹夫。可謂親愛之乎。

（旁注：要得貽民害息　遭象之虐　以貽害　此句帶下不帶上　弟與他人原不同　六句虛說　非空空親愛　今舜　止　使）

庳音鼻。○流。徙也。共工。官名。驩兜。人名。二人比周。相與爲黨。三苗。國名。負固不服。殺。殺其君也。殛。誅也。鯀。禹父名。方命圮族。治水無功。皆不仁之人也。幽州。崇山。三危。羽山。有庳。皆地名也。或曰。今道州鼻亭。卽有庳之

代孫也夏禹之
父仕堯封於崇
謂之崇伯顓頊
民有不才子不
可教訓不可話
言告之則頑舍
之則嚚傲狠明
德以亂天常天
下之民謂之檮
杌檮杌即鯀也
常堯之時洪水
滔天堯求能治
水者羣臣四岳
皆曰鯀可堯曰
鯀性狠戾違負
教令斁敗善類
不可用也四岳
曰等之羣臣未

地也。未知是否。萬章疑舜不當封象。使彼有
庳之民無罪而遭象之虐。非仁人之心也。藏
怒。謂藏匿其怒。宿
怨。謂留蓄其怨。
敢問或曰。放者何謂也。曰。國人但
象不得有爲於其國。天子使吏治其國。而納
于象　自其不得有爲之迹觀之有似于放
愛民即以愛弟
其貢稅焉。故謂之放。豈得暴彼民哉。雖然。欲
使吏治其國得以　古書云　無時不見　無事不見
常常而見之。故源源而來。不及貢。以政接于
源源而來
有庳。此之謂也。
孟子言象雖封爲有庳之君
然不得治其國。天子使吏代
之治。而納其所收之貢稅於象。有似於放。故
或者以爲放也。蓋象至不仁。處之如此。則既
不失吾親愛之心。而彼亦不得虐有庳之民
也。源源。若水之相繼也。來。謂來朝覲也。不及
貢以政接于有庳。謂不待及諸侯朝貢之期
而以政事接見有庳之君。蓋古書之辭。而孟

三

有如鯀宥願帝試之於是堯用鯀治水九年而水不息功用不成舜攝行天子之政巡狩行視鯀之治水無狀乃殛鯀於羽山鯀投於水化爲飛熊因爲羽淵之神○括地志云羽山在沂州臨沂縣界○寰宇記俗呼懲父山南百步外有淵水常淸半濁半人不敢飮曰羽淵淵上多細

子引以證源源而來之意見其親愛之無已如此也○吳氏曰言聖人不以公義廢私恩亦不以私恩害公義舜之於象仁之至義之盡也○咸丘蒙問曰語云盛德之士君不得而臣（是臣其君）（之）父不得而子（之昔）舜南面而立堯帥諸侯北面而朝之瞽瞍亦北面（是臣其父）而朝之舜見瞽瞍其容有蹙孔子曰於斯時也天下殆（亂倫）哉岌岌乎不識此語誠然乎哉（自不覩義理耳不聞訓典）孟子曰否（無此理）此非（明理）君子之言齊東野人之語也堯老而舜（特）攝也堯典曰二十（証其事）有八載放勳乃徂落百姓如喪考妣三年（至于）四海遏（雖無服亦皆）密八音孔子

柳鳥獸不敢踐

有庳

一統志云有庳墟名在今永州零陵縣即有庳地○西漢文云舜封象於有庳

死不爲置後以爲暴亂之人不宜爲太祖

八音

漢律歷志云聲者宮商角徵羽也所以作樂者諧八音蕩滌人之邪意全其正性移風易俗也八音土曰損匏

曰論其理天無二日民無二王若使舜既爲天子矣又帥天下諸侯以爲堯三年喪是二天子矣朝音潮岌魚及反○咸丘蒙孟子弟子語者古語也蹙顰蹙不自安也岌岌不安貌也言人倫乖亂天下將危也齊東齊國之東鄙也孟子言堯但老不治事而舜攝天子之事耳堯在時舜未嘗即天子位堯何由北面而朝乎又引書及孔子之言以明之堯典虞書篇名今此文乃見於舜典蓋古書二篇或合爲一耳言舜攝位二十八年而堯死也徂升也落降也人死則魂升而魄降故古者謂死爲徂落遏止也密靜也八音金石絲竹匏土革木樂器之音也咸丘蒙曰舜之不臣堯則吾既得聞命矣詩云普天之下莫非王土率土之濱莫非王

曰笙皮曰鼓竹曰管絲曰琴石曰磬金曰鐘大曰柷五聲和八音諧而樂成

堯薦舜

初堯在位七十載見丹朱不肖不足以嗣天下乃求賢遜位至憂長人見而論洽舜之潛德堯實知之於是疇咨於衆詢四岳開揚側陋四岳咸薦舜謂父頑母嚚衆傲克諧以孝烝烝又不

臣。而舜既爲天子矣。敢問瞽瞍之非臣。如何。曰。是詩也。（三句言其引詩之非）非是之謂也。（天子可臣其父）勞於王事。而不得養（二句原其作詩之意）父母也。（其意若）曰。此莫非王事。（今）（皆當均任何以）我獨賢（爲）勞也。（而之）故說詩者。（四句示說詩之法）不以文（二字之）害辭。（一句之）不以辭（一句之）害志。（作者之）以意（已）逆志（作者之）是爲得之。（六句折其泥詩之病）如以辭（二字之）而已矣。雲漢之詩曰。周餘黎民靡有孑遺。信斯言也。是周無遺民也。

不臣堯。不以堯爲臣。使北面而朝也。詩。小雅北山之篇也。普。徧也。率。循也。此詩今毛氏序云。役使不均。己勞於王事而不得養其父母焉。其詩下文亦云。大夫不均。我從事獨賢。乃作詩者自言天下皆。王臣。何爲獨使我以賢才而勞苦乎。非謂天子可臣其父也。文。字也。辭。語也。逆。迎也。

格姦堯曰我其試哉乃徵之得諸服澤之陽帝館之於貳室錫之絺衣雅琴命之姚姓九男二女百官牛羊倉廩備以事舜於畎畝之中帝將胥天下而遷之乃歷試諸艱使宅百揆靡不時敘屬之嶽典無或不從賓於四門諸侯穆穆烈風雷雨納于大麓而弗能迷也堯七十三載內

雲漢。大雅篇名也。孑。獨立之貌。遺。脫也。言說詩之法。不可以一字而害一句之義。不可以一句而害設辭之志。當以己意迎取作者之志。乃可得之。若但以其辭而已。則如雲漢所言是周之民眞無遺種矣。惟以意逆之。則知作詩者之志。在於憂旱。而非眞無遺民也。

是孝子亦知舜爲天子正所以成其至孝乎

孝子之至莫大乎尊親（四句泛說）尊親之至莫大乎以天下養（就。舜。說）爲天子父。尊之至也。以天下養。養之至也。（即舜爲天子以成其尊養）詩曰。永言孝思。孝思維則。此之謂也。養。去聲。○言瞽瞍既爲天子之父。則當享天下之養。此舜之所以爲尊親養親之至也。豈有使之北面而朝之理乎。詩大雅下武之篇。言人能長言孝思而不忘。則可以爲天下法則也。

（然則父不得而子亦自有說）

書曰。祗載見瞽瞍。夔夔齊栗。瞽瞍亦允若。是辰薦受於天下，受終於文祖，遂即位。

南河
俔氏云：冀州爲帝都，河在其南，故謂之南河。○裴駰云：南河之南，九河之最南者是也。

朝覲
曲禮云：天子當依而立，諸侯北面而見天子，曰覲。天子當宁而立，諸侯東面，諸侯西面，曰朝。

爲父不得而子也。見，音現。齊，側皆反。○書大禹謨篇也。祗，敬也。載，事也。夔夔齊栗，敬謹恐懼之貌。允，信也。若，順也。言舜敬事瞽瞍，往而見之，敬謹如此，瞽瞍亦信而順之也。孟子引此而言瞽瞍不能以不善及其子，而反見化於其子，則是所謂父不得而子者，而非如咸丘蒙之說也。○萬章曰：堯以天下與舜，有諸？孟子曰：否。天子不能以天下與人。天下者，天下之天下，非一人之私有故也。然則舜有天下也，孰與之？帝王傳位必有告誡曰：天與之。萬章問而孟子答也。天與之者，諄諄然命之乎？果諄諄，之淳反。○萬章問也。諄諄，詳語之貌。曰：否。天不言，以行與事示之而已矣。舜之而使之行無不得事無不利行，去聲，下同。○行之於身謂之行，措諸天下謂之事。言但因舜之行

謳歌

說文云詠詩曰歌獨歌謂之謠謳齊歌也

踐天子位

路史云舜避堯于歷甲申乙酉二歲然後之中國踐天子位都於蒲坂丙戌示載格於文祖

事而示以與之之意耳。曰以行與事示之者如之何。曰。天子能薦人於天。不能使天與之天下。（猶之）諸侯能薦人於天子。不能使天子與之諸侯。大夫能薦人於諸侯。不能使諸侯與之大夫。（蓋其所能者人而所不能者天也）昔者堯薦舜（之德）於天而天受之。暴（舜德）之於民而民受之。（卽天民之所授而天與之意見）故曰。天不言。以行與事示之而已矣。（暴步下反下同）○暴顯也。言下能薦人於上。不能令上必用之。舜為天人所受。是因舜之行與事。而示之以與之之意也。曰。敢問薦之於天而天受之。暴之於民而民受之。如何。（其實事）曰。使之主祭而百神享之。

附錄禹

禹父鯀治水無功被殛禹降爲匹庶四岳咸舉之於舜舜舉之堯堯命繼鯀治水禹治水厎績堯乃號禹曰伯禹官曰司空賜姓姒氏統領州伯以巡十二部堯崩禹服三年之喪晝夜悲泣舜受堯禪荐大禹改官司徒內輔虞位外有九伯癸酉五十載舜崩禪位命禹

是天受之使之主事而事治百姓安之是民受之也（天受之民受之即）天與之人與之故曰天子不能以天下與人（治去聲）（不但神享民安足見天與人觀）舜相堯二十有八載非人之所能爲也天也（歷年之多）堯崩三年之喪畢舜避堯之子於南河之南（欲天下思堯德而歸其子）天下諸侯朝覲（春秋）者不之堯之子（根相堯久來）而之舜訟獄者不之堯之子而之舜謳歌者不謳歌堯之子而謳歌舜（人歸如此非人力也）故曰天也夫然後之中國踐天子位焉而居堯之宮逼堯之子（堯崩之後設非人心之歸）是篡也非天與也（相去聲朝音潮夫音扶）○南河在冀州之南其南即

禹服三年喪形體枯槁面目黧黑讓位商均退處陽山之南陰河之北萬民不附商均追就禹之所禹不得已踐天子之位都安邑以土德王正建寅

陽城箕山　劉熙云陽城是今之潁州也箕山嵩高之北是也

豫州也。訟獄。謂獄不決而訟之也。泰誓曰天視自我民視天（天之所以爲天以人歸爲之本也）聽自我民聽此之謂也（民歸即天與）自。從也。天無形。其視聽皆從於民之視聽。民之歸舜如此。則天與（徵到天上）之可知矣。

○萬章問曰人有言至於（由堯舜）禹而德衰不傳於賢而傳於子有諸（禹德衰否）孟子曰否不然也（言聖人所爲）天與賢（賓）則與賢天與子（主）則與子昔者舜（賓）薦禹於天十有七年舜崩三年之喪畢（舜心固欲與賢也）禹避舜之子於陽城天下之民從之若堯崩之後不從堯之子而從舜也（民心歸禹如此　主）禹薦益於天七（禹心亦欲與賢也）年禹崩三年之喪畢益避禹之子於箕山之

女

丹朱

虞書帝曰疇咨若時登庸放齊曰胤子朱啟明帝曰吁嚚訟可乎○禹曰無若丹朱傲惟慢遊是好傲虐是作罔晝夜頟頟罔水行舟朋淫於家用殄厥世○堯娶散宜氏子謂之女皇又謂之女瑩生丹朱堯使居丹淵為諸侯號曰丹朱丹朱不肖帝悲之為制奕棋以

陰朝覲訟獄者不之益而之啓曰吾君之子也謳歌者不謳歌益而謳歌啓曰吾君之子（人心歸啓又如此）也朝音潮○陽城箕山之陰皆嵩山下深谷中可藏處啓禹之子也楊氏曰此語孟子必有所受然不可考矣但云天與賢則與賢天與子則與子可以見堯舜禹之心皆無一毫私意也丹朱之不肖舜之子亦不肖（已不足繫民心矣而）舜之相堯禹之相舜也歷年多施澤於民久（又深足繫民心此民所以不從堯舜之子而從舜禹也）啓賢能敬承繼禹之道益之相禹也歷年少施澤於民（已足繫民心矣而況）未久（此民所以不歸益而歸啓也）舜禹益相去久遠其子之賢不肖皆天（天如君命如令以天為主命正天之着落在人處）（乃在氣數自然之理）也非人之所能為也莫之為而為者天也莫（凡事）

一章 肖 子

閑其心，堯終不授以天下而授之舜。

舜之子

路史云：舜二妃，戲育無子，女罃生義鈞及季釐。季釐封緡，爲桀所克。義均封於商，是爲商均，喜歌舞。

啓

帝啓，伯禹之子也。禹之治水，娶於塗山氏，生啓。禹行荒度土功，三過門而不入，塗山氏能明訓

之致而至者，命也。招　氣數　乃在人一定之

之相之相並去聲。○堯舜之子皆不肖，而舜禹之爲相久。此堯舜之子所以不有天下，而舜禹有天下也。禹之子賢，而益相不久，此啓所以有天下，而益不有天下也。然此皆非人力所爲而自爲，非人力所致而自至者。蓋以理言之謂之天，自人言之謂之命，其實則一而已。不但禹益之事出于天

匹夫而有天下者，德必若舜禹，而又有天子薦之者，故仲尼不有天下。

孟子因禹益之事，歷舉此下兩條以推明之。言仲尼之德雖無愧於舜禹，而無天子薦之者，故不有天下。益爲主

繼世以有天下，天之所廢，必若桀紂者也，故益、伊尹、周公不有天下。

繼世而有天下者，其先世皆有大功德於民，故必有大惡如桀紂，則天乃廢之。如啓及太甲、成王，雖不及益、伊

教而致其化以故啟知王事達君臣之義持禹之功禹崩啟繼世以有天下在位九十年崩年九十一子太康立弟五人分封於衛

太丁　外丙

仲王

帝王世紀云湯生太子太丁未立而卒於是乃立太丁之弟曰外丙是爲帝外丙帝外丙即位三年崩立外丙

尹周公之賢聖。但能嗣守先業。則天亦不廢之。故益伊尹周公雖有舜禹之德。而亦不有天下。

伊尹相湯以王於天下。湯崩。太丁未立。外丙二年。仲王四年。太甲顛覆湯之典刑。伊尹放之於桐（桐宮居憂是仲王之喪）**三年。**（終諒陰之制）**太甲悔過**（咎已往）**自怨自艾**（治將來）**於桐處仁遷義**（怨艾之實）**三年。以聽伊尹之訓已也**（仁義之訓）**復歸于亳。**

相。王。皆去聲。艾。音乂。○此承上文言伊尹不有天下之事。趙氏曰。太丁。湯之太子。未立而死。外丙立二年。仲王立四年。皆太丁弟也。太甲。太丁子也。程子曰。古人謂歲爲年。湯崩時。外丙方二歲。仲王方四歲。惟太甲差長。故立之也。二說未知孰是。顛覆。壞亂也。典刑。常法也。桐。湯墓所在。艾。治也。說文云。芟草也。蓋斬絕自新之意。亳。商所都也。

周公之

善成堂

之弟仲壬是為
帝仲壬帝仲壬
即位四年崩伊
尹乃立太丁之
子太甲

桐

孔安國云桐湯
葬地晉地記云
尸鄉南有亳坂
東有桐城太甲
所放處此

伊尹割烹

伊尹名摯力牧
之後力牧黃帝
相也伊尹生於
空桑後居伊水
故氏曰伊●世
紀云湯思賢夢

值成王賢
不有天下。猶益之於夏、伊尹之於殷也。此復
有啓
應與賢二句
應與子二句
言周
迹雖
公所以不有孔子曰唐虞禪夏后殷周繼其
天下之意。禪，音擅。○禪，授也。或禪或繼，皆天命
吾何疑于舜禹而謂之德衰哉
不同
義一也。也。聖人豈有私意於其間哉。○尹氏
曰：孔子曰唐虞禪夏后殷周繼，其義一也。孟
子曰：天與賢則與賢，天與子則與子。知前聖
之心者，無如孔子。繼○萬章問曰：人有言伊
孔子者，孟子而已矣。要，平聲。下同。○要，求也
驗辱已
尹以割烹要湯，有諸。按史記：伊尹欲行道以
致君而無由，乃為有莘氏之媵臣，負鼎俎以
人言
伊尹所謂
滋味說湯，致於王道。蓋戰國時有為此說者
孟子曰：否，不然。伊尹耕於有莘之野，而樂堯
俱設言
大而
舜之道焉。非其義也，非其道也，祿之以天下

有人負鼎抱俎對曰而笑嘻而占曰鼎為和味俎者則截天下豈有人為我莘者哉時伊摯耕於莘野湯以幣聘有莘之君留而不進湯求婚有莘稼女於湯以摯為媵臣乃負鼎抱俎見湯○呂氏春秋云湯得伊尹祓之於廟爝以爟火釁以犧猳明日設朝而見之說湯以至味湯曰

弗顧也。繫馬千駟弗視也。非其義也。非其道也。一（小而）介不以與人。一介不以取諸人。樂。音洛。○莘。國名。樂。堯舜之道者。誦其詩。讀其書。而欣慕愛樂之也。駟。四匹也。介與草芥之芥同。言其辭受取與。無大無細。一以道義而不苟也。湯使人以幣聘之。囂囂然曰。我何以（用）湯之聘幣為哉。我豈若處畎畝之中。由是以（自得自）樂堯舜之道哉。囂。五高反。又戶驕反。○囂囂。無欲自得之貌。湯三使往聘之。（必欲行其道矣）既而幡然改曰。（改自樂而為其樂）與我（公是樂于君）處畎畝之中。由是以樂堯舜之道。吾豈若使是君為堯舜之君哉。（公是樂于民）吾豈若使是民為堯舜可復而爲乎對曰君之小國不足以具之爲天子然後可具天三羣之蟲水大者腥肉玃者臊草食者羶臭惡猶美皆有所以凡味之本水最爲始五味三材九沸九變火之爲紀時疾時徐滅腥去臊除羶必以其勝無失其理調和之事必以甘酸苦辛鹹先後多少其齊甚微皆有自

之民哉。吾豈（公是樂于君民）若於吾身親見之哉。（堯舜 君民）幡然變動之貌。於吾身親見之。言於我之身親見其道之行。不徒誦說嚮慕之而已也。（深）天之生此民也。使先知覺（後）後知。（天下之）使先覺覺後覺也。（天下之）予天民之先覺者也。（豈容負上天付託之意哉）予將以斯道覺斯民也。（堯舜之道）非予覺之而誰也。此亦伊尹之言也。知。謂識其事之所當然。覺。謂悟其理之所以然。覺後知後覺。如呼寐者而使之寤也。言天使者。天理當然。若使之也。程子曰。予天民之先覺。謂我乃天生此民中盡得民道而先覺者也。既爲先覺之民。豈可不覺其未覺者。（其言以推甚）及彼之覺。亦非分我所有以予之也。皆彼自有此理。我但能（兼教養）覺之而已。（即已覺民之職未盡）思天下之民。匹夫匹婦。有不被堯舜之澤者。若已推而起鼎中之變精妙微纖口弗能言志弗戒喻若射御之微陰陽之化四時之數故久而不弊熟而不爛甘而不濃酸而不酷鹹而不減辛而不烈澹而不薄肥而不腠

有莘

杜預云莘虢地又云虢國今滎陽縣是也趙氏云今同州郃陽縣○括地志云古莘國有汴州

內之溝中其自任以天下之重如此故就湯而說之以伐夏救民（正天下事實）推吐回反內音納說音稅○書曰昔先正保衡作我先王曰予弗克俾厥后爲堯舜其心愧恥若撻于市一夫不獲則曰時予之辜孟子之言蓋取諸此是時夏桀無道暴虐其民故欲使湯伐夏以救之徐氏曰伊尹樂堯舜之道堯舜揖遜而伊尹說湯以伐夏者時之不同義則一也吾未聞枉己而（凡此皆欲正天下也）正人者也況辱己以正天下者乎（大凡）聖人之行不同也或遠（未仕）或近（而又）或去（既仕）或不去（而又）歸（總）潔（于）其身而已矣行去聲○辱己甚於枉己正天下難於正人若伊尹以割烹要湯辱己甚矣何以正天下乎遠謂隱遁也近謂仕近君也言聖人之行雖不必同然其要歸在潔其身而

卷五　上三

善成堂

陳晉縣東五里
故莘城是也○
風俗傳云陳晉
外黄有莘昌亭
本宋地莘氏邑
也

伐夏救民

伊尹既離有莘
受湯聘然後出
而從湯言素王
及九王之事湯
舉任以國政既
乃去湯適夏尹
入告於桀曰天
命之亡有日矣
桀啞然笑曰吾
之有天下如天
之有日也日亡

已。伊尹豈肯以割烹要湯哉。**吾聞其以堯舜之道要湯**（要字活看）**未**林氏曰。以堯舜之道要湯者。非
聞以割烹也。實以是要之也。道在此而湯之
聘自來耳。猶子貢言夫子之求之異乎人之
求之也。愚謂此語亦猶前章所論。父不得而
子之意。**伊訓曰。天**（湯奉行命以）**誅造**（始）**攻**（桀）**自牧宮。朕**（由相湯始其事）**載自亳**。伊訓
商書篇名。孟子引以證伐夏救民之事也。今
書牧宮作鳴條。造。載。皆始也。伊尹言始攻桀
無道。由我始其事於亳也。**○萬章問曰。或謂孔子於衛主**
癰疽。於齊主侍人瘠環。有諸乎。孟子曰。否。不
然也。好事者為之也（創此論便己私）。癰於容反。疽七余反。好去聲。○主。謂舍於其家。
以之為主人也。癰疽。瘍醫也。侍人。奄人也。瘠
姓。環名。皆時君所近狎之人也。好事。謂喜造

三

吾亦亡矣尹遂去夏復歸於亳自入北門遇女鳩女房遂作女鳩女房二篇當時夏桀為虐而諸侯昆吾氏為亂乃從湯以伐昆吾○湯欲伐桀尹請且乏貢職以觀夏動桀怒起九夷之師尹曰未可彼尚能起九夷之師是罪在我也湯乃謝請復入貢職明年又乏貢職桀起九夷之

言生事之人也。於衛主顏讎由。彌子之妻與子路之妻兄弟也。彌子謂子路曰：孔子主我，衛卿可得也。子路以告。孔子曰：有命。孔子進以禮（從容之），退以義（制斷之），得之不得曰有命（至爵位之）。而主癰疽與侍人瘠環，是無義無命也（當退而退之，不可得而不得之）。讎如字，又音犨。○顏讎由，衛之賢大夫也，史記作顏濁鄒。彌子，衛靈公幸臣彌子瑕也。徐氏曰：禮主於辭遜，故進以禮；義主於斷制，故退以義。難進而易退者也。在我者有禮義而已，得之不得則有命存焉。孔子不悅於魯衛，遭宋桓司馬（為宋之官謚）將要而殺之，微服而過宋（今適至陳）。是時孔子當阨，主司城貞子（名者之），為陳侯周臣。要，平。

師師不赴尹曰可矣湯乃興師伐傑敗于娀之墟遂奔於鳴條湯乃踐天子位尹爲阿衡

癰疽

雍雎孟子作癰疽字音之訛也說苑作雍雎是○雍姓雎名又名渠衛靈公之嬖臣衛靈公嘗與夫人同車雎爲驂乘出使孔子爲次乘招搖市過之孔子醜之云衛至戰國

聲。○不悅不樂居其國也。桓司馬，宋大夫向魋也。司城貞子，亦宋大夫之賢者也。陳侯名周。按史記，孔子爲魯司寇，齊人饋女樂以間之。孔子遂行，適衛月餘，去衛適宋，司馬魋欲殺孔子。孔子去至陳，主於司城貞子。孟子言孔子雖當阨難，然猶擇所主，況在齊衛無事之時，豈有主癰疽侍人之事乎。

吾聞觀近臣，以其所爲主；觀（之遠人）遠臣，以其所主。（之近人）若孔子主癰疽與侍人瘠環，何以爲孔子？近臣，在朝之臣。遠臣，遠方來仕者。君子小人，各從其類，故觀其所爲主，與其所主者，而其人可知。

○萬章問曰：或曰百里奚（子微賤時）自鬻於秦養牲者五羊之皮，食牛以要秦穆公，信乎？孟子曰：否，不然。好事者爲之也。食音嗣。好

時遂以孔子爲主癰疽云
瘠環
瘠環瘠姓環名齊之寺人也爲景公所近狎
顏讎由
顏讎由一名顏濁鄒衛之賢大夫子路之妻之兄也善事兄子路義之孔子至衛嘗主其家
彌子
彌子名瑕衛之嬖大夫也有寵於衛衛國法竊駕君車罪刖彌

去聲。下同。○百里奚，虞之賢臣。人言其自賣於秦養牲者之家，得五羊之皮，而爲之食牛，因以干秦穆公也。

百里奚，虞人也。晉人以垂棘之璧與屈產之乘假道於虞以伐虢。宮之奇諫，百里奚不諫。

屈求勿反。乘去聲。○虞、虢皆國名。垂棘之璧，垂棘之地所出之璧也。屈產之乘，屈地所生之良馬也。乘，四匹也。晉欲伐虢，道經於虞，故以此物借道。其實欲并虞。取虞。宮之奇亦虞之賢臣，諫虞公令勿許。虞公不用，遂爲晉所滅。百里奚知其不可諫，故不諫而去之秦。

知虞公之不可諫而去之秦，年已七十矣。曾不知以食牛干秦穆公之爲汙也，可謂智乎？不可諫而不諫，可謂不智乎？知虞公

（此段主）（閱歷已久見理必明）（知默）

子之母病其人有夜告彌子彌子矯駕君車以出靈公聞而賢之曰孝哉爲母之故犯刖罪異日與靈公遊於果園食桃而甘以其餘獻靈公曰愛我忘其口啖寡人及彌子色衰而愛弛得罪於君君曰是嘗矯駕君車又嘗食我以餘桃

司城貞子

司城貞子宋之賢大夫也司馬

之將亡而先去之不可謂不智也時舉於秦（知廢）知穆公之可與有行也而相之可謂不智乎（知與）（且不但有過人之識而且有過人之才）相秦而顯其君於天下可傳於後世不賢而能之乎（有賢者之事功則有賢者之氣節　重此段）（之業）（常人少知）自鬻以成其君鄉黨自好者不爲而謂賢者爲之乎。相去聲。○自好自愛其身之人也。孟子言百里奚之智如此必知食牛以干主之爲汙。其賢又如此。必不肯自鬻以成其君也。然此事當孟子時已無所據孟子直以事理反覆推之。而知其必不然耳。○范氏曰。古之聖賢未遇之時。鄙賤之事不恥爲之。如百里奚爲人養牛。無足怪也。惟是人君不致敬盡禮。則不可得而見。豈有先自汙辱以要其君哉。莊周曰。百里奚爵祿不入於心。故飯牛而牛肥。使穆公忘其賤

司城皆是宋之官他國則無宋是王者後故倣天子禮有司馬司城一說宋以武公諱改司空爲司城孔子去衛適宋嘗主於其家

陳侯周
陳侯名周一名越懷公柳之子也陳至懷公時吳方薦食上國破楚入郢召陳懷公懷公欲往大夫曰吳新得志楚王雖亡與

而與之政。亦可謂知百里奚矣。伊尹百里奚之事。皆聖賢出處之大節。故孟子不得不辯。尹氏曰。當時好事者之論。大率類此。蓋以其不正之心度聖賢也。

萬章章句下 凡九章

孟子曰。伯夷目不視惡色。耳不聽惡聲。非其君不事。非其民不使。治則進。亂則退。橫政之所出。橫民之所止。不忍居也。思與鄉人處。如以朝衣朝冠坐於塗炭也。當紂之時。居北海之濱。以待天下之清也。故聞伯夷之風者。頑夫廉。懦夫有立志。

（其持己也）（耳目所接不苟）（身之出處不苟）（其處世也）（居常不苟）（處暫不苟）（設其當於當時）（表其風於後世）（知）（守）

治。去聲。下同。橫。去聲。朝。音潮。○橫謂不循法度。頑者陳有故不可倍懷公乃以疾謝吳四年吳復召懷公懷公恐如吳吳怒其前不往留之因卒於陳乃立周是爲湣公湣公六年孔子適陳吳王夫差伐陳取三邑而去十三年吳復伐陳陳告急於楚楚昭王來救軍於城父吳師去是年楚昭王卒於城父時孔子在陳思歸十六年吳王

無知覺。廉者。有分辨。懦柔弱也。餘並見前篇。

伊尹曰何（致君之具在我）事非君何（澤民之具在我）使非民治（其言如此故）亦進亂亦進（其一于進者何）曰天之生斯民也使先知覺後知使先覺覺後覺予天民之先覺者也予將以此道覺此民也思（推其心）天下之民匹夫匹婦有不與被堯舜之澤者若已推而內之溝中其自任以天下之重也

與音預。○何事非君。言所事即君。何使非民。言所使即民。無不可事之君。無不可使之民也。餘見前篇。

柳下惠（雖人之）不羞汙君（六句是事上之和）不辭小官進不隱賢（己之）必以其道（道）（六句是處衆之和）遺佚而不怨（雖已處）阨窮而不憫。與鄉人處。由由然

夫差伐齊敗之艾陵使人召陳侯陳侯恐如吳楚伐陳二十四年楚惠王以兵北伐殺陳湣公遂滅陳而有之

百里奚

百里奚虞人也少時家甚貧流落不偶出遊以于諸國嘗之齊不用又之周周又不用又轉而之他久之不返其妻無以自給乃西入秦爲澣婦遂與相失後

不忍去也。爾爲爾，我爲我，雖袒裼裸裎於我（不屑當自言）側，爾焉能浼我哉（自無礙耳）。故聞柳下惠之風者，鄙夫寬（量），薄夫敦。鄙，狹陋也。敦，厚也。餘見前篇。孔子之去齊，接淅而行；去魯，曰：遲遲吾行也，去父母國之道也（然以）。可以速而速，可以久而久，可以處而處（退），可以仕而仕，孔子也（由此觀之已含三聖難及意）。淅，先歷反。○接，猶承也。淅，漬米水也。漬米將炊，而欲去之速，故以手承水取米而行，不及炊也。舉此一端，以見其久速仕止，各當其可也。或曰：孔子去魯，不稅冕而行，豈得爲遲。楊氏曰：孔子欲去之意久矣，不欲苟去，故遲遲其行也。膰肉不至，則得以微罪行矣。故不稅冕而行，非速也。孟子曰：伯夷，聖之清（節高天下無一毫點污）

新增典故

奚歸虞事虞爲大夫晉獻公伐虢道出虞境遂以璧馬賂虞公假道意併虞宮之奇語奚曰是不可以不諫也奚曰貪幣玩寇蓋不可與言者也奇曰然則將遂巳乎奚曰子盡子心吾行吾志耳奇諫虞公果不聽晉伐虢歸遂滅虞虞虜君及奚以歸晉太子申生姊穆姬適秦穆公將

者也。伊尹，聖之任者也。柳下惠，聖之和者也。身荷天下 無一毫退讓 量容天下無一毫岸畧

若 孔子，聖之時者也。變化不拘 如天和流行與天合德 張子曰：無所雜者，清之極。無所異者，和之極。勉而清非聖人之清。勉而和，非聖人之和。所謂聖者不勉不思而至焉者也。孔氏曰：任者，以天下爲己責也。愚謂孔子仕止久速，各當其可，蓋兼三子之所以聖者而時出之，非如三子之可以一德名也。或疑伊尹出處合乎孔子，而不得爲聖之時，何也。程子曰：終是任底意思在。

孔子之謂集大成。振合聯合字 來冐起 集大成也者，六句集之集大成 金聲而玉振之也。句一虛下四句乃申明 金聲也者，始條理也。家音之 玉振之也者，終家音之 條理也。四句孔子之集大成 即孔子析衆理于毫末 始條理者，智之事也。終條理者，聖之即孔子備衆理于一貫 事也。此言孔子集三聖之事，而爲一大聖之事。猶作樂者，集衆音之小成，而爲一大

因奚爲媵奚恥之亡秦走宛楚鄙人執之繆公聞奚賢欲重贖之恐楚人不與乃使人謂楚人曰百里奚吾媵臣也請以五羖羊皮贖之楚人遂與之時奚年已七十餘繆公釋其囚與語國事大悅遂相之奚乃迎蹇叔於宋取由余於戎求丕豹公孫枝於晉三置晉君一救荆禍繆公

成也成者樂之一終書所謂簫韶九成是也金鐘屬聲宣也如聲罪致討之聲玉磬也振收也如振河海而不洩之振始始之也終終之也條理猶言脉絡指衆音而言也智者知之所及聖者德之所就也蓋樂有八音金石絲竹匏土革木若獨奏一音則其一音自爲始終而爲一小成猶三子之所知偏於一而其所就亦偏於一也八音之中金石爲重故特爲衆音之綱紀又金始震而玉終詘然也故並奏八音則於其未作而先擊鎛鐘以宣其聲俟其既闋而後擊特磬以收其韻宣以始之收以終之二者之閒脉絡貫通無所不備則合衆小成而爲一大成猶孔子之知無不盡而德無不全也金聲玉振始終條理疑古樂經之言故兒寬云惟天子建中和之極兼總條貫金聲而玉振之亦此意也

（孔子之）智譬則巧也（射者之）聖（孔子之）譬則力也（射者之）由射於百步之外也（夫射者之巧力何如而孔子之聖智似之蓋）

新增典故　孟子　卷五　十六　善成堂

之霸大都皆奚之力也○奚相秦勤勵自苦勞不坐乘暑不張蓋行於國中未嘗從車騎操干戈及其死也秦國男女流涕童子不歌謠舂者不相杵德澤流於後世而秦卒賴焉

秦繆公

秦繆公名任好德公子宣公成公弟也秦繆公其先帝顓頊之苗裔至虞舜時

其至爾力也其中非爾力也知射者之力出于巧則知孔子之聖由于智明矣中去聲○此復以射之巧力發明聖智二字之義見孔子巧力俱全而聖智兼備三子則力有餘而巧不足是以一節雖至於聖而智不足以及乎時中也○此章言三子之行各極其一偏孔子之道兼全於衆理所以偏者由其蔽於始是以缺於終所以全者由其知之至是以行之盡三子猶春夏秋冬之各一其時孔子則太和元氣之流行於四時也○**北宮錡問曰**見當時爵祿無制**周室班爵祿也**之初其 其字俱指周制 與**如之何**錡魚綺反○北宮姓錡名衛人班列也蓋其制載在典籍

孟子曰其詳不可得聞也諸侯惡其害己也典籍雖去清議猶存**而皆去其籍然而軻也嘗聞其略也**惡去聲去上聲○當時諸侯兼幷僭竊故惡周制妨害己之所爲也**天子**提起 自爲**一位公一位**然天子不能獨理也

有伯翳者爲舜主畜畜多息賜姓嬴其後非子在周孝王時主馬於汧渭之閒馬大蕃息遂分土爲附庸邑之秦歷數世至德公德公立二年卒長子宣公立十二年卒子九人莫立立其弟成公成公立四年卒子七人莫立立其弟繆公

虞

虞姬姓公爵出自太王子仲雍

侯一位伯一位子男同一位凡五等也君一（自爲）位卿一位大夫一位上士一位中士一位下（然君不能獨理也）士一位凡六等。此班爵之制也。五等通於天下。六等施於國中。天子（至庶）之制地方千里。公侯皆方百里。伯七十里。子（此外有）（貢賦有限凡朝覲會同）男五十里。凡四等。不能五十里。不達於天子。（諸侯）（以通姓名）（祿之班于天下如此）附於諸侯曰附庸。（但）此以下。班祿之制也。不能。猶不足也。小國之地。不足五十里者。不能自達於天子。因大國以姓名通。謂之附庸。若春秋邾儀父之類是也。天子之卿受地視侯。（之百里）大夫受地視伯。（之七十里）元士受地視子男。（之五十里）（祿之班于王國如此）視。比也。徐氏曰。王畿之內。亦制都鄙受地也。元士。上士也。大（公侯）國地

生季簡季簡生叔達叔達生周章虞仲及武王克商求太伯仲雍之後得周章已爲吳君别封其弟虞仲於周之北故夏墟是爲虞仲虞公虞仲之孫也

虢

虢姬姓公爵出自王季子虢仲文王弟也仲與虢叔爲王卿士勳在王室藏於盟府而文王友愛之一弟謂之二

方百里。君十卿祿。卿祿四大夫。大夫倍上士。凡君與卿大夫去及在官之庶人皆最給于其中焉 是側裝文法

上士倍中士。中士倍下士。下士與庶人在官

有百畝之入以爲 下士 十。十倍之也。四。四

者同祿。祿足以代其耕也。倍之也。倍加一倍

也。徐氏曰。大。國君田三萬二千畝。其入可食二千八百八十人。卿田三千二百畝。可食二百八十八人。大夫田八百畝。可食七十二人。上士田四百畝。可食三十六人。中士田二百畝。可食十八人。下士與庶人在官者田百畝。治藏掌書 民服徭役 可食九人至五人。庶人在官府史胥徒也。愚按君以下所食之祿。皆助法之公田藉農夫之力以耕而收其租。士之無田與庶人在官者。則但受祿於官。如田之入而已。

次國地方七十里。君十卿祿。卿祿三大夫。大夫倍上士。上士倍中士。中

武王克商封仲於弘農陝縣東南之虢城

垂棘

晉之垂棘曾之瑛璜宋之結綠楚之和璞價越萬金貴重都城

屈産之乘

寰宇記云晉石樓有屈産泉相傳有白馬毋飲茲泉生得龍駒春秋曰屈産之乘蓋此地所生良馬也

晉人伐虢

春秋僖公二年

士倍下士。下士與庶人在官者同祿。祿足以代其耕也。三。謂三倍之也。徐氏曰。次國君田二萬四千畝。可食二千一百六十人。卿田二千四百畝。可食二百十六人。小國地方五十里。君十卿祿。卿祿二大夫。大夫倍上士。上士倍中士。中士倍下士。下士與庶人在官者同祿。祿足以代其耕也。二。即倍也。徐氏曰。小國君田一萬六千畝。可食千四百四十人。卿田一千六百畝。然庶人在官之祿亦非盡同于下士而無差等也可食百四十四人。耕者之所獲。一夫百畝。百畝之糞。上農夫食九人。上次食八人。中食七人。中次食六人。下食五人。庶人在官者其祿虞師晉師滅下陽。○左傳云晉獻公立荀息請以屈產之乘與垂棘之璧假道於虞以伐虢公曰是吾寶也對曰若得道於虞猶外府也公曰宮之奇存焉對曰宮之奇之爲人也懦而不能强諫且少長於君君暱之雖諫將不聽乃使荀息假道於虞虞公許之且請先伐虢宮之奇諫

以是爲差。食音嗣。○獲得也。一夫一婦佃田百畝。加之以糞。糞多而力勤者爲上農。其所收可供九人。其次用力不齊故有此五等。庶人在官者。其受祿不同。亦有此五等也。○愚按此章之說。與周禮王制不同。蓋不可考。闕之可也。程子曰。孟子之時。去先王未遠。載籍未經秦火。然而班爵祿之制已不聞其詳。今之禮書。皆掇拾於煨燼之餘。而多出於漢儒一時之傅會。奈何欲盡信而句爲之解乎。然則其事固不可一一追復矣。○

萬章問曰。敢問友。孟子曰。不挾長。不挾貴。不挾兄弟而友。（之富貴者）友也者。友其德也。不可以有挾也。挾者。兼有而恃之之稱。（而二者挾貴爲甚試觀）孟獻子。百乘之家也。有友五（可謂貴矣）人焉。樂正裘。牧仲。其三人。則予忘之矣。獻子

不聽遂起師夏
晉里克荀息帥
師會虞師伐虢
滅夏陽先書虞
賄故也○五年
冬晉人執虞公
○左傳云晉侯
復假道於虞以
伐虢宮之奇諫
曰虢虞之表也
虢亡虞必從之
晉不可啟寇不
可翫一之爲甚
其可再乎諺所
謂輔車相依唇
亡齒寒者其虞
虢之謂乎公曰
晉吾宗也豈害

之與此五人者友也○無獻子之家者也○此五
人者亦有獻子之家則不與之友矣乘去聲下同
孟獻子魯之賢大夫仲孫蔑也○張子曰獻子
忘其勢五人者忘人之勢不資其勢而利其
有○然後能忘人之勢若五人者有
獻子之家則反爲獻子之所賤矣○非惟百乘
之家爲然也○雖小國之君亦有之○費惠公曰以其德足以儀型也以其德足以切磋也
吾於子思則師之矣○吾於顏般則友之矣○王帶說正是尊子思顏般處其才僅足任我之使令敢敵體于子思顏般乎
順長息則事我者也費音祕○般音班○惠公費邑之君也師所尊也
友所敬也事我者所使也○非惟小國之君爲然也○雖大國
之君亦有之○晉平公之於亥唐也○入云則入

我哉對曰太伯虞仲太王之昭也太伯不從是以不嗣號仲號叔王季之穆也爲文王卿士勳勞註於書於盟號其借道又何愛於虞且虞能親底恒壯乎其愛之也極莊之族何罪而以爲戮不惟偪乎親以寵偪猶尚害之況以國乎公曰吾享祀豐潔神必據我對曰臣聞之鬼神非

坐云則坐食云則食雖疏食菜羹未嘗不飽蓋（其意）不敢不飽也然終於此而已矣（以下不重）弗與共天（官之）位也弗與治天職（任之）也弗與食天祿（養之）也士之尊賢者也非王公之尊賢也疏食之食音嗣平公王公下諸本多無之字疑闕文也○亥唐晉賢人也平公造之唐言入公乃入言坐乃坐言食乃食也疏食糲飯也不敢不飽敬賢者之命也范氏曰位曰天位職曰天職祿曰天祿言天所以待賢人使治天民非人君所得專者也舜尚（自側陋匹夫）見帝帝館甥于貳室亦（就）饗舜迭爲賓主是天子而（之貴）友匹夫也（之德）尚上也舜上而見於帝堯也館舍也禮妻父曰外舅謂我舅者吾謂之甥堯以女妻舜故謂之甥貳

人實親惟德是依故周書曰皇天無親惟德是輔又曰黍稷非馨明德惟馨又曰民不易物惟德緊物如是則非民不和神不享矣神所憑依將在德矣若晉取虞而明德以荐馨香神其吐之乎弗聽許晉使宮之奇以其族行曰虞不臘矣在此行也晉不更舉矣冬十二月丙子朔晉

室。副宮也。堯舍舜於副宮。而就饗其食。**用下敬上謂之貴貴**論位 **用上敬下謂之尊賢貴貴尊賢其義一也**論德 貴貴尊賢皆事之宜者。然當時但知貴貴。而不知尊賢。故孟子曰其義一也。○此言朋友人倫之一。所以輔仁。故以天子友匹夫。而不爲詘。以匹夫友天子而不爲僭。此堯舜所以爲人倫之至。而孟子言必稱之詘也。見孟子不仕人國

○**萬章問曰敢問交際何心也**心指言爲諸侯 際。接也。交際。謂人以禮儀幣帛相交接也。心所以敬而辭讓所以明理 **孟子曰恭也** **曰卻之卻之爲不恭何哉**人便以觸君子 **曰尊者賜之曰其所取之者**而必計其所從來 **義乎不義乎而後受之以是爲不恭故弗卻也**必義 否則卻之是鄙其物而輕其人 卻。不受而還之也。再言之未詳。萬章疑交際之間有所卻者。人便以爲不恭。何哉。孟

滅虢虢公醜奔京師師還館於虞遂襲虞滅之執虞公及其大夫井伯以媵秦穆姬而修虞祀且歸其職貢於王故書曰晉人執虞公罪虞且言易也○穀梁傳云獻公亡虢五年而後舉虞荀息牽馬操璧而前曰璧則猶是璧也而馬齒加長矣

金聲玉振

樂書云乾之爲

子言尊者之賜而心竊計其所以得此物者未知合義與否必其合義然後可受不然則卻之矣所以卻之爲不恭也。

曰請無以辭卻之以心卻之曰其（但心中暗計）取諸民之不義也而以他辭無受不可乎曰其交（何必已甚）也以道其接（非出乎無名）也以禮（不失之苟簡）斯孔子受之矣

萬章以爲彼既得之不義則其餽不可受但無以言辭閒而卻之直以心度其不義而託於他辭以卻之如此可否耶交以道如餽贐聞戒周其飢餓之類接以禮謂辭命恭敬之節孔子受之如受陽貨烝豚之類也（夫子謂受賜不必問其從來而但觀其交際）

萬章曰今有禦人於國門之外者其交也以道其餽也以禮斯可受禦與曰不可康誥曰殺越人于貨閔不畏死

則直西北之氣而於物爲金三金者陰精之純而生乎西其材從革其聲始隆而終殺聖人鑑之以爲鍾以譬道之用也玉者陽精之純而生乎北其材不變其聲清越以長而無隆殺聖人擊之以爲磬以譬道之禮也古之作樂鍠金以始之戛玉以終之聖人始則出道之用以趨

凡民罔不譈。是不待教而誅者也。殷受夏，周（大此論禦之法）受殷，所不辭也。於今爲烈，如之何其受之？（與平）聲。譈，書作憝，徒對反。○禦，止也。止人而殺之且奪其貨也。國門之外，無人之處也。萬章以爲苟不問其物之所從來，而但觀其交接之禮，則設有禦人者，用其禦得之貨以禮餽我，則可受之乎？康誥，周書篇名。越，顚越也。今書閔作暋，無凡民二字。譈，怨也。言殺人而顚越之，因取其貨，閔然不知畏死，凡民無不怨之。孟子言此乃不待教戒而當卽誅者也，如何而可受之乎？殷受至爲烈十四字，語意不倫。李氏以爲此必有斷簡或闕文者近之，而愚意其直爲衍字耳。然不可考，姑闕之可也。曰：今之諸侯取之於民也，猶禦也。苟善其禮際矣，斯君子受之，敢問

新鐫典故　孟子　卷五

善成堂

時經則反道之體以立本　天子　公侯　伯子男　書云列爵惟五分土惟三傳謂五者公侯伯子男三者百里七十里五十里孟子所言頒爵之制正與此同○又云庸建爾於上公傳謂王者之後稱公故曰上公○禮云君天下曰天子朝諸分職授政任功曰予一人○

何說也曰子以爲有王者作將比今之諸侯（連）（以法論之）而誅之乎其教之不改而後誅之乎夫（以理論之）謂非其有而取之者盜也充類（其而）至義之盡也孔子之仕於魯也魯人獵較孔子亦（聽其）獵較獵較猶可而況受其（正對君子受之）賜乎比去聲夫音扶較音角○比連也言今諸侯之取於民固多不義然有王者起必不連合而盡誅之必教之不改而後誅之則其與禦人之盜不待教而誅者不同矣夫禦人於國門之外與非其有而取之二者固皆不義之類然必禦人乃爲眞盜其謂非有而取爲盜者乃推其類至於義之至精至密之處而極言之耳非便以爲眞盜也然則今之諸侯雖曰取非其有而豈可遽以同於禦人之盜也哉又引

曲禮云五宮之長曰伯。○明堂位云昔者周公朝諸侯於明堂天子負斧依南面而立三公中階之前北面東上諸侯阼階之東西面北上諸伯西階之西東面北上諸子門東諸男門西皆北面東上。○周禮云典瑞掌玉瑞以等邦國公執桓圭侯執信圭伯執躬圭子執穀璧男執蒲

孔子之事。以明世俗所尚。猶或可從。況受其賜。何爲不可乎。獵較未詳。趙氏以爲田獵相較奪禽獸以祭。孔子不違。所以小同於俗也。張氏以爲獵而較所獲之多少也。二說未知孰是。

章旨

曰。然則孔子之仕也。非事道與。曰。事道也。

從俗而自有變俗之用以書其 使有實數

事道奚獵較也。曰。孔子先簿正祭器。不以四

書所 之器使實 常品章 若其

難繼

方之食供簿正。曰。奚不去也。曰。爲之兆也。兆

既 君相猶 又因魯事而概推所仕之國言

足以行矣。而不行。而後去。是以未嘗有所終

三年淹也。與平聲。○此因孔子事而反覆辯

奚獵較也。萬章問也。先簿正祭器。未詳。徐氏曰。先以簿書正其祭器。使有定數。而不以四方難繼之物實之。夫器有常數。實有常品。則其本正矣。彼獵較者。將久而自廢矣。未知是

孟子 卷五 善成堂

壁。大宗伯掌九儀之命上公九命爲伯其國家宮室車旗衣服禮儀皆以九爲節侯伯七命以七爲節子男五命以五爲節

君卿大夫士

禮云大國三卿皆命於天子次國三卿二卿命於天子一卿命於其君小國二卿皆命於其君下大夫皆五人上士二十七人

否也。兆。猶卜之兆。蓋事之端也。孔子所以不去者。亦欲小試行道之端以示於人。使知吾道之果可行也。若其端既可行。而人不能遂行之。然後不得已而必去之。蓋其去雖不輕。而亦未嘗不決。是以未嘗終三年留於一國也。孔子有見行可之仕。（此句另看）有際可之仕。（亦知重吾道）有公養之仕。（亦知敬吾道）於季桓子見行可（昔魯定公用之實季桓子荐之見道可行而爲司寇）之仕也。於衛靈公際可之仕也。（感郊迎之禮貌而就所謂）於衛孝公公（感問餽之殷勤而就所謂）養之仕也。見行可。見其道之可行也。際可。接遇以禮也。公養。國君養賢之禮也。季桓子。魯卿季孫斯也。衛靈公。衛侯元也。孝公。春秋史記皆無之。疑出公輒也。因孔子仕魯。而言其仕有此三者。故於魯則兆足以行矣。而不行。然後去。而於衛之事。則又受其交際問餽。而不卻之。一驗也。○尹氏曰。不聞孟子之義。則自好者爲於陵仲子而已。聖賢辭

上中下各九人大國之上卿位當大國之中中當其下下當其上大夫小國之上卿位當大國之下卿中當其上大夫下當其下大夫○王制云天子三公九卿二十七大夫八十一元士○聘義云卿爲上擯大夫爲承擯士爲紹擯○周禮云大宗伯以九儀之命正邦國之位一命受

受進退惟義所在愚按此章文義多不可曉不必強爲之說。○孟子曰仕非爲貧也而有時乎爲貧娶妻非爲養也而有時乎爲養爲養去聲下同○仕本爲行道而亦有家貧親老或道與時違而但爲祿仕者如娶妻本爲繼嗣而亦爲有爲不能親操井臼而欲資其饋養者貧者辭尊居卑辭富居貧貧富謂祿之厚薄蓋仕不爲道已非出處之正故其所居但當如此辭尊居卑辭富居貧惡乎宜乎抱關擊柝惡平聲柝音託○柝夜行所擊木也蓋爲貧者雖不主於行道而亦不可以苟祿故惟抱關擊柝之吏位卑祿薄其職易稱爲所宜居也李氏曰道不行矣爲貧而仕者此其律令也若不能然則是貪位慕祿而已矣孔子嘗爲委

新增上古

職再命受服三命受位四命受器五命賜則六命賜官

千里　百里

七十里五十里附庸

詩云錫之山川土田附庸○禮云凡四海之内九州州方千里州建百里之國三十七十里之國六十五十里之國百有二十凡一百一十國名山大澤不以封其餘以爲附

吏矣曰（則但）會計當而已矣（吾職盡）嘗爲乘田矣曰（但）牛羊茁壯長而已矣（吾職盡）委烏僞反會工外反當丁浪反乘去聲茁阻刮反長上聲○此孔子之爲貧而仕者也委吏主委積之吏也乘田主苑囿芻牧之吏也茁肥貌言以孔子大聖而嘗爲賤官不以爲辱者所謂爲貧而仕官卑祿薄而職易稱也○

位卑而言高罪也立乎人之本朝而道不行恥也○朝音潮○以出位爲罪則無行道之責以廢道爲恥則非竊祿之官此爲貧者之所以必辭尊富而寧處貧賤也○尹氏曰言爲貧者不可以居尊居尊者必欲以行道○

萬章曰士之不託諸侯何也孟子曰不敢也諸侯失國而後託於諸侯禮也士之託於諸侯

庸閒田天子之
內方百里之
國九七十里之
國二十有一王
十里之國六十
有三凡九十三
國名山大澤不
以朌其餘以祿
士以爲閒田凡
九州千七百七
十三國天子之
元士諸侯之附
庸不與○左傳
云昔天子之地
一圻列國一同
今大國多數圻
矣註云圻畿同
圻方千里同方

非禮也。託，寄也。謂不仕而食其祿也。古者諸侯出奔他國，食其廩餼，謂之寄公。士無爵，士不得比諸侯，不仕而食祿，則非禮也。萬章曰：君餽之粟，則受之乎？曰：受之。受之何義也？曰：君之於氓也，固周之。周，救也。視其空乏，則周卹之，無常數，君待民之禮也。曰：周之則受，賜之則不受，何也？曰：不敢也。曰：敢問其不敢何也？曰：抱關擊柝者，皆有常職以食於上。無常職而賜於上者，以爲不恭也。賜，謂予之祿，有常數，君所以待臣之禮也。曰：君餽之則受之，不識可常繼乎？曰：繆公之於子思也，亟問，亟餽鼎肉。子思不

雖
之卑
受
無位而同有位
言之以禮自處如此
其所餽
以通其意
以致其養

百里

庶人在官

周禮太宰府六人史十有二人胥十有二人徒百有二十人註云府治藏者猶今之庫官史掌書者猶今之今史胥徒民之給徒役者胥讀如諝有材智之稱爲徒之什長徒猶今之隸卒在官趨走者也

百畝之糞

周禮云草人掌土化之法以物

悅於卒也摽使者出諸大門之外北面稽首再拜而不受曰（其餽始以君之餽待伋甚厚也）今而後知君之犬馬畜伋蓋自是臺無餽也（穆公悔悟使）悅賢不能舉又不能養也（兼亟餽無餽二意）可謂悅賢乎（此可見餽可常而繼必以禮也）亟去聲下同摽音杓使去聲○亟數也鼎肉熟肉也卒末也摽麾也數以君命來餽當拜受之非養賢之禮故不悅而於其末後復來餽時麾使者出拜而辭之犬馬畜伋言不以人禮待已也臺賤官主使令者蓋繆公愧悟自此不復令臺來致餽（亟餽不可無餽不可）也舉用也能養者未必能用非又不能養乎曰敢問國君欲養君子如何斯可謂養矣曰以君命將之（其始）再拜稽首而受（所以重賢）其後廩人繼粟庖人繼肉不以君命（不以勞賢）

□□其宜而爲之種凡糞種騂剛用牛赤緹用羊墳壤用麋渴澤用鹿鹹潟用貆勃壤用狐埴壚用豕彊㯺用蕡輕爂用犬註云化之之法用牛夫等物焚其骨爲灰以漬種則能變瘠爲肥蕡麻也燒麻爲灰以漬種

費惠公

費公姬姓懿公之孫𢖵父之後也𢖵父爲魯大

將之子思以爲鼎肉使己僕僕爾亟拜也。非養君子之道也。初以君命來餽則當拜受其後有司各以其職繼續所無不以君命來餽。不使賢者有亟拜之勞也。僕僕煩猥貌。堯之於舜也使其子九男事之二女女焉百官牛羊倉廩備以養舜於畎畝之中。後舉而加諸上位故曰王公之尊賢者也。下女字去聲。○能養能舉悅賢之至也惟堯舜爲能盡之而後世之所當法也。○萬章曰。敢問不見諸侯何義也。孟子曰在國曰市井之臣在野曰草莽之臣皆謂庶人。庶人不傳質爲臣。不敢見於諸

想之　率土皆臣之意　名爲臣而實未仕　質

夫城郎居之因爲費邑傳至惠公惠公以子思爲師以顏般爲友用王順長息爲臣長息公明高弟子而公明高則曾子弟子其賢益有自也

擊柝

易云重門擊柝以待暴客盖取諸豫。○周禮云宮正掌王宮之戒令糾禁夕擊柝而比之。○司寤掌夜禁禁晨行與宵行者

侯禮也。質與贄同。○傳通也。質者士執雉庶人執鶩相見以自通者也。國內莫非王臣。但未仕者與執贄在位之臣不同。故不敢見也。萬章曰庶人召之士既以庶人自處役則往役。君欲見之召之則不往見之何也。曰往役義也。往見不義也。往役者庶人之職。不往見者士之禮。且君之欲見之也何爲也哉。曰爲其多聞也以學言爲其賢也以品言曰爲其多聞也則宜受學而師之矣天子不召師。而況諸侯乎。爲其賢也則宜屈己而就之矣吾未聞欲見賢而召之也。爲並去聲繆公亟見於子思曰。古千乘之國此語有自矜意以友士何如。子思不悅曰。古之人有言曰。事

臺宮

王臣公，公臣大夫，大夫臣士，士臣皁，皁臣輿，輿臣隸，隸臣僚，僚臣僕，僕臣臺。

市井

國井為市，故曰市井。

虞人

左傳云：齊景田於沛，招虞人以弓，不進。公使執之。辭曰：昔我先君之田也，旃以招大夫，弓以招士，皮冠以招虞人。臣不見皮冠……

之云乎？子思之不悅也，豈不曰：以位，則子君也，我臣也，何敢與君友也？以德，則子事我者也，奚可以與我友？千乘之君求與之友而不可得也，而況可召與？亟、乘皆去聲。召與之與，平聲。○孟子引子思之言而釋之，以明不可召之意。齊景公田，招虞人以旌，不至，將殺之。志士不忘在溝壑，勇士不忘喪其元。孔子奚取焉？取非其招不往也。喪，息浪反。○說見前篇。曰：敢問招虞人何以？曰：以皮冠。庶人以旃，士以旂，大夫以旌。皮冠，田獵之冠也。事見春

故不敢進乃舍之仲尼曰守道不如守官君子韙

皮冠旃旃旌

周禮云司常掌九旗之物各各有屬以待國事日月爲常交龍爲旂通帛爲旃雜帛爲物熊虎爲旗鳥隼爲旟龜蛇爲旐全羽爲旞析羽爲旌○爾雅生云旄首曰旌有鈴曰旂因章曰旃○禮書云田獵用

秋傳。然則皮冠者。虞人之所有事也。故以是招之。庶人。未仕之臣。通帛曰旃。士。謂已仕者交龍爲旂。析羽而注於旃干之首曰旌。以大夫之招招虞人。虞人死不敢往。以士之招招庶人。庶人豈敢往哉。況乎以不賢人之招招賢人乎。欲見而召之。是不賢人之招也。以士之招招庶人。則不敢往。以不賢人之招招賢人。則不可往矣。欲見賢人而不以其道。猶欲其入而閉之門也。夫義路也。禮門也。惟君子能由是路。出入是門也。詩云。周道如底。其直如矢。君子所履。小人所視。夫。音扶。底。詩作砥。之履反。○詩小雅大東之篇。底。與砥同。礪石也。言其平也。矢。

皮冠旃車載旌諸侯建旃孤卿建旃虞人掌田獵之事者也故招以皮冠大夫從游安之樂者也故招以旌士君之所禮也故招以旂庶人孤卿之所治者也故招以旃

友善

天地善之原也上下四旁善之散殊也伊尹所謂德無常師王善爲師者正所謂善非一人所

言其直也。視，視以爲法也。引此以證上文能由是路之義。萬章曰。孔子君命召不俟駕而行。然則孔子非與。曰。孔子當仕有官職而以其官召之也。非爲其名聞與賢 與。平聲。○孔子方仕而在職。君以其官名召之。故不俟駕而行。徐氏曰。孔子孟子易地則皆然。○此章言不見諸侯之義最爲詳悉。更合陳代公孫丑所問者而觀之。其說乃盡。○孟子謂萬章曰。一鄉之善士。斯友一鄉之善士。一國之善士。斯友一國之善士。天下之善士。斯友天下之善士。言己之善蓋於一鄉。然後能盡友一鄉之善士。推而至於一國天下皆然。隨其高下以爲廣狹也。以友天下之善士爲未足。又尚

新增□故

得私耳故同人莫大乎於野有功必得之出門詩云嚶其鳴矣求其友聲蓋鳥之求友必非睍睆於幽谷之中凡友之求者必羣集於喬木之上故知出谷遷喬所謂遷善以擇交也善有大小斯友有廣狹

論古之人頌其詩讀其書不知其人可乎是以論其世也是尚友也尚上同言進而上也頌誦通論其世論其當世行事之迹也言既觀其言而不可以不知其爲人之實是以又考其行也夫能友天下之善士其所友衆矣猶以爲未足又進而取於古人是能進其取友之道而非止爲一世之士矣

當行事之迹

○齊宣王問卿孟子曰王何卿之問也王曰卿不同乎曰不同有貴戚之卿有異姓之卿王曰請問貴戚之卿曰君有大過則諫反覆之而不聽則易位大過謂足以亡其國者易位易君之位更立親戚之賢者蓋與君有親親之恩無可去之義以宗廟爲重不忍坐視其亡故不得已

而至於此也。王勃然變乎色。勃然變色貌。曰：王勿異也。王問臣，臣不敢不以正對。孟子言也。王色定，然後請問異姓之卿。曰：君有過則諫，反覆之而不聽，則去。君臣義合，不合則去。○此章言大臣之義，親疏不同，守經行權，各有其分。貴戚之卿，小過非不諫也，但必大過而不聽，乃可易位。異姓之卿，大過非不諫也，雖小過而不聽也，可去矣。然三仁貴戚，不能行之於紂，而霍光異姓，乃能行之於昌邑。此又委任權力之不同，不可以執一論也。

杞
詩云無折我樹杞又云集於苞杞又云言采其杞又云南山有杞又云在彼杞……云隰有杞……杞柳屬生……枸杞也○詩……之圃又……柳斯……棬……匜也棬屈木孟子所謂器似升屈木作是也

孟子卷之六

告子章句上 凡二十章

朱熹集註

告子曰性猶杞柳也義猶桮棬也以人性爲仁義猶以杞柳爲桮棬（杞柳本無桮棬之形而……之器）桮音杯棬丘圓反○性者人生所稟之天理也杞柳柜柳桮棬屈木所爲若卮匜之屬告子言人性本無仁義必待矯揉而後成如荀子性惡之說也○

孟子曰子能順杞柳之性而以爲桮棬乎（先着順字爲戕賊轉身）將戕賊杞柳而後以爲桮棬也（緊從爲字轉身生出）如將戕賊杞柳而以爲桮棬則亦將戕賊人以爲仁義與（愈折愈疎）率天下之人而禍仁義者必子之言（斬截）

湍水
說文云湍瀨水流沙上也今謂縈廻之水者言其水流沙上縈廻之勢湍湍然○淮南子注云湍水行疾也

白
漢話云孟子謂羽毛之白其性輕白雪之白其性易銷白玉之白其性堅是性不同也

雪
大戴禮云天地積陰溫則爲雨

夫。戕音牆。與平聲。夫音扶○言如此則天下之人皆以仁義爲害性而不肯爲是因子之言而爲仁義之禍也。○告子曰。性猶湍水也（無定體），決諸東方則東流，決諸西方則西流。人性之無分於善不善也（以上三句寫無定的光景），猶水之無分於東西也（之無定向）。湍他端反○湍波流灤回之貌也告子因前說而小變之近於揚子善惡混之說。○孟子曰。水信（就水論水）無分於東西，無分於上下乎。人性之善也（本），猶水之就下也（必）。人無有不善，水無有不下（足上二句）。○言水誠不分東西矣然豈不分上下乎性即天理未有不善者也。今夫水搏而躍之，可使過顙；激而行之，可使在山。是豈水之寒則爲雪○春秋元命苞云陰陽凝而爲雪○釋名云雪綏也水下遇寒而凝綏綏然下也氾勝之書云雪爲五穀之精爾雅云雪與雨雜下曰霰韓詩外傳云凡草木花多五出雪花獨六出六者陰極之數雪花曰霙雪雲曰同雲○詩云上天同雲雨雪雰雰謂雲陰與天同一色也

性哉其勢則然也人之可使爲不善其性亦猶是也夫音扶搏補各反○搏擊也躍跳也顙額也水之過額在山皆不就下也然其本性未嘗不就下但爲搏激所使而逆其性耳○此章言性本善故順之而無不善本無惡故反之而後爲惡非本無定體而可以無所不爲也○告子曰生之謂性生指人物之所以知覺運動者而言告子論性前後四章語雖不同然其大指不外乎此與近世佛氏所謂作用是性者略相似孟子曰生之謂性也猶白之謂白與曰然白羽之白也猶白雪之白白雪之白猶白玉之白與曰然與平聲下同○白之謂白猶言凡物之白者同謂之白更無差別也白羽以下孟子再問而告子曰

食色仁義

按太極圖說無極而太極性體也太極未分兩儀其體純是至善及乎動而生陽靜而生陰亦必先見仁義之端而後見食色之端何者食色之端必見於人物分形之後而仁義之端已見於太極動靜之初太極一動便是仁體一動而又一靜便是義體也

然則是謂凡有生者同是一性矣。**然則犬之性猶牛之性，牛之性猶人之性與？**孟子又言若果如此，則犬牛與人皆有知覺，皆能運動，其性皆無以異矣，於是告子自知其說之非而不能對也。○愚按：性者，人之所得於天之理也；生者，人之所得於天之氣也。性，形而上者也；氣，形而下者也。人物之生，莫不有是性，亦莫不有是氣。然以氣言之，則知覺運動，人與物若不異也；以理言之，則仁義禮智之稟，豈物之所得而全哉？此人之性所以無不善，而為萬物之靈也。告子不知性之為理，而以所謂氣者當之，是以杞柳湍水之喻，食色無善無不善之說，縱橫繆戾，紛紜舛錯，而此章之誤，乃其本根。所以然者，蓋徒知知覺運動之蠢然者，人與物同，而不知仁義禮智之粹然者，人與物異也。孟子以是折之，其義精矣。

亦

折得一倒一固

○**告子曰：食色，性也。**

甘。悅

仁內也非外也義外也非內也告子以人之知覺運動者爲性故言人之甘食悅色者即其性故仁愛之心生於內而事物之宜由乎外學者但當用力於仁而不必求合於義也孟子曰何以謂仁內義外也

義甚著是長長 先 之之小 而獨

曰彼長而我長之非有長於我也猶彼白而我白之從其白於外也故謂之外也長上聲下同○

只承彼長一句說 猶之爲白色

我長之我以彼爲長也我白之我以彼爲白也曰異於白馬之白也

固也但 此○長字淺

無以異於白人之白也不識長馬之長也無以異於長人之長與且謂長者義乎長之者

此○長字着力 重

義乎與平聲下同○張氏曰上異於二字疑衍李氏曰或有闕文焉愚按白馬白人

善成堂

新增典故

炙

周書云黃帝始燔肉爲炙食志云或燔或炙傳云炙炙肉也箋云炙肝炙也燔者火燒之名炙者遠火之稱○楚屈建云祭典庶人有魚炙之薦

所謂彼白而我白之也。長馬長人，所謂彼長而我長之也。白馬白人不異，而長馬長人不同，是乃所謂義也。義不在彼之長，而在我長之之心，則義之非外明矣。曰：吾弟則愛之，秦人之弟則不愛也，是以我爲悅者也，故謂之內。長楚人之長，亦長吾之長，是以長爲悅者也，故謂之外也。言愛主於我，故仁在內。敬主於長，故義在外。曰：耆秦人之炙，無以異於耆吾炙。夫物則亦有然者也，然則耆炙亦有外與？耆與嗜同。夫，音扶。言長之者之皆出於心也。林氏曰：告子以食色爲性，故因其所明者而通之。自篇首至此四章，告子之辯屢屈，而屢變其說以求勝，卒不聞其能自反而有所疑也。此正其所謂不得於言勿求於心者。所以卒於鹵莽而不得其正也。

○孟季子問私公都子曰。夫子何以獨謂義內也。孟季子。疑孟仲子之弟也。蓋聞孟子之言而未達。故私論之。

曰。行吾敬心之故謂之內也。所敬之人雖在外。然知其當敬。而行吾心之敬以敬之。則不在外也。

鄉人以敬長言長於伯兄一歲則誰敬。曰。敬兄。又曰酌則誰先。曰。先酌鄉人。因辨曰所敬在此。所長在彼。指伯兄是敬兄之心不得自主而爲所奪義果在外。非由內也。長。上聲。○伯長也。酌。酌酒也。此皆季子問。公都子答。而季子又言如此。則敬長之心。果不由中出也。

公都子不能答。以告孟子。孟子曰。試詰之曰敬叔父乎。敬弟乎。彼將曰。敬叔父。曰。與敬兄之說同矣再詰之弟爲尸。則誰敬。彼將

新增史故

尸

詩云皇尸載起鼓鐘送尸○令終有俶公尸嘉告○禮云君子抱孫不抱子此言孫可以爲王父尸子不可以爲父尸○祭成喪者必有尸尸必以孫孫幼則使人抱之無孫則取於同姓可也○君迎牲而不迎尸別嫌也尸在廟門外則疑於臣臣在廟中則全於君君

曰。敬弟。子曰。惡在其敬叔父也。彼將曰。在位故也。子亦曰。在位故也。庸敬在兄。斯須之敬在鄉人。惡，平聲。○尸，祭祀所主以象神。雖子弟爲之，然敬之當如祖考也。在位，弟在尸位。鄉人在賓客之位也。庸，常也。斯須，暫時也。言因時制宜，皆由中出也。

與子先酌之說同矣。敬叔父之心移之于弟矣。

敬弟以弟

先酌鄉人以鄉人賓

一如叔父之常

一如敬兄之暫

季子聞之曰。敬叔父則敬。敬弟則敬。果在外。非由內也。公都子曰。冬日則飲湯。夏日則飲水。然則飲食亦在外也。此亦上章耆炙之意。○范氏曰。二章問答，大指略同。皆反覆譬喻以曉當世。使明仁義之在內。則知人之性善。而皆可以爲堯舜矣。

仍是所敬在此二句意 叔父時 弟因時制義皆

○公都子曰。告子曰。性無善無不善也。此亦生之謂性食色

此言性之源論以生爲性也

在廟門外則疑於君入廟門則全於臣全於子是故不出者明君臣之義也夫祭之道孫爲王父尸所使爲尸者於祭者子行也父北面而事之所以明子事父之道也此父子之倫也○七日戒三日齊承一人焉以爲尸過之者趨足以教敬也尸飲三衆賓飲一示民有上下也

性也之意。近世蘇氏、胡氏之說蓋亦如此。或曰：性可以爲善，可以爲不善；是故文武興則民好善，幽厲興則民好暴。好，去聲。○此即湍水之說也。

此言性之[illegible]以習爲性也

或曰：有性善，有性不善。此言性之有定以氣爲性也是故以堯爲君而有象，以瞽瞍爲父而有舜；以紂爲兄之子，且以爲君，而有微子啓、王子比干。韓子性有三品之說蓋如此。按此文，則微子、比干皆紂之叔父，而書稱微子爲商王元子，疑此或有誤字。今曰性善，然則彼皆非與？與，平聲。

吾 以 性

孟子曰：乃若其情，則可以爲善矣，乃所謂善也。乃若，發語辭。情者，性之動也。人之情，本但可以爲善而不可以爲惡，則性之本善可

性情

白虎通云性情者何謂也性者陽之施情者陰之化也人稟陰陽之氣而生故內懷五性六情情者靜也性者生也此人所稟六氣以生者也故鈎命決曰情生於陰欲以繫念也性生於陽欲以理執也陽氣者仁陰氣者貪故情有利欲性有仁也五常者何謂仁義禮

知矣。若夫爲不善，非才之罪也。夫，音扶。○才，猶材質，人之能也。人有是性，則有是才。性既善，則才亦善。人之爲不善，乃物欲陷溺而然，非其才之罪也。

（何以見情善而才亦善）

惻隱之心，人皆有之；羞惡之心，人皆有之；恭敬之心，人皆有之；是非之心，人皆有之。惻隱之心，仁也；羞惡之心，義也；恭敬之心，禮也；是非之心，智也。仁義禮智，非由外鑠我也，我固有之也，弗思耳矣。故曰：求則得之，舍則失之。或相倍蓰而無算者，不能盡其才者也。惡，去聲。舍，上聲。蓰，音師。○恭者，敬之發於外者也；敬者，恭之主於中者也。鑠，以火銷金之名，自外以

（由情知性）

（故曰乃所謂善然此）

（不能思）

（思而）

（不思而）

（以失視得）

（故曰爲不善非才之罪）

智信也仁者不忍也施生愛人也義者宜也斷決得中也禮者履也履道成文也智者知也獨見前聞不惑於事見微者也信者成也專一不利也故人生而應八卦之體得五氣以爲五常仁義禮智信是也六情者何謂也喜怒哀樂愛惡謂六情所以扶成五性性所以五情所以六

至內也。算。數也。言四者之心。人所固有。但人自不思而求之耳。所以善惡相去之遠。由不思不求。而不能擴充以盡其才也。前篇言是四者。爲仁義禮智之端。而此不言端者。彼欲其擴而充之。此直因用以著其本體。故言有不同耳。詩曰。天生蒸民。有嘗徵詩與孔子之言矣形氣之又有天理之性物有則。民之秉夷。好情是懿德。孔子曰贊。爲此詩者。其知道乎。性情之故有物必有則。串說此乃民之秉夷也。連說故好是懿德。好。去聲。○詩大雅蒸民之篇。蒸。詩作烝。衆也。物。事也。則。法也。夷。詩作彝。常也。懿。美也。有物必有法。如有耳目。則有聰明之德。有父子。則有慈孝之心。是民所秉執之常性也。故人之情無不好此懿德者。以此觀之。則人性之善可見。而公都子所問之三說。皆不辯而自明矣。○程子曰。性即理也。理則堯舜至於塗人。一也。才稟於氣。氣有清

者何人本含六律五行氣而生故內有五臟六府此性情之所由出入也

富凶

按洪範王省惟歲而庶徵驗五事者政欲以年穀之成治民間之禮義耳不然富列於五福凶列於六極聖人豈貪天者哉

麰麥

說文云麥金也金旺而生火旺而死○詩云貽

濁。稟其清者爲賢。稟其濁者爲愚。學而知之。則氣無清濁。皆可至於善而復性之本。湯武身之是也。孔子所言下愚不移者。則自暴自棄之人也。又曰。論性不論氣不備。論氣不論性不明。二之則不是。張子曰。形而後有氣質之性。善反之。則天地之性存焉。故氣質之性君子有弗性者焉。愚按程子此說才字與孟子本文小異。蓋孟子專指其發於性者言之。故以爲才無不善。程子專指其稟於氣者言之。則人之才固有昏明强弱之不同矣。張子所謂氣質之性是也。二說雖殊。各有所當。然以事理考之。程子爲密。蓋氣質所稟。雖有不善。而不害性之本善。性雖本善。而不可以無省察矯揉之功。學者所當深玩也。○孟子曰。富歲子弟多賴。凶歲子弟多暴。非天之降才爾殊也。其所以陷溺其心者然也。富歲。豐年

(于凶歲)(于富歲)(夫多暴異於多賴)(指多暴)

下來牟帝命率育牡來小麥也牟大麥也又云於皇來牟將受厥明又云我行其野芃芃其麥○月令云麥秋至又云季春之月天子始乘舟薦鮪於寢廟乃為麥祈實又云孟夏之月農乃登麥天子先以彘嘗麥先薦寢廟

易牙

易牙雍人名巫牙其字也善調

也。賴，藉也。豐年衣食饒足，故有所賴藉而為善。凶年衣食不足，故有以陷溺其心而為暴。今夫麰麥，播種而耰之，其地同，樹之時又同。（引喻）（得）（也乘時而）（其得）（也）浡然而生，至於日至之時，皆熟矣。雖有不同，（所獲）（多寡之）則地有肥磽，雨露之養，人事之不齊也。（有多寡）（有勤惰）（兼三項）夫，音扶。麰，音牟。耰，音憂。磽，苦交反。○麰，大麥也。耰，覆種也。日至之時，謂當成熟之期也。磽，瘠薄也。（物之）（其性）（之）（不）故凡同類者，舉相似也，何獨至於人而疑之。（相似乎）（人之同在心宜盧含）聖人與我同類者。○聖人亦人耳，其性之善，無不同也。故龍子曰：不知足而為屨，我知其不為蕢也。屨之相似，天下之足同也。蕢，音匱。○蕢，草器也。不知人足之大小而為之屨，雖味能辨淄澠之水因寺人貂以羞於公公曰子善調味乎吾味皆嘗嬰兒之味未嘗易牙遂蒸其首子而獻之自是亦有寵於公公許之立武孟○桓公因管仲言逐易牙食不甘居三年復召而返明年公有病易牙作亂公槃然流涕曰嗟乎聖人之所見豈不遠哉死者有知何面目

未必適中。然必似足形。不至成蕢也。

口之於味。有同耆也。（不獨足同也）易牙（雖）先得我口之所耆者也。（亦不過）如使口之於味也。其（反言以見其同四句宜一句讀下）性與人殊。（所耆之）若犬馬之與我不同類也。（甚至）則天下何耆皆從易牙之於味也。至於味。天下期於（天下字重看）易牙。是天下之口相似也。

耆與嗜同。下同。○易牙。古之知味者。言易牙所調之味。則天下皆以爲美也。

惟耳亦然。（不獨口相似也）至於聲。天下期於師曠。是天下之耳相似也。

師曠。能審音者也。言師曠所和之音。則天下皆以爲美也。

惟目亦然。（不獨耳相似也）至於子都。天下莫不知其姣也。不知子都之姣者。無目者也。

姣古

見仲父乎

子都

詩云不見子都乃見狂且。左傳云莊公伐許潁考叔取鄭伯之旗蝥弧以先登子都自下射之顛

芻豢

說文云牛馬曰芻犬豕曰豢

牛山

晏子春秋云景公遊於牛山之上而北望齊曰美哉國乎鬱鬱蓁蓁泰山使古而無

卯反。子都。古之美人也。姣。好也。故曰口之於味也有同耆焉。耳之於聲也有同聽焉目之於色也有同美焉。至於心獨無所同然乎心之所同然者（一身小體皆同）（以爲者）何也謂理也義也聖人先得我心之所同然耳。故理義之悅我心猶芻豢之悅我口（然猶可也。）

草食曰芻。牛羊是也。穀食曰豢。犬豕是也。程子曰。在物爲理。處物爲義。體用之謂也。孟子言人心無不悅理義者。但聖人則先知先覺乎此耳。非有以異於人也。程子又曰。理義之悅我心。猶芻豢之悅我口。此語親切有味。須實體察得理義之悅心。真猶芻豢之悅口始得。

○孟子曰。牛山之木嘗美矣。（前此同）以其郊於大

善成堂

死則寡人將去此而何之俯而泣沾襟國子高子曰然臣賴君之賜疏食惡肉可得而食也駑馬柴車可得而乘也且猶不欲死況君乎俯泣晏子曰樂哉今日之遊也見怯君一諛臣二使古而無死者則太公至今猶存吾君方將被簑笠而立乎畎畝之中惟事之恤何暇念死乎景

國也斧斤伐之可以爲美乎是其日夜之所息雨露之所潤非無萌蘖之生焉牛羊又從而牧之是以若彼濯濯也人見其濯濯也以爲未嘗有材焉此豈山之性也哉蘖五割反○牛山齊之東南山也邑外謂之郊言牛山之木前此固嘗美矣今爲大國之郊伐之者衆故失其美耳息生長也日夜之所息謂氣化流行未嘗間斷故日夜之閒凡物皆有所生長也萌芽也蘖芽之旁出者也濯濯光潔之貌材材本也言山木雖伐猶有萌蘖而牛羊又從而害之是以至於光潔而無草木也雖存乎人者豈無仁義之心哉其所以放其良心者亦猶斧斤之於木

公懟與鵻自罰因罰二臣○一統志云牛山在今青州府臨淄縣

息

凡人以鼻氣出入爲息凡物以發榮滋潤爲滋息生息則知息者生氣而非止氣也

平旦

平旦者晝夜分辨之時卽昧爽也白樂天云前後際斷處一念不生時

也旦旦而伐之可以爲美乎其日夜之所息平旦之氣其好惡與人相近也者幾希則其旦晝之所爲有梏亡之矣梏之反覆則其夜氣不足以存夜氣不足以存則其違禽獸不遠矣人見其禽獸也而以爲未嘗有才焉者是豈人之情也哉好惡並去聲○良心者本然之善心卽所謂仁義之心也平旦之氣謂未與物接之時清明之氣也好惡與人相近言得人心之所同然也幾希不多也梏械也反覆展轉也言人之良心雖已放失然其日夜之間亦必有所生長故平旦未與物接其氣清明之際良心猶必有發見者但其發見至微而旦晝所爲之不善

卷六　九

善成堂

又已隨而梏亡之。如山木既伐，猶有萌蘖而
牛羊又牧之也。晝之所爲，既有以害其夜之
所息；夜之所息，又不能勝其晝之所爲。是以
展轉相害，至於夜氣之生，日以寖薄，而不足山木生機未亡人心生理
以存其仁義之良心，則平旦之氣**故苟得其**
亦不能清，而所好惡遂與人遠矣。
無盡頭養之何如耳**養，無物不長；苟失其養，無物不消。**長，上聲。○山木人心
其理一也。養心之法在操**孔子曰：操則存，舍則亡；出入無時，莫知**出二句平看
其鄉。惟心之謂與？舍，音捨。與，平聲。○孔子言
心，操之則在此，舍之則失
去，其出入無定時，亦無定處如此。孟子引之
以明心之神明不測，得失之易，而保守之難，
不可頃刻失其養。學者當無時而不用其力，
使神清氣定，常如平旦之時，則此心常存，無
適而非仁義矣。程子曰：心豈有出入？亦以操
舍而言耳。操之之道，敬以直內而已。○愚聞

奕秋

奕秋善奕者名秋也子華子云奕秋通國之善奕者也當奕之思有吹笙過者傾心聽之將屬未屬之際問以奕道則不和也非奕道之深清有暫吹笙滑之也

之師曰人理義之心未嘗無惟持守之即在爾若於旦晝之閒不至梏亡則夜氣愈清夜氣清則平旦未與物接之時湛然虛明氣象自可見矣孟子發此夜氣之說於學者極有力宜熟玩而深省之也○孟子曰無或乎王之不智也不智有故或與惑同疑怪也王疑指齊王雖有天下易生之物也一日暴之十日寒之未有能生者也吾見亦罕矣吾退而寒之者至矣吾如有萌焉何哉易去聲暴步卜反見音現○暴溫之也我見王之時少猶一日暴之也我退則諂諛雜進之日多是十日寒之也雖有萌蘗之生我亦安能如之何哉我之進見日少亦由王聽之不專故也今夫奕之為數小數也不專心致志則不得也奕秋通國之善

鵠

合璧事類云鵠禽之大者色白又有黃者有丹者善高翔湖海江漢間有之。楚辭云黃鵠一舉兮知山川之紆曲再舉兮識天地之盈虛。漢昭帝歌云黃鵠高飛兮下建章金爲衣兮菊爲裳羽肅肅兮行蹡蹡自顧非德愧爾嘉祥

弈者也使弈秋誨二人弈其一人專心致志惟弈秋之爲聽一人雖聽之一心以爲有鴻鵠將至思援弓繳而射之雖與之俱學弗若之矣爲是其智弗若與曰非然也夫。音扶。繳音灼。射食亦反。爲是之爲，去聲。若與之與，平聲。○弈，圍棋也。數，技也。致，極也。弈秋，善弈者名秋也。繳，以繩繫矢而射也。○程子爲講官言於上曰：人主一日之間，接賢士大夫之時多，親宦官宮妾之時少，則可以涵養氣質，而薰陶德性。時不能用，識者恨之。○范氏曰：人君之心，惟在所養。君子養之以善則智，小人養之以惡則愚。然賢人易疏，小人易親，是以寡不能勝衆，正不能勝邪。自古國家治日常少而亂日常多，蓋以此也。○孟子曰魚我

熊掌

格物論云熊大似豕而性輕健山居能攀緣上於高樹見人則顛倒自投地而下○說文云熊冬蟄春出○晉靈公不君宰夫胹熊蹯不熟殺之○楚世子商臣以宮甲圍成王王請食熊蹯而死○紂以熊漢不熟而殺急人○當必有自精如王味甚美俗呼熊自其膽

所欲也。熊掌。亦我所欲也。二者不可得兼。舍魚而取熊掌者也。生。亦我所欲也。義。亦我所欲也。二者不可得兼。舍生而取義者也。舍。上聲。

魚與熊掌皆美味。而熊掌尤美也。

生亦我所欲。所欲有甚於生者。故不爲苟得也。死亦我所惡。所惡有甚於死者。故患有所不辟也。

虛指義 虛指不義 生

○惡・辟。皆去聲。下同。釋所以舍生取義之意。得。得生也。欲生惡死者。雖衆人利害之常情。而欲惡有甚於生死者。乃秉彝義理之良心。是以欲生而不爲苟得。惡死而有所不避也。

如使人之所欲莫甚於生。則凡可以得生者。何不用也。使人之

新增□□

春在首夏在腹秋在左足冬在右足好舉目而引氣謂之熊經冬蟄不食飢則自舐其掌故其美在掌

所惡莫甚於死者則凡可以辟患者何不為也。設使人無秉彝之良心而但有利害之私情。則凡可以偷生免死者皆將不顧禮義而為之矣。由是則生而有不用也。由是則可以辟（其有良心）患而有不為也。由其必有秉彝之良心是以其能舍生取義如此。是故所欲有甚於生者所惡有甚於死者非獨（結上起下）賢者有是心也人皆有之賢者能勿喪耳。（指點）喪去聲。○羞惡之心人皆有之但衆人汩於利欲而忘之惟賢者能存之而不喪耳。（為物甚微）（所係甚重）（引註）一簞食一豆羹得之則生弗得則死嘑爾而與之行道之人弗受蹴爾而與之乞人不屑也。食音

嘑蹴

齊有飢者黔敖嗟來之而不食卒至於死此正所惡有甚於死者○禮曰以足蹴路馬芻有誅况人乎乞人不屑正是能辨禮處

嗣嘑呼故反蹴子六反○豆木器也嘑咄啐之貌○行道之人路中凡人也蹴踐踏也乞人丐乞之人也不屑不以爲潔也言雖欲食之急而猶惡無禮有寧死而不食者是其羞惡之本心欲惡有甚於生死者人皆有之也

萬鍾則不辨禮義而受（乃其人于）之萬鍾於我何加焉（不關生死）爲宮室之美妻妾之奉（推其受之故）所識窮乏者得我與（三者皆身外）

爲去聲與平聲○萬鍾於我何加言於我身無所增益也所識窮乏者得我謂所知識之窮乏之者感我之惠也上言人皆有羞惡之心此言衆人所以喪之由此三者蓋理義之心雖曰固有而物欲之蔽亦人所易昏也

鄉爲身死而不受今爲宮室之美爲之鄉爲身死而不受今爲妻妾之奉爲之鄉爲身死而

不受今爲所識窮乏者得我而爲之是亦不可以已乎此之謂失其本心反照勿喪鄉爲並去聲爲之之爲並如字○言三者身外之物其得失比生死爲甚輕鄉爲身死猶不肯受嘑蹴之食今乃爲此三者而受無禮義之萬鍾是豈不可以止乎本心謂羞惡之心○此章言羞惡之心人所固有或能決死生於危迫之際而不免計豐約於宴安之時是以君子不可頃刻而不省察於斯焉

○孟子曰仁人心也義人路也以此心裁制事物爲義仁者心之德程子所謂心如穀種仁則其生之性是也然但謂之仁則人不知其切於己故反而名之曰人心則可以見其爲此身酬酢萬變之主而不可須臾失矣義者行事之宜謂之人路則可以見其爲出入往來必由之道而不可須臾舍矣舍其路而弗由應人字放

析會其文

其心而不知求。哀哉。舍上聲。○哀哉二字最宜詳味。令人惕然有深省處。人有雞犬放。則知求之。有放心而不知求。程子曰。心至重。雞犬至輕。雞犬放則知求之。心放則不知求。豈愛其至輕而忘其至重哉。弗思而已矣。愚謂上兼言仁義。而此下專論求放心者。能求放心。則不違於仁。而義在其中矣。學問之道無他。求其放心而已矣。學問之事。固非一端。然其道則在於求其放心而已。蓋能如是。則志氣清明。義理昭著。而可以上達。不然則昏昧放逸。雖曰從事於學。而終不能有所發明矣。故程子曰。聖賢千言萬語。只是欲人將已放之心。約之使反復入身來。自能尋向上去。下學而上達也。此乃孟子開示切要之言。程子又發明之。曲盡其指。學者宜服膺而勿失也。○孟子曰。今有無

求放心在學問事固非一端而其皆

指

指掌圖云一曰巨指二曰食指三曰將指四曰無名指五曰小指○指以作事也而亦以指物艮所謂時止則止時行則行者也心有旨而手將之故從手從旨志氣相符禮樂交動感人心而天下和平者非歟故曰天地一指也

名之指屈而不信非疾痛害事也如有能信之者則不遠秦楚之路爲指之不若人也信與伸同。爲去聲。○無名指，手之第四指也。指不若人則知惡之不若人則不知惡此之謂不知類也惡。去聲。不知類，言其不知輕重之等也。○孟子曰拱把之桐梓人苟欲生之皆知所以養之者至於身而不知所以養之者豈愛身不若桐梓哉弗思甚也拱。兩手所圍也。把。一手所握也。桐梓。二木名。○孟子曰人之於身也兼所愛兼所愛則兼所養也無尺寸之膚不愛

桐梓

書云嶧陽孤桐○詩云椅桐梓漆爰伐琴瑟又云梧桐生矣于彼朝陽○月令云桐始華○枚乘云龍門之桐高百尺而無枝中鬱結而輪菌根扶蘇以分離

場師

周禮云場人掌國之場圃而樹之果蓏珍異之物以時斂而藏之凡祭祀賓客共其果蓏享亦

爲則無尺寸之膚不養也。所以考其善不善者，豈有他哉？於己取之而已矣。（己即身）人於一身，固當兼養，然欲考其所養之善否者，惟在反之於身，以審其輕重而已矣。（善不善同體固不一也）體有貴賤，有小大。（而賤即其小者貴即其大者則狥人欲）無以小害大，無以賤害貴。養其小者爲小人，養其大者爲大人。（心須則完天理）賤而小者，口腹也。貴而大者，心志也。今有場師，舍其梧檟，養其樲棘，則爲賤場師焉。舍，上聲。檟，音賈。樲，音貳。○場師，治場圃者。梧，桐；檟，梓也，皆美材也。樲棘，小棗，非美材也。養其一指而失其肩背而不知也，則爲狼疾人也。狼善顧，疾則不能，故以爲失肩背之喻。（前二節正與此節）飲食之人，則人賤之

如之

檟

檟山楸也又條可爲杖左傳伍員曰樹梧墓檟檟可材也

樲棘

爾雅云樲酸棗○陸佃云大者棗小者棘酸棗棘也棗性重喬棘則低矣故並束爲棘

矣爲其養小以失大也。爲去聲。○飲食之人。專養口腹者也。飲食之人（隱照心字）無有失也。則口腹豈適（爲軀命所關）爲尺寸之膚哉（又有賤之者）。此言若使專養口腹。而能不失其大體。則口腹之養。軀命所關。不但爲尺寸之膚而已。但養小之人。無不失其大者。故口腹雖所當養。而終不可以小害大。賤害貴也。○

公都子問曰。鈞是（意成就同）人也（其成就）。或爲大人（以人品言）。或爲小人。何也。孟子曰。從其（任其主張）大體爲大人。從其（任其馳逐）小體爲小人。鈞。同也。從。隨也。大體。心也。小體。耳目之類也。曰。鈞是（意趨向同）人也。或（其趨向）從其大體（聲色之外）。或從其小體。何也。曰。耳目之官不（則亦一物而已以外一耳目之）思而蔽於物。物交物。則引之而已矣（使去）。心之官（大體乃心也）

則思，思則得之，不思則不得也。此天之所與

我者，先立乎其大者，則其小者不能奪也。此

爲大人而已矣。官之爲言司也。耳司聽，目司視，各有所職而不能思，是以

蔽於外物。既不能思而蔽於外物，則亦一物

而已。又以外物交於此物，其引之而去不難

矣。心則能思，而以思爲職。凡事物之來，心得

其職則得其理，而物不能蔽；失其職則不得

其理，而物來蔽之。此三者皆天之所以與我

者，而心爲大。若能有以立之，則事無不思，而

耳目之欲不能奪之矣。此所以爲大人也。然

此天之此，舊本多作比，而趙註亦以比方釋

之。今本既多作此，而註亦作此，乃未詳孰是。

但作比字，於義爲短，故且從今本云。○范浚

心箴曰：茫茫堪輿，俯仰無垠。人於其間，渺然

有身。是身之微，太倉稊米，參爲三才，曰惟心

公卿大夫

湯問伊尹曰古者立三公九卿大夫列士者何尹對曰三公者所以參五事也九卿者所以參三公也大夫者所以參九卿也列士者所以參大夫也故參而有參是謂事宗事宗不失外內若一

趙孟

左傳季武子曰晉未可媮也有趙孟以爲大夫

耳。往古來今。孰無此心。心爲形役。乃獸乃禽。惟口耳目手足動靜。投閒抵隙。爲厥心病。一心之微。衆欲攻之。其與存者。嗚呼幾希。君子存誠。克念克敬。天君泰然。百體從令。○

孟子曰。有天爵者。有人爵者。仁義忠信。樂善（善也）不倦。此天爵也。公（九命）卿（六命）大（三命）夫。此人爵也。○樂音洛。○天爵者。德義可尊。古之人。脩其天爵。而人爵從之。○脩其天爵。以爲吾分之所當然者耳。自然之貴也。人爵從之。蓋不待求之而自至也。今之人。脩其天爵。以要人爵。既（已或矣）得人爵。而棄其天爵。（其人爵）則惑之甚者也。終亦必亡而已矣。○要音邀。○要求也。脩天爵以要人爵。其心固已惑矣。得人爵而棄天爵。則其惑又甚焉。終必幷其所得之人爵

新安倪氏云晉趙氏世呼趙孟荀智氏世呼智伯晉爲盟主趙氏世卿故當時謂趙孟能貴賤人

膏粱

元命苞云膏者神之液也又澤也肥也潤也以脂膏潤物曰膏○詩云芃芃黍苗陰雨膏之○易云雉膏不食○物理論云粱者黍稷之總名也

而亡之也。○孟子曰。欲貴者。人之同心也。人人有貴於己者。弗思耳。貴於己者。謂天爵也。人之所貴者。非良貴也。（以使我）趙孟之所貴。趙孟能賤之。人之所貴。謂人以爵位加己而後貴也。良者。本然之善也。趙孟。晉卿也。能以爵祿與人而使之貴。則亦能奪之而使之賤矣。若良貴。（良貴在己）則人安得而賤之哉。詩云。既醉以酒。既飽以德。（德即仁義）言飽乎仁義也。（已之）所以不願人之膏粱之味也。（其味無窮）（對已）令聞廣譽施於身。（飽仁義雖不求聞譽）所以不願人之文繡也。聞。去聲。○詩大雅既醉之篇。飽。充足也。願。欲也。膏。肥肉。粱。美穀。令。善也。聞。亦譽也。文繡。衣之美者也。仁義充足。而聞譽彰著。皆所謂良貴也。○尹氏曰。言在我者重。則外物輕。○

新鐫典故　孟子　卷六

善成堂

申

文繡
釋名云繡修也文修修然也尚書云予欲觀古人之象日月星辰山龍華蟲作會宗彝藻火粉米黼黻絺繡禮記云仲秋之月令有司文繡有恒必循其故所以交於神明者不可以同於所安樂之義故有黼黻文繡之美疏布之尚反及功之始也景帝詔云錦繡纂組

孟子曰。仁之勝不仁也。猶水勝火。今之為仁者而不力猶以一杯水救一車薪之火也。不熄。而思熄之也則謂之水不勝火。此由是人皆信之而不肯為人又與於不仁之甚者也。與。猶助也。仁之能勝不仁。必然之理也。但為之不力。則無以勝不仁。而人遂以為真不能勝。是我之所為。有以深助於不仁者也。亦終必亡而已矣。言此人之心。亦且自怠於為仁。終必并與其所為而亡之。○趙氏曰。言為仁不至。而不反諸己也。

○孟子曰。五穀者種之美者也。苟為不熟。不如荑稗。夫仁亦在乎熟之而已矣。荑。音蹄。稗蒲賣反。夫音扶。○荑稗。草之似穀者。其實亦可食。然不能如五穀之美也。但五穀不熟。則反不如荑稗之熟。猶

書文功也

蔿稗

說原云蔿稗二物也皆有米而細小水旱無不熟之時擣而炊之亦可備荒

任

趙氏云任薛同姓之國在齊楚之間

屋廬子

屋廬子名連晉賢人學於孟子掌著書言彭聃之法

親迎

禮云男子親迎

爲仁而不熟則反不如爲他道之有成是以爲仁必貴乎熟而不可徒恃其種之美又不可以仁之難熟而甘爲他道之有成也○尹氏曰日新而不已則熟○

孟子曰羿之教人射必志於彀學者亦必志於彀彀古候反○羿善射者也志猶期也彀弓滿也滿而後發射之法也學謂學射

大匠誨人必以規矩學者亦必以規矩大匠工師也規矩匠之法也○此章言事必有法然後可成師舍是則無以教弟子舍是則無以學曲藝且然況聖人之道乎

以

告子章句下 凡十六章

任人有問屋廬子曰禮與食孰重曰禮重任平

男先於女剛柔之義也○昏義云父親醮子而命之迎男先於女也子承父命以迎主人筵几於廟而拜迎於門外壻執雁入揖讓升堂再拜奠雁蓋親受之於父母也降出御婦車壻授綏御輪三周先俟於門外婦至壻揖婦入共牢而食合巹而酳合體同尊卑以親之也

聲。○任。國名。屋廬子名連。孟子弟子也。色與禮孰重。任人復問也。曰禮重。曰設也以禮食則飢而死。不以禮食則得食。必以禮乎。親迎則不得妻。不親迎則得妻。必以禮乎。迎去聲。屋廬子不能對。明日之鄒以告孟子。孟子曰。於答是也何有。於如字。○何有不難也。不揣其本而齊其末。方寸之木可使高於岑樓。揣初委反。○本謂下。末謂上。方寸之木至卑喻食色。岑樓樓之高銳似山者。至高喻禮者。不取其下之平。而升寸木於岑樓之上。則寸木反高。岑樓反卑矣。金重於羽者。豈謂一鉤金與一輿羽之謂哉。鉤帶鉤也。金本重而

樓說文云樓重屋也。又釋名云言牖戶諸射孔樓樓然也。○按漢書武帝時方士言黃帝爲五城十二樓以候神人

帶鉤小。故輕。以喻禮有輕於食色者。羽本輕而一輿多。故重。喻食色有重於禮者。**取食之重者與禮之輕者而比之。奚翅食重。取色之重者與禮之輕者而比之。奚翅色重。**翅與啻同。古字通用。施智反。○禮食親迎禮之輕者也。飢而死以滅其性。不得妻而廢人倫。食色之重者也。奚翅猶言何但。言其相去聲懸絕。不但有輕重之差而已。**往應之曰。紾兄之臂而奪之食則得食。不紾則不得食。則將紾之乎。踰東家牆而摟其處子則得妻。不摟則不得妻。則將摟之乎。**紾音軫。摟音婁。紾。戾也。摟。牽也。處子。處女也。此二者。禮與食色皆其重者。而以之相較。則禮爲尤重也。○此章言義理事物

曹交

曹姬姓伯爵出自文王子叔振鐸武王克商封之其地濟定陶縣是也交乃曹君之弟

匹雛

周官云庶人執鶩音木說苑云鶩無佗心故庶人以爲贄曲禮云庶人之執匹注匹讀爲鶩野鴨曰鳧家鴨曰鶩○雜識云禮檀弓以匹爲鶩匹字旁作鴨從省作匹鴨

其輕重固有大分。然於其中又各自有輕重之別。聖賢於此。錯綜斟酌。毫髮不差。固不肯枉尺而直尋。亦未嘗膠柱而調瑟。所以斷之。一視於理之當然而已矣。

○曹交問曰。人皆可以爲堯舜。有諸。（輕）（果可爲否）孟子曰。然。趙氏曰曹交。曹君之弟也。人皆可以爲堯舜。疑古語或孟子所嘗言也。

交聞文王十（自古能爲者莫如湯文）尺。湯九尺。今交九尺四寸以長。（比交不足比湯有餘亦聖人形體也但）食粟而已。如何則可。曹交問也。食粟而已。言無他材能也。（形體哉）曰。奚有於是。亦爲之而已矣。（重）有人於此。力不能勝一匹雛。（男怯無常惟人自用）（輕）則爲無力人矣。（重）今曰舉百鈞。（輩）則爲有力人矣。然則舉烏獲之任。（重）是亦爲烏獲而已矣。夫人豈

烏獲 烏獲秦武王時人力能扛鼎秦武王好以力戲力士烏獲至大官後秦武王與獲較力舉鼎折胘而卒

以不勝為患哉弗為耳。勝平聲。○匹字本作鳴。鳴也。從省作匹。禮記說匹為鶩是也。烏獲古之有力人也。能舉移千鈞。徐行後長者謂之（曰堯舜升難為也）弟。疾行先長者謂之不弟。夫徐行者豈人所不能哉所不為也。堯舜之道孝弟而已矣。後去聲。長上聲。先去聲。夫音扶。○陳氏曰。孝弟者人之良知良能。自然之性也。堯舜人倫之至亦率是性而已。豈能加毫末於是哉。楊氏曰堯舜之道大矣。而所以為之。乃在夫行止疾徐之閒。非有甚高難行之事也。百姓蓋日用而不知耳。子（能孝弟而）服堯之服誦（服循理）堯之言（言循理）行堯之行（行循理）是堯而已矣。子（不能孝弟而）服桀之服誦桀之言行桀之行是桀而已矣（故曰矣有於是亦為之而已矣）。之行一行並去聲。○

言爲善爲惡。皆在我而已。詳曹交之問。淺陋麤率。必其進見之時。禮貌衣冠言動之閒。多不循禮。故孟子告之如此兩節云

曰交得見（有自矜意）於鄒君可以假（有懷安意）館願留而受業於門。見音現。○假館而後受業。又可見其求道之不篤。

曰夫道（孝弟之）若大路（明白）然豈難知哉。人病不求耳。子歸而求之有（孝弟之間）餘師。夫音扶。○言道不難知。若歸而求之事親敬長之閒。則性分之內。萬理皆備。隨處發見。無不可師。不必留此而受業也。○曹交事長之禮既不至。求道之心又不篤。故孟子教之以孝弟。而不容其受業。蓋孔子餘力學文之意。亦不屑之教誨也。

○公孫丑問曰。高子曰。小弁（詩孝仁人君子之言惟）小人之詩也。（詩小雅蒙敬周王而此獨）孟子曰。何以言之。曰怨。弁音盤。○高子齊人也。小弁小

凱風　爾雅云南風謂之凱風東風謂之谷風北風謂之凉風西風謂之泰風凱風言其情谷風言其自凉風言其德泰風言其交

雅篇名。周幽王娶申后。生太子宜臼。又得褒姒。生伯服。而黜申后。廢宜臼。於是宜臼之傅爲作此詩。以敘其哀痛迫切之情也。（謂詩之怨以怨謂怨爲小人則非也）曰。固哉高叟之爲詩也。有人於此越人關弓而射之則己談笑而道之。無他疏之也。其兄關弓而射之則己垂涕泣而道之。無他戚之也。小弁之怨親親也。親親仁也。固矣夫高叟之爲詩也。關與彎同。射食亦反。夫音扶。○固謂執滯不通也。爲猶治也。越蠻夷國名。道語也。親親之心。仁之發也。

曰。凱風何以不怨。凱風。邶風篇名。衞有七子之母。不能安其室。七子作此以自責也。

曰。凱風親之過小者也。（害在一身）小弁親之過大者也。（危及社稷）

宋牼

宋牼姓宋名牼一名鈃齊宣王時人聞墨子之風而悅之作爲華山之冠以自表○宋人與孟子同時尹文弟子也

親之過大而不怨是愈疏也親之過小而怨見廢已疏而不怨是不可磯也愈疏不孝也不可磯亦不孝也磯音機○磯水激石也不可磯言微激之而遽怨也孔子曰舜其至孝矣五十而慕言舜猶怨慕小弁之怨不爲不孝也○趙氏曰生之膝下一體而分喘息呼吸氣通於親當親而疏怨慕號天是以小弁之怨未足爲愆也○宋牼將之楚孟子遇於石丘牼口莖反○宋姓牼名石丘地名曰先生將何之趙氏曰學士年長者故謂之先生假使曰吾聞秦楚構兵我將見楚王說而罷之楚王不悅我將見秦王說而罷之二王我將有所遇焉說音

稅。○時宋牼方欲見楚王恐其不悅則將見秦王也遇合也接莊子書有宋鈃者禁攻寢兵救世之戰上說下教強聒不舍疏云齊宣王時人以事考之（說七國之）即此人也。曰軻也請無問其詳願聞其指說之將何如曰我將言其不利也曰先生之志則大矣先生之（以利爲）號則不可。徐氏曰能於戰國擾攘之中而以罷兵息民爲說其志可謂大矣然以利爲名則不可也。先生以利（罷兵之）說秦楚之王秦楚之王悅於利以罷（由是）三軍之師是三軍之士樂罷而悅於利也爲人臣者懷利以事其君爲人子者懷利以事其父爲人弟者懷利以事其兄

季任

左傳云滕侯薛侯來朝爭長公使羽父請於薛侯曰周之宗盟異姓為後寡人若朝於薛不敢與諸任齒○杜

是君臣父子兄弟終去仁義懷利以相接然而不亡者未之有也樂音洛下同。先生以仁義說秦楚之王秦楚之王悅於仁義而罷三軍之師是三軍之士樂罷而悅於仁義也為人臣者懷仁義以事其君為人子者懷仁義以事其父為人弟者懷仁義以事其兄是君臣父子兄弟去利懷仁義以相接也然而不王者未之有也何必曰利王去聲○此章言休兵息民為事則一然其心有義利之殊而其效有興亡之異學者所當深察而明辨之也○孟子居鄒

門云薛任姓也齒列也是知薛與任爲同姓也○路史云任伯爵今濟陽之任城是其地季任乃任君之弟

季任爲任處守以幣交受之而不報處於平陸儲子爲相以幣交受之而不報任平聲相去聲下同○趙氏曰季任任君之弟任君朝會於鄰國季任爲之居守其國也儲子齊相也不報者來見則當報之但以幣交則不必報也他日由鄒之任見季子由平陸之齊不見儲子屋廬子喜曰連得閒矣屋廬子知孟子之處此必有義理故喜得其閒隙而問之問曰夫子之任見季子之齊不見儲子爲其爲相與爲其之爲爲去聲下同與平聲○言儲子但爲齊相不若季子攝守君位故輕之邪曰非也上貫書自解書曰享多儀儀不及物曰不享惟不役志于

享。書。周書洛誥之篇。享，奉上也。儀，禮也。物，幣也。役，用也。言雖享而禮意不及其幣，則是不享矣。以其不用志于享故也。（孟子解）爲其不成享也。孟子釋書意如此。屋廬子悅。或問之。屋廬子曰：季子不得之鄒，儲子得之平陸。徐氏曰：季子爲君居守，不得往他國以見孟子，則以幣交，而禮意已備。儲子爲齊相，可以至齊之境內，而不來見，則雖以幣交，而禮意不及其物也。○

淳于髡曰：先名實者，爲人也；（兼君民）後名實者，自爲也。夫子在三卿之中，（是志在救人而爲人明矣乃）名實未加於上下而去之，仁者固如此乎？先爲，皆去聲。○名，聲譽也。實，事功也。言以名實爲先而爲之者，是有志於救民者也。以名實爲後而不爲者，是欲獨善其身者也。名實未加於

公儀子

史記循吏傳云公儀休者魯博士也以高弟爲魯相奉法循理無所變更百官自正使食祿者不得與下民爭利受大者不得取小客有遺相魚者相不受客曰聞君嗜魚遺君魚何故不受也休曰以嗜魚故不受也今爲相能自給魚今受魚而免誰復給我魚者吾故

上下。言上未能正其君。下未能濟其民也。

孟子曰。居下位。不以賢事不肖者。伯夷也。五就湯。五就桀者。伊尹也。（是自爲爲八之間）不惡汙君。（是爲八）不辭小官者。柳下惠也。三子者不（去就）同道。其趨（志）一也。一者何也。曰仁也。君子（自高）亦仁而已矣。何（去就之迹）必同。

惡。趨。並去聲。○仁者。無私心而合天理之謂。楊氏曰。伊尹之就湯。以三聘之勤也。其就桀也。湯進之也。湯豈有伐桀之意哉。其進伊尹以事之也。欲其悔過遷善而已。伊尹既就湯。則以湯之心爲心矣。及其終也。人歸之。天命之。不得已而伐之耳。若湯初求伊尹。即有伐桀之心。而伊尹遂相之以伐桀。是以取天下爲心也。以取天下爲心。豈聖人之心哉。

曰。魯繆公之時。公儀子爲政。子（就）

不受也食茹而美拔其園葵而棄之見其家織布好而疾出其家婦燔其机云欲令農士工女安所售其貨乎

淇

大明一統志云淇水在今衛輝府淇縣

華周杞梁之妻

華周即華旋杞梁即杞殖皆齊大夫也○禮檀弓云哀公使人弔蕢尙遇諸道

柳子思爲臣（師傅之）魯之削也滋甚若是乎賢者之無益於國也公儀子名休爲魯相子柳泄柳也削地見侵奪也髡譏孟子雖不去亦未必能有爲也曰虞不用百里奚而亡秦穆公用之而霸不用賢則亡削何可得與與平聲○百里奚事見前篇曰昔者王豹處於淇而河西善謳（紆緒之）縣駒處於高唐而齊右善歌（雄放之）華周杞梁之妻善哭其夫而變國俗（由是觀之可見君子才猷）有諸內（則動業）必形諸外（頂有諸內）爲其事而無其功者（頂形諸外）髡未嘗覩之也是故無賢者也（直刺孟子）有則髡必識之（必形諸外）華去聲○王豹衛人善謳淇水名縣駒齊人善歌高唐齊

辟於路書宮而受弔焉曾子曰賁尚不如杞梁之妻之知禮也齊莊公襲莒於奪杞梁死焉其妻迎相於路而哭之哀○左傳云齊侯還自晉不入遂伐莒門於且于音疽于且于莒邑名公傷股而退明日將復戰期於壽舒杞殖華旋載甲夜入且王之隧宿於莒郊明日先遇莒子於蒲

西邑。華周。杞梁。二人皆齊之臣。戰死於莒。其妻哭之哀。國俗化之。皆善哭。髡以此譏孟子仕魯君于宗廟齊無功。未足爲賢也。

曰。孔子爲魯司寇。不用。從而祭。燔肉不至。不稅冕而行。不知者以爲爲肉也。其知者以爲爲無禮也。乃孔子則欲以微罪行。不欲爲苟去。君子之所爲。眾人固不識也。

祭服　亦由者皆未知孔子者也　指君相之失　無故而去　緊對先必識之　應　音稅

脫冕。爲肉爲無之爲。去聲。○按史記。孔子爲魯司寇。攝行相事。齊人聞而懼。於是以女樂遺魯君。季桓子與魯君往觀之。怠於政事。子路曰。夫子可以行矣。孔子曰。魯今且郊。如致膰于大夫。則吾猶可以止。桓子卒受齊女樂。郊又不致膰俎于大夫。孔子遂行。孟子言以爲爲肉者。固不足道。以爲爲無禮。則亦未爲深知孔子者。蓋聖人於父母之國。不欲顯其君侯氏莒子重賄之使無死戰曰請有盟華周對曰貪貨棄命亦君所惡也昏而受命日中而棄之何以事君遂進鬬殺二十七人而死莊公歸遇梁妻於郊使弔之其妻辭曰殖之有罪何辱命若免於罪則猶有先人之敝廬在下妾不得與於郊弔於是莊公乃還弔諸其室然後去○

相之失。文不欲爲無故而苟去。故不以女樂去而以膰肉行。其見幾明決。而用意忠厚。固非衆人所能識也。然則孟子之所爲。豈髡之所能識哉。○尹氏曰。淳于髡未嘗知仁。亦未嘗識賢也。宜乎其言若是。○孟子曰。五霸者。三王之罪人（似有功于三王實）也。今之諸侯（欲道除于五伯實）。五霸之罪人也。今（不惟君卽）之大夫（謂有功于諸侯實）。今之諸侯之罪人也。趙氏曰。五霸。齊桓。晉文。秦穆。宋襄。楚莊也。三王。夏禹。商湯。周文武也。丁氏曰。夏昆吾。商大彭。豕韋。周齊桓（六年）。晉文。謂之五霸（每年）。天子（十二年）適諸侯（只省於國中二句輕）曰巡狩。諸侯朝於天子。曰述職。春省耕而補不足。秋省斂而助不給（以下巡狩）。入其疆（未親之）。土地辟。田野（三跳之）治。養老（貴德）尊賢。俊傑在位（修政）。則有慶。慶以地。入其

辛亥

□梁無子其內外皆無五屬之親既無所歸乃枕其夫之屍於城下而哭內誠動人道路過者莫不爲之揮涕十日城爲之馳而隅爲之崩既葬赴淄水而死○吳氏程云按左傳禮記皆無華周妻哭之事此不過帶說耳

燔肉

公羊傳云腥曰脤熟曰燔○左傳云祀有執燔

疆土地荒蕪。遺老失賢，掊克在位，則有讓。以下逃藏不朝則貶其爵，再不朝則削其地，三不朝則六師移之。三王之制如此以此觀之是故天子討而不伐，諸侯伐而不討。五霸者，摟諸侯以伐諸侯者也。故曰：五霸者，三王之罪人也。朝，音潮。辟與闢同。治，去聲。○慶，賞也。益其地以賞之也。掊克，聚斂也。讓，責也。移之者，誅其人而變置之也。討者，出命以討其罪，而使方伯連帥帥諸侯以伐之也。伐者，奉天子之命，聲其罪而伐之也。摟，牽也。五霸牽諸侯以伐諸侯，不用天子之命也。自入其疆至則有讓，言巡狩之事。自一不朝至六師移之，言述職之事。

五霸桓公爲盛。葵丘之會諸侯，束牲載書而

善成堂

戊有受脤禮之六節也○禮書云社稷主腥故謂之脤宗廟主熟故謂之膰

歃血　盟

曲禮云約信曰誓涖牲曰盟盟者先從地爲方坎殺牲於坎上割牲左耳盛以珠盤又取血盛以玉敦用血爲盟書成乃取血塗口旁而讀書謂之歃血置牲坎中加書於告而埋之謂之載

不歃血。（載書之詞）初命曰。誅不孝。無易樹子。（父）無以妾爲妻。（夫婦）再命曰尊賢育才。（而有德之全者）以彰有德。（而有德之用者）三命曰。敬老慈幼。（本國之）無忘賓旅。（外國之）四命曰。士無世官。官事無攝。取士必得。無專殺大夫。五命曰。無曲防。無遏糴。無有封而不告。（又可嘆）曰凡我同盟之人。既盟之後。言歸于好。（務遵五禁）今之諸侯。皆犯此五禁。（定罪案）故曰今之諸侯。五霸之罪人也。歃所洽反。糴音狄。好。去聲。○按春秋傳僖公九年。葵丘之會。陳牲而不殺。讀書加於牲上。壹明天子之禁。樹。立也。已立世子。不得擅易。初命三事。所以脩身正家之要也。賓。賓客也。旅。行旅也。皆當有以待之。不可忽忘也。士書○司盟掌盟載之法○凡盟詛殺牲歃血告誓神明若有違背欲令神加殃咎使如此牲也○左傳云盟所以周信也寡君以爲苟有盟焉弗可改也已若猶可改日盟何益今吾子曰必尋盟若可尋也亦可寒也乃不尋盟○穀梁傳云誥誓不及五帝盟詛不及三王交質子不及

世祿而不世官。恐其未必賢也。官事無攝。當廣求賢才以充之。不可以闕人廢事也。取士必得。必得其人也。無專殺大夫有罪則請命于天子而後殺之也。無曲防。不得曲爲隄防壅泉激水以專小利病鄰國也。無遏糴。鄰國凶荒。不得閉糴也。無有封而不告者。不得專封國邑而不告天子也。

長君之惡其罪小（猶）**逢君之惡其罪大。今之大夫**（定罪案）**皆逢君之惡。故曰今之大夫今之諸侯之罪人也**

長上聲。○君有過不能諫。又順之者。長君之惡也。君之過未萌。而先意導之者。逢君之惡也。○林氏曰。邵子有言。治春秋者。不先治五霸之功罪。則事無統理。而不得聖人之心。春秋之閒。有功者未有大於五霸。有過者亦未有大於五霸。故五霸者。功之首。罪之魁也。孟子此章之義。其亦若此也與。然五霸得罪於三

五霸

防

郊特牲疏云防者所以畜水亦所以鄣水○周禮云凡防必因地勢善防者必淫之凡爲防廣與崇防其納三分去其大防必濁凡防必一日先深之以爲式

○糴

左傳云曾飢臧文仲言於公曰國病矣君盍以名器請糴於齊公曰誰使對曰

王。今之諸侯得罪於五霸。皆出於異世。故得以逃其罪。至於今之大夫。宜得罪於今之諸侯。則同時矣。而諸侯非惟莫之罪也。乃反以爲良臣而厚禮之。不以爲罪而反以爲功。何其謬哉。

○魯欲使慎子爲將軍。慎子，魯臣。孟子曰。不教民而用之。謂之殃民。（戰）殃民者（伏仁字）不容於堯舜（即不殃民而）之世。教民者。教之禮義。使知入事父兄。出事長上也。用之。使之戰也。一戰勝齊。遂有南陽。然且（伏違制）不可。是時魯蓋欲使慎子伐齊取南陽也。故孟（緊頂不可來）子言就使慎子善戰有功如此。且猶不可。慎子勃然不悅曰。此則滑釐所不識也。滑，音骨。○滑釐，慎子名。曰。吾明告子。（以不可之故）天子之（陪）地方千里。不千里。不足以待諸侯。諸侯歲有飢饉卿出告糴古之制也旅也備卿請如齊○晉薦飢使乞糴於秦秦輸粟於晉自雍及絳相繼命之曰汎舟之役○秦飢使乞糴於晉晉人弗與慶鄭曰背施無親幸災不仁貪愛不祥怒鄰不義四德皆失何以守國○國語云晉飢乞糴於秦穆公天殃流行國家代有補之薦

之地方百里不百里不足以守宗廟之典籍待諸侯謂待其朝覲聘問之禮宗廟典籍祭祀會同之常制也周公之封於魯爲方百里也地非不足而儉於百里太公之封於齊也亦爲方百里也地非不足也而儉於百里二公有大動勞於天下而其封國不過百里儉止而不過之意也

添二也字一亦字有神致

今魯方百里者五子以爲有王者作則魯在所損乎在所益乎魯地之大皆幷吞小國而得之有王者作則必在所損矣

與上天字應　主　賓

徒取諸彼以與此然且仁者不爲況於殺人以求之乎徒空也言不殺人而取之也君子之事君也

以爲非王制而　高唱　對愼子下針

飢道也不可以廢道於天下

愼子

愼子名到魯人或曰趙人與彭蒙田駢爲友學墨子弟子禽滑釐之術又好黃老道德至漢劉向所定愼子書則有四十一篇

白圭

史記云白圭周人或曰魏人當魏文侯時李克務盡地力而白圭樂觀時變故人棄我取人取

務引其君以當道志於仁而已。當道，謂事合於理。志仁，謂心在於仁。○孟子曰：今之事君者曰：我能爲君辟土地，充府庫。今之所謂良臣，古之所謂民賊也。君不鄉道，不志於仁，而求富之，是富桀也。爲，去聲。辟，與闢同。鄉，與向同。下皆同。○辟，開墾也。我能爲君約與國，戰必克。今之所謂良臣，古之所謂民賊也。君不鄉道，不志於仁，而求爲之強戰，是輔桀也。約，要結也。與國，和好相與之國也。由今之道，無變今之俗，雖與之天下，不能一朝居也。言必爭奪而至於危亡也。○白我數能薄飲食忍嗜欲節衣服與用事僮僕同苦樂○圭之中山中山之王欲留之圭辭而去又之齊齊王欲留之又辭而去人問其故曰之二國者皆將亡有五盡矣莫之忠則信盡矣莫之譽則名盡矣莫之愛則親盡矣行者無糧居者無食則財盡矣不能用人又不能自用則功

圭曰吾欲二十而取一何如白圭名丹周人也欲更税法二十分而取其一分林氏曰按史記白圭能薄飲食忍嗜欲與童僕同苦樂樂觀時變人棄我取人取我與以此居積致富其爲此論蓋欲以其術施之國家也孟子曰子之道貉道也貉音貊○貉北方夷狄之國名也萬室之國一人陶則可乎曰不可器不足用也孟子設喻以詰圭而圭亦知其不可也曰夫貉五穀不生惟黍生之無城郭宮室宗廟祭祀之禮無諸侯幣帛（交際之）饔飧（燕享之）無百官有司（之廩祿）故二十取一而足也（只須貨省言）夫音扶○北方地寒不生五穀黍早熟故生之饔飧以飲食饋客之禮也今居中國去人倫無

盡矣國有此五者必亡中山齊皆當此矣

黍

黍穀名苗似蘆高丈餘穗黑色實圓重五穀之長○古今注云稻之粘者爲秫黍之粘者爲黍○說文云以大暑而種故謂之黍○禮云黍曰薌合○月令云仲夏之月農乃登黍天子乃以雛嘗黍羞以含桃先薦寢廟○

君子。如之何其可也。無君臣祭祀交際之禮。是去人倫。無百官有司。是無君子。陶（應）以寡。且不可以爲國。況無君子乎。（以立人倫）因其辭以折之。欲（主）輕之於堯舜之道者。（彼）大貉小貉也。（而我）欲重（賓）之於堯舜之道者。（彼）大桀小桀也。（而我）什一而稅。堯舜之道也。多則桀。寡則貉。今欲輕重之。則是小貉小桀而已。○白圭曰。丹之治水也。愈於禹。趙氏曰。當時諸侯有小水。白圭爲之築隄。壅而注之他國。孟子曰。子（之言）過矣。禹之治水。水（非以私意乃順）之道也。順水之性也。是故禹以四海爲壑。今吾子以鄰（不仁）國爲壑。壑受水處也。水逆行謂之洚水。洚水者洪（即堯時所謂）水也。仁（指禹）人之庶人春薦韭，夏薦麥，秋薦黍，冬薦稻。韭以卵，麥以魚，黍以豚，稻以雁。

傅說

書云：王宅憂，亮陰三祀。既免喪，其惟弗言。羣臣咸諫王，王庸作書以誥曰：以台正於四方，台恐德弗類，茲故弗言。恭默思道，夢帝賚予良弼，其代予言。乃審厥象，俾以形旁求於天下。說築傅

所惡也。吾子過矣。惡，去聲。○水逆行，謂下流壅塞，故水逆流。今乃壅水以害人，則與洪水之災無異矣。

○孟子曰：君子不亮，惡乎執？君子臨事能執者，皆因其平日亮也。惡，平聲。○亮，信也，與諒同。信其理於心而固守之。惡乎執，言凡事苟且，無所執持也。

○魯欲使樂正子為政。孟子曰：吾聞之，喜而不寐。二字着眼。喜其道之得行。

公孫丑曰：樂正子強乎？能擔當。曰：否。有知慮乎？能謀畫。曰：否。

多聞識乎？能通達。曰：否。知，去聲。○此三者，皆當世之所尚，而樂正子之所短，故丑疑而歷問之。

然則奚為喜而不寐？丑問也。曰：其為人也好善。好，去聲。下同。

好善足乎？丑問也。魯大國也。曰：好善優於天下，為政者。而況魯國乎？優，有餘裕也。言雖治天下，尚有餘力也。夫苟

近會典文　孟子　卷六　旡　善成堂

巖之野惟肖爰立作相王置諸其左右○史記云傳說殷之傳巖人也在北海之州虞虢之界通道所經有澗水壞道常使胥靡刑人築護之說賢而隱居貧不能自給乃代胥靡築之以供食武丁舉之

版築 縣布傳身負版築李奇曰版牆版也築杵也

孫叔敖

好善則四海之內皆將輕千里而來告之以善。夫音扶下同。○輕易也。言不以千里爲難也。夫苟為政者不好善則人將私議此人曰訑訑予既凡事自謂已知之矣擂爲訑訑光景訑訑之聲音顏色。距人於千里之外。士止於千里之外則讒諂面諛之人至矣。與讒諂面諛之人居國欲治。可得乎。訑音移。治去聲。○訑訑自足其智不嗜善言之貌。君子小人迭爲消長直諒多聞之士遠則讒諂面諛之人至理勢然也。○此章言爲政不在於用一己之長而貴於有以來天下之善。○陳子見孟子不仕曰古之君子何如則仕孟子曰所就不難就非不仕也三所去不輕去亦非苟仕也三。其目以道爲去就在下。迎之致敬以有禮左傳云莊王將興師伐晉曰敢諫者死叔敖曰臣聞畏鞭箠之嚴而不敢諫其父非孝子也懼斧鉞之誅而不敢諫其君非忠臣也於是遂進諫○史記爲賈見叔敖於王既而隱於民間不任令尹虞邱子見於王曰臣之尸祿久矣民不加治獄訟不息處士不升淫禍不止久踐高位

言將重行其言也則就之禮貌未衰言弗行也則去之所謂見行可之仕若孔子於季桓子是也受女樂而不朝則去之矣其次以禮爲去就雖未行其言也迎之致敬以有禮則就之禮貌衰則去之所謂際可之仕若孔子於衛靈公是也故與公遊於囿公仰視蜚鴈而後去之其下以養爲去就朝不食夕不食飢餓不能出門戶君聞之曰吾大者不能行其道又不能從其言也使飢餓於我土地吾恥之周之亦可受也以所受有節不濫免死而已矣所謂公養之仕也君之於民固有周之之義況此又有悔過之言所以可受然未至於飢餓不能出門戶則猶不受也其曰免死而已則

妨賢害能臣知罪矣聞有下里之士孫叔敖者秀而多能其性無欲君能舉而授之以政則國可使理民可使附也莊王以車迎之既至使爲令尹〇叔敖相楚三月施教導民上下和同政緩禁止吏無姦邪盜賊不起秋冬則勸民山採春夏以水各得其所便民皆樂其生〇叔敖相

其所受亦有節矣。〇孟子曰：舜(帝)發於畎畝之中，傳說(王臣)舉於版築之閒，膠鬲舉於魚鹽之中，管夷吾(伯佐)舉於士，孫叔敖舉於海，百里奚舉於市。說音悅〇舜耕歷山三十登庸說築傳巖武丁舉之膠鬲遭亂鬻販魚鹽文王舉之管仲囚於士官桓公舉以相國孫叔敖隱處海濱楚莊王舉之爲令尹百里奚事見前篇。故天將降大任(君相)於是人也，必先苦其心志(內不舒)，勞其筋骨(外不寧)，餓其(食不足)體膚，空乏(用不周)其身，行拂亂(意不遂)其所爲(是人)，所以動(其仁義禮)心(智之)忍性(其聲色臭味之)，曾益其所不能(知行)。曾與增同。〇降大任使之任大事也若舜以下是也空窮也乏絕也拂戾也言使之所爲不遂多背戾也動心忍性謂竦動其心堅楚期年而楚國大治。莊王以伯叔敖妻不衣帛，馬不食粟，嘗乘棧車牝馬，披羖羊之裘。從者曰：車新則安，馬肥則疾，狐輕則沮，何不爲也。敖曰：吾聞君子服美益恭，小人服美益倨，吾無德以堪之矣。

膠鬲

呂氏春秋云：膠鬲遭殷末之亂，鬻販魚鹽，文王舉之於殷。文王

忍其性也。然所謂性，亦指氣稟食色而言耳。程子曰：若要熟，也須從這裏過。

人恆過，然後能改；何以見之 困於心，抑鬱不伸 衡於慮，思慮不順過覺於己 而後作；徵於色，發於聲，過彰於人 而後喻。

衡與橫同。○恆，常也。猶言大率也。橫，不順也。作，奮起也。徵，驗也。喻，曉也。此又言中人之性，常必有過，然後能改。蓋不能謹於平日，故必事勢窮蹙，以至困於心，橫於慮，然後能奮發而興起；不能燭於幾微，故必事理暴著，以至驗於人之色，發於人之聲，然後能警悟而通曉也。

入則無法家拂士，出則無敵國外患者，國恆亡。

拂與弼同。○此言國亦然也。法家，法度之世臣也。拂士，輔弼之賢士也。

然後知生振發於憂患而死於安淹沒樂也。

樂，音洛。○以上文觀之，則知人之生全出於憂患，而死亡由於安樂矣。○尹氏曰：言

斤會典故　孟子　卷六　三　善成堂

沒武王立使叔
旦就膠鬲於四
內而與之盟曰
加富三等就官
一列爲三書同
辭血之以牲埋
一於四內皆以
一歸

困窮拂鬱能堅人之志而熟
人之仁以安樂失之者多矣
○孟子曰教亦
多術矣予不屑之教誨也者是亦教誨之而
已矣
多術言非一端屑潔也不以其人爲潔
而拒絕之所謂不屑之教誨也其人若
能感此退自脩省則是亦我教誨之也○尹
氏曰言或抑或揚或與或不與各因其材而
篤之無非教也

心性命

易云乾道變化各正性命保合太和乃利貞○一陰一陽之謂道繼之者善也成之者性也○成性存存道義之門○窮理盡性以至於命○書云人心惟危道心惟微惟精惟一允執厥中○惟皇降衷於下民厥有恆性○人生而靜天之性也感於物而動性之欲也

孟子卷之七

朱熹集註

盡心章句上 凡四十六章

孟子曰盡其心者而體用無遺出于人知其性也知其性則知天性所從出之

心者人之神明所以具衆理而應萬事者也性則心之所具之理而天又理之所從以出者也人有是心莫非全體然不窮理則有所蔽而無以盡乎此心之量故能極其心之全體而無不盡者必其能窮夫理而無不知者也既知其理則其所從出亦不外是矣以大學之序言之知性則物格之謂盡心則知至之謂也

凡此者知之至

存其心心既盡又貴養其性性既知又貴所以事天也行之至

存謂操而不舍養謂順而不害事則奉承而不違也不爲物欲搖奪

殀壽不貳脩身以俟之所以立命也

殀壽命之短長也貳疑也

○民有血氣心知之性而無喜怒哀樂之常感物而動然後心術形焉

不貳者知天之至。脩身以俟死。則事天以終身也。立命。謂全其天之所付。不以人爲害之。○程子曰。心也。性也。天也。一理也。自理而言謂之天。自稟受而言謂之性。自存諸人而言謂之心。張子曰。由太虛有天之名。由氣化有道之名。合虛與氣有性之名。合性與知覺有心之名。愚謂盡心知性而知天。所以造其理也。存心養性以事天。所以履其事也。不知其理。固不能履其事。然徒造其理而不履其事。則亦無以有諸已矣。知天而不以殀壽貳其心。智之盡也。事天而能脩身以俟死。仁之至也。智有不盡。固不知所以爲仁。然智而不仁。則亦將流蕩不法。而不足以爲智矣。

○孟子曰。莫非命也。順受其正。人物之生。吉凶禍福。皆天所命。然惟莫之致而至者。乃爲正命。故君子脩身以俟之。所以順受乎此也。是故知命者不立乎巖牆之下。

命，謂正命。巖牆，牆之將覆者。知正命，則不處危地以取覆壓之禍。盡其道而死者，正命也。盡其道，則所值之吉凶，皆莫之致而至者矣。（不盡其道）桎梏死者，非正命也。桎梏，所以拘罪人者。言犯罪而死，與立巖牆之下者，同皆人所取，非天所為也。○此章與上章蓋一時之言，所以發其末句未盡之意。（夫得失係于求不求）○孟子曰：求則得之，舍則失之，是求有益於得也，求（其）在我者也。（人何憚而不求哉）舍，上聲。○在我者，謂仁義禮智，凡性之所有者。求之有道，得之有命，（夫得係于求）是求無益於得也，求在外者也。（人何苦而必求哉）有道，言不可妄求。有命，則不可必得。在外者，謂富貴利達，凡外物皆是。○趙氏曰：言為仁由己，富貴在天，如不可求，從吾所好。○孟子曰：萬物（當然之理）皆備（仁）於我（即性　性分中）矣。

德禮義
易云君子體仁足以長人嘉會足以合禮利物足以和義貞固足以幹事○君子敬以直內義以方外敬義立而德不孤○禮云義者仁之節也仁者義之本也○義者所以濟其志也其義盛者其志厚其志厚者其義章○君子禮以坊德刑以坊淫○人有禮則安無

此言理之本然也。大則君臣父子。小則事物細微。其當然之理。無一不具於性分之內也。

反身而誠。樂莫大焉。（諸）（所循之理皆）（于此）

樂。音洛。○誠。實也。言反諸身而所備之理。皆如惡惡臭。好好色之實然。則其行之不待勉強。而無不利矣。其為樂孰大於是。

彊恕而行。求仁莫近焉。（若未至于誠則）（于此）

彊。上聲。○彊。勉強也。恕。推己以及人也。反身而誠。則仁矣。其有未誠。則是猶有私意之隔。而理未純也。故當凡事勉強。推己及人。庶幾心公理得。而仁不遠也。○此章言萬物之理具於吾身。體之而實。則道在我而樂有餘。行之以恕。則私不容而仁可得。

○孟子曰。行之而不著焉。習矣而不察焉。終身由之而不知其道者眾也。（怪世不明道方）（能其理之當然既）（能其理之所以然所以）（于道中）

著者。知之明。察者。識之精。言方行之而不能明其所當然。既習矣而猶不識其所以然。所以終身由

禮則危故曰禮者不可不學也
○先王之立禮也有本有文忠信禮之本也義理禮之文也無本不立無文不行

之而不知其道者多也。○孟子曰。人不可以無恥。無恥之恥。（事爲則終身累）無恥矣。趙氏曰。人能恥己之無所恥。是能改行從善之人。終身無復有恥辱之累矣。○孟子曰。恥之於人大矣。（所係）恥者。吾所固有羞惡之心也。存之則進於聖賢。失之則入於禽獸。故所繫爲甚大。爲機變之巧（機作爲字）者。無所用恥焉。爲機械變詐之巧者。所爲之事。皆人所深恥。而彼方且自以爲得計。故無所用其愧恥之心也。不恥不若人。（夫不以機變爲恥是一事）何若人有。（事更）但無恥一事不如人。則事事不如人矣。或曰。不恥其不如人。則何能有如人之事。其義亦通。或問人有恥不能之心如何。程子曰。恥其不能而爲之可也。恥其不能而掩藏之。不可也。○孟子曰。古之賢王。好善（人之）而忘勢。（己之）古之賢士何獨不然。樂其道而忘人之勢。故王公不致敬盡禮，則不得亟見之。見且猶不得亟，而況得而臣之乎。好，去聲。樂，音洛。亟，去吏反。○言求利，二者勢若相反，而實則相成。蓋亦各盡其道而已。○孟子謂宋句踐曰：子好遊乎。吾語子遊。句，音鉤。好、語皆去聲。○宋，姓。句踐，名。遊，遊說也。人知之亦囂囂，人不知亦囂囂。趙氏曰：囂囂，自得無欲之貌。曰：何如斯可以囂囂矣。曰：尊德樂義，則可以囂囂矣。樂，音洛。○德，謂所得之善。尊之，則有以自重，而不慕乎人爵之榮。義，謂所守之正。樂之，則有以自安，而不徇乎外物之誘矣。故士窮不

豪傑 智過百人者謂之豪過十人者謂之傑

失義達不離道離力智反○言不以貧賤而移不以富貴而淫此尊德樂義見於行事之實也窮不失義故士得己焉達不離道故民不失望焉得己言不失己也民不失望言人素望其興道致治而今果如所望也古之人得志澤加於民不得志脩身見於世窮則獨善其身達則兼善天下見音現○見謂名實之顯著也此又言士得己民不失望之實○此章言內重而外輕則無往而不善○孟子曰待文王而後興者凡民也若夫豪傑之士雖無文王猶興夫音扶○興者感動奮發之意凡民庸常之人也豪傑有過人之才智者也蓋降衷秉彝人所同得惟上智之資無物欲之蔽

韓

史記韓世家云韓之先與周同姓姬氏其後苗裔事晉得封於韓原曰韓武子後三世有韓厥從封姓爲韓氏○括地志云韓原在同州韓城縣西南八里又韓城在縣南十八里故古韓國也

爲能無待於教而自能感發以有爲也。○孟子曰附之以韓魏之家如其自視欿然則過人遠矣。欿音坎。○附益也。韓魏晉卿富家也。欿然不自滿之意。尹氏曰。言有過人之識則不以富貴爲事。○孟子曰以佚道使民雖勞不怨以生道殺民雖死不怨殺者。程子曰。以佚道使民謂本欲佚之也。播穀乘屋之類是也。以生道殺民謂本欲生之也。除害去惡之類是也。蓋不得已而爲其所當爲則雖咈民之欲而民不怨其不然者反是。○孟子曰霸者之民驩虞如也。王者之民皞皞如也。皞胡老反○驩虞與歡娛同。皞皞廣大自得之貌。程子曰。驩虞有所造爲而然。豈能久也。耕田鑿井。帝力何有於我。如天之自然。乃王者

之政。楊氏曰。所以致人驩虞。必有違道干譽
之事。若王者則如天。亦不令人喜。亦不令人
怒。殺(刑)之而不怨(忘其殺)。利(政)之而不庸(忘其利)。民日遷(教)善而不
知爲之者(忘其教)。此所謂皡皡如也。庸。功也。豐氏曰。
因民之所惡而去之。非有心於殺
之也。何怨之有。因民之所利而利之。非有心
於利之也。何庸之有。輔其性之自然。使自得
之。故民日遷善而
不知誰之所爲也。夫君子(指王者)所過者化。所存者
神。上下與天地同流。豈曰小補之哉(如霸者 應霸)。○夫音扶。君子。
聖人之通稱也。所過者化。身所經歷之處。卽
人無不化。如舜之耕歷山而田者遜畔。陶河
濱而器不苦窳也。所存者神。心所存主處。便
神妙不測。如孔子之立斯立。道斯行。綏斯來。
動斯和。莫知其所以然而然也。是其德業之
盛。乃與天地之化。同運並行。舉一世而甄陶

新鐫典故

之。非如霸者但小小補塞其罅漏而已。此則王道之所以爲大。而學者所當盡心也。○

孟子曰。仁言（之虛）不如仁聲（之實）之入人深也。

程子曰。仁言。謂以仁厚之言加於民。仁聲。謂仁聞。謂有仁之實。而爲衆所稱道者也。此尤見仁德之昭著。故其感人尤深也。

善政（均仁聲也而政教分焉）不如善教之得民也。（而言與聲要不外政教見之）

政。謂法度禁令。所以制其外也。教。謂道德齊禮。所以格其心也。

善政（所謂得民者何）民畏之。（不止民畏）善教民愛之。（不止民愛　恒）善政得民財。善教得民心。

得民財者。百姓足而君無不足也。得民心者。不遺其親。不後其君也。○

孟子曰。人之所不學而能者。其良能（照愛敬）也。所不慮而知者。其良知（照知愛知敬）也。

良者。本然之善也。程子曰。良知良能。皆無所由。乃日於天。不係於人。

孩提之童

無不知愛其親也。及其長也。無不知敬其兄也。長上聲下同。○孩提二三歲之間知孩笑可提抱者也。愛親敬長所謂良知良能者也。親親仁也（之心即我性之）敬長義也（之心即我性之）無他達之天下也（即上無不字）。言親親敬長。雖一人之私。然達之天下無不同者所以爲仁義也。○孟子曰舜之居深山之中。與木石居。與鹿豕遊。其所以異於深山之野人者幾希（不多）。及其（舜無異也 偶）聞一善言見一善行（勇子從善）。若決江河。沛然莫之能禦也。○行去聲。○居深山謂耕歷山時也。蓋聖人之心至虛至明渾然之中萬理畢具。一有感觸則其應甚速。而無所不通。非孟子造道之深。不能形容至此也。○孟子曰無爲其所

孽子

庶子曰孽何休注公羊以爲孽賤子猶樹之有孽生也○通論云妾隸之子曰孽孽之言孽也有罪之女没縻役之而已得幸於君有所生若本既伐而生枿故於文子辟爲孽辟者辠也故謂孽子

不爲無欲其所不欲如此而已矣以擴充羞惡之心李氏曰有所不爲不欲人皆有是心也至於私意一萌而不能以禮義制之則爲所不爲欲所不欲者多矣能反是心則所謂擴充其羞惡之心者而義不可勝用矣故曰如此而已矣○孟子曰人之有德慧德之明術知術之巧者恆存乎疢疾知去聲疢丑刃反○德慧者德之慧術知者術之知疢疾猶災患也言人必有疢疾則能動心忍性增益其所不能也。獨孤臣孽子是臣子有疢疾者也其操心也危其慮患也深故達孤臣遠臣孽子庶子皆不得於君親而常有疢疾者也達謂達於事理即所謂德慧術知也○孟子曰有事君人者一等事是君其則不以責難爲事爲欲君我容我悅者也阿徇以爲容逢迎以爲悅此鄙夫之事妾婦之道也等而上之又有安社稷臣者以安社稷爲悅者也安社稷如小人之務悅其君。眷（等而上之）眷於此而不忘也。（出而）有天民者（以道自重必）達可行於天下而後行之者也。民者無位之稱，以其全盡天理，乃天之民，故謂之天民。必其道可行於天下，然後行之；不然，則寧沒世不見知而不悔，不肯小用其道以徇於人也。張子曰：必功覆斯民，然後出，如伊呂之徒。（等而上之）有大人者（其德盛化神）正己而物正者也。大人，德盛而上下（君民）化之，所謂見龍在田，天下文明者。○此章言人品不同，略有四等。容悅佞臣不足言。安社稷則忠矣，然猶一國之士也。天民則非一國之士矣，然猶有意也。無意無必，惟其所在而物無不化，惟聖者能之。○孟子曰：君子有（人皆知王天下可樂不知）三樂（性分中）而王（只說得任不說其道大行上）天下不與存焉。樂，音洛。王、與，皆去聲。下並同。父母俱存兄弟無故（吾得致孝養；吾得致友恭　天倫）一樂也。此人所深願而不可必得者。今既得之，其樂可知。

仰不愧於天（焉可與天知），俯不怍於人（焉可對人言），二樂也。（自修）程子曰：人能克己，則仰不愧，俯不怍，心廣體胖，其樂可知。有息則餒矣。

得天下英才而教育之（導；養；成物），三樂也。盡得一世明睿之才，而以所樂乎己者教而養之，則斯道之傳得之者衆，而天下後世將無不被其澤矣。聖人之心所願欲者，莫大於此。今既得之，其樂爲何如哉。

君子有三樂，而王天下不與存焉。林氏曰：此三樂者，一係於天，一係於人。其可以自致者，惟不愧不怍而已。學者可不勉哉。

○孟子曰：廣土衆民（此諸侯事；澤可遠施），君子欲之，所樂不存焉（然）。樂，音洛，下同。○地闢民聚，澤可遠施，故君子欲之，然未足以爲樂也。

中天下

而立定四海之民。君子樂之。（此天子事，作君作師，不但廣土也）所性不存焉。（之所樂）其道大行。無一夫不被其澤。故君子樂之。然其所得於天者。則不在是也。君子所性。雖大行不加焉。（而得所欲所樂）雖窮居不損焉。（而不得所欲所樂）分定故也。分去聲。○分者。所得於天之全。君子所性。仁義禮智根於心。（根既內深則生意外見）其生色也。睟然見於面。盎於背。施（以至）於四體。四體不（待吾）言而（自能）喻。（吾意根也生色之妙如此）睟音粹。見音現。盎烏浪反。○上言所性之分。與所欲所樂不同。此乃言其蘊也。仁義禮智。性之四德也。根。本也。生。發見也。睟然。清和潤澤之貌。盎。豐厚盈溢之意。施於四體。謂見於動作威儀之間也。喻。曉也。四體不言而喻。言四體不待吾言而自能曉吾意也。蓋氣稟清明。無物欲之累。則性之四德根本於心。其

蠶妃

黃帝元妃西陵氏嫘祖始教民育蠶治絲以供衣服後世祀爲先蠶周官內宰詔皇后蠶於北郊齋戒享先蠶及祀記皇后祭先蠶西陵氏是也○周禮馬質掌質馬禁原蠶蓋蠶與桑同生於三月故曰春蠶原蠶謂之再蠶一名魏蠶俗又呼爲夏蠶先王之法禁爲鄭

積之盛。則發而著見於外者。不待言而無不順也。程子曰。睟面盎背。皆積盛致然。四體不言而喻。惟有德者能之。○此章言君子固欲其道之大行。然其所得於天者。則不以是而有所加損也。

○孟子曰。伯夷辟紂。居北海之濱。聞文王作。興曰。盍歸乎來。吾聞西伯善養老者。大公辟紂。居東海之濱。聞文王作。興曰。盍歸乎來。吾聞西伯善養老者。天下有善養老。則仁人以爲己歸矣。辟去聲。下同。大他蓋反。○己歸。謂己之所歸。餘見前篇。

五畝之宅。樹牆下以桑。匹婦蠶之。則老者足以衣帛矣。五母雞。二母彘。無失其時。老者天文房爲天駟，辰則大火。蚕書蚕爲龍精，月直大火則浴其種，是蚕與馬同氣，物莫能兩大。禁原蚕者，爲傷馬也。故埤雅謂禁原蚕者，非特獲桑，又以害馬故耳。

菽

物理論云：菽者衆豆之總名。○廣雅云：大豆，菽也。○詩云：七月烹葵及菽，十月納禾稼，黍穜重

足以無失肉矣。百畝之田，匹夫耕之，八口之家可以無飢矣。衣，去聲。○此文王之政也。一家養母雞五，母彘二也。餘見前篇。所謂西伯（伯夷太公）善養老者，制其田里，教之樹畜，導其妻子，使（各自）養其老。五十非帛不煖，七十非肉不飽。（衣帛食肉）不煖不飽，謂之凍餒。文王之民，無凍餒之老者，此之謂也。（伯夷太公所云善養老）田，謂百畝之田。里，謂五畝之宅。樹，謂耕桑。畜，謂雞彘也。趙氏曰：善養老者，教導之使可以養其老耳，非家賜而人益之也。○孟子曰：易其田疇，（則地利之所獲甚豐）薄其稅斂，（則惟正之供有限）民可使富也。易、斂，皆去聲。○易，治也。疇，耕治之田也。食之以時，（致）（不妄食）用之以禮，（致）（不妄用）財不可勝

卷七　九

善成堂

穄米麻菽麥。○范子計然云：東方多麥稻，西方多麻，北方多菽，中央多木。

登泰山

泰族訓云：登泰山，履石封以望八荒，視天都若蓋，江河若帶。

觀海

後漢王粲遊海賦云：含精純之至道，將輕舉而高厲。遊余心以廣觀兮，且彷徉乎西裔。乘蘭桂之輕舟，浮六江

用也。勝，音升。○教民節儉，則財用足也。民非水火不生活。昏暮叩人之門戶，求水火，無弗與者。伏仁字至足矣。故也聖人治天下，開源節流使有菽粟如水火。菽粟如水火，而民焉有不仁者乎？焉，於虔反。○水火，民之所急，宜其愛之，而反不愛者，大哉多故也。尹氏曰：言禮義生於富足。在魯國則爲魯之一人如民無常產，則在天下則爲天下之一人如無常心矣。○孟子曰：孔子登東山而小魯，登太山而小天下。故觀於海者難爲水，衆水遊於聖人之門者難爲言。衆言此言聖人之道大也。東山，蓋魯城東之高山，而太山則又高矣。此言所處益高，則其視下益小；所見既大，則其小者不足觀也。難爲水，難爲言，猶仁不可爲衆之意。觀水有術，必觀

而遥逝翼驚風
以長驅集會稽
而一眂登陰隅
以東望兮覽蒼
海之體勢吐星
出日天與水際
其深不測其廣
無泉尋之冥地
不見涯涘章亥
所不極虞敖所
不屈洪洪洋洋
誠不可度也處
嵎夷之正位兮
同色號於穹蒼
包納汚之弘量
正宗廟之紀綱
總衆流而臣下
爲百谷之君王

其瀾。日月有明。容光必照焉。此言道之有本也。瀾。水之湍急處也。明者。光之體。光者。明之用也。觀水之瀾則知其源之有本矣。觀日月於容光之隙無不照。則知其明之有本矣。流水之爲物也。不盈科不行。君子之志於道也。不成章不達。言學當以漸乃能至也。成章。所積者厚而文章外見也。達者。足於此而通於彼也。○此章言聖人之道大而有本。學之者必以其漸乃能至也。

○孟子曰。雞鳴而起。孳孳爲善者。舜之徒也。孳孳。勤勉之意。言雖未至於聖人。亦是聖人之徒也。雞鳴而起。孳孳爲利者。蹠之徒也。蹠。盜蹠也。欲知舜與蹠之分。無他。利與善之閒也。程子曰。言閒者謂相去不遠。所爭毫

新會典故孟子　卷七　一

善成堂

雞鳴

詩云文曰雞鳴士曰昧旦則雞鳴正夜半之時也〇又云雞既鳴矣朝既盈矣

拔一毛

列子楊朱篇楊子曰伯成子高不以一毫利物舍國而隱大禹不以一身自利一體偏枯古之人損一毫利天下不與也悉天下奉一身不取也人人不損一毫人人不利天

未耳。善與利。公私而已矣。才出於善。便以利言也。楊氏曰。舜蹠之相去遠矣。而其分乃在利善之間而已。是豈可以不謹。然講之不熟。見之不明。未有不以利為義者。又學者所當深察也。或問雞鳴而起。若未接物。如何為善。程子曰。只主於敬。便是為善。

〇孟子曰。楊子（僅）取為我。（窮其為我之至）拔一毛而利天下（彼）不為也。為我之為去聲。〇楊子。名朱。取者。僅足之意。取為我者。僅足於為我而已。不及為人也。列子稱其言曰。伯成子高不以一毫利物是也。墨子兼愛。（窮其兼愛之至）摩頂放踵。利天下（彼亦）為之。放。上聲。〇墨子名翟。兼愛無所不愛也。摩頂。摩突其頂也。放。至也。子莫執中。（楊墨之）執中為近之。（亦）執中無權。（然）猶執一（楊墨之）也。子莫。魯之賢人也。知楊墨之失中也。故度於二者之間而執其中。近。近道也。權。稱錘

二

下天下治矣禽子問揚朱曰去子體之一毛以濟一世汝爲之乎揚朱曰世固非一毛之所濟禽子曰假濟爲之乎楊子弗應

也。所以稱物之輕重而取中也。執中而無權，則膠於一定之中而不知變，是亦執一而已矣。程子曰：中字最難識，須是默識心通。且試言一廳，則中央爲中；一家，則廳非中而堂爲中；一國，則堂非中而國之中爲中。推此類可見矣。又曰：中不可執也，識得則事事物物皆有自然之中，不待安排，安排著則不中矣。

所惡執一者，爲其賊道（聖賢中正之）也，舉一而廢百也。

惡、爲，皆去聲。○賊，害也。爲我害仁，兼愛害義，執中者害於時中，皆舉一而廢百者也。○此章言道之所貴者中，中之所貴者權。楊氏曰：禹稷三過其門而不入，苟不當其可，則與墨子無異；顏子在陋巷不改其樂，苟不當其可，則與楊氏無異。子莫執爲我兼愛之中而無權，鄉鄰有鬭而不知閉戶，同室有鬭而不知救之，是亦猶執一耳，故孟子以爲賊道。禹稷顏回易地則皆然，以其有權也；不然，則是亦楊墨而

三公

尚書云立太師太傅太保兹爲三公論道經邦燮理陰陽則三公乃官之至尊者也

朝

新安陳氏云集註論語夫子之墻數仞下云七尺曰仞愚按周書爲山九仞孔安國云八尺曰仞鄭玄云七尺曰仞集註兩存其說與蔡氏傳從孔說愚橙之

已矣。○孟子曰。飢者甘食。渴者甘飲。是未得飲食之正也。飢渴害之也。豈惟口腹有飢渴之害。人心亦（虛）皆有害。口腹爲飢渴所害。故於飲食不暇擇。而失其正味。人心爲貧賤所害。故於富貴不暇擇。而失其正理。人能無以飢渴之害（貧賤者人心之飢渴也）爲心害。則不及人不爲憂矣。人能不以貧賤之故而動其心。則過人遠矣。○孟子曰。柳下惠（人皆知其和而不知其非常和也）不以三公易其介。（所守之）介。有分辨之意。柳下惠進不隱賢。必以其道。遺佚不怨。阨窮不憫。直道事人。至於三黜。是其介也。○此章言柳下惠和而不流。與孔子論夷齊不念舊惡意正相類。皆聖賢微顯闡幽之意也。○孟子曰。有爲者辟若（照及泉）掘井。掘井九軔周禮匠人爲溝洫廣四尺深四尺謂之溝廣八尺深八尺謂之洫廣二尋深二仞謂之澮蓋其爲溝洫澮是加一倍之數尋八尺也仞亦八尺也度修廣則計之以尋度高深則計之以仞是澮之廣與深各一丈六尺也以此觀之則孔說爲是鄭說恐非

而不及泉猶爲棄井也。辟讀作譬。軔音刃。與仞同。○八尺曰仞。言鑿井雖深。然未及泉而止。猶爲自棄其井也。○呂侍講曰。仁不如堯。孝不如舜。學不如孔子。終未入於聖人之域。終未至於天道。未免爲半途而廢。自棄前功也。○孟子曰。堯舜性之也。（指仁義）湯武身之也。（總是真實不偽）五霸假之也。堯舜天性渾全。不假脩習。湯武脩身體道。以復其性。五霸則假借仁義之名。以求濟其貪欲之私耳。久假而不歸。惡知其非有也。惡。平聲。○歸。還也。有。實有也。言竊其名以終身。而不自知其非眞有。或曰。蓋歎世人莫覺其僞者。亦通。舊說久假不歸。即爲眞有。則誤矣。○尹氏曰。性之者。與道一也。身之者。履之也。及其成功則一也。五霸則假之而已。是以功烈如彼其卑也。○公孫丑曰。伊尹曰。予不

不狎於不順
太甲篇伊尹曰
茲乃不義習與
性成予弗狎於
弗順營於桐宮
密邇先王其訓
無俾世迷王徂
桐宮居憂克終
允德惟三祀十
有二月朔伊尹
以冕服奉嗣三
歸於亳

狎于不順(義理之人)放太甲于桐。民大悅。(正君非)太甲賢。又反之民大悅。(成君德)予不狎于不順。太甲篇文。狎。習見也。不順。言太甲所爲不順義理也。餘見前篇
賢者之爲人臣也(由此觀之)其君不賢則固可放與。與。平聲。
孟子曰有伊尹之志(何等斟酌)則可(猶)無伊尹之(何等斬截)志則篡也。(是)伊尹之志。公天下以爲心。而無一毫之私者也。
○公孫丑曰詩曰不素餐兮君子之不耕(不仕又)而食何也。孟子曰君子居是國也其君用之(其言)則安富尊榮。其子弟從之(其教)則孝弟忠信不素餐兮孰大於是。餐七丹反○詩。魏國風伐檀之篇。素。空也無功而食祿。謂之素餐。此與告陳相彭更

之意同。

○王子墊問曰：士何事？墊，丁念反。○墊，齊王之子也。上則公卿大夫，下則農工商賈，皆有所事。而士居其閒，獨無所事。故王子問之也。

孟子曰：尚志。尚，高尚也。志者，心之所之也。士既未得行公卿大夫之道，又不當爲農工商賈之業，則高尚其志而已。

曰：何謂尚志？曰：仁義而已矣。殺一無罪，非仁也；非其有而取之，非義也。居惡在？仁是也。路惡在？義是也。居仁由義，大人之事備矣。惡，平聲。○非仁非義之事，雖小不爲。而所居所由，無不在於仁義，此士所以尚其志也。大人，謂公卿大夫。言士雖未得大人之位，而其志如此，則大人之事，體用已全。若小人之事，則固非所當爲也。

○孟子曰：仲子不義與

桃應　萬姓統譜云桃應孟子弟子桃望出山陽見姓苑

之齊國而弗受。人皆信之。是舍簞食豆羹之義也。人莫大焉亡親戚君臣上下。以其小者信其大者。奚可哉。舍。音捨。食。音嗣。○仲子。陳仲子也。言仲子設若非義而與之齊國。必不肯受。齊人皆信其賢。然此但小廉耳。其辟兄離母。不食君祿。無人道之大倫。罪莫大焉。豈可以小廉信其大節。而遂以爲賢哉。

○桃應問曰。舜爲天子。皐陶爲士。瞽瞍殺人。則如之何。桃應孟子弟子也。其意以爲舜雖愛父。而不可以私害公。皐陶雖執法。而不可以刑天子之父。故設此問以觀聖賢用心之所極。非以爲眞有此事也。孟子曰。執之而已矣。言皐陶之心。知有法而已。不知有天子之父也。然則舜不禁與。與。平

跣 郊祀云去妻子如脫屣耳師古曰屣小履脫屣者言其便易無所顧也○國策云猶釋敝躧○注躧字與跣屣同

聲。○桃應問也。曰。夫舜惡得而禁之。夫有所受之也。夫。音扶。惡。平聲。○言皋陶之法。有所傳受。非所敢私。雖天子之命。亦不得而廢之也。然則舜如之何。枉法不可坐視又不可桃應問也。曰。舜視棄天下。猶棄敝蹝也。竊負而逃。遵海濱而處。終身訢然。樂而忘棄其親天下。蹝。音徙。訢。與欣同。樂。音洛。○蹝。草履也。遵。循也。言舜之心知有父而已。不知有天下也。孟子嘗言舜視天下猶草芥。而惟順於父母可以解憂。與此意互相發。○此章言為士者但知有法。而不知天子父之為尊。為子者但知有父。而不知天下之為大。蓋其所以為心者。莫非天理之極。人倫之至。學者察此而有得焉。則不待較計論量。而天下無難處之事矣。○孟子自范之齊。氣象軒昂望見齊王之子。喟然意在廣居

宮室車馬

詩云定之方中作於楚宮揆之以日作於楚室○禮云昔者先王未有宮室冬則居營窟夏則居橧巢後聖氾金合土以爲臺榭宮室牖戶○詩云我車既攻我馬既同四牡龐龐駕言徂東君子之車既庶且多君子之馬既閑且馳

歎曰。居移氣(有居則有養)養移體(態)大哉居乎。(之關于氣體)夫非(猶)盡人之子與。夫。音扶。與。平聲。○范。齊邑。居。謂所處之位。養。奉養也。言人之居處。所繫甚大。王子亦人子耳。特以所居不同。故孟子曰。張鄒皆云子所養不同而其氣體有異也。羨文也。王子(所居之)宮室車(所乘之)馬衣(所被之)服多與人同。而王子(性分)若彼者(之氣象)。其(勢位之)居使之然也。況居天下之廣居者乎。廣居見前篇。尹氏曰。睟然見於面。盎於背。居天下之廣居者然也。魯(証王子)君之宋。呼於垤澤之門。守者曰。此非(呼)吾君也。何其聲之似我君也。此無他。居相似也。呼。去聲。垤澤。宋城門名也。孟子又引此事爲證。○孟子曰。食而弗愛。豕交之

我

易云坎為豕○見豕當塗○詩乃進其曹執豕於牢酌之用匏

所會其文

也愛而不敬獸畜之也食音嗣。畜許六反○交接也。畜養也。獸謂犬馬之屬。恭敬者幣之未將者也將猶奉也。詩曰承筐是將。程子曰。恭敬雖因威儀幣帛而後發見。然幣之未將時。已有此恭敬之心。非因幣帛而後有也。恭敬而無實。君子不可虛拘。此言當時諸侯之待賢即者特所在以幣帛為恭敬而無其實也。拘。留也。○孟子曰形色天性也惟盡性之聖人然後可以踐形人之有形有色。無不各有自然之理。所謂天性也。踐如踐言之踐。蓋眾人有是形而不能盡其理。故無以踐其形。惟聖人有是形而又能盡其理。然後可以踐其形而無歉也。○程子曰。此言聖人盡得人道而能充其形也。蓋人得天地之正氣而生。與萬物不同。既為人須盡得人理。然後稱其名。眾人有之而不知賢

孟子 卷七 共

善成堂

傅

大戴禮云昔者周成王幼在襁褓之中召公爲太保周公爲太傅太公爲太師保保其身體傅傅其德義師導之教信此三公之職也

人踐之而未盡。能充其形。惟聖人也。楊氏曰天生烝民。有物有則。物者。形色也。則者。性也。各盡其則。則可以踐形矣。○齊宣王欲短喪。(以三年之喪爲久)公孫丑曰。爲(既不能三年今)朞之喪。猶愈於已乎。(而不行)已。猶止也。孟子曰。是猶或紾(王欲短子云爲朞)其兄之臂。子謂之姑徐徐云爾。(紾從㚫紾)亦教之孝弟(夫紾兄當不可徐徐即可乎)而已矣。紾之忍反。○紾。戾也。教之以孝弟之道。則彼當自知兄之不可戾。而喪之不可短矣。孔子曰。子生三年。然後免於父母之懷。予也有三年之愛於其父母乎。所謂教之以孝弟者如此。蓋示之以(此時適有齊之)至情之不能已者。非強之也。(王子欲行)王子有其母死者。其傅爲之請數月之喪。公孫丑曰。若此者何如也。爲。去聲。○陳氏曰。王子所生之母死厭於嫡母而不敢終喪。其傅爲請於王欲使得行數月之喪也。時又適有此事，丑問如此者是非何如。按儀禮，公子爲其母練冠麻衣縓緣，既葬除之。疑當時此禮已廢，或既葬而未忍即除，故請之也。昔武記王子爲替之說者

曰：是欲終之而不可得也，雖加一日愈於已。之喪猶 謂夫莫之禁而弗爲者也。自 三年 夫音扶。○言王子欲終喪而不可得，其傅爲請，雖止得加一日，猶勝不加。我前所譏，乃謂夫莫之禁而自不爲者耳。○此章言三年通喪，天經地義，不容私意有所短長。示之至情，則不肖者有以企而及之矣。

○孟子曰：君子之所以教者五：合人品時地之異 下文五者，蓋因人品高下，或相去遠近先後之不同。

有如時雨化之者，兼資學 時雨，及時之雨也。草木之生，播種封殖，人力已至而未能自化，所少者雨露之滋耳。及此時而雨之，則其化速矣。教人之妙，亦猶是也。若

淑艾
朱子曰艾芟草也自艾淑艾皆有斬絶自新之意徵艾創艾亦取諸此

孔子之於顏曾是已。**有成德者**（天資純粹，就其）**有達財者**。（天資明敏，遍其）財與材同。此各因其所長而教之者也。成德，如孔子之於冉閔；達財，如孔子之於由賜。**有答問者**，就所問而答之，若孔孟之於樊遲萬章也。**有私淑艾者**。艾音乂。○私，竊也。淑，善也。艾，治也。人或不能及門受業，但聞君子之道於人，而竊以善治其身，是亦君子教誨之所及，若孔孟之於陳亢夷之是也。孟子亦曰：予未得為孔子徒也，予私淑諸人也。**此五者，君子之所以教也。**（成就人才）聖賢施教，各因其材，小以成小，大以成大，無棄人也。

○**公孫丑曰：道則高矣，美矣，宜若登天然，似不可及也；何不使彼為可幾及而日孳孳也？**（少貶）（學者）（而且）（但學者）（此是比譬體下節乃明言之）幾，音機。

孟子曰：大匠不為拙工改廢繩墨，羿（不用）（所以直木者）

補

檀弓云：陳子車死於衛，其妻與其家大夫謀以殉葬，定而後陳子亢至，以告曰：夫子疾，莫養於下，請以殉葬。子亢曰：以殉葬，非禮也。

不爲拙射變其彀率。爲，去聲。彀，古候反。率，音律。○彀率，彎弓之限也。言教人者皆有不可易之法，不容自貶以徇學者之不能也。君子引而不教人弓發，躍如也。矢然其所不告者中道而立，能者從之。引，引弓也。發，發矢也。躍如，如踴躍而出也。因上文彀率而言君子教人，但授以學之之法，而不告以得之之妙，如射者之引弓而不發矢，然其所不告者已如踴躍而見於前矣。中者，無過不及之謂。中道而立，言其非難非易。能者從之，言學者當自勉也。○此章言道有定體，教有成法，卑不可抗，高不可貶，語不能顯，默不能藏。

○孟子曰：天下有道，以道殉身顯道與俱顯身；天下無道，以身殉道身隱道與俱隱。殉，如殉葬之殉，以死隨物之名也。身出則道在必行，道屈則身在必退，以死相從而不離也。未聞以道殉乎人者也。以道從人。妾婦之道。○公都子曰：滕更之在門也，（以國君之弟學於孟子）若在所禮（貌中者），而不答何也？（其問）更，平聲。○趙氏曰：滕更，滕君之弟，來學者也。孟子曰：挾貴而問，挾賢而問（于諸弟子），挾長而問（于諸弟子），挾有勳勞而問（予師），挾故而問（與師舊），皆所不答也。滕更有二焉。長，上聲。○趙氏曰：二，謂挾貴、挾賢也。尹氏曰：有所挾，則受道之心不專，所以不（忠事最急）答也。○此言君子雖誨人不倦，又惡夫意之不誠者。（待人最切之人）（其他當次第而及者將之事）○孟子曰：於不可已而已者，無所不已；於所厚者薄，無所不薄也。（其他當賜類而推者）已，止也。不可止，謂所不得不為者也。所厚，所當厚者也。此言不及者之弊。其進銳者，其退速。進銳者，用心太過，其氣易衰，故退速。○三者之弊，理勢必然，雖

親小功
子夏傳曰大功之經齊衰之帶也去五分一以爲帶小功之經大功之帶也去五分一以爲帶緦麻之經小功之帶也去五分一以爲帶○禮云大功布九升小功布十一升緦麻十五升抽其半有事其縷無事其布曰緦
放飯流歠
少儀曰侍食於君子則先飯而

過不及之不同然卒同歸於廢弛。○孟子曰。君子之於物也。愛之而弗仁。於民也。仁之而弗親。親親而仁民。仁民而愛物。物謂禽獸草木。愛謂取之有時。用之有節。程子曰。仁推己及人。如老吾老以及人之老。於民則可。於物則不可。統而言之則皆仁。分而言之則有序。楊氏曰。其分不同。故所施不能無差等。所謂理一而分殊者也。尹氏曰。何以有是差等。一本故也。無偽也。○孟子曰。知者無不知也。當務之爲急。仁者無不愛也。急親賢之爲務。堯舜之知而不徧物。急先務也。堯舜之仁不徧愛人。急親賢也。知者之知。並去聲。○知者固無不知。然常以所當務者爲急。則事無不洽。

後已毋放飯毋流歠○疏云放飯者手就器中取飯

齒決

禮記疏云濡肉齒決者濡溫也溫軟不可用手擘故用齒斷決而食之決猶斷也乾肉不齒決者乾肉脯屬也堅硬不者齒決斷之故須用手擘而食之

而其爲知也大矣。仁者固無不愛。然常急不若知不

於親賢。則恩無不洽。而其爲仁也博矣。

急先務仁不急親賢而惟務瑣細僭之喪服

饑嘗之飲食不檢點之太過

能三年之喪而緦小功之察。放飯流歠而問請亦

無齒決。是之謂不知務。之小過

飯扶晚反。歠昌悅反。○三年之喪服之重者也。緦麻三月。小功五月。服之輕者也。察致詳也。放飯大飯。流歠長歠。不敬之大者也。齒決。齧斷乾肉。不敬之小者也。問講求之意。○此章言君子之於道。識其全體則心不狹。知所先後則事有序。豐氏曰。智不急於先務。雖徧知人之所知。徧能人之所能。徒弊精神而無益於天下之治矣。仁不急於親賢。雖有仁民愛物之心。小人在位。無由下達。聰明日蔽於上。而惡政日加於下。此孟子所謂不知務也。

盡心章句下凡三十八章

孟子曰不仁哉梁惠王也仁者以其所愛及其所不愛不仁者以其所不愛及其所愛親親而仁民仁民而愛物所謂以其所愛及其所不愛也公孫丑曰何謂也梁惠王以土地之故糜爛其民而戰之大敗將復之恐不能勝故驅其所愛子弟以殉之是之謂以其所不愛及其所愛也梁惠王以下孟子答辭也糜爛其民使之戰鬭糜爛其血肉也復之復戰也子弟謂太子申也以土地之故乃其民以民之故及其子皆以其所不愛及其所愛也○此承前篇之末三章之意言仁人之恩自內及外不仁之禍由疏逮親○孟子曰春秋無義戰彼

流杵 漢書血流漂鹵注漂浮也鹵質也其血浮質言殺人多也

罪。無有以爲合於義而許之者。但就中彼善於此者則有之。如召陵之師之類是也。

善於此則有之矣。春秋每書諸侯戰伐之事。

征者上伐下也。敵國不相征也。征。所以正人也。諸侯有罪。則天子討而正之。此春秋所以無義戰也。

泥古人之迹必失古人之心

○**孟子曰。盡信書。則不如無書。**程子曰。載事之辭。容有重稱而過其實者。學者當識其義而已。苟執於辭。則時或有害於義。不如無書之愈也。

吾於武成。取二三策而已矣。武成。周書篇名。武王伐紂歸而記事之書也。策。竹簡也。取其二三策之言。其餘不可盡信也。程子曰。取其奉天伐暴之意。反政施仁之法而已。

上順天討下順人心自然

仁人無敵於天下。

必兵不血刃士民自歸

以至仁伐至不仁。而何其血之流杵也。杵。舂杵也。

革車

革車者以皮爲飾者也兵車者于長所載車稱兩一車步卒七十二人凡二萬一千人舉全數也

虎賁

虎賁勇士稱也若虎賁獸言其猛也十百夫長也〇周禮夏官虎賁氏掌先後王而趨以卒伍軍旅會同亦如之舍則守王閑王在國則守王

或作鹵。櫓也。武成言武王伐紂。紂之前徒倒戈攻于後以北。血流漂杵。孟子言此則其不可信者。然書本意。乃謂商人自相殺。非謂武王殺之也。孟子之設是言。懼後世之惑。且長不仁之心耳。○孟子曰。有人曰。我善爲陳。我善爲戰。大罪也。陳。去聲。○制行伍曰陳。交兵曰戰。國君好仁。天下無敵焉。好。去聲。南面而征。北狄怨。東面而征西夷怨。曰奚爲後我。此引湯之事以明之。解見前篇。武王之伐殷也。革車三百兩。虎賁三千人。兩。去聲。賁。音奔。○又以武王之事明之也。兩。車數。一車兩輪也。千。書序作百。王曰。無畏。寧爾也。非敵百姓也。若崩厥角稽首。書泰誓文與此小異。孟子之意

宮國有大故則守王門

袗衣琴二女　子華子云舜游於巖廊之上被袗衣而鼓五絃之琴○史記云堯乃賜舜絺衣之琴○書云予欲觀古人之象日月星辰山龍華蟲作會宗彝藻火粉米黼黻絺繡以五采章施於五色作服汝明○禮記云昔者舜作五絃之琴以歌南風

當云王謂商人曰。無畏我也。我來伐紂。本爲安寧汝。非敵商之百姓也。於是商人稽首至地。如角之崩也。征之爲言正也。各欲正己也。焉用戰焉。於虔反。○民爲暴君所虐。皆欲仁者來正己之國也。

○孟子曰。梓匠輪輿能與人規矩。不能使人巧。尹氏曰。規矩法度可告者也。巧則在其人。雖大匠亦末如之何也已。蓋下學可以言傳。上達必由心悟。莊周所論斲輪之意蓋如此。

○孟子曰。舜之飯糗茹草也。若貧賤將終身焉。及其爲天子也。被袗衣。鼓琴。二女果。若富貴固有之。飯。上聲。糗。去久反。茹。音汝。袗。之忍反。果。說文作婐。烏果反。○飯。食也。糗。乾糒也。茹。亦食也。袗。畫衣也。二女。堯二女也。果。女侍也。言聖人之心。不以貧賤而有慕於外

○通鑑云舜揮五絃之琴歌南風之詩曰南風之薰兮可以解吾民之慍兮南風之時兮可以阜吾民之財兮○書云女於時觀厥刑於二女釐降二女於嬀汭賓於虞

關

周禮司關掌國貨之節司貨賄之出入凡貨不出於關者舉其貨罰其人四方賓客敂關則爲

不以富貴而有動於中隨遇而安無預於己所性分定故也○孟子曰吾今而後知殺人親之重也殺人之父人亦殺其父殺人之兄人亦殺其兄然則非自殺之也一閒耳閒去聲○言吾今而後知者必有所爲而感發也一閒者我往彼來一人耳其實與自害其親無異也范氏曰知此則愛敬人之親人亦愛敬其親矣○

孟子曰古之爲關也將以禦暴譏察非常今之爲關也將以爲暴征稅出入○范氏曰古之耕者什一後世或收大半之稅此以賦斂爲暴也文王之囿與民同之齊宣王之囿爲阱國中此以囿囿爲暴也後世爲暴不止於關若使孟子用於諸侯必行文王之政凡此之類皆不終日而改也○孟

之告有外內之二令則以節傳出納之○攸即卯字

簞食豆羹

簞笥飯器也圓曰簞方曰笥皆竹器○爾雅木豆謂之豆○事物記豆以木為之以薦俎醢容四升始於夏后氏也○爾雅肉謂之羹○周禮天官亨人祭禮共大羹鉶羹○曲禮云凡進食之禮食居人左

子曰身不行道不行於妻子使人不以道不能行於妻子。身不行道者以行言之不行者道不行也使人不以道者以事言之不能行者令不行也○孟子曰周于利者凶年不能殺周于德者邪世不能亂。周足也言積之厚則用有餘○孟子曰好名之人能讓千乘之國苟非其人簞食豆羹見於色。好乘食皆去聲見音現○好名之人矯情干譽是以能讓千乘之國然若本非能輕富貴之人則於得失之小者反不覺其真情之發見矣蓋觀人不於其所勉而於其所忽然後可以見其所安之實也○孟子曰不信仁賢則國空虛。空虛言若無人然無禮義則上下

義居八右

丘民

司馬法云六尺爲步步百爲畝畝百爲夫夫三爲屋屋三爲井井十爲通通十爲成是一丘爲十六井而一井爲九夫之地也今云十六井蓋有一萬四千四百畝爲一百一十四夫所受者也

亂。禮義。所以辨上下。定民志。無政事。則財用不足。生之無道。取之無度。用之無節故也。〇尹氏曰。三者以仁賢爲本。無仁賢。則禮義政事。處之皆不以其道矣。〇孟子曰。不仁而得國者有（猶或）之矣。不仁而得天下。（斷乎）未之有也。言不仁之人。騁其私智。可以盜千乘之國。而不可以得丘民之心。鄒氏曰。自秦以來。不仁而得天下者有矣。然皆一再傳而失之。猶不得也。所謂得天下者。必如三代而後可。〇孟子曰。民爲貴。社稷次之。君爲輕。社。土神。稷。穀神。建國則立壇壝以祀之。蓋國以民爲本。社稷亦爲民而立。而君之尊。又係於二者之存亡。故其輕重如此。是故得乎丘民（之心）而爲天子。（若）得乎天子（不過）爲諸侯。得乎諸侯（不過）爲大夫。（豈如得民哉）丘民

社稷
周社地官大司徒設其社稷之壝而樹之田主各以其野之所宜木遂以名其社與其野○封人掌設王之社壝爲畿封而樹之凡封國設其社稷之壝封其四疆造都邑之封域者亦如之令社稷之職凡祭祀飾其牛牲設其楅衡置其絲紖共其水槀歌舞牲及毛炮之

田野之民。至微賤也。然得其心。則天下歸之。天子。至尊貴也。而得其心者。不過爲諸侯耳。是民爲重也。**諸侯危社稷則變置**。諸侯無道。將使社稷爲人所滅。則當更立賢君。是君輕於社稷也。**犧牲既成。粢盛既潔。祭祀以時。然而旱乾水溢。則變置社稷。**（春祈秋報之）盛音成。○祭祀不失禮。而土穀之神。不能爲民禦災捍患。則毀其壇壝而更置之。亦年不順成。八蜡不通之意。是社稷雖重於君。而輕於民也。

○孟子曰。聖人。百世之師也。伯夷柳下惠是也。故聞伯夷之風者。頑夫廉。懦夫有立志。聞柳下惠之風者。薄夫敦。鄙夫寬。奮乎百世之上。百世之下。聞者莫不興

三三

縢絲音勝

尼陳蔡

楚昭王聘孔子孔子往拜禮焉路出於陳蔡陳蔡大夫相與謀乃相與發徒役圍孔子於野不得行無道可通藜羹不糝從者皆病孔子愈慷慨講誦絃歌不輟

起也非聖人而能若是乎而况於親炙之者乎興起感動奮發也親炙親近而熏炙之也餘見前篇○孟子曰仁也者人也合而言之道也仁者人之所以為人之理也然仁理也人物也以仁之理合於人之身而言之乃所謂道者也程子曰中庸所謂率性之謂道是也○或曰外國本人也之下有義也者宜也禮也者履也智也者知也信也者實也凡二十字今按如此則理極分明然未詳其是否也○孟子曰孔子之去魯曰遲遲吾行也去父母國之道也去齊接淅而行去他國之道也重出○孟子曰君子之尼於陳蔡之閒無上君相下之交也君子孔子也尼與厄同君

憂心悄悄
此邶風栢舟之詩其四章曰憂心悄悄慍於羣小覯閔既多受侮不少靜言思之寤辟有摽註覯見也閔病也辟拊已也摽拊心貌○婦人不得於夫故以栢舟自此

肆不殄厥慍
此大雅緜之詩全篇九乃周公戒成王之詩追敘大王始遷岐周以開王業而

臣皆惡無所與交也。○貉稽曰：稽大不理於口。（利賴也）貉音陌。○趙氏曰：貉姓，稽名，爲衆口所訕。理，賴也。今按漢書無俚，方言亦訓賴。孟子曰：無傷也。（于巳）士憎茲多口。○趙氏曰：爲士者益多爲衆口所訕。按此則憎當從士，今本皆從心，蓋傳寫之誤。詩云：憂心悄悄，慍于羣小。孔子也。肆不殄厥慍，亦不隕厥問。文王也。詩邶風柏舟及大雅緜之篇也。○悄悄，憂貌。慍，怒也。本言衛之仁人見怒於羣小，孟子以爲孔子之事可以當之。○肆，發語辭。隕，墜也。問，聲問也。本言大王事昆夷，雖不能殄絕其慍怒，亦不自隊其聲問之美。孟子以爲文王之事可以當之。○尹氏曰：言人顧自處如何，盡（感化）其在我者而已。○

孟子曰：賢（昔）者以其昭昭使人昭昭，今（君）以其昬

文王以受天命也

追蠡

趙氏云按周禮考工記鍾縣謂之旋旋蟲謂之幹益縣鍾之組也其形如環環有盤旋之義於旋之上爲蟲形以飾之自漢以來鍾旋之上以銅篆作蹲熊及盤龍獸名辟邪皆旋蟲之類也

昏使人昭昭。昭昭，明也。昏昏，闇也。尹氏曰：大學之道，在自昭明德，而施於天下國家。其有不順者寡矣。○孟子謂高子曰：山徑之蹊間句介然用之而成路。句爲間不用，則茅塞之矣。今茅塞子之心矣。介，音戛。○徑，小路也。蹊，人行處也。介然，倏然之頃也。用，由也。路，大路也。爲間，少頃也。茅塞，茅草生而塞之也。言理義之心，不可少有間斷也。○高子曰：禹之聲，尚文王之聲。尚，加尚也。豐氏曰：言禹之樂過於文王之樂。孟子曰：何以言之？曰：以追蠡。追，音推。蠡，音禮。○豐氏曰：追，鐘紐也，周禮所謂旋蟲是也。蠡者，齧木蟲也。言禹時鐘在者，鐘紐如蟲齧而欲絕，蓋用之者多，而文王之鐘不然，是以知禹之樂過於文王之樂也。曰

軌

禮書云：車迹爲轍，轍廣爲軌。左傳曰：下而視其轍。此車迹也。○考工記：匠人營國，方九里，旁三門。國中九經九緯，野度以步，涂度以軌。路門不容乘車之五箇，應門二轍三箇。經涂九軌，環涂七軌，野涂五軌。輈人爲軌。輈有三度：國馬之輈深四尺有七寸，田馬之輈深四

追蠡　論樂

是奚足哉？城門之軌，兩馬之力與？與，平聲。○豐氏曰：奚足，言此何足以知之也。軌，車轍迹也。兩馬，一車所駕也。城中之涂容九軌，車可散行，故其轍迹淺；城門惟容一車，車皆由之，故其轍迹深。蓋日久車多所致，非一車兩馬之力能使之然也。言禹在文王前千餘年，故鐘久而紐絕；文王之鐘則未久而紐全，不可以此而議優劣也。○此章文義本不可曉，舊說相承如此，而豐氏差明白，故今存之，亦未知其是否也。

○齊饑。陳臻曰：國人皆以夫子將復爲發棠，殆不可復。復，扶又反。○先時齊國嘗饑，孟子勸王發棠邑之倉以賑貧窮。至此又饑，陳臻問言齊人望孟子復勸王發棠，而又自言恐其不可也。孟子曰：

以吾今日之往而復請

是爲馮婦也。晉人有馮婦者，善搏虎，卒爲善

大瀆馬之軌深三尺有三寸

士則之野有衆逐虎虎負嵎莫之敢攖望見馮婦趨而迎之馮婦攘臂下車衆皆悅之其爲士者笑之。手執曰搏。卒爲善士。後能改行爲善也。之。適也。負。依也。山曲曰嵎。攖。觸也。笑之。笑其不知止也。疑此時齊王已不能用孟子。而孟子亦將去矣。故其言如此。

○孟子曰。口之於味也目之於色也耳之於聲也鼻之於臭也四肢之於安佚也性也有命焉君子不謂性也。程子曰。五者之欲。性也。然有分。不能皆如其願。則是命也。不可謂我性之所有。而求必得之也。愚按不能皆如其願。不止爲貧賤。蓋雖富貴之極。亦有品節限制。則是亦有命也。

仁之於父子也義之

於君臣也（有盡有不盡）禮之於賓主也（有恭有不恭）智之於賢者也（有知有不知）聖人之於天道也（有安有勉）命也（此所稟所遇之）有性焉（存）君子不謂命也（盡性）

程子曰：仁義禮智天道，在人則賦於命者，所稟有厚薄清濁，然而性善可學而盡，故不謂之命也。張子曰：晏嬰智矣，而不知仲尼，是非命邪。愚按：所稟者厚而清，則其仁之於父子也至，義之於君臣也盡，禮之於賓主也恭，智之於賢否也哲，聖人之於天道也無不脗合，而純亦不已焉。薄而濁則反是，是皆所謂命也。或曰：者當作否，人衍字，更詳之。○愚聞之師曰：此二條者，皆性之所有而命於天者也。然世之人以前五者爲性，雖有不得而必欲求之；以後五者爲命，一有不至則不復致力。故孟子各就其重處言之，以伸此而抑彼也。張子所謂養則付命於天，道則責成於己。其言約而盡矣。○浩生不害問曰樂正子何人也孟子曰善人也信人也。趙氏曰。浩生姓。不害名。齊人也。何謂善何謂信。不害問也。曰可欲之人皆以我爲可欲謂善。天下之理。其善者必可欲。其惡者必可惡。其爲人也。可欲而不可惡。則可謂善人此善矣。有諸己之謂信。凡所謂善。皆實有之。如惡惡臭。如好好色。是則可謂信人矣。○張子曰。志仁無惡之謂善。誠善於身之謂信。由善信而進之充實之謂美。力行其善。至於充滿而積實。則美在其中。而無待於外矣。充實而有光輝之謂大。和順積中。而英華發外。美在其中。而暢於四支。發於事業。則德業德業至盛而不可加矣。大而化之之謂聖。大而能化。使其大者泯然無復可見之迹。則不思不勉。從容中道。而非人力之所能爲矣。張子曰。大可爲也。化不可爲也。在熟之而已矣。

聖而不可知之之謂神。德業

程子曰。聖不可知。謂聖之至妙。人所不能測。非聖人之上。又有一等神人也。

樂正子二之中。四之下也。

蓋在善信之閒。觀其從於子敖。則其有諸已者或未實也。張子曰。顏淵樂正子。皆知好仁矣。樂正子志仁無惡。而不致於學。所以但爲善人信人而已。顏子好學不倦。合仁與智。具體聖人。獨未至聖人之止耳。○程子曰。士之所難者。在有諸已而已。能有諸已。則居之安資之深。而美且大可以馴致矣。徒知可欲之善。而若存若亡而已。則能不受變於俗者鮮矣。尹氏曰。自可欲之善。至於聖而不可知之神。上下一理。擴充而至於神。則不可得而名矣。

○孟子曰。逃墨必歸於楊。逃楊必歸於儒。歸斯受之而已矣。

墨氏務外而不情。楊氏太簡而近實。故其反正之漸。

布縷粟米力役之征

按織麻曰布析絲曰縷帶殼曰粟脫殼曰米布縷出於五畝之宅匹婦所蠶也征之粟米出於其成在夏故夏百畝之田匹夫所耕也其成在秋故秋征之力役出於同井之家中男所賦也至冬有暇而始征之

大略如此。歸斯受之者。憫其陷溺之久。而取其悔悟之新也。今之與楊墨辯者。如追放豚。既入其苙。又從而招之。放豚。放逸之豕豚也。苙。闌也。招。罥也。音歇係取也羈其足也。言彼既來歸。而又追咎其既往之失也。○此章見聖賢之於異端。拒之甚嚴。而於其來歸。待之甚恕。拒之嚴。故人知彼說之為邪。待之恕。故人知此道之可反。仁之至。義之盡也。○孟子曰。有布縷之征。粟米之征。力役之征。君子用其一。緩其二。用其二。而民有殍。用其三。而父子離。此其所以當緩征賦之法。歲有常數。然布縷取之於夏。粟米取之於秋。力役取之於冬。當各以其時。若并取之。則民力有所不堪矣。今兩稅三限之法。亦此意也。尹氏曰。言民為邦本。取之無度。則其國危矣。○孟子

珠玉

管子云珠者陰之陽也故勝火王者陽之陰也故勝水其化如神故天子藏珠玉諸侯藏金石

盆成括

盆成姓括名未詳何國人括有小才未聞大道

虞君嘗謂之曰令工者又而巧令色者老而衰令人不及壯之時益積心技之術以備將衰之色者必盡乎老

曰諸侯之寶三（當有）土地（立國之）人民（守國之）政事（經國之）寶珠玉者（若）殃必及身尹氏曰言寶得其寶者安寶失其寶者危○盆成括仕於齊孟子曰死矣盆成括盆成括見殺門人問曰夫子何以知其將見殺曰其爲人也小有才未聞君子之大道也則（才適）足以殺其軀而已矣盆成姓括名也恃才妄作所以取禍徐氏曰君子道其常而已括有死之道焉設使幸而獲免孟子之言猶信也○孟子之滕館於上宮有業屨於牖上館人求之弗得館舍也上宮別宮名業屨織之有次業而未成者蓋館人所（非館人）作置之牖上而失之也或問之曰若是乎從

之前智諫無以異乎幼之時可好之色彬彬乎且盡洋洋乎安托無能之軀哉故有技者不畀身而未嘗滅而色不得以嘗存蓋規之也括不悟事齊而見殺

上宮　舘人　上宮樓也孟子舍止賓客所舘之樓上也○詩云期我乎桑中要我乎上宮○舘人供守之者也

者之廋也曰子以是（從者）爲竊屨來與曰殆非也（但）夫子之設科也往者（之失）不追來者（之人）不拒苟以是（向道之）心至斯受之而已矣從爲去聲與平聲夫子如字舊讀爲扶余者非○或問之者問於孟子也廋匿也言子之從者乃匿人之物如此乎孟子答之而或人自悟其失因言此從者固不爲竊屨而來但夫子設置科條以待學者苟以向道之心而來則受之耳雖夫子亦不能保其往也門人取其言有合於聖賢之指故記之○孟子曰人皆有所不忍達之於其所忍仁也人皆有所不爲達之於其所爲義也惻隱羞惡之心人皆有之故莫不有所不忍不爲此仁義之端也然以氣質之偏物欲之蔽則於他事或有不

屨

釋名云屨拘也所以拘於足也麻作謂之屨亦謂之扉。○曲禮云戶外有二屨言聞則入言不聞則不入。○侍坐於長者屨不上於堂解屨不敢當階就屨跪而舉之屏於側而長者而屨跪而遷屨俯而納屨

餂

餂訓取音義曰古本及諸書並

能者。但推所能達之於所不能。則無非仁義矣。人能充無欲害人之心而仁不可勝用也。人能充無穿窬之心而義不可勝用也。惟達故充 即是所不忍 凡類此者皆不忍 即是所不爲 凡類此者皆不爲 勝。平聲。○充。滿也。穿。穿穴。窬。踰牆。皆爲盜之事也。能推所不忍以達於所忍。則能滿其無欲害人之心而無不仁矣。能推其所不爲以達於所爲。則能滿其無穿窬之心而無不義矣。人能充無受爾汝之實。無所往而不爲義也。此申說上文充無穿窬之心之意也。蓋爾汝。人所輕賤之稱。人雖或有所貪昧隱忍而甘受之者。然其中心必有慚忿而不肯受之之實。人能即此而推之。使其充滿無所虧缺。則無適而非義矣。士未可以言而言。是以言餂之也。可以言而不言。是以不言餂

鮝此字今按字書非無此字但於此處言餂之義不合耳惟廣韻他點反取也其文義正與此合

之也是皆穿窬之類也。餂音忝。○餂，探取之也。今人以舌取物曰餂。即此意也。便佞隱默，皆有意探取於人。是亦穿窬之類。然其事隱微，人所忽易，故特舉以見例。明必推無穿窬之心以達於此而悉去之，然後爲能充其無穿窬之心也。○

孟子曰：「言近而指遠者，善言也；守約而施博者，善道也。君子之言也，不下帶而道存焉；近　指遠　施，去聲。○古人視不下於帶，則帶之上，乃目前常見至近之處也。舉目前之近事而至理存焉，所以爲言近而指遠也。

君子之守，脩其身而天下平。約　施博　此所謂守約而施博也。

人病舍其田而芸人之田，所求於人者重，而所以自任者輕。」在舍約務博猶之　自治　彼舍近言遠亦猶是　舍音捨。○此言不守約而務博施之

病。○孟子曰。堯舜性者也。湯武反之也。性者。得全

以人言　承上性字

於天。無所汚壞。不假脩爲。聖之至也。反之者。

脩爲以復其性。而至於聖人也。程子曰。性之

反之。古未有此語。蓋自孟子發之。呂氏曰。無

意而安行。性也。有意利行而至於無意。復性

如一　則細微曲折

者也。堯舜不失其性。湯武善動容周旋中禮

反其性。及其成功則一也。

自然合理　人之　痛　然發由中出　感我　所行者

非有意於中乃

者盛德之至也。哭死而哀。非爲生者也。經德

自有得於之理然率性而行　而無推　者　自有正行之驗然根心而出　而從信

不回。非以干祿也。言語必信。非以正行也。中。爲

行。並去聲。○細微曲折。無不中禮。乃其盛德

之至。自然而中。而非有意於中也。經。常也。回。

性中發然之理所謂法也

曲也。三者亦皆自然而然。非有意而君子行

爲之也。皆聖人之事。性之之德也。

書其在我至所獲者

法者。天理之當然者也。君

法以俟命而已矣子行之。而吉凶禍福有所

榱題

榱。椽也。秦謂椽
周謂之榱。齊謂
之桷。○爾雅云
桷謂之榱。○洪
武正韻曰。題。椽

不計。蓋雖未至於自然。而已非有所爲而爲
矣。此反之之事。董子所謂正其義不謀其利
明其道不計其功。正此意也。○程子曰。動容
周旋中禮者。盛德之至。行法以俟命者。朝聞
道夕死可矣之意也。呂氏曰。法由此立。命由
此出。聖人也。行法以俟命。君子也。聖人性之。
君子所以
復其性也。

○孟子曰。說大人則藐之。勿視其巍巍然。

說音稅。藐音眇。○趙氏曰。大人當時
尊貴者也。藐。輕之也。巍巍。富貴高顯
之貌。藐焉而不畏之。則
志意舒展。言語得盡也。

堂高數仞。榱題數尺。我得志弗爲也。食前方丈。侍妾數百人。我得志弗爲也。般樂飲酒。驅騁田獵。後車千乘。我得志弗爲也。在彼者。皆我所不爲也。在我者

頭也以玉飾曰璇題一曰璧璫
田獵
白虎通云王者諸侯所以田狩者何也爲田除害上以供宗廟下以簡集士衆也

居廣居立正位行大道
而不盡言

皆古之制也。吾何畏彼哉。榱楚危反。般音盤。樂音洛。乘去聲。○榱，桷也。題，頭也。食前方丈，饌食列於前者方一丈也。此皆其所謂巍巍然者，我雖得志，有所不爲，而所守者皆古聖賢之法，則彼之巍巍者何足道哉。○楊氏曰：孟子此章以己之長，方人之短，猶有此等氣象，在孔子則無此矣。

○孟子曰：養心莫善於寡欲。其爲人也寡欲，雖有不存焉者寡矣；其爲人也多欲，雖有存焉者寡矣。欲，如口鼻耳目四支之欲，雖人之所不能無，然多而不節，未有不失其本心者，學者所當深戒也。程子曰：所欲不必沈溺，只有所向便是欲。

○曾晳嗜羊棗，而曾子不忍食羊棗。羊棗，實小黑而圓，又謂之羊矢棗。曾子以父嗜之，父沒之後，食必思親，故

三

羊棗

爾雅註云羊棗實小而圓紫黑色今俗呼之爲羊矢棗○詩人所會其文

不忍食也公孫丑問曰膾炙與羊棗孰美孟子曰膾炙哉公孫丑曰然則曾子何爲食膾炙而不食羊棗曰膾炙所同也羊棗所獨也諱名不諱姓姓所同也名所獨也肉聶而切之爲膾炙炙肉也

○萬章問曰孔子在陳曰盍歸乎來吾黨之士狂簡進取不忘其初孔子在陳何思魯之狂士盍何不也狂簡謂志大而略於事進取謂求望高遠不忘其初謂不能改其舊也此語與論語小異孟子曰孔子不得中道而與之必也狂獧乎狂者進取獧者有所不爲也孔子

月剝棗。○礼記云：食棗桃李弗致核。

諱

禮記云：禮不諱嫌名，二名不偏諱。逮事父母則諱王父母，不逮事父母則不諱王父母。君所無私諱，大夫之所有公諱。詩書不諱，臨文不諱，廟中不諱。夫人之諱，君前不諱也。○名子者不以國，不以日月，不以隱疾，不以山

豈不欲中道哉？不可必得，故思其次也。（言猖狂）獧音絹。○不得中道至有所不爲，據論語亦孔子之言。然則孔子字下當有曰字。論語道作行，獧作狷。有所不爲者，知恥自好，不爲不善之其人也。孔子豈不欲中道以下，孟子言也。敢問何如斯可謂狂矣？萬章問。曰：如琴張、曾晳、牧皮者，孔子之所謂狂矣。琴張名牢，字子張。子桑戶死，琴張臨其喪而歌。事見莊子。雖未必盡然，要必有近似者。曾晳見前篇。季武子死，曾晳倚其門而歌，事見檀弓。又言志異乎三子者之撰，事見論語。牧皮未詳。何以謂之狂也？萬章問。曰：其志（所謂不忘其初）嘐嘐然，曰古之人，古之人。（所謂進取）夷考（輕）其行而不掩焉者也。嘐火交反。行去聲。○嘐嘐，志大言大也。重言古之人

川○註常語易及則避諱爲難故名子者不之用○入門而問諱○夫子之毋名徵在言在不稱徵言徵不稱在

莠
稂莠俱是害稼者蓋苗既似未實亦類要○大戴禮云七月莠雚葦不莠則不爲萑葦莠然後爲雚葦故先言莠

萊朱

見其動輒稱之不一稱而已也夷平也掩覆也言平考其行而不能覆其言也程子曰曾晳言志而夫子與之蓋與聖人之志同便是堯舜氣象也特行有不掩焉耳此所謂狂也

狂者又不可得欲得不屑爲不潔之士而與之是獧也是又其次也中道之此因上文所引遂解所以思得獧者之意狂有志者也獧有守者也有志者能進於道有守者不失其身屑潔也

孔子曰過我門而不入我室我不憾焉者其惟鄉原乎鄉原德之賊也曰孔子深惡如此何如斯可謂之鄉原矣鄉原非有識者原與愿同荀子原愨字皆讀作愿謂謹愿之人也故鄉里所謂愿人謂之鄉原孔子以其似德而非德故以爲德之賊過門不入而不恨之以其不見親就爲幸深惡而

萊朱即仲虺一名仲傀又名仲䖒奚仲之後也爲湯佐相湯伐桀南巢惟有慙德曰予恐來世以台爲口實仲虺乃作誥其語具載商書其政之教大夫官之教士技之教庶人猶之老彭然也

太公望

詩云維師尚父時維鷹揚涼彼武王肆伐大商會朝清明○禮

痛絕之也。萬章又引孔子之言而問也。曰。（譏狂）何以是嘐嘐也。言不（譏獧）顧行。行不顧言。則曰古之人古之人。行何爲（持己）踽踽（待人）涼涼。生斯世也。爲（常）斯世也。善（之人使世以爲）斯可矣（自言其志如此）。閹然（因言而狀其行）媚於世也者。是鄉原也（之行）。行。去聲。踽其禹反。閹音奄○踽踽。獨行不進之貌。涼涼。薄也。不見親厚於人也。鄉原譏狂者曰。何用如此嘐嘐然。行不揜其言。而徒每事必稱古人邪。又譏獧者曰。何必如此踽踽涼涼。無所親厚哉。人既生於此世。則但當爲此世之人。使當世之人皆以爲善則可矣。此鄉原之志也。閹如奄人之奄閉藏之意也。媚求悅於人也。孟子言此深自閉藏以求親媚於世。是鄉原之行也。萬章曰。一鄉皆稱原人焉。無所往而不爲原人。孔子云武王踐阼三日召師尚父而問曰黄帝顓頊之道在乎曰在丹書乃言曰敬勝怠者吉怠勝敬者滅義勝欲者從欲勝義者凶○通鑑云呂尚嘗屠牛於朝歌賣飯於孟津其竊困年老矣聞西伯善養老乃西歸於周釣渭上西伯將田獵卜之曰所獲非龍非驪非虎非熊而王者之

以爲德之賊何哉。原，亦謹厚之稱，而孔子以爲德之賊，故萬章疑之。曰：非大概之無舉也，刺細微之無刺也。二句處己同乎流俗，合乎汙世。二句處世居立心之似忠信，行制行之似廉潔，衆皆總承悅之。自以爲是，而不可與入堯舜之道，故曰德之賊中也。呂侍講曰：言此等之人，欲非之則無可舉，欲刺之則無可刺也。流俗者，風俗頹靡，如水之下流，衆莫不然也。汙，濁也。非忠信而似忠信，非廉潔而似廉潔。孔子曰：惡似而非者。惡莠，恐其亂苗也；惡佞，恐其亂義也；惡利口，恐其亂信也；惡鄭聲，恐其亂樂也；惡紫，恐其亂朱也；惡鄉重原，恐其亂德也。惡，去聲。莠，

輔也遂田獵渭
濱至於磻溪見
老父釣西伯問
之因載以歸與
論政事太悅之
曰自吾先君太
公曰當有聖人
適周周以興子
眞是耶吾太公
望子久矣故號
之曰太公望

散宜生

散宜生周之賢
臣也初文王爲
西伯時宜生與
太顚閎天鬻熊
辛甲大夫之徒
往歸之但崇侯

音有。○孟子又引孔子之言以明之。莠似苗
之草也。佞才智之稱。其言似義而非義也。利
口多言而不實者也。鄭聲淫樂也。樂正樂也。
紫間色。朱正色也。鄉原不狂不獧人皆以爲
善。有似乎中道而實
非也。故恐其亂德。
君子反經而已矣。經正
反。復也。經。常
也。萬世不易
則庶民興。庶民興斯無邪慝矣。不專指鄉原而鄉原在其中
之常道也。興。興起於善也。邪慝。如鄉原之屬
是也。世衰道微。大經不正。故人人得爲異說
以濟其私。而邪慝並起。不可勝正。君子於此
亦復其常道而已。常道既復。則民興於善。而
是非明白。無所回互。雖有邪慝。不足以惑之
矣。○尹氏曰。君子取夫狂狷者。蓋以狂者志
大而可與進道。狷者有所不爲而可與有爲
也。所惡於鄉原而欲痛絕之者。爲其似是而
非。惑人之深也。絕之之術
無他焉。亦曰反經而已矣。○**孟子曰。由堯舜**

虎譖西伯以告紂紂乃囚之於羑里宜生與閎天之徒求美女文馬奇貨以獻紂紂乃赦西伯及紂惡日盈諸侯去殷而翼西伯宜生曰殷可伐也文王弗許宜生乃與虢叔太顛閎天南宮适迪西伯彝教惠鮮懷保脩和有夏以受有殷命及武王伐商至紂宮宜生甄劍以衛厥後周

至於湯五百有餘歲若禹皐陶則見而知之是湯之得統於堯舜者以禹皐陶爲之先也若湯則聞而知之趙氏曰五百歲而聖人出天道之常然亦有遲速不能正五百年故言有餘也尹氏曰知謂知其道也由湯至於文王五百有餘歲若伊尹萊朱則見而知之若文王則聞而知之趙氏曰萊朱湯賢臣或曰即仲虺也爲湯左相由文王至於孔子五百有餘歲若太公望散宜生則見而知之若孔子則聞而知之散素亶反○散氏宜生名文王賢臣也子貢曰文武之道未墜於地在人賢者識其大者不賢者識其小者莫不有文武之道焉夫子焉不學此所謂聞而知之也由孔子而來至於今便伏末莭意

公晉召公作吾奭以追道文王時事惟以號叔等五臣爲首稱而宜生則實居其一云

四書典故有人物考及類編等書以稱叅考可以無憾然愚以爲何不竟移於四書之巾俾學者得一目瞭然之爲快乎用是不揣菲謬采輒典故之精要者錄於小格列之

（時不過）百有餘歲去聖人之世若此其未遠也（且）近聖人之居（又）若此其甚也然而無（今日）有乎爾（見知）則（後日）亦無有乎爾（聞知）林氏曰孟子言孔子至今時未遠鄒魯相去又近然而已無有見而知之者矣則五百餘歲之後又豈復有聞而知之者乎○愚按此言雖若不敢自謂已得其傳而憂後世遂失其傳然乃所以自見其有不得辭者而又以見夫天理民彝不可泯滅百世之下必將有神會而心得之者耳故於篇終歷序羣聖之統而終之以此所以明其傳之有在而又以俟後聖於無窮也其旨深哉○有宋元豐八年河南程顥伯淳卒潞公文彥博題其墓曰明道先生而其弟頤正叔序之曰周公沒聖人之道不行孟子死聖人之學不傳道不行百世無善治學不傳千載無眞儒無善治士猶得以明夫善治之道以淑

書頭誦讀之時節可觀覽有開卷之便無旁搜之勞誠文房之快事案頭之秘本也若夫幼而習焉長而安焉則是書之爲助不亦多乎輯成緣表鄙意於編末以正有道云
金陵毓東趙震
謹識

諸人以傳諸後無眞傳則天下貿貿焉莫知所之人欲肆而天理滅矣先生生乎千四百年之後得不傳之學於遺經以興起斯文爲己任辨異端闢邪說使聖人之道煥然復明於世蓋自孟子之後一人而已然學者於道不知所向則孰知斯人之爲功不知所至則孰知斯名之稱情也哉